李崇峰 著

CHONGFENG LI

續佛教考古

从印度到中国

BUDDHIST ARCHAEOLOGY

FROM INDIA TO CHINA II

1

上海古籍出版社

Shanghai Chinese Classics Publishing House

李崇峰（1960-），

男，哲学博士。

现为北京大学教授，研究方向为南亚、中亚和

中国佛教考古与佛教艺术。

前　言

2014年初,《佛教考古：从印度到中国》由上海古籍出版社出版。《续佛教考古：从印度到中国》辑存的文章，系2014年迄今陆续写就，时空范围及内容接续前书，故以此为书名。

佛教考古学，是运用考古学方法研究佛教有关遗迹和遗物的人文科学，主要包括三项内容：地面佛寺遗址、石窟寺遗迹和传世的零散佛教遗物。其中，地面佛寺包括古代社会各阶层舍宅而建的住宅型佛寺和按照流行模式新建的独立型佛寺两类。前者乃帝王将相、郡县官吏及富贾为了宗教信仰，捐献自己名下豪宅或花园作为佛寺，并加以适当改造，即文献记载的"舍园为寺"或"舍宅为寺"，如摩竭提国王频婆娑罗把竹林精舍献给佛陀，北魏城阳王徽"舍宅为寺"等；后者系独立营造的地面佛寺，由于是辟地新建，少受或不受固有地物限制，在规划设计上可以充分体现佛教经律及四众各种宗教行为的需求，因而受到了各阶层信徒的青睐，如犍陀罗雀离浮图与迦腻色迦伽蓝和北魏洛阳永宁寺等。至于石窟寺，既是对地面佛寺的模仿(an imitation of buildings constructed in timber)，也可视作同时期砖木结构或泥笆草庐之寺的石化形式(petrified versions of the contemporary brick-and-timber or the humbler wattle mud-and-thatch structures)。这点在印度石窟寺和中国早期石窟中反映得颇为显著。

《续佛教考古：从印度到中国》共辑文章12篇，其中2篇原以英文表述（这次结集，用中文重新写就），1篇为英、汉双语稿，其余为中文撰写，正式发表者近三分之二。续编研讨的内容，主要是地面佛寺遗址和石窟寺遗迹，兼及零散佛教造像，全部文章可以大体分作三组：

第一组3篇文章，都是探讨古代天竺的地面佛寺遗址，即佛教考古的第一项内容。

《天竺僧伽蓝的初步考察》, 系作者多次踏访南亚地面佛寺遗址后, 依据过去 150 多年各国学者调查和发掘所撰写的考古报告, 结合汉文文献, 对古代天竺典型的僧伽蓝做了比较系统的整理。其中, "中天竺精舍"之部, 首先厘清精舍、僧伽蓝与僧坊或僧院之关系, 然后从文献、图像和考古发掘三个方面, 记述了与佛陀传法关系密切的祇洹精舍遗址, 之后次第梳理了法显所记四大塔, 即佛生处、得道处、转法轮处、般泥洹处的建置。最后讨论了毗舍离、拘睒弥、桑吉、那烂陀寺以及西印度阿旃陀石窟旁侧地面建筑遗址、东印度乌德耶吉里寺址和南印度龙树山的佛寺遗址。至于"北天竺塔寺", 在梳理罽宾佛教背景的基础上, 首先论述了雀离浮图与迦腻色迦僧坊, 之后对古代乌苌的布特卡拉第 I 号和赛度·谢里夫第 I 号寺址、乾陀罗的塔赫特巴希佛寺遗址和竺刹尸罗的达磨拉吉卡、焦莲与毕钵罗佛寺遗址的布局进行了阐释, 最后介绍了位于今印度旁遮普邦的桑科尔佛寺遗址。在此基础上, 参考汉译佛典和早期僧俗行纪, 推断古代天竺辟地新建的僧伽蓝, 通常由浮图 / 塔 (bhuda/stūpa) 与僧坊 / 寺 (vihare/vihāra) 构成, 具体设置或平面布局可分作五种类型。

《瑟赫里·伯赫洛尔的佛寺布局》最初以英文撰写发表, 原名 Site-plan of the Buddhist *Saṃghārāmas* at Sahrī-Bāhlol, Gandhāra, 现据英文本重新以中文写就, 主要探讨了犍陀罗中心区瑟赫里·伯赫洛尔的佛寺建置。这处遗址曾经出土大量佛教雕塑, 包括有名的悉达多太子树下思维。不过, 迄今学界对于这处地面佛寺的布局尚存诸多疑问。本文依据原始考古调查和发掘报告, 利用汉文文献对其做了新的诠释。

《蓝莫塔遗址札记》, 是作者两次现场调查蓝莫塔遗址后阅读相关资料写就。传说蓝莫塔系释迦牟尼涅槃后所建原始八塔之一, 是南亚地区一处举足轻重的佛教圣地。法显拜谒时, "现有僧住, 此事在近", 似表明伽蓝之修建应距法显游历之时不远。玄奘所述蓝莫塔及其轶事较法显为详, 且特别记载蓝莫塔系砖砌而成。依据相关经律及传说, 蓝莫塔应是迄今尚未打开的原始佛塔, 故而受到了信众的虔诚礼拜。这处遗址属于古代天竺僧伽蓝之第二种类型, 即大塔位于中央, 旁侧"葺茅为宇"。

第二组 7 篇, 都是关于丝绸之路沿线佛教遗迹的讨论文章, 既涉及地面佛寺遗址, 也专论石窟寺遗迹。印度学者常把丝绸之路称作法宝之路 (Dharmaratna-mārga), 由此可见在中国与南亚地区古代文化交流中佛教及佛教艺术之地位。

《祇洹精舍与中土早期佛寺》最初以英文发表, 原名 Jetavanārāma and Early *Saṃghārāmas* of China, 现据英文本重新以中文改写, 主要论述了古代天竺与中土地面佛寺之关系。由于祇洹精舍特殊的宗教内涵, 东晋南北朝以降, 此土佛寺营造或以祇洹 (祇园) 为名, 或重祇洹规制。初唐时, 道宣律师主张中土佛寺的营造, 应以中天竺祇洹精舍为标准。故而，道宣梳理各种记载，编撰《中天竺舍卫国祇洹寺图经》和《关中创立戒坛图经》；两书所述祇洹寺（祇洹精舍）之布局大同小异，应吸收了初唐时期城市规划及宫殿设置的有益成分。唐代大型佛寺，尤其是皇室及显贵辟地新建的地面佛寺，尽管可能承袭了早期建置，但有些佛寺明确强调了其规制来源。如高宗为文德皇后所立大慈恩寺"像天阙，放（仿）给园"，"大唐西明寺以彼祇园精舍为规模焉"。唐长安城慈恩寺"仿给园"，应就规划形制而言，即指慈恩寺的整体布局仿效祇洹精舍设置；而西明寺，则明确记载"取规于天竺祇洹精舍"。

　　宿师季庚先生创设的佛教考古，是 20 世纪 50 年代从调查云冈石窟窟檐遗迹开始的。《因岩结构与邻岩构宇——中印石窟寺外观初探》，从石窟寺窟檐遗迹的视角，讨论了中印佛教石窟寺之关系及石窟寺的中国化问题。南北朝时期，不论在石窟前接建简朴的木构窟檐，还是在窟外崖面仿木结构石雕，它们都与洞窟本身构成了统一整体。武周时期，在龙门石窟岩石主室之前营造大型木构殿阁，即主室开凿于崖壁之内，殿阁营造于崖壁之外，形成前殿后窟的建筑格局，致使佛教石窟寺的中国化登峰造极。又，不论古代天竺的石窟寺，还是中土早期的佛教窟龛，皆奉循"镌岩开寺""因岩结构"之规制。后来，随着佛教的发展及中国化，此土石窟寺的营造开始实施"邻岩构宇，别起梵居"。作为石窟寺的"门面"，这种窟前木构建筑遗迹或崖面仿木结构石雕，是我们研究中印石窟寺时应予特别关注的，因为它们是石窟寺本身历史不可分割的一部分。

　　《克孜尔石窟——龟兹石窟寺之典范》，原为上海博物馆及国家图书馆准备的演讲稿，是为博物馆观众和文化遗产爱好者编写的。新疆塔里木盆地南北两沿，即丝绸之路新疆段南北两道，历史上佛教最盛的地点就是南道上的于阗和北道上的龟兹。根据史料及现存佛教遗迹，于阗盛弘大乘，龟兹夙习小乘。反映在宗教行为上，"龟兹多凿石窟，于阗盛建塔寺"。龟兹境内的佛教石窟寺，以拜城克孜尔为代表。克孜尔石窟位置重要，类型齐备，内容丰富，延续长久。它既是古龟兹境内规模最大的石窟群，也是联系南亚、中亚和中国内地佛教石窟寺的纽带。本文从中心柱窟图像志、大像窟与龟兹大立佛、洞窟组合、石窟改造与重妆四个方面介绍了这处世界文化遗产。

　　宿季庚先生在与日本长广敏雄教授讨论有关云冈石窟的某些问题时写道："考虑石窟的类型，一般要包括：一、石窟形制；二、主要形象和形象组合（布局与题材）；三、纹饰与器物；四、艺术造型与技法。"地面佛寺与石窟寺，除了平面布局和空间结构外，其主要形象和形象组合，即主体像设，是当时出家"四众"及在家信徒供养和礼忏的重要对象。古代天竺的佛教造像组合基本上是一铺三身，中国佛教造像从北魏晚期开始流行一铺五身，唐代更盛行一铺七身甚至一铺九身像。《佛教造像组合二题》，在梳理天竺原始造像题材的基础上，主要论述中土汉化了的佛教造像组合。

《阿育王像续考》，是对 2008 年发表的英文论文 The Aśoka-type Buddha Images found in China 的续补，从原始题刻、造像类型和粉本范式等方面论述了当时益州的佛教信仰和益州与建康、建康与南海及西域的文化交流等问题。

艺术造型与雕画技法，是佛教艺术研究中的主要内容之一。《雕塑造型与绘画技法——笈多艺术对中土佛像的影响》，原为故宫博物院 2016 年举办的 "梵天东土、并蒂莲花：公元 400-700 年中印雕塑艺术国际学术研讨会" 撰写。中国东晋南北朝与印度笈多帝国，两者在时间上大体相当。随着佛教在此土的发展，古代中国与天竺之间在佛教艺术领域的交流愈益频繁。中土高僧西行求法与天竺及狮子国僧人和画家接踵来华，必然会把当时西域、南海的佛教雕塑与绘画技艺同时带入此土。故而，南北朝时期中国佛教雕塑与绘画受笈多艺术影响颇多，反映在雕塑造型 (modeling) 与绘画技法 (technique) 方面尤为显著。

《佛寺壁画与天竺遗法》(Mural Paintings of the Monastic Complex and Shading & Highlighting Techniques of Hinduka)，系国家社科基金重大项目 "中印石窟寺研究" 的阶段性成果之一，先以中文撰写，后被英译刊发。地面佛寺与石窟寺，皆以空间的建构为基本手段，具有特定的建筑意象，可总称佛寺，内涵与梵语 saṃghārāma 大体相当。印度阿旃陀和巴格石窟、斯里兰卡狮子岩壁画、巴基斯坦犍陀罗寺址、阿富汗巴米扬石窟、中国克孜尔和莫高窟的壁画，主要创作于 4 至 7 世纪，皆采用相似的绘画技法，即 "天竺遗法"，以表现所画物像的立体效果。这种绘画技法在印度《毗湿奴最上法往世书》，即《画经》中多有记载，疑主要用于地面佛寺与石窟寺壁画的创作，因为古代天竺画家只有完全采用晕染法、创造具有立体感的画作才可称为上品。中国早期佛教壁画中采用 "天竺遗法"，或与中土 "凡宫塔制度犹依天竺旧状而重构之"，即奉循天竺正统佛教及其艺术有关。至于隋唐时期的中土绘画，佛教题材及内容仍占绝对优势。尉迟乙僧所画凹凸花，可谓 "天竺遗法" 之延续；而吴道子之再创新，使中国佛教绘画的写实风格更趋完善。

第三组的 3 篇文章，主要研讨内地汉化佛教的相关问题。

作为 "旧译" 代表，鸠摩罗什是唐代以前最伟大的佛典翻译家。罗什所译遂使 "法鼓重震于阎浮，梵轮再转于天北"。《鸠摩罗什译经与中土石窟寺营造》，初步探讨了经律迻译与窟龛造像之关系。从敦煌莫高窟藏经洞及高昌吐峪沟石窟出土的大量鸠摩罗什汉译佛典，到中原北方地区石窟寺的营造、主体像设和壁画经营，都充分说明鸠摩罗什所译经、律、论及其 "诵法"，对中土佛教石窟寺的开凿与发展产生了相当影响。这种情形，最早出现在中原北方的政治中心或文化中心，如北魏平城武州山石窟寺和唐两京地区的地面佛寺；待形成某种模式或范式之后，呈放射状、程度不同地影响了各地石窟寺的营造。

中国传统上称佛教为象（像）教，即立像设教。在佛教画塑中，"经变"是隋唐以降地面佛寺和石窟寺壁画中特别流行的一种题材。我们所称的"经变"，有别于传统的本生、因缘和佛传故事画，特指把一部佛经的主要内容或几部佛经"合本"绘制或雕塑成一幅首尾完整、主次分明、构图严谨的巨型作品。《经变初探》，首先梳理了变、变相与经变之关系，之后分析了早期经变遗迹与文献记载，然后从题材布局、"合本"创作、"经营位置"、佛衣披覆和"都城模式"等五个方面，论述了莫高窟唐代石窟中的经变与两京同类画塑之关系，最后推断敦煌石窟唐代经变之"粉本，多是直接或间接出自两京"。至于唐代其他地区地面佛寺和石窟寺中的经变，在李唐大一统的政治与文化背景之下，受当时都城佛教艺术模式之影响，其经营、题材、布局、粉本、样稿或画范也应源自长安或洛阳，即画史所记"天下共推"。

佛教艺术创作，既重视"相法 (lakṣaṇa)"或"量度法 (pratimālakṣaṇa)"，也认真对待"粉本"或"画样 (ākṛti)"。《千手眼大悲像的初步考察——以大足宝顶为例》分"经像传译""祖本与粉本""经本与画塑""大悲像与大悲阁"四个子目，论述了佛教艺术中题材内容与"粉本"或"画样"之关系。中土千手眼菩萨像，在达磨战陀所制"祖本"和武则天敕赐"粉本"的基础上，主要依据伽梵达磨译本创作。考虑到唐宋文献的丰富记载及现存千手眼菩萨像的原始铭记，如尉迟乙僧所绘"千手眼大悲"、后世"皆祖惠之"的"千手眼相"，及河北新发现的"千手千眼大悲菩萨"，我们认为：这种形象，尤其是川渝地区的千手眼菩萨像，应称"千手眼大悲像"或"大悲像"，外祠殿阁为大悲阁。

上述三组文章，这次结集重刻前大都做过修改，或文内增设子目，或补充订正资料，或调整充实论点，不过各篇文章的主要观点依旧，以存其真。各文改动之处，由于字数长短不一，故不另作注明。读者引用，请以此为准。

1998 年北京大学百年华诞之时，宿季庚先生赐示："中国佛学对外来佛典的阐述不断有创造性的发挥，形成中国独有的理论体系。中国佛教艺术同样发展出符合自己民族精神特色的各种形象，需要我们进一步清理分析和深入探讨。"季庚先生作古倏忽已过两载，每每见到先生二十年前之训条，总是涌起无限的思念……

李崇峰

2019 年 11 月 16 日于燕园德斋

目　　录

Contents

一、天竺佛寺

天竺僧伽蓝的初步考察

  天竺乃中国古代对南亚次大陆，即今印度和巴基斯坦部分地区之旧称[1]。据唐玄奘撰《大唐西域记》卷二："详夫天竺之称，异议纠纷，旧云身毒，或曰贤豆，今从正音，宜云印度。……若其封疆之域，可得而言。五印度之境，周九万余里，三垂大海，北背雪山。"[2]玄奘根据印度古音，把天竺 (Indu) "译成汉语印度，以后就成为对南亚次大陆的通称"[3]。

  关于五天竺或五印度的划分，迄今难以给出明确界定。据《法显传》，"度（葱）岭已，到北天竺"；其后法显所记陀历国、乌苌国、宿呵多国、犍陀卫国、竺刹尸罗国、弗楼沙国、那竭国，以及度小雪山后所历罗夷国、跋那国、毗荼国等，似皆属北天竺[4]。至于"（摩头罗国）以南，名为中国"，即中天竺，涵盖僧伽施国、沙祇国、拘萨罗国、迦维罗卫国、蓝莫国、拘夷那竭城、毗舍离国、摩竭提国、迦尸国、拘睒弥国等[5]。本文拟以东晋法显所记中天竺和北天竺为界，对古代天竺的僧伽蓝试做初步探讨。

---

  [1] 参见：1) P. C. Bagchi "Ancient Chinese Names of India," in *India and China: Interactions through Buddhism and Diplomacy; A Collection of Essays by Professor Prabodh Chandra Bagchi*, compiled by Bangwei Wang and Tansen Sen (Delhi: Anthem Press India, 2011), 3-11; 2) 钱文忠《印度的古代汉语译名及其来源》，《十世纪前的丝绸之路和东西文化交流：沙漠路线考察乌鲁木齐国际讨论会 (1990 年 8 月 19-21 日)》，北京：新世界出版社，1996 年，第 601-611 页。

  [2] [唐]玄奘撰《大唐西域记》，季羡林等校注，北京：中华书局，1985 年，第 161-164 页。

  [3] [唐]玄奘撰《大唐西域记》，第 163 页注释一。

  [4] [晋]法显撰《法显传》，章巽校注，上海：上海古籍出版社，1985 年，第 26-53 页及地图二。

  [5] [晋]法显撰《法显传》，第 54-145 页及地图三。

一、中天竺精舍

1. 精舍、僧伽蓝与僧坊或僧院

印度佛教寺院的历史，可以追溯到公元前 6 世纪。根据巴利语律藏《大品》(*Mahāvagga*) 记载，释迦牟尼成道后在向人们阐述其新学说时含糊其词，并未提到组成任何僧伽 (saṃgha) 之事[1]。随着愈来愈多的民众皈依达磨 (dharma)，迫切需要佛主为其徒众制定若干教规。这样，僧伽便逐渐产生了。其后，僧伽在古代印度佛寺制度史上一度占据辉煌地位[2]。不过在僧伽初期，僧众尚无严格称谓的居住场所，他们不断寻求栖身之处："此时住这，彼时居那；或栖止丛林，或安身树下；或托迹山腰，或容身洞穴；或露宿墓地，或托足森林；或卜居旷野，或存身草堆。"[3]

昔日佛陀游说于王舍城时，曾告诫僧众，佛教生活应以栖止树下为主。对此，《大品》记述："汝等须终身尽力因循此式。毗诃罗 / 僧坊 (Vihāras)、尖项小屋 (aḍḍhayoyas)、楼阁 (pāsādas)、顶楼 (hammiyas)、洞窟 (guhās) 等仅仅是额外允许的栖身之处。"[4]巴利语律藏《小品》(*Cūḷavagga*) 第六卷亦列举了上述五种栖居场所[5]，现有佛音 (Buddhaghoṣa) 所做的唯一诠释："Aḍḍhayoya 是金色的孟加拉式小屋；Pāsāda 为一较长的重层楼阁 (或顶层的全部空间)；Hammiya 是在顶层置有阁楼的 pāsāda；Guhā 系以砖或木构造的小屋或以岩石凿成的石室。"[6]其中，第一种类型毗诃罗似主要为佛与徒众的栖居之所。如《阿里戈姆·瑟勒德铭文》(Ārigôṃ Śāradā Inscription v.2) 记载："从前，一位名叫乌尔赫纳德沃 (Ulhṇadēva) 的医师在根盖什沃勒 (Gaṅgeśvara) 寺附近，用木材建造一座极为清洁的毗诃罗——世尊

---

[1] *Mahāvagga* I, 6-11. *confer Vinaya Texts* translated from Pāli by T. W. Rhys Davids and Hermann Oldenberg, Part I, *The Mahâvagga* I-IV, in *Sacred Books of the East* (hereinafter abbreviated for *SBE*), Vol. XIII (Oxford: Oxford University Press, 1885) 89-113.

[2] *The Pâtimokkha*; *Pissaggiyâ Pâkittiyâ Dhammâ* 24-30, *Pâkittiyâ Dhammâ* 1-19. *confer Vinaya Texts* translated from Pāli by T. W. Rhys Davids and Hermann Oldenberg, Part I *The Pâtimokkha*, in *SBE*, Vol. XIII: 28-35.

[3] *Cullavagga* VI, 1, 1, *confer Vinaya Texts* translated from Pāli by T. W. Rhys Davids and Hermann Oldenberg, Part III *The Kullavagga* IV-XII, in *SBE*, Vol. XX (Oxford University Press, 1885), 157.

[4] *Mahāvagga* I, 30, 4. *confer: SBE*, Vol. XIII: 173.

[5] *Cullavagga* VI, 1, 2. *confer: SBE*, Vol. XX: 158.

[6] *Mahāvagga* I, 30, 4. *confer: SBE*, Vol. XIII: 173-174, Note.

的居所。"[1]

　　传说摩竭提 (Magadha，摩揭陀) 国王频婆娑罗 (Bimbisāra) 把王舍城的竹林精舍 (Veḷuvanārāma 或 Veluvana)[2] 献给佛陀及其徒众，后者愉快地接受了这座园苑 (ārāma，或译庭园)[3]。释迦牟尼接受竹林精舍作为僧众栖身之处，应是早期佛寺制度史上的一个转折点。换言之，正是佛陀自己倡导把"精舍"作为徒众群体生活之处。之后，皇室的慷慨施舍及大众信徒的鼎力捐献，对于在公元前 6 世纪创立佛教寺院——僧伽蓝，起到了极大的促进作用。佛像出现后，曾被广泛安置于僧伽蓝或精舍之中，迄今所见各种大型的佛教造像多出其遗址。

　　关于僧伽蓝，唐道世撰《法苑珠林》卷三十九《伽蓝篇·述意部》曰：

　　　　原夫伽蓝者，昔布金西域，肇树福基；缔构东川，终祈净业。所以宝塔蕴其光明，精舍图其形像。遍满三千之界，住持一万之年。建苦海之舟航，为信根之枝干。睹则发心，见便忘返。益福生善，称为伽蓝也。但惟年代日远，法教衰替。寺像虽立，敬福罕传。或真或伪，改换随情；或精或粗，乃同粪土。遂令目睹其迹，莫识厥旨；日用其事，不知所由。是以行道之众，心无所安；流俗之徒，于法无敬。轻慢于是乎生，陵蹈于是乎起。欲以此护法，不亦难哉者乎！是以古德《寺诰》，乃有多名。或名道场，即无生延也；或名为寺，即公廷也；或名净住舍，或名法同舍，或名出世间舍，或名精舍，或名清净无极园，或名金刚净刹，或名寂灭道场，或名远离恶处，或名亲近善处。并随义立，各有所表。今道俗杂居，岂得称名也。[4]

　　依道世"伽蓝者，……宝塔蕴其光明，精舍图其形像"，则宝塔与精舍似为僧伽蓝的主体建筑。据唐初玄应撰《众经音义》卷一音《大集日藏分经》第二卷："僧伽蓝，旧译云村，此应讹也。正言僧伽罗磨，云众园也。"[5]因此，"僧伽蓝"应为 saṃghārāma 之音译，"伽蓝"或为僧伽蓝之简称；僧伽蓝或伽蓝，原指僧众所居之

----

　　[1] 题刻作 "Prāg-Gaṅgeśvara sannidhaucakre-dārumayaṃ vihāraṃ amalaṃ Śrī-Lokanāthaspadam." Sten Konow, "Ārigôm Śāradā Inscription of Rāmadēva," *Epigraphia Indica*, Vol. IX: 300-302, esp. 302.

　　[2] 据《大唐西域记》卷九，竹林精舍亦作迦兰陀竹园，最初给予尼犍外道，后奉献佛陀而变为僧园。不过，南传佛教认定它为频毗娑罗王赠予释迦牟尼之园林。[唐]玄奘撰《大唐西域记》，第 734-743 页。

　　[3] *Mahāvagga*, I, 22, 17-18. confer: *SBE*, Vol. XIII: 143-144. 依据 ārāma 之含义，竹林精舍还是写作 Veḷuvanārāma 为好。

　　[4] [唐]道世撰《法苑珠林》，周叔迦、苏晋仁校注，北京：中华书局，2003 年，第 1229-1230 页。

　　[5]《一切经音义三种校本合刊》，徐时仪校注，上海：上海古籍出版社，2008 年，第 17 页。

园林，法显明确记述"名众僧住止处为僧伽蓝"[1]。后来泛指僧众栖止、禅修和供养、礼忏之地面佛寺。北魏杨衒之撰《洛阳伽蓝记》，是迄今所见最早以"伽蓝"为名记述北魏洛阳，乃至中土地面佛寺的第一部专著[2]。后来这一术语被僧俗广泛采纳，佛教典籍和历史文献中屡见不鲜。

至于精舍，北齐灵裕《寺诰》与唐道世《法苑珠林》皆认为系僧伽蓝"多名"之一。梁僧祐撰《释迦氏谱》卷三《释迦竹园精舍缘记》与《释迦祇洹精舍缘记》后附："祐案：息心所栖，是曰精舍。竹林、祇树，爰始基构，遗风、余制扇被于今。至于须达妙果，所谓显征者矣。"[3]这条记载，既是中土高僧较早阐释"竹林精舍"与"祇洹精舍"之"精舍"含义，也显示出僧祐似推重祇洹精舍。唐慧琳撰《一切经音义》卷二十二抄唐慧苑《新译大方广佛花严经音义》卷中引"《艺文类聚》云：精舍者，非以舍之精妙名为精舍，由有精练行者之所居，故谓之精舍也"[4]。

对于寺、伽蓝与精舍之关系，宋咸平二年(999年)赞宁撰《大宋僧史略》卷上"创造伽蓝"条做如下阐释。

　　　　寺者，《释名》曰："寺，嗣也，治事者相嗣续于其内也。"本是司名，西僧乍来，权止公司。移入别居，不忘其本，还标寺号。僧寺之名，始于此也。僧伽蓝者，译为众园，谓众人所居，在乎园圃，生殖之所，佛弟子则生殖道芽圣果也。故经中有迦兰陀竹园、祇树给孤独园，皆是西域之寺舍也。若其不思议之迹，即周穆王造显济寺，此难凭准，命日难思之事也。后魏太武帝始光元年(424年)，创立伽蓝，为招提[5]之号。隋炀帝大业中，改天下寺为道场。至唐，复为寺也。案灵裕法师《寺诰》，凡有十名寺：一曰寺，义准《释名》。二曰净住，秽浊不可同居。三曰法同舍，法食二同界也。四曰出世舍，修出离世俗之所也。五曰精舍，非粗暴者所居。六曰清净园，三业无染处也。七曰金刚刹，刹土坚固，道人所居。八曰寂灭道场，祇园有莲华藏世界，以七宝庄严，谓之寂灭道场。卢舍那佛说《华严》于此。九曰远离处，入其中者，去

[1]［晋］法显撰《法显传》，第33页。

[2]［北魏］杨衒之撰《洛阳伽蓝记》，周祖谟校释，北京：中华书局，1963年。

[3]《大正新修大藏经》(100卷，高楠顺次朗、渡邊海旭都监，東京：大正一切經刊行會，1924-1934年，以下简作《大正藏》) No.2040，第50卷，第66b页。

[4]《一切经音义三种校本合刊》，第880页。现存唐欧阳询撰《艺文类聚》似无此条。

[5]招提，梵语作cāturdiśya，柘斗提奢，意为四方，后省作柘提，误作招提。据慧琳《一切经音义》卷二十六删补释云公《大般涅槃经》第二十一卷："招提僧坊：古音云供给客僧之处也，即以招引提携之义故也。亲曾问净三藏：招提是梵语，此云四方僧房也。"同书卷六十四慧琳录玄应《大比丘三千威仪》卷上："招提：译云四方也。招，此云四，提，此云方。谓四方僧也。一云招提者，讹也。正言柘斗提奢，此云四方。译人去斗去奢，柘复误作招，以柘、招相似，遂有斯误也。"《一切经音义三种校本合刊》，第955、1649页。

烦惑远，与寂灭乐近故。十日亲近处，如行安乐行，以此中近法故也。此土十名，依《祇洹图经》，释相各有意致，如彼《寺诰》也。[1]

宋法云撰《翻译名义集》卷七释"精舍"，再次征引"灵裕《寺诰》曰：非粗暴者所居，故云精舍"[2]。故而，精舍狭义疑作僧众栖居之处，广义应为地面佛寺之称，有时如下述玄奘所记亦指塔殿或佛殿，但其原语不明。

除精舍与僧伽蓝外，"毗诃罗 (vihāra)"乃佛世时僧众被额外允许栖身场所之首选。一处较完整的早期大型佛寺 (monastic complex)，似应包括 vihāra（毗诃罗）、pariveṇa（小室 / 私室）、koṭṭhaka（门房 / 门廊）、upaṭṭhāna-śālā（服务室）、aggi-śālā（带炉床之室）、kappiya-kuṭi（vihāra 外的储藏室）、vacca-kuṭi（厕所）、chaṅkamana（经行处）、chaṅkamana-śālā（经行室）、udapāna（井）、udapāna-śālā（井旁小屋）、jantā-ghara（澡堂）、jantā-ghara-śālā（澡堂附属小屋）、pokkharaṇī（贮水池）和 maṇḍapa（殿堂）等[3]。依据锡兰（狮子国）文献，坎宁安 (A. Cunningham) 推测祇洹精舍有一中央毗诃罗 (central vihāra) 或殿堂，周饶僧众日常起居之僧舍及其他用房，以及经行处、池塘、果园、花树等，外砌高 18 腕尺 (cubit) 的围墙[4]。若然，毗诃罗是佛世时祇洹精舍的核心或重要组成部分。

毗诃罗是印度中古时期普通的佛教建筑。其平面布局，中央为一方形庭院，周匝建有若干小室（僧房），小室入口与庭院相通[5]。从出土的原始题刻推测，笈多时期营造的毗诃罗已由多室构成，后世各地营造多延续之。如《萨尔纳特鸠摩罗天妃题记》(Sārnāth Inscription of Kumaradēvī v.21) 记述鸠摩罗天妃在鹿野苑建造的僧伽蓝中，"这座僧坊为尘世增添光彩，庭院周围有 9 间僧房，是她让人建造的。"[6]。

据义净撰《南海寄归内法传》卷四："那烂陀寺，人众殷繁，僧徒数出三千，造次

---

[1]《大正藏》No. 2126，第 54 卷，第 236c-237a 页。

[2]《大正藏》No. 2131，第 54 卷，第 1167a 页。

[3] 1) Mahāvagga III, 5, 6, 9. See SBE, Vol. XIII, 303-304; 2) Cullavagga VI, 4, 10; VIII, 7, 4. confer: SBE, Vol. XX: 189, 296. 参见：John Marshall and Alfred Foucher, *The Monuments of Sāñchī* (Calcutta: Manager of Publications/Archaeological Survey of India, 1940), Vol. I: 62.

[4] *Archaeological Survey of India: Four Reports made during the years 1862-63-64-65* by A. Cunningham (Archaeological Survey of India, 1871), Vol. I: 336.

[5] T. Bhattacharyya, *The Cannons of Indian Art* (Calcutta: Firma K.L. Mukhopadhyay, 1963), 64-45.

[6] 题刻作 "Vihāro nava-Khaṇḍa maṇḍala-mahī-hāraḥ Kṛtoyaṃ. ... Yaṃ dṛṣṭvā praticitra-śilparacanā cāturyya-sīmaśrayaṃ gīrvānaḥ sudṛśam ca vismayam agād viśvakarmāpi saḥ." Sten Konow, "Sārnāth Inscription of Kumaradēvī," *Epigraphia Indica*, Vol. IX: 319-328, esp. 325, 327.

难为翔集。寺有八院，房有三百。"[1]对此，义净在《大唐西域求法高僧传》卷上详述如下：

　　（那烂陀寺）造制宏壮，则赡部洲中当今无以加也。轨模不可具述，但略叙区寰耳。然其寺形，裛方如城，四面直檐，长廊遍匝，皆是砖室。重叠三层，层高丈余，横梁板阗，本无椽瓦，用砖平覆。寺皆正直，随意旋往。……其僧房也，面有九焉。一一房中可方丈许，后面通窗户向檐矣。其门既高，唯安一扇，皆相瞻望，不许安帘。……于一角头作阁道还往。寺上四角，各为砖堂，多闻大德而住于此。寺门西向，飞阁凌虚，雕刻奇形，妙尽工饰。其门乃与房相连，元不别作，但前出两步，齐安四柱。其门虽非过大，实乃装架弥坚。每至食时，重关返闭，既是圣教，意在防私。寺内之地方三十步许，皆以砖砌。小者或十步，或五步耳。……如斯等类，乃有八寺，上皆平通，规矩相似。[2]

义净记述那烂陀"寺有八院"或"乃有八寺"；其中"寺"或"院"，应是梵语 vihāra 的迻译，并说明"毗诃罗是住处义，比（此）云寺者，不是正翻"[3]。据玄应撰《众经音义》卷六音《妙法莲华经》第六卷："塔寺，梵言毗诃罗，此云游行处，谓僧所游履处也，今以寺代之。言寺者，《说文》：廷也，有法度者；《广雅》：寺，治也；《释名》云：寺，嗣也，治事者相嗣续于其中也。"[4]至于"院"，意同坊，即区院。"传密教于金刚（智）、（善）无畏"[5]之唐代高僧一行，所撰《大毗卢遮那成佛经疏》卷三《入漫荼罗具缘真言品》明确记载："僧坊，梵音毗诃罗，译为住处，即是长福住处也。"[6]唐代慧琳撰《一切经音义》卷二十二抄慧苑《新译大方广佛花严经音义》卷中云："僧坊，坊，甫亡反。《韵林》曰：坊，区也。谓区院也。"同书卷二十三引录慧苑撰《新译大方广佛花严经音义》卷下"盗塔寺物"条："塔，具云窣堵波，谓置佛舍利处也。寺名，依梵本中呼为鞞诃罗，此云游，谓众生共游止之所也。《三苍》曰：

[1]［唐］义净撰《南海寄归内法传》，王邦维校注，北京：中华书局，1995年，第176-177页。

[2]［唐］义净撰《大唐西域求法高僧传》，王邦维校注，北京：中华书局，1988年，第112-113页。

[3]［唐］义净撰《大唐西域求法高僧传》，第115页。

[4]又，［唐］玄应撰《众经音义》卷二十四音《阿毗达磨俱舍论》卷十五："毗诃罗，亦言鼻诃罗，此云游，谓僧游履处也。此土以寺代之。"《一切经音义三种校本合刊》，第139、494页。

[5]［宋］志磐《佛祖统纪》卷二十九《诸宗立教志》第十三"瑜伽密教"条。《大正藏》No. 2035，第49卷，第296b页。

[6]《大正藏》No.1796，第39卷，第615c页。

Pl.1.1-1. 祇洹精舍故事浮雕，犍陀罗出土，现藏（卡拉奇）国家博物馆

Pl.1.1-2. 祇洹精舍浮雕，帕鲁德大塔栏楯，现藏（加尔各答）印度博物馆

Pl.1.1-3. 祇洹精舍遗址

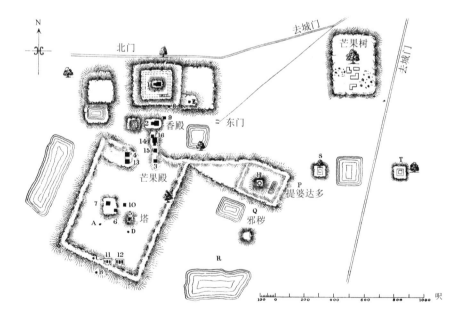

Pl.1.1-4. 祇洹精舍遗址平面图

Pl.1.1-6. 蓝毗尼园遗址

Pl.1.1-7. 阿育王石柱，蓝毗尼园出土

Pl.1.1-8. 阿育王石柱铭文

MAYA-DEVI.

Pl.1.1-9. 佛诞浮雕，蓝毗尼园鲁明迭殿遗址出土　　　Pl.1.1-10. 佛诞浮雕速写

Pl.1.1-11. 蓝毗尼园鲁明迭殿遗址

Pl.1.1-12. 伽耶大菩提寺塔

Pl.1.1-13. 萨尔纳特（鹿野苑）遗址

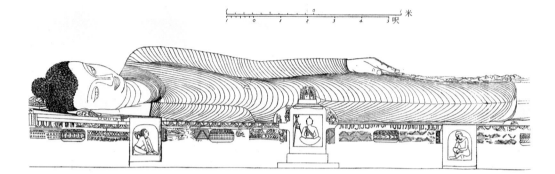

Pl.1.1-14. 拘夷那竭涅槃像

Pl.1.1-15. 拘夷那竭遗址

Pl.1.1-16. 毗舍离原始佛塔遗址现状

Pl.1.1-17. 毗舍离遗址局部（戈卢厄）

Pl.1.1-18. 桑吉大塔

Pl.1.1-19. 桑吉大塔西侧第 51 号僧坊址

Pl.1.1-20. 那烂陀寺遗址中第 3 号殿堂（主塔）址及 IA 僧坊址

Pl.1.1-21. 那烂陀寺遗址中第 11 号僧坊址

Pl.1.1-22. 阿旃陀石窟近旁地面塔寺遗址

Pl.1.1-23. 乌德耶吉里第 2 号遗址 U 形平面塔庙遗迹

Pl.1.1-24. 雀离浮图与迦腻色伽僧坊遗址现状

a.   b.

Pl.1.1-25. "迦腻色迦"舍利盒

Pl.1.1-26. 布特卡拉第 I 号遗址中大塔

Pl.1.1-27. 布特卡拉第 I 号遗址中大塔后世扩建遗迹

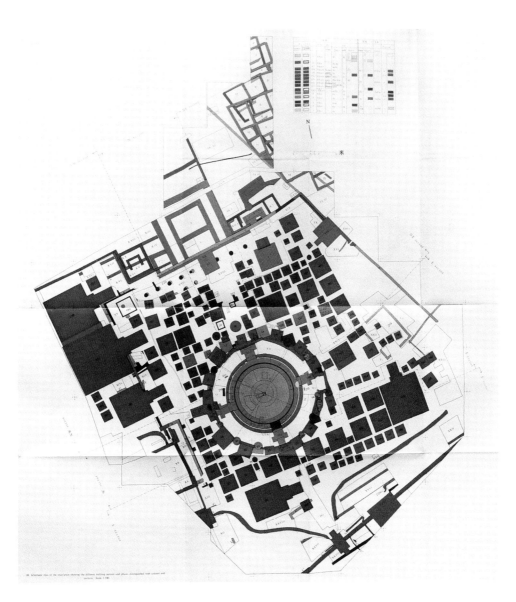

Pl.1.1-28. 布特卡拉第Ⅰ号遗址平面图

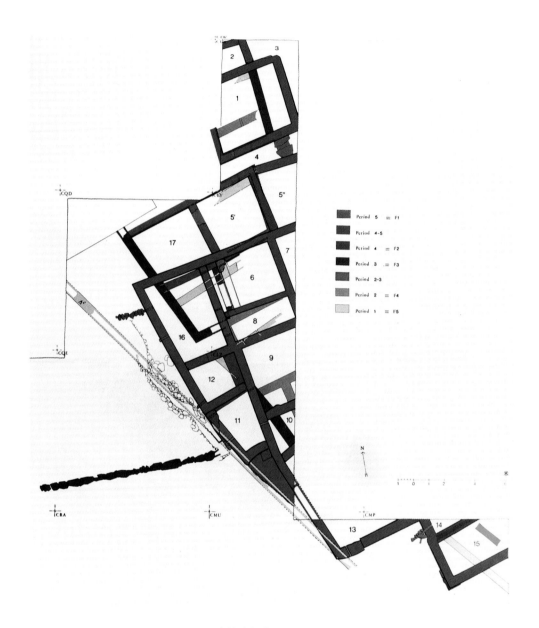

Pl.1.1-29. 布特卡拉第 I 号遗址中僧院局部

Pl.1.1-30. 赛度·谢里夫第 I 号遗址中大塔

Pl.1.1-31. 赛度·谢里夫第 I 号遗址中僧坊

Pl.1.1-32. 塔赫特巴希佛寺遗址

Pl.1.1-33. 阿齐兹·德里遗址 A 区中主塔

Pl.1.1-34. 达磨拉吉卡遗址

Pl.1.1-35. 珀马拉佛寺遗址中主塔西侧大涅槃像

Pl.1.1-36. 桑科尔 SGL-5 遗址平面图

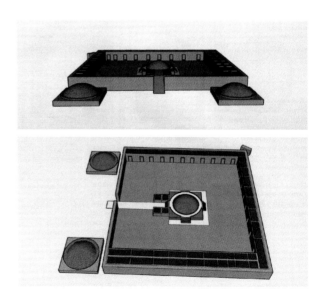

Pl.1.1-37. 桑科尔 SGL-11 遗址模型

Pl.1.3-1. 蓝莫塔现状

Pl.1.3-2. 桑吉大塔南门

Pl.1.3-3. 桑吉大塔南门中楣浮雕

Pl.1.3-4. 阿默拉瓦蒂大塔饰板浮雕

Pl.1.3-5. 阿默拉瓦蒂大塔饰板浮雕

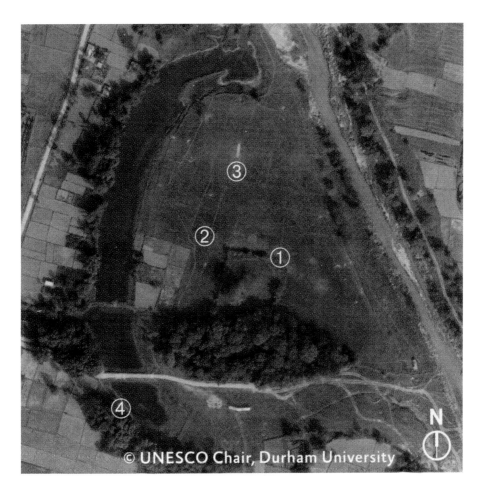

Pl.1.3-6. 蓝莫塔遗址平面布局示意图

Pl.1.3-7. 蓝莫塔遗址地表之下地球物理勘测图

寺，馆舍也，馆舍与游义称相近耳。又，《风俗通》曰：寺，司也，匡之有法度者也。今诸侯所止皆曰寺也。《释名》曰：寺，嗣也，治事者相继嗣于内也。今若以义立名，则佛弟子助佛杨化，住持正法同后（复）三说；若直据梵本敌对而翻，则如初释也。"[1]

因此，汉文佛籍中的"毗诃罗""鞞诃罗"或"鼻诃罗"，乃俗语 (Prakrit) "vihare"[2] 或梵语 (Sanskrit) "vihāra" 之音译；"僧坊""院"或"区院"，系俗语 "vihare" 或梵语 "vihāra" 之意译；可能没有合适之术语，当时此土僧众译俗语 "vihare" 或梵语 "vihāra" 时多 "以寺代之"。又，俗语 "vihare" 或梵语 "vihāra"，大多指僧坊或僧院，个别情况意为塔寺或殿堂，通常与英文 monastery 的含义基本相当。

除译作僧坊外，东晋佛陀跋陀罗与法显译《摩诃僧祇律》把这种建筑形式，即梵语 "vihāra" 或俗语 "vihare"，迻译 "僧院"。如同书卷十八《明单提九十二事法》记载佛住舍卫城，告诸比丘："乃至扫塔院、僧院。"[3] 卷二十五《明杂诵跋渠法》之三载："（佛告诸比丘）：'僧伽蓝有比丘住……不得无比丘僧伽蓝中住……晨起，扫塔院、僧院。'"[4] 卷二十六《明杂诵跋渠法》之四记："佛住舍卫城，广说如上。……'应安着僧伽蓝边住……尊者，故在精舍中住耶。……比丘事乃至王事羯磨已，应安着僧伽蓝外边门，向阿练若处。若来入塔院、僧院中扫地者，比丘应逆扫其迹。'"[5] 卷二十七《明杂诵跋渠法》之五记述："佛住舍卫城……（佛言）：'至布萨日，应扫塔及僧院。'"[6] 卷三十一《明杂诵跋渠法》之九记载："佛住旷野精舍，诸天世人之所供养，尔时僧院内作食厨。"[7] 卷三十四《明威仪法》记录："佛住舍卫城，尔时诸比丘处处大便，为世人所嫌。……（佛言）：'若塔院、僧院内见不净者，应除去。'……佛住舍卫城，尔时六群比丘嚼未断治齿木，为世人所嫌。……（佛言）：'从今日后，不听用齿木。……若僧房内者，应以器盛嚼，残余不得着器中；不得着塔院中、僧院中常行处。'"[8] 这说明佛世之时，僧伽蓝中塔或塔院与僧院一道是其最重要的建置。此外，道宣撰《四分律删繁补阙行事钞》卷下《僧像致敬篇》（造立像寺法附）记载："佛殿、经坊极令清素，僧院、厨仓趣得充事，如此则后无所

---

［1］《一切经音义三种校本合刊》，第 878、901-902 页。

［2］参见本文《崔离浮图与迦腻色迦僧坊》一节。

［3］《大正藏》No.1425，第 22 卷，第 372b-c 页

［4］同上书，第 433a 页。

［5］同上书，第 439a-b 页。

［6］同上书，第 450b 页。

［7］同上书，第 477a 页。

［8］同上书，第 505a-b 页。

坏。"[1]道宣撰《中天竺舍卫国祇洹寺图经》卷下记："故寺僧院，有凡僧病皆诣此中。"[2]道世撰《法苑珠林》卷六十二《祭祠篇·献佛部》："议曰：既知三宝各别，不得互用。初立寺时，佛院、僧院各须位别。如似大寺，别造佛塔。"[3]依据唐初道宣与道世的记述，当时佛院与僧院仍是僧伽蓝中最重要的两种主要建置。

至于义净所记那烂陀每"寺"或"院"内的"僧房"，应为起居小室，俗语作 gabha 或 gābha。Gabha 或 gābha 似源自吠陀的 garbha，巴利语作 gabbha，疑指地上营造的毗诃罗 (vihāra，或译僧坊、僧院) 之小室，与之相当的梵语词是 garbha[4]。因此，义净所言那烂陀"乃有八寺"或"寺有八院"，应指那烂陀寺建有八座毗诃罗，即僧坊。这种平面方形的毗诃罗 (僧坊)，显然适宜禅修和集会之需，为僧众提供了隐逸场所，保护他们不受风吹、日晒和雨淋。此外，由于设置了宽敞的庭院或天井，他们可以享受充足的阳光和新鲜空气。

原始木构佛寺或泥笆草庐之寺的结构非常脆弱，可能没有固定的平面布局，故迄今尚未发现一处佛世时完整的佛寺遗址。倘若在王舍城山谷东南角发掘出土的所谓耆婆园 (Jīvakāmravana, Jivaka-ārāma)[5]确实是佛寺的话[6]，我们可借此窥见佛世时天竺地面佛寺之一斑。尽管耆婆园仅存建筑基址，不过其平面布局颇具学术价值。发掘出土的个体建筑平面大多呈长方形，但有四个呈长椭圆形，其中三座的纵向一侧辟有通道 (Fig. 1.1-1)。这些平面长椭圆形的建筑可能为公共厅堂。无论是椭圆形的主体建筑，还是长方形房间，都以毛石 (rubble) 垒砌。这处遗址的平面，与一般佛寺的布局不同，可能缘于其时代较早，因为彼时佛寺的平面布局尚未定型[7]。至于这些建筑的外观，我们可以参考公元前 2 世纪中叶修建的帕鲁德 (Bhārhut) 大塔

[1]《大正藏》No.1804，第 40 卷，第 134c 页。

[2]《大正藏》No.1899，第 45 卷，第 895b 页。

[3]［唐］道世撰《法苑珠林》，第 1831 页。

[4] 李崇峰《石窟寺中国化的初步考察》，载李崇峰著《佛教考古：从印度到中国》，修订本，上海：上海古籍出版社，2020 年，第 559-609 页。

[5] B. C. Law, *Rājagṛha in Ancient Literature*; Memoires of the Archaeological Survey of India No. 58, New Delhi: Archaeological Survey of India, 1938, 12.

[6] 发掘出土的遗物，大多为相同的粗糙红陶器，可能年代较早，但没有出土明确的佛教遗物。目前，印度学者基本把这处遗址推定为耆婆园。

[7] 1) *Indian Archaeology 1953-54: A Review*: 9, Pl. VI B; 2) *Indian Archaeology 1954-55: A Review*: 16, Fig. 4, Pl. XXIX; 3) *Indian Archaeology 1957-58: A Review*: 11; 4) *Indian Archaeology 1958-59: A Review*: 13, Fig. 6; 5) Debala Mitra, *Buddhist Monuments* (Calcutta: Sahitya Samsad, 1971), 36, 40, 73.

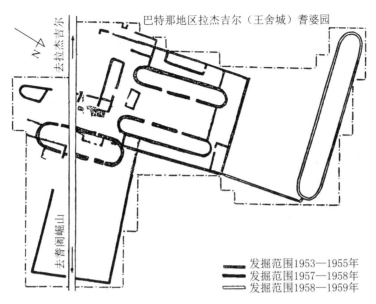

Fig. 1.1-1　耆婆园遗址平面图

栏楯[1]或公元前 1 世纪营造的桑吉 (Sāñchī) 大塔北门[2]浮雕的祇洹精舍。

2. 祇洹精舍[3]

除摩竭提国王舍城竹林精舍外，拘萨罗国舍卫城祇洹精舍与之并列为最早的两大佛寺，全称祇树给孤独园或逝多林给孤独园 (Jetavanānāthapiṇḍikārāma)，位于舍卫城之南，相当于今印度北方邦贡达 (Gonda，一译贡德) 与巴赫赖奇 (Bahraich)

[1] Alexander Cunningham, *The Stūpa of Bhārhut: A Buddhist Monument ornamented with numerous sculptures illustrated of Buddhist legend and history in the third century B.C.* (London: W.H. Allen & Co., 1879), 84-87, Pls. XXVIII, LVII.

[2] John Marshall and Alfred Foucher, *The Monuments of Sāñchī...*, Vol. I: 122, 235; Vol. II: Pl. XXXIVa.

[3] 关于祇洹精舍及其与中土早期佛寺之关系，笔者曾有拙文发表。参见: Chongfeng Li, "Jetavanārāma and Early *Saṃghārāmas* of China," in *Buddhist Monasteries of South Asia and China*. Monograph No. 1, Society for Buddhist Art and Archaeology, Editor-in-Chief R. C. Agrawal (New Delhi: Manohar Publishers & Distributors, 2017), 157-209. 已收入本书。

需要说明的是，英国人坎宁安 19 世纪调查古代天竺佛教遗迹时，以法国儒莲 (M. Stanislas Julien) 翻译的 *Histoire de la Vie de Hiouen-Thsang et de ses Voyages dans l'Inde: depuis l'An 629 Jusqu'en 645*（ 慧立、彦悰撰《大慈恩寺三藏法师传》）和 *Mémoires sur les contrées occidentales; traduits du sanscrit en chinois, en l'an 648 par Hiouen-Thsang*（ 玄奘撰《大唐西域记》）为线索，按图索骥，实地踏查，发现了诸多佛教遗址。参见: *Archaeological Survey of India...*, Vol. I: 5. 故本文叙述各地佛教遗迹时，先抄录法显或玄奘等相关记载，然后再记述考古调查与发掘结果。

地区交界的萨赫特—马赫特 (Sāheṭh-Māheṭh)。

梵语 Jetāvana（巴利语 Jetavana），汉语意译胜林，音写誓多林，亦作祇洹等，指拘萨罗国波斯匿王（梵语作 Prasenajit，巴利语 Pasenadi，玄奘译作胜军王）太子逝多 (Jeta) 的园林。传说太子诞生之日，波斯匿王大破敌军，故以"胜"字为太子命名，以其树林为太子胜所有，故称之胜林等。给孤或给孤独，梵语作 Anāthapiṇḍika（巴利语为 Ānāthapiṇḍada），汉文音写阿那邠坻，是舍卫城一位长者，即波斯匿王的主藏吏须达 (Sudatta，玄奘译作善施)。须达长者矜怜孤独，乐善好施，被誉为给孤独长者。须达长者皈依佛教后，欲觅一地为佛陀营造精舍，见逝多太子花园清净闲旷，欲购之，然为太子所拒。逝多太子为令须达却步，遂戏称以黄金铺满庭园为其出售条件。长者乃以象、牛驮金铺地。太子为其诚心所感，遂将园中所有树林奉施佛陀，故以二人名字命名为祇树给孤独园。所建祇洹精舍 / 祇洹寺，学界多作 Jetavanārāma。据文献记载，佛陀曾在舍卫城祇洹精舍居住二十五年，于此宣说多数经义。故"四藏、五部咸称舍卫"[1]"五部、四含之玄籍法多从于斯寺"[2]，故佛典中多有"世尊在舍卫国祇树给孤独园"或"至祇洹精舍，到世尊所"的记载。因此，祇洹精舍与佛陀传法关系颇大[3]。

(1) 文献与图像：关于祇洹精舍，失译《分别功德论》（附后汉录）[4]卷二记载祇洹精舍占地"八十顷。……有七十二讲堂，千二百五十房舍"[5]。北凉昙无谶译《大般涅槃经》卷二十九云："大房足三百口，禅房、静处六十三所，冬室、夏堂各各别异，厨坊、浴室、洗脚之处，大小圊厕无不备足。"[6]唐道宣撰《中天竺舍卫国祇洹寺图经》卷上曰："基趾八十顷地、百二十院"，内有经行处、讲堂、斋堂、浴舍、病室、莲池等，中央为香殿，周围有八十小房。精舍左右有池林，外有十八座僧伽蓝[7]。

公元 404 年下半或 405 年初，高僧法显参拜祇洹精舍。据法显记载：

拘萨罗国舍卫城，……即波斯匿王所治城也。……出城南门千二百步，道西，长者须达起精舍。精舍东向开门，门户两边有二石柱，左柱上作轮形，右柱上

---

[1] [唐]道宣撰《关中创立戒坛图经》,《大正藏》No.1892, 第 45 卷, 第 812b 页。

[2]《大正藏》No. 1899, 第 45 卷, 第 883a 页。

[3] 1) B. C. Law, *Śrāvastī in Indian Literature*. Memoirs of the Archaeological Survey of India No. 50, Calcutta: Archaeological Survey of India, 1935; 2) 長廣敏雄《インドの仏蹟》, 長廣敏雄《中国美術論集》, 東京：講談社, 1984 年, 第 532-534 页。

[4] 吕澂《新编汉文大藏经目录》, 济南：齐鲁书社, 1981 年, 第 77 页。

[5]《大正藏》No. 1507, 第 25 卷, 第 35b 页。

[6]《大正藏》No. 374, 第 12 卷, 第 541b 页。

[7]《大正藏》No. 1899, 第 45 卷, 第 883b 页。

作牛形。精舍左右,池流清净,树林尚茂,众华异色,蔚然可观,即所谓祇洹精舍也。佛上忉利天为母说法九十日,波斯匿王思见佛,即刻牛头栴檀作佛像,置佛坐处。佛后还入精舍,像即避出迎佛。佛言:"还坐。吾般泥洹后,可为四部众作法式。"像即还坐。此像最是众像之始,后人所法者也。佛于是移住南边小精舍,与像异处,相去二十步。祇洹精舍本有七层,诸国王、人民竞兴供养,悬缯幡盖,散华、烧香,然灯续明,日日不绝。鼠衔灯炷,烧幡盖,遂及精舍,七重都尽。诸国王、人民皆大悲恼,谓栴檀像已烧。却后四五日,开东边小精舍户,忽见本像,皆大欢喜。共治精舍,得作两重,还移像本处。法显、道整初到祇洹精舍,念昔世尊住此二十五年。……精舍西北四里有林,名曰得眼。……祇洹众僧中食后,多往彼林中坐禅。……祇洹精舍大援落有二门,一门东向,一门北向。此园即须达长者布金钱买地处,精舍当中央,佛住此处最久。说法、度人、经行、坐处,亦尽起塔,皆有名字。……绕祇洹精舍有十八僧伽蓝,尽有僧住。[1]

631 年前后玄奘游历此地时[2],记载室罗伐悉底国 (Śravasti):

城南五六里,有逝多林,唐言胜林,旧曰祇陀,讹也。是给孤独园,胜军王大臣善施为佛建精舍;昔为伽蓝,今已荒废。东门左右各建石柱,高七十余尺;左柱镂轮相于其端,右柱刻牛形于其上,并无忧王 (阿育王) 之所建也。室宇倾圮,唯余故基,独一砖室岿然独在,中有佛像。昔者如来升三十三天为母说法之后,胜军王闻出爱王 (优填王) 刻檀像佛,乃造此像。善施长者仁而聪敏,积而能散,拯乏济贫,哀孤恤老,时美其德,号给孤独焉。闻佛功德,深生尊敬,愿建精舍,请佛降临。世尊命舍利子随瞻揆焉,唯太子逝多园地爽垲。寻诣太子,具以情告。太子戏言:"金遍乃卖。"善施闻之,心豁如也,即出藏金,随言布地。有少未满,太子请留,曰:"佛诚良田,宜植善种。"即于空地建立精舍,世尊即之,告阿难曰:"园地善施所买,林树逝多所施,二人同心,式崇功业。自今已去,应谓此地为逝多林给孤独园。"[3]

鉴于祇洹精舍在佛教史上的特殊地位,唐代高僧道宣主张:中土佛寺的营造,

[1] [晋]法显撰《法显传》,第 68 页注释[54]、第 71-74 页。

[2] 1) 周连宽《大唐西域记史地研究丛稿》,北京:中华书局,1984 年,第 319 页;2) 杨廷福《玄奘论集》,济南:齐鲁书社,1986 年,第 113-114 页;3) 章巽《〈大唐西域记〉校点本前言》,《章巽文集》,北京:海洋出版社,1986 年,第 174 页。

[3] [唐]玄奘撰《大唐西域记》,第 488-489 页。

似应以中天竺舍卫国祇洹寺为标准，"流此图经，传入后叶"[1]。据天和元年 (1681 年) 日僧宗觉《祇洹图经序》，道宣 "恐后世造塔庙无所表彰，窃据灵感，制《祇洹图经》双卷矣"[2]。为此，道宣梳理各种记载，于唐高宗乾封二年 (667 年) 编撰《中天竺舍卫国祇洹寺图经》和《关中创立戒坛图经》[3]。其中，《关中创立戒坛图经》凡十一篇，《戒坛高下广狭第四并引图相》总叙祇洹精舍各院并附《祇洹寺图》(Fig. 1.1-2)。道宣曰："余所撰《祇桓图》上下两卷，修缉所闻，统收经律，讨雠诸传，极有踪绪。然五大精舍，佛所常游，祇桓一代最住经久，故二十五载弘化在兹。"[4]不过，"考其图与今传本《祇洹图经》大相径庭，戒坛之作，当在天人感通之先。所指《祇洹图》，当是初纂而未定之稿"[5]。道宣未曾求法天竺，所撰《中天竺舍卫国祇洹寺图经》，主要依据灵裕《寺诰》及《胜迹记》，并加上自己感悟所创，故自述 "觉梦虽异，不足怀疑"[6]。周叔迦认为：《关中创立戒坛图经》之《祇洹图》，与《中天竺舍卫国祇洹寺图经》所记大有乖舛，因为 "《戒坛图经》所绘在先，乃纂集诸录而成；此书所记在后，乃天人指示改正者也"[7]。

《中天竺舍卫国祇洹寺图经》，乃 "唐乾封二年季春，终南山释氏感灵所出"[8]。现抄录道宣相关记述如下：

> 初造此园，其地南北周徼八十余顷，东西长列，在舍卫城南五六里许，大院有二[9]。西方大院，僧佛所居，名曰道场，或金刚场。[10]

西方大院以中院为核心，"中院唯佛独居"[11]，故道宣也称 "佛院"。佛院有明确的南北向中轴线，院内主要建筑均依此轴布列：佛院南门面对端门，不远有大方池，

---

[1]《大正藏》No.1899，第 45 卷，第 883a 页。

[2]同上书，第 882b 页。

[3]《大正藏》No.1892、1899，第 45 卷，第 807-819、882-896 页。

[4]《大正藏》No.1892，第 45 卷，第 812b 页。

[5]周叔迦《释家艺文提要》，北京：北京古籍出版社，2004 年，第 201-202 页。

[6]《大正藏》No.1899，第 45 卷，第 883b 页。

[7]周叔迦《释家艺文提要》，第 208-209 页。

[8]《大正藏》No.1899，第 45 卷，第 882c、895c 页。

[9]前述法显记 "祇洹精舍大援落 (院落)""绕祇洹精舍有九十八 / 十八僧伽蓝"，疑当时祇洹精舍或有小院落。道宣《中天竺舍卫国祇洹寺图经》卷下记："(灵) 裕师《圣迹记》总集诸传，以法显为本。"据此，道宣所言祇洹精舍二大院，似因袭法显之说。《大正藏》No.1899，第 45 卷，第 895b 页。

[10]《大正藏》No.1899，第 45 卷，第 883c 页。

[11]同上书，第 886c 页。

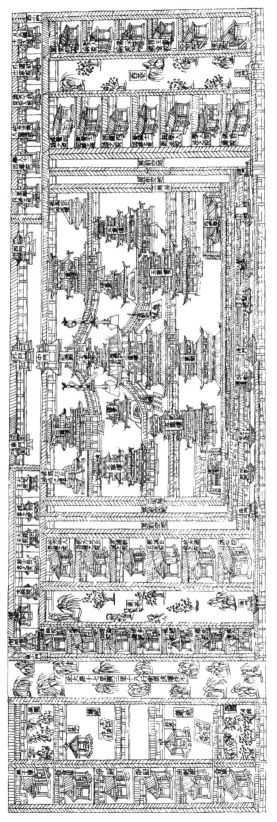

Fig. 1.1-2 《关中创立戒坛图经》附图《祇洹寺图》

池东、西两侧有坛；方池正北有大佛塔，塔傍左右立二钟台；次北有大佛殿，置东、西夹殿和前佛殿东、西楼；第二大复殿，旁有飞廊两接楼观，即复殿东台和复殿西台；极北重阁，即重阁讲堂东、西有大宝楼；东、西二库在墙两角。此三殿阁，即大佛殿、第二大复殿、重阁讲堂，次第重映，北望极目，殆非人谋。阁北桓墙，周匝四面。佛院之东、西、北三边永巷，周围置五十三所别院，包括：他方白衣菩萨之院、他方菩萨之院、比丘尼来请教授之院、教诫比丘尼院、他方诸佛之院、佛香库院、诸仙之院、大梵天王之院、知时之院、魔王施物之院、大佛像院、龙王之院、榎殿之院、居士之院、文殊师利菩萨之院、僧库院、菩萨四谛之院、菩萨十二因缘之院、缘觉十二因缘之院、缘觉四谛之院、无学人问法之院、学人住止听法之院、佛油库院、他方三乘学人八圣道之院、学人四谛之院、学人十二因缘之院、角力之院、外道来出家院、凡夫禅思之院、明僧院（僧房院）、持律院、戒坛律院、论院、修多罗院、佛洗衣院、佛经行所、佛衣服院、韦陀院、书院、阴阳书籍院、医方之院、僧家净人坊、天童院、无常院、圣人病坊院、佛病坊、四天王献佛食坊、浴坊、流厕、地神坚牢院、诸龙王像院、大千世界力士院和大千世界大梵天王摩王帝释院等。"大院东门对于中道，东西通彻。此门高大，出诸院表。……四方道俗初来礼觐，未敢北面，多历此门。"

供僧院，即第二大院，位于"西方大院东大路之左"。西方大院与供僧院之间路阔三里，中有林树一十八行。供僧院至少包括：僧净厨院、诸圣人诸王天众出家处、凡下出家处、果园或曰佛经行地、竹菜园、解衣车马处、诸王夫人解衣服院、供食院、维那者监护处、牛马坊、佛堂钟台周廓、房宇典座所居院、僧食所、僧净人常行食者小便之院、药库、僧病人所居院、病者大小便处、脱着衣院、浴室坊等十八九处[1]。

依据上述道宣记载，祇洹精舍整体布局主次分明，院落布列有序，功能分区显著。精舍总体分为东、西两座大院。西方大院是佛、僧所居之佛寺主体，其中佛院的东、西、北三面设绕佛房，即明僧院；东方大院则是寺院的后勤服务区。两大院落之间以南北向大路相隔。其中，西方大院的佛院之南，有贯穿全寺的东西大道。大道以南区域，被三条南北向道路均分成四块。这三条道路分别通向佛寺南端的三座大门，与东西大道共同构成寺院前部的主要交通脉络。以东西大道作为划分内外功

---

[1]《大正藏》No.1899，第45卷，第882c-895b页。道宣《关中创立戒坛图经》卷上记载："今约祇树园中，总有六十四院，通衢大巷，南有二十六院。三门之左右大院，西门之右六院……东门之左七院……中门之右七院……中门之左六院……绕佛院外有十九院……中院东门之左七院……中院北有六院……中院西有六院……正中佛之内有十九所。"《大正藏》No.1892，第45卷，第810c-811a页。

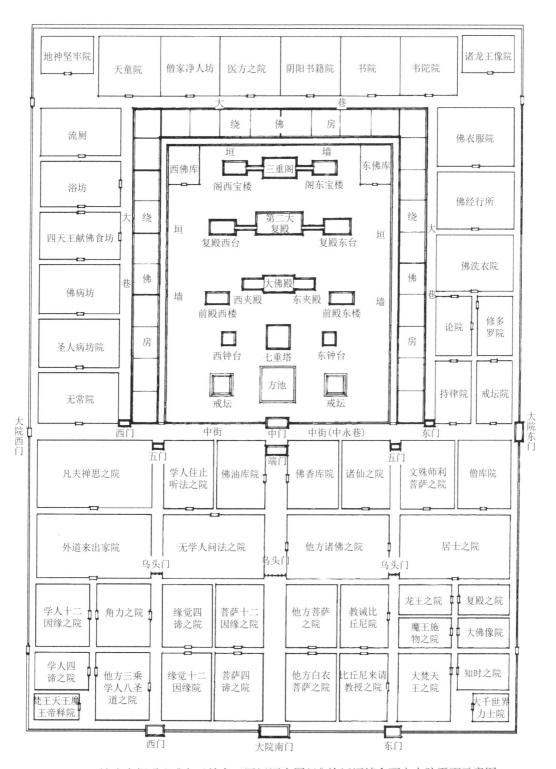

Fig. 1.1-3 钟晓青据道宣《中天竺舍卫国祇洹寺图经》绘祇洹精舍西方大院平面示意图

能区域的界限，道南为对外接待或接受外部供养的区域；道北则是寺院内部活动区域，其中又分为中心佛院与外周僧院两大部分 (Fig. 1.1-3)[1]。

《中天竺舍卫国祇洹寺图经》在国内数度失传，两次从海外得回重印，经文对祇洹精舍的总体布局与寺内各建筑之间的关系、方位、院门朝向等描述甚详，但附图早已散佚。《关中创立戒坛图经》虽以设坛为主，对佛寺建筑的描述相较《中天竺舍卫国祇洹寺图经》略粗，但也基本上表述了祇洹寺的平面布局。义净于唐高宗咸亨二年 (671 年) 从广州取海路赴印度求法，武周垂拱元年 (685 年) 离开那烂陀寺仍取海路东归，在南海一带滞留将近十年，后于证圣元年 (695 年) 抵达洛阳。义净写道："曾忆在京见人画出祇洹寺样，咸是凭虚。为广异闻，略陈梗概云尔。"[2] 义净675 年左右亲历祇洹精舍，故称道宣所撰"凭虚"。传源自南宋绍兴二十二年 (1152年) 刻本《关中创立戒坛图经》之附图，向我们展示了祇洹精舍为一座横连多院的大型佛寺，中部中轴线上的建筑为主院，即"正中佛院"，左侧横连两个院落，右侧横连一个院落，三大院落中还各有被廊庑分隔的众多小院，每小院中各置一殿。钟晓青认为："图中建筑形象不似唐代，疑为绍兴年间刻版时补刻。"[3] 不管怎样，《中天竺舍卫国祇洹寺图经》代表了唐初中土高僧对祇洹精舍的理解。

传说当时须达 / 善施为买园铺金币 1.8 亿枚，而修造精舍又花费了同样数量[4]。现存佛教遗迹与遗物中，犍陀罗出土的浮雕表现了这个故事 (Pl. 1.1-1)[5]，前述帕鲁德大塔栏楯 (Pl. 1.1-2) 和桑吉大塔北门也浮雕出祇洹精舍。

(2) 考古发现：祇洹精舍，是迄今做过全面考古调查和发掘的印度古代佛寺遗址之一 (Pl. 1.1-3)。最早对这处遗址进行调查的，是时任印度考古调查局 (Archaeological Survey of India) 局长的坎宁安。1863 年 1 月，坎宁安第一次踏查舍卫城遗址 (Sâhet-Mâhet/Srâvasti)，并发现了芒果殿 (Kōsaṁba-kuṭi) 遗迹[6]。1876 年初，坎宁安又来此地做了 11 天的考古调查和试掘，大体搞清了祇洹精舍主体

[1] 钟晓青《初唐佛教图经中的佛寺布局构想》，《钟晓青中国古代建筑史论文集》，沈阳：辽宁美术出版社，2013 年，第 234-248 页。

[2]［唐］义净撰《大唐西域求法高僧传》，第 114 页。

[3] 钟晓青《初唐佛教图经中的佛寺布局构想》，第 234 页。

[4] *Archaeological Survey of India: Report of Tours in the Gangetic Provinces from Badaon to Bihar in 1875-76 and 1877-78* by A. Cunningham, Archaeological Survey of India, 1880, Vol. XI: 80.

[5] 1) Alfred Foucher, *L'Art gréco-bouddhique du Gandhâra: étude sur les origines de l'influence classique dans l'art bouddhique de l'Inde et de l'Extréme-Orient*, 2 Bde (Paris: E. Leroux/Imprimerie Nationale, 1905-51), Tome I: 474, Fig. 239; 2) John Marshall, *Buddhist Art of Gandhara: The Story of the Early School, its birth, growth and decline* (London: Cambridge University Press, 1960), 41, Fig. 53.

[6] *Archaeological Survey of India: Four Reports...*, Vol. I: 330-348, Pl. L.

遗址的平面布局，并测绘出祇洹精舍遗址最早的平面图(Pl. 1.1-4)[1]。1908年2月3日至4月30日，印度考古调查局福格尔(Dr. J. Ph. Vogel)博士主持了萨赫特—马赫特(Sahēṭh-Mahēṭh)遗址的考古发掘。其中，马赫特(Mahēṭh)遗址，即舍卫城址，主要由福格尔发掘[2]；萨赫特(Sahēṭh)遗址，即祇洹精舍遗址，由萨尼(Daya Ram Sahni)负责[3]。1908-1909年发掘季，时任印度考古调查局局长的马歇尔(John Marshall)，在萨尼工作的基础上，对祇洹精舍遗址所在地萨赫特做了进一步发掘，出土了一系列殿堂、神龛、塔址以及其他建筑遗迹，大多属于贵霜到笈多时期。不过，这次发掘出土的一件砂岩石函，内装骨质舍利及一片金叶和一枚银币，时代大约为孔雀王朝时期[4]。

印度考古调查局组织专家发掘的祇洹精舍遗址，从北到南可以大体分作三组，即北、中、南三区(Pl. 1.1-5)，现次第予以介绍。

第一组遗迹主要分布在祇洹精舍遗址的北区(Fig. 1.1-4)。其中，1号址(僧坊)是整个遗址中最大的一处建筑遗迹，东西长45.72米(150英尺)，南北宽43.28米(142呎)，中央庭院周围环置36间僧房，营造年代大约为公元10世纪。不过，叠压在1号址之下的A遗址，约27.13米(89呎)见方，仅西侧部分被揭露出来，始建年代应早于1号址大约四五百年。B遗址平面方形，边长15.24米(50呎)，营造年代大约为公元1、2世纪。至于2号址(殿堂)，疑为佛昔日所住"精舍"，坎宁安推测是曾安置旃檀佛像之著名香殿(Gandha-kuṭī)[5]，系祇洹精舍中两座最神圣的建筑(monuments)之一[6]。鉴于香殿和前述芒果殿与佛陀之关系，坎宁安认为，其毁坏后不大可能在其他地方予以重建。经过萨尼发掘，2号址之神龛和方殿被完全揭露出来，遗址平面长方形，长22.86米(75呎)，宽17.37米(57呎)。萨尼认为："就年代而言，发掘出土的这座建筑遗址不会早于笈多晚期。"[7] F遗址和G遗址位

---

[1] *Archaeological Survey of India: Report of Tours...*, Vol. XI: 78-100, Pls. XXIV-XXX. 需要说明的是，坎宁安绘图中所标注的萨赫特和马赫特与马歇尔等人给出的位置正好相反。

[2] J. Ph. Vogel, "Excavations at Sahēṭh-Mahēṭh," *Archaeological Survey of India: Annual Report* (hereafter abbreviated for *ASIAR*) *1907-08* (1911): 81-117, 130-31.

[3] Daya Ram Sahni, "Sahēṭh," *ASIAR 1907-08* (1911): 117-130.

[4] John H. Marshall, "Excavations at Sahēṭh-Mahēṭh," *ASIAR 1910-11* (1914): 1-24.

[5] *Archaeological Survey of India: Report of Tours...*, Vol. XI: 84. 据义净译《根本说一切有部毗奈耶杂事》卷二十六注解："香殿，西方名佛所住堂为健陀俱知。健陀是香，俱知是室。此是香室、香台、香殿之义，不可亲触尊颜故，但唤其所住之殿，即如此方玉阶陛下之类。然名为佛堂、佛殿者，斯乃不顺西方之意也。"《大正藏》No. 1451，第24卷，第331b-c页。

[6] 2号址及其近旁原始建筑遗迹，或许就是道宣《中天竺舍卫国祇洹寺图经》所言"中院唯佛独居"之处。《大正藏》No.1899，第45卷，第886c页。

[7] Daya Ram Sahni, "Sahēṭh," *ibid.*, 124.

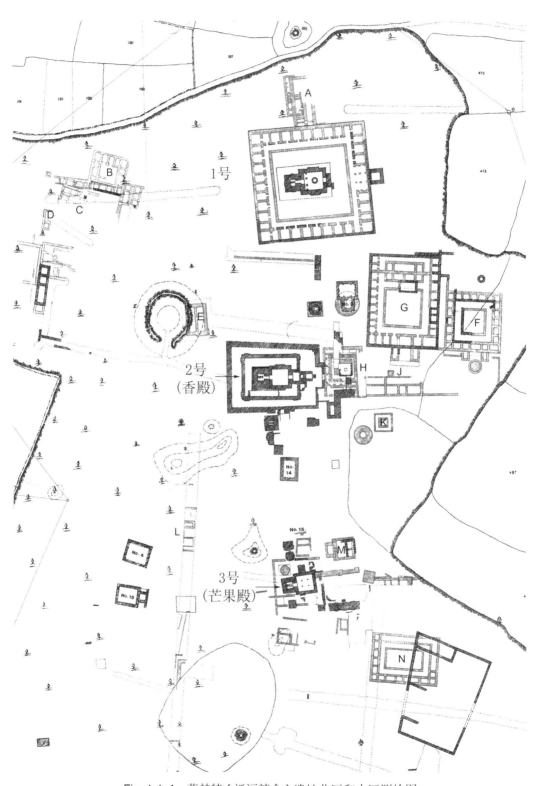

Fig. 1.1-4　萨赫特（祇洹精舍）遗址北区和中区测绘图

于通向东门的路北，大约建造于贵霜初期。其中，F 遗址平面方形，边长 22.86 米 (75 呎)，中央庭院四周环置僧房；在 F 遗址的 15 号僧房内出土了 105 枚钱币，其中 96 枚系贵霜帝国最后一位国王波调铸造。H 遗址 (塔址) 经过后世多次重修，原始塔基平面方形，边长 6.1 米 (20 呎)，最后一次重妆应在笈多时期。K 遗址 (塔址) 藏纳舍利，后来被重妆、扩大。

在 G 遗址 (僧坊) 西侧的 8 号址出土了一件菩萨残像 (Fig. 1.1-5)，像座正面镌刻题记四行，其中上方三行以俗语与梵语的混合形式刻写，记述这尊菩萨像由秣菟罗工匠雕造，安置于舍卫城祇洹精舍，年代为贵霜初期。第四行题记节录自佛经，补刻于 8、9 世纪，晚于此像的原置年代。这通题记不仅证实萨赫特的确是舍卫城祇洹精舍遗址，而且表明迄 9 世纪时，祇洹精舍还是一处重要的佛教圣地[1]。此外，在第 8 号址 (塔址) 西侧的 9 号址 (塔址) 出土了一件坐佛像，施无畏印，下为狮子座；座高 30.5 厘米 (1 呎)，宽 19.1 厘米 (7½ 吋)，厚 7.6 厘米 (3 吋)，表面题刻字体属于贵霜晚期，造像样式属于秣菟罗流派[2]。

第二组遗迹位于祇洹精舍遗址的中区，分布在东侧台地上，以 3 号址 (殿堂) 为中心 (参见 Fig. 1.1-4)。坎宁安考定 3 号址是芒果殿，殿内 2.36 米 (7¾ 呎) 见方，东壁 (前壁) 厚 1.52 米 (5 呎)，正中辟门道，其余三壁厚 1.22 米 (4 呎)，每面墙壁外侧中央各有一 15.2 厘米 (6 吋) 的凸起部分，整个芒果殿外缘长 5.79 米 (19 呎)，宽 5.49 米 (18 呎)。坎宁安在芒果殿正壁 (西壁) 发现一尊石雕立佛，出土时像座仍置原位。立佛高 2.24 米 (7 呎 4 吋)，头光两侧下缘小孔应为固定立像于墙壁时所凿。立佛头部已残，左手置腰部，右臂残失，双脚跣立。大衣作右袒式披覆，除右臂衣纹较密外，立佛上身几乎不见褶襞；下衣束带。这尊立佛以红砂岩 (杂白斑点) 雕造，故而推定其从秣菟罗运至舍卫城 (Fig. 1.1-6)。原始题刻应为印度—斯基泰 (Indo-Scythian) 时期，文中提到了供养此立佛的人名、三位托钵僧，之后是菩萨称

---

[1] 菩萨像座正面前三段题刻转写如下：

L. 1...sya Śivadharasya cha bhrātriṇā [ṁ] kshatriyanā [ṁ] Vēlishṭānaṁ Dhamanāṁda-putrānaṁ dānaṁ Śrāvāsta-Jētāvanē Bōhisatvā Mathurā-[vā]...

L. 2...tā sarva-Būdhānaṁ pujathaṁ mātā-pṛitī puraskṛicha sava-satvahitathaṁ cha d [ē] ṁtī sathavīchakshaṇā asarākā cha bhōgānāṁ.

L. 3...jīvītasa cha sērāmiya-kuśalaā bhuyakuśalam-achīni M [ā] thurēna śēlarupakārēna Ś [i] vamitrēna Bōhīsatva kṛitā.

Daya Ram Sahni, "A Buddhist Image Inscription from Śrāvastī," *ASIAR 1908-09* (1912): 133-138, esp. 135.

[2] John Marshall, "Excavations at Sahēṭh-Mahēṭh," *ibid.*, 12, Pl. VIb.

Fig. 1.1-5　萨赫特（祇洹精舍）遗址中 8 号塔址出土残坐像

Fig. 1.1-6　萨赫特（祇洹精舍）遗址中 3 号殿堂址出土残立像

号、地名舍卫城和佛名薄伽梵 (*Bhagavata*)，结语作："此造像，令芒果殿的有部法师满意。"[1]坎宁安认为：这尊佛像的安置时间，应不晚于公元 1 世纪，佛殿在法显游历此地之前已倾圮[2]。临近芒果殿，坎宁安还发现了经行处。后来主持祇洹精舍遗址全面发掘的马歇尔指出：第 3 号，显然是一座具有重要价值的殿堂 (temple) 遗址。在这座殿堂西侧和北侧下层出土的残壁，原来围绕一神龛，其营造时间应早于现存殿堂址。此外，在残壁与神龛之间的方形塔基及半球形覆钵也要晚于神龛。芒果殿东侧是另一经行小道，经行处两侧各出土了一座建筑址。其中，一座遗址系中古时期营造的殿堂 (编号 M)，由两间小室和前室构成；另一座遗址 (编号 N) 系僧坊，平面如常，所出印章表明它在 6、7 世纪时已被废弃。编号 O 是两座塔址，大约建造于 11 或 12 世纪。

　　第三组建筑遗迹位于祇洹精舍遗址的南区，主要散布在第 19 号址 (僧坊) 的东部及东北部，大多为窣堵波遗迹 (参见 Pl. 1.1-5)。其中，第 10 号址 (塔址) 始建于 4、5 世纪，8、9 世纪重妆时被包裹了一层外壳。第 19 号址东侧的一排窣堵波大约建造于 12 世纪前后，似乎仅仅是朝圣者的游历纪念物。又，南区内两座贵霜时期的佛塔，后来被晚期营造的第 17、18 号建筑覆盖。

　　上述三区，即三组建筑遗迹中，第一组和第二组遗迹彼此邻近。第一组中的第 2 号址 (香殿址) 和第二组中的第 3 号址 (芒果殿址)，与公元前 2 世纪雕刻的帕鲁德大塔栏楯上祇洹精舍中的香殿和芒果殿的位置相当，可以并为一大组，即一大院落，疑为法显所记"祇洹精舍大援落[3]"。第三组建筑遗迹单独为一院落。若然，这

---

　　[1] 德国吕德斯释读题刻如下：Mixed dialect. A Bōdhisatva (*Bōdhisattva*), an umbrella (*chhātra*) and a staff (*dāṇḍa*), the gift of the monk (*bhikshu*) Bala, who knows the Tripiṭaka (*trēpiṭaka*), the companion (*saddhyēvihārin*) of the monk (*bhikshu*) Pushya［vuddhi］(*Pushyavṛiddhi*), at Śāvastī (*Śrāvastī*), at the walk (*chṁkama*) of Bhagavat in the Kōsaṁbakuṭī (*Kauśāmbakuṭī*), as the property of the Sarvastivādin (*Sarvāstivādin*) teachers (*acharyyas*). H. Lüders, "A List of Brāhmī Inscriptions from the Earliest Times to about A. D. 400 with the Exception of those of Aśoka," *Epigraphia Indica and Record of the Archaeological Survey of India*, Vol. X (1909-10), Appendix (Calcutta: Superintendent Government Printing, India, 1912), 92, No. 918.

　　萨尔纳特遗址发掘出土的一尊石雕立佛也题作菩萨 (*Boddhisatwa*)，供养人也是伯勒 (Bala)，两者之间应有一定关联。

　　[2] 1) *Archaeological Survey of India: Four Reports…*, Vol. I: 330-348, esp. 338-340; 2) *Archaeological Survey of India: Report of Tours…*, Vol. XI: 78-100, esp. 83-84, Pl. XXV.

　　[3] 关于"大援落"，参见：[日]足立喜六《法显传：中亚、印度、南海纪行的研究》，東京：法藏館，1940 年，第 94-95 页注释 39。又，汉语"援"有籓篱之意。参见：[唐]房玄龄等《晋书》，点校本，北京：中华书局，1974 年，第 2291 页。

种布局似与法显和道宣所记有某种契合。作为佛陀接纳的第二座佛寺[1]，传说释迦牟尼在祇洹精舍栖居了二十五年之久，"为佛教三宝常住之道场"[2]。最初，为佛陀及僧众营造的原始祇洹精舍之内无塔。佛涅槃后，尤其从阿育王 (Aśoka) 开始，佛塔崇拜迅速发展。公历纪元前后，塔成为天竺僧伽蓝或精舍的核心，礼塔即礼佛的思想加深，塔遂成为佛教传播的视觉标志。第 19 号址出土的一件公元 1130 年颁发的铜牒 (a copper-plate charter，1130 年)，记录这一地区的统治者同意把当地六个乡村转让给祇洹大寺 (Jētavana-mahāvihāra) 住持佛陀至尊 (Buddhabhaṭṭāraka) 统领的僧团，说明祇洹精舍直到 12 世纪中叶仍然存在[3]。

3. 四大圣地

南传佛教主说四大事，如天竺笈多造像碑上所刻佛之诞生、成道、初转法轮和般涅槃等四相[4]；成就四大事之地被称为四处或四大圣地。其中，迦维罗卫城蓝毗尼园，乃佛陀诞生之圣地；菩提伽耶贝多树下，为悉达多·乔达磨太子成正觉之地；迦尸国波罗㮈城东北鹿野苑，是释尊初转法轮之地；拘夷那竭城，系如来入涅槃之

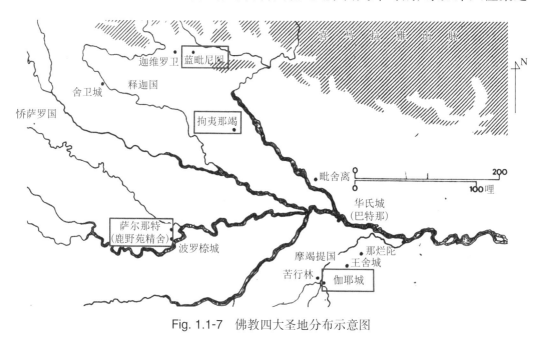

Fig. 1.1-7　佛教四大圣地分布示意图

[1] 据说，竹林精舍是佛教创立后僧伽所接受的第一座寺院。竹林精舍与祇洹精舍，并为佛说法之重地。鉴于竹林精舍没有进行过全面的考古发掘，故不宜对其做系统介绍。

[2] 吕澂《佛教研究法》，上海：商务印书馆，1926 年，第 27 页。

[3] Sahni, "Sahēṭh," ibid., 120.

[4] 北传佛教主张八相，即八种仪相，乃佛陀一生之化仪，包括：降兜率天相、托胎相、降生相、出家相、降魔相、成道相、说法相、涅槃相等。

地 (Fig. 1.1-7)。

据法显译《大般涅槃经》卷中：

> 尔时如来告阿难言："若比丘、比丘尼、优婆塞、优婆夷，于我灭后，能故发心，往我四处，所获功德不可称计，所生之处，常在人天，受乐果报，无有穷尽。何等为四？一者如来为菩萨时，在迦比罗䔍兜国蓝毗尼园所生之处；二者于摩竭提国，我初坐于菩提树下，得成阿耨多罗三藐三菩提处；三者波罗㮈国鹿野苑中仙人所住转法轮处；四者鸠尸那国力士生地熙连河侧娑罗林中双树之间般涅槃处，是为四处。"[1]

《法显传》曰：

> 佛泥洹以来，四大塔处相承不绝。四大塔者：佛生处，得道处，转法轮处，般泥洹处。[2]

(1) 佛生处：法显从舍卫城东行，经过那毗伽邑，到达迦维罗卫城 (Kapilavastu，劫比罗伐窣堵)。"城东五十里有王园，园名论民。夫人入池洗浴，出池北岸二十步，举手攀树枝，东向生太子。太子堕地行七步，二龙王浴太子身，浴处遂作井。及上洗浴池，今众僧常取饮之。"[3]

作为佛生处，玄奘撰《大唐西域记》卷六"劫比罗伐窣堵国"条有详细记载：

> 腊伐尼林，有释种浴池，澄清皎镜，杂花弥漫。其北二十四五步，有无忧花树，今已枯悴，菩萨诞灵之处。菩萨以吠舍佉月后半八日，当此三月八日，上座部则曰以吠舍佉月后半十五日，当此三月十五日。次东窣堵波，无忧王所建，二龙浴太子处也。菩萨生已，不扶而行于四方，各七步，而自言曰："天上天下，唯我独尊。今兹而往，生分已尽。"随足所蹈，出大莲花。二龙踊出，住虚空中而各吐水，一冷一暖，以浴太子。浴太子窣堵波东，有二清泉，傍建二窣堵波，是二龙从地踊出之处。菩萨生已，支属宗亲莫不奔驰，求水盥浴。夫人之前，二泉涌出，一冷一暖，遂以浴

---

[1]《大正藏》)No.7，第 1 卷，第 199b-c 页。
[2]［晋］法显撰《法显传》，第 122 页。
[3] 同上书，第 82 页。

洗。其南窣堵波,是天帝释捧接菩萨处。菩萨初出胎也,天帝释以妙天衣跪接菩萨。次有四窣堵波,是四天王抱持菩萨处也。菩萨从右胁生已,四大天王以金色氍衣捧菩萨,置金机上,至母前曰:"夫人诞斯福子,诚可欢庆! 诸天尚喜,况世人乎?"四天王捧太子窣堵波侧不远,有大石柱,上作马像,无忧王之所建也。后为恶龙霹雳,其柱中折仆地。傍有小河,东南流,土俗号曰油河。是摩耶夫人产孕已,天化此池,光润澄净,欲令夫人取以沐浴,除去风虚。今变为水,其流尚腻。[1]

　　迦维罗卫城蓝毗尼园 (Lumbinī),即法显所记"论民园"或玄奘所述"腊伐尼林",在今尼泊尔境内,曾经荒废许久 (Pl. 1.1-6)。1876 年,卡利里 (A. C. L. Carlleyle) 踏查并发现了迦维罗卫及"佛生处"[2]。稍后不久,坎宁安也到访此地,认为卡利里最具价值的工作就是发现了著名的佛诞地——迦维罗卫城址[3]。不过,直至 1896 年 12 月初阿育王石柱 (Pl. 1.1-7、Pl. 1.1-8) 被尼泊尔巴尔巴总督 (Governor of the Palpa) 卡德加·沙姆谢尔将军 (General Khaḍga Shumsher) 和印度考古调查局菲雷尔 (Dr. A. Führer) 重新发现,始确定迦维罗卫城址为佛生处[4]。菲雷尔退休后,慕克吉 (P. C. Mookherji) 于 1899 年 2-3 月对德赖地区的古代遗迹进行了调查 (exploration)。1899 年 3 月 11-29 日,慕克吉调查和试掘了鲁明迭 (Rummin-

　　[1][唐]玄奘撰《大唐西域记》,第 523-525 页。

　　[2] 1) *Archaeological Survey of India: Report of Tours in the Central Doab and Gorakhpur in 1874-75 and 1875-76* by A. C. L. Carlleyle, Vol. XII (1879): III-V (Introduction by A. Cunningham), 189-211, esp. 208; 2) *Archaeological Survey of India: Report of Tours in Gorakhpur, Saran, and Ghazipur in 1877-78-79 and 80* by A. C. L. Carlleyle, 1885, Vol. XXII (1885): Preface by A. Cunningham.

　　[3] *Archaeological Survey of India: Report...*, Vol. XII: III-V (Introduction by A. Cunningham).

　　[4] 1) A. Führer, "The Birthplace of Buddha," in *The Pioneer*[Allahabad], 23 December, 1896; 2) G. Bühler, "Über eine kürzlich gefundene Aśoka-Inschrift aus dem nepalesischen Terai," in *Anzeiger der Kaiserlichen Akademie der Wissenschaften*; Phil.-Hist. Classe. Wien, 34 (January 7, 1897): 1-7, esp. 4; 3) A. Führer, "Monograph on Buddha Sakyamuni's Birth-place in the Nepalese Tarai," in *The Buddha's Natal Landscape as Interpreted by the Pioneers*, ed. Basanta Bidari (Kathmandu: Lumbini Development Trust, Ministry of Culture, Tourism & Civil Aviation, Government of Nepal, 2019), 31-33.

　　阿育王石柱上的题刻作: "*Devānapiyena piyadasina lājina vīsativasābhisitena atana āgāca mahīyite hida budhe jāte sākyamunī ti silāvigaḍabhīcā kālāpita silāthabhe cha usapāpite hita bhagavaṃ jāte ti luṃminigāme ubalike kaṭe athabhāgiye ca*[天爱善见王,即位二十年(前 249 年),因释迦牟尼佛诞生此地,亲率皇室礼敬。王命置石栏楯,并立一柱。作为世尊诞生之地,蓝毗尼村免税,仅纳八分之一(物产)]。"参见: 1) A. Führer, "Monograph on Buddha Sakyamuni's Birth-place in the Nepalese Tarai," *ibid.*, 38-39; 2) Harry Falk, *Aśokan Sites and Artefacts: a source-book with bibliography* (Mainz am Rhein: Verlag Philipp von Zabern, 2006), 180。

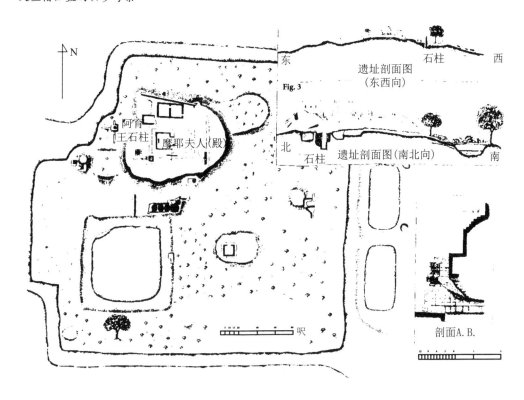

Fig. 1.1-8　蓝毗尼园鲁明迭殿址

dei) 遗址 (Fig. 1.1-8)，对阿育王石柱东侧倾圮的现代小寺，即摩耶夫人殿中神龛 (shrine) 内悉达多诞生浮雕进行了拍照和测绘 (Pl. 1.1-9、Pl. 1.1-10)[1]。画面中，摩耶夫人立于右侧，左手垂后，右手上攀树枝，右侧三人皆面向摩耶，其中一人似为天帝释，正以妙天衣接捧菩萨。三人间所立小童，应为刚刚降临的悉达多太子[2]。这幅残石雕表现摩耶夫人"举手攀树枝，东向生太子，太子堕地行七步"，应为笈多王朝或稍后雕作。阿育王石柱与佛诞浮雕的发现和刊布，使此地确定为佛生处无疑[3]。

　　[1] 据史密斯记载，1898 年初发现蓝莫塔遗址的霍伊 (William Hoey) 最早发现并解读了这件浮雕。Vincent A. Smith, "A Prefatory Note" to Mukherji's Report on a Tour of Exploration of the Antiquities in the Tarai, in *The Buddha's Natal Landscape as Interpreted by the Pioneers*, 7.

　　[2] B. P. C. Mukherji, "A Report on a Tour of Exploration of the Antiquities in the Tarai, Nepal, the Region of Kapilavastu during February and March, 1899," in *The Buddha's Natal Landscape as Interpreted by the Pioneers*, 40-41, 85-87, Pl. XXIVa.

　　[3] P. C. Mukherji, "A Report on a Tour of Exploration of the Antiquities of Kapilavastu, Tarai of Nepal during February and March," in *Archaeological Survey of India, Imperial Series* XXVI, Calcutta, 1901.

迄今，各国学者在蓝毗尼园地区进行了多次发掘，基本上搞清了蓝毗尼园遗址的平面布局。蓝毗尼园遗址主要由摩耶夫人殿 (Māyādevi temple，即鲁明迭殿，Pl. 1.1-11)、圣池 (Sacred Pond)、塔和僧院 (monastery) 构成。其中，摩耶夫人殿平面长方形，殿基砖垒，上沿饰砖雕，殿内龛址尚存，原置佛诞浮雕；整个殿堂，应始建于阿育王时期，但现存主体遗迹疑为笈多时重修。方形圣池，20 世纪 70 年代重新修饰，池内两角各一泉井。现存塔址，共编号 31 座，最早者始建于公元前 3 世纪，营造活动一直延续到公元 8、9 世纪。其中，摩耶夫人殿西北第 6 号塔 (S. 6)，发掘者推测为孔雀王朝修建，塔内出土有舍利，是蓝毗尼园遗址中唯一的舍利塔。摩耶夫人殿东南方第 31 号塔 (S. 31)，可能也建于公元前 3 世纪，平面方形，基座颇大，且于西侧置门道；方形塔基每面各置踏道一，塔基之上残毁。第 31 号塔址出土了 19 枚赤陶印章 (terra-cotta seals)，故而此塔在性质上可能属于法支提 (dhammā-cetiye，法塔)[1]。

佛生处之僧院位于遗址南部，即圣池东南侧，早期营造时间大约从公元前 3 世纪延续到公元后 4 世纪。其中，在 A 组僧院 (Monastery Group A) 的下层，发现了属于贵霜时期的僧坊遗迹，但只有第 1-4 号僧房被揭露出来。这一时期，在僧坊的东、北、南三面建僧房，北侧另造一厅堂，中央庭院置一砖井。B 组僧院 (Monastery Group B) 中的第 1 号僧坊 (MH1)，位于 A 组僧院之西，始建于孔雀王朝，贵霜时期重修，中央为方形庭院，四周建置僧房。迄贵霜，在僧坊的北、西、南三面共有 14 间僧房，庭院西侧尚置一横廊，僧坊入口在东南角。第 1 号僧坊西侧的第 2 号僧坊 (MH2)，经历了前后三期营造，即公元前 2 世纪迄公元前 1 世纪，公元后 1 至 2 世纪和公元 3 至 4 世纪。这座僧坊后来遭到了严重破坏，除早期外垣外，没有发现更早的遗迹。笈多时期，第 2 号僧坊的南、东、北三面共有 13 间僧房，一条排水沟自东向西再折向南，贯穿中央庭院；排水沟始建于贵霜，笈多时仍在使用，皆以砖覆盖其上。B 组僧院中的第 9 号房内有两座储水池，与之毗邻的第 23 号房可能用作厨房。僧坊西墙外侧有三座扶壁。此外，B1 号址可能是一座聚会厅，修建于公元前 2

---

[1] 根据 19 世纪俄罗斯学者冯·约·米纳耶夫 (Von Joh Minayeff) 发现的一卷巴利语佛教残卷（开头作 "tividhaṃ hi buddhacetiyam paribhottacetiyaṃ dhātucetiyaṃ dhammacetiyan'ti"），参照传统习惯并从功能上划分，印度早期佛教共有四种支提（塔）：1. 藏纳佛陀用具 (paribhotta-cetiya 或作 paribhoga-cetiya)；2. 藏纳佛舍利或圣者尸骨 (dhātu-cetiya 或 sārīrika-cetiya)；3. 藏缘起法颂或供奉造像 (dhammā-cetiye 或 uddesika-cetiya)；4. 奉献或还愿用 (vratānusthita-cetiye)。参见：Von Joh. Minayeff, "Buddhistische Fragmente," *Bulletin de l'Académie Impériale des Sciences de Saint-Pétersbourg*, 1871: 70-85, esp. 78-83。

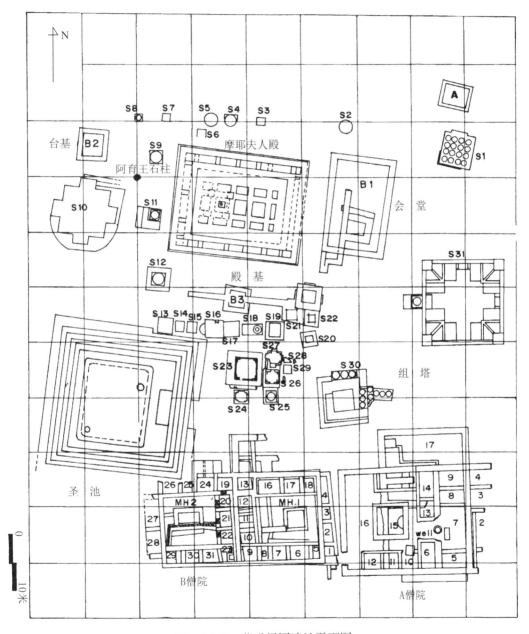

Fig. 1.1-9 蓝毗尼园遗址平面图

世纪；B2 号址系一平台；B3 号址疑为一殿基，但属性不清[1]。

综上所述，蓝毗尼园以北部的摩耶夫人殿为主，附以圣池；南部则为僧众栖止、禅修之处。至于塔址，大多为阿育王及后世信众陆续修造的纪念性建筑 (Fig. 1.1-9)。

(2) 得道处：法显记述：

（摩竭提国伽耶城）"贝多树下，是过去、当来诸佛成道处。"诸天说是语已，即便在前唱导，导引而去。菩萨起行，离树三十步，天授吉祥草，菩萨受之。复行十五步，五百青雀飞来，绕菩萨三匝而去。菩萨前到贝多树下，敷吉祥草，东向而坐。时魔王遣三玉女从北来试，魔王自从南来试，菩萨以足指按地，魔兵退散，三女变老。自上苦行六年处，及此诸处，后人皆于中起塔立像，今皆在。……佛得道处有三僧伽蓝，皆有僧住。众僧民户供给饶足，无所乏少。戒律严峻，威仪、坐起、入众之法，佛在世时圣众所行，以至于今。[2]

伽耶城，即今印度比哈尔邦之菩提伽耶 (Bodh-Gayā)。
玄奘撰《大唐西域记》卷九《摩揭陁国》详述如下：

前正觉山西南行十四五里，至菩提树。周垣垒砖，崇峻险固，东西长，南北狭，周五百余步。奇树名花，连阴接影；细沙异草，弥漫缘被。正门东辟，对尼连禅河，南门接大花池，西厄险固，北门通大伽蓝。堨垣内地，圣迹相邻，或窣堵波，或复精舍，并赡部洲诸国君王、大臣、豪族钦承遗教，建以记焉。菩提树垣正中，有金刚座。……金刚座上菩提树者，即毕钵罗之树也。昔佛在世，高数百尺，屡经残伐，犹高四五丈。佛坐其下成等正觉，因而谓之菩提树焉。……王深敬异，垒石周垣，其高十余尺，今犹见在。……菩提树东有精舍，高百六七十尺，下基面广二十余步，垒以青砖，涂以石灰。层龛皆有金像，四壁镂作奇制，或连珠形，或天仙像，上置金铜阿摩落迦果。亦谓宝瓶，又称宝壶。东面接为重阁，檐宇特起三层，榱柱栋梁，户扉寮牖，金银雕镂以饰之，珠玉厕错以填之。奥室遼宇，洞户三

[1] 参见：1) A. C. L. Carlleyle, *Archaeological Survey of India: Report of Tours...*, Vol. XII: 189-211, esp. 208-209; 2) 長廣敏雄《インドの仏蹟》，载長廣敏雄《中国美術論集》，東京：講談社，1984 年，第 521-522 页；3) Debala Mitra, *ibid.*, 58-60; 4) T. N. Mishra, "The Archaeological Activities in Lumbini during 1984-85," *Ancient Nepal* (Journal of the Department of Archaeology, HMG), No. 139: 40-42; 5) Basanta Bidari, *Lumbini: A Heaven of Sacred Refuge* (Kathmandu: Hill Side Press Ltd, 2007), 200-207, 210-219.

[2] [晋] 法显撰《法显传》，第 122 页。

重。外门左右各有龛室,左则观自在菩萨像,右则慈氏菩萨像,白银铸成,高十余尺。精舍故地,无忧王先建小精舍,后有婆罗门更广建焉。……菩提树西不远,大精舍中有鍮石佛像,饰以奇珍,东面而立。……菩提树南不远,有窣堵波,高百余尺,无忧王之所建也。……菩提树垣内,四隅皆有大窣堵波。……树垣之内,圣迹鳞次,差难遍举。[1]

佛涅槃后,"诸国君王、大臣、豪族钦承遗教",在此起塔供养,营造精舍、伽蓝,至少从公元前 3 世纪一直延续到公元 15 世纪。虽然屡遭毁坏,迄今尚存多处遗迹,最早者应为环绕大菩提寺之石栏楯,不过砂岩栏楯的年代现有争议,从公元前 3 世纪到公元 1、2 世纪不一,可能建于公元前 75—前 25 年左右。后来,栏楯被扩大、重建,形成一较大的范围,并在东侧置门道,时在笈多时期,即 5 世纪或稍后些。玄奘所记菩提树东侧精舍,高百六七十尺,可能是狮子国尸迷佉拔摩 (Sirimeghavaṇṇa,352-379 年,或 Śri-Meghavarmā) 国王派人营造于笈多初期[2]。法显游历摩诃菩提寺时,明确记述:"佛得道处有三僧伽蓝,皆有僧住。众僧民户供给饶足,无所乏少。"玄奘也对精舍(大塔)及其附近其他遗迹详加描述。唐初王玄策曾游历此寺,并在塔侧立碑[3]。

1861 年 12 月,坎宁安实地调查伽耶和菩提伽耶,对当时所见古代遗迹做了比

[1][唐]玄奘撰《大唐西域记》,第 668-684 页。

[2][唐]道世撰《法苑珠林》卷二十九征引"《王玄策行传》云:'……昔师子国王名尸迷佉拔摩(唐云功德云)梵王,遣二比丘来诣此寺。大者名摩诃诵(此云大名),小者优波(此云授记)。其二比丘礼菩提树金刚座讫,此寺不安置,其二比丘乃还其本国。王问比丘:往彼礼拜圣所来,灵瑞云何?比丘报云:阎浮大地,无安身处。王闻此语,遂多与珠宝,使送与此国王三谟陀罗崛多。因此以来,即是师子国比丘。"[唐]道世撰《法苑珠林》,第 906-907 页。参见: Wilhelm Geiger ed. & tr., *Cūḷavaṃsa being the more recent part of the Mahāvaṃsa*, translated from the German into English by C. Mabel Rickmers (London: Pali Text Society, 1929), 1-7, esp. 1-2, Note 1。

[3][唐]道世撰《法苑珠林》卷二十九引《王玄策传》:"依《王玄策传》云:'比汉使奉敕往摩伽陀国摩诃菩提寺立碑。至贞观十九年二月十一日(645 年 3 月 13 日),于菩提树下塔西建立,使典司门令史魏才书。昔汉魏君临,穷兵极武,兴师十万,日费千金,犹尚北勒阗颜,东封不到。大唐牢笼六合,道冠百王。文德所加,溥天同附。是故身毒诸国,道俗归诚。皇帝愍其忠款,遐轸圣虑。乃命使人朝散大夫行卫尉寺丞上护军李义表、副使前融州黄水县令王玄策等二十二人巡抚其国,遂至摩诃菩提寺。其寺所菩提树下金刚之座,贤劫千佛并于中成道。观严饰相好,具若真容;灵塔净地,巧穷天外。此乃旷代所未见,史籍所未详。皇帝远振鸿风,光华道树,爰命使人,届斯瞻仰。此绝代之盛事,不朽之神功,如何寝默咏歌、不传金石者也?乃为铭曰:大唐抚运,膺图寿昌。化行六合,威棱八荒。身毒稽颡,道俗来王。爰发明使,瞻斯道场。金刚之座,千佛代居。尊容相好,弥勒规摹。灵塔壮丽,道树扶疏。历劫不朽,神力焉如。'"[唐]道世撰《法苑珠林》,第 908-909 页。

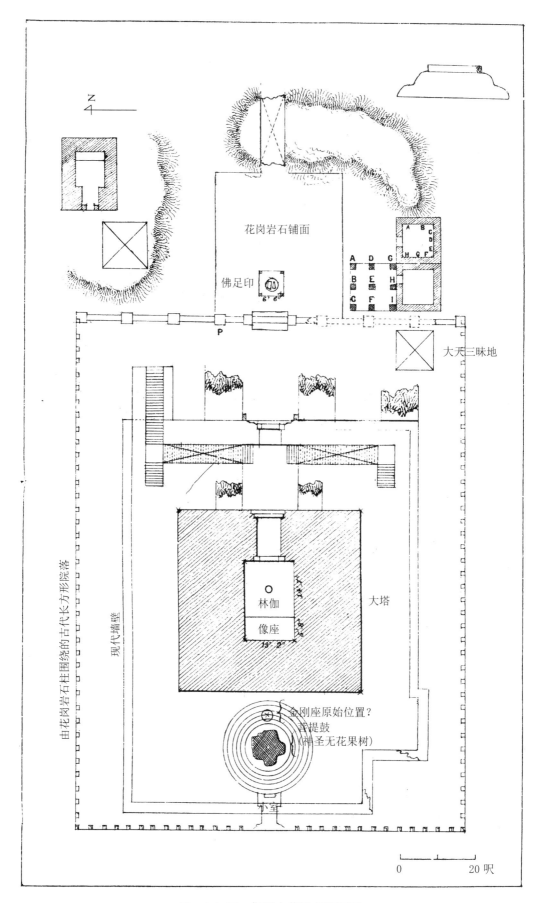

Fig. 1.1-10 伽耶大菩提寺平面图

较详细的文字记录并完成了菩提伽耶遗迹测绘图 (Fig. 1.1-10) [1]。坎宁安认为伽耶大菩提寺营造于公元前 1 世纪。13 世纪末，缅甸信徒对摩诃菩提寺的赞颂和保护极为关注。根据孟铭 (Môn inscription)，缅甸国王特里布万·阿迪蒂亚法王 (King Tribhuvanādityadharmarāja，11 世纪末至 12 世纪初) 曾遣使节携款修复金刚庙，即摩诃菩提寺 [2]。15 世纪中叶，孟加拉国查格拉王 (Chaglarāja) 王后再次修缮 Gaṇḍhola，即摩诃菩提寺。现存摩诃菩提寺及其附属建筑，系 19 世纪 80 年代全面翻修 (overhauled) 之结果 (Pl. 1.1-12)。鉴于迄今为止尚未做过系统的考古发掘，即使法显和玄奘有比较详细的文字记录，摩诃菩提寺的原始平面布局仍不甚清楚 [3]。

(3) **转法轮处**：法显从伽耶经鸡足山和旷野，来到迦尸国波罗棕城 (Vārāṇasī，婆罗疱斯)。

> 城东北十里许，得仙人鹿野苑精舍。此苑本有辟支佛住，常有野鹿栖宿。世尊将成道，诸天于空中唱言："白净王子出家学道，却后七日当成佛。"辟支佛闻已，即取泥洹，故名此处为仙人鹿野苑。世尊成道已，后人于此处起精舍。佛欲度拘驎等五人，五人相谓言："此瞿昙沙门本六年苦行，日食一麻、一米，尚不得道，况入人间，恣身、口、意，何道之有？今日来者，慎勿与语。"佛到，五人皆起作礼处。复北行六十步，佛于此东向坐，始转法轮度拘驎等五人处。其北二十步，佛为弥勒受记处。其南五十步，瑿罗钵龙问佛："我何时当得免此龙身？"此处皆起塔，见在。中有二僧伽蓝，悉有僧住。[4]

玄奘撰《大唐西域记》卷七 "婆罗疱斯国" 详述此地佛教盛况：

---

[1] *Archaeological Survey of India: Four Reports…*, Vol. I: XL, 1-12, Pl. IV.

[2] 据记载，缅甸蒲甘的大菩提塔 (Mahābodhī Pagoda) 是南当姆亚王 (King Nandaungmya) 在 1198 年仿照菩提伽耶大菩提寺 (Temple at Bodh Gayā) 营造的。参见：Taw Sein Ko, "Some Conservation Works in Burma," *ASIAR* 1906-1907: 29-33, esp. 32, Pl. Xa.

[3] 1) *Archaeological Survey of India: Four Reports…*, Vol. I: XL, 5-12, esp. 5-6, 9-12; 2) A. Cunningham, *Archaeological Survey of India: Report for the Year 1871-72* (1873) /Vol. III: 79-105, esp. 80-82, 84, 86-98, 100, 102-105; 3) J. D. Beglar and A. Cunningham, *Archaeological Survey of India: Report of a Tour through the Bengal Provinces*, 1878, Vol. VIII: 66-73; 4) A. Cunningham, *Archaeological Survey of India: Report of Tours…*, Vol. XI: 141-151, esp. 141, 146-147, Pl. XL; 5) A. Cunningham, *Archaeological Survey of India: Report of Tours in the North and South Bihar in 1880-81* (1883) /Vol. XVI: Preface; 6) Rajendralala Mitra, *Buddha Gaya: The Great Buddhist Temple; the hermitage of Sakyamuni* (Calcutta, 1878, rep., Delhi: Indological Book House, 1972), 59-116, 229-248; 7) 長廣敏雄《インドの仏蹟》，長廣敏雄《中国美術論集》，第 522-526 页 ; 8) Debala Mitra, *ibid.*, 60-66.

[4] [晋]法显撰《法显传》，第 134 页。

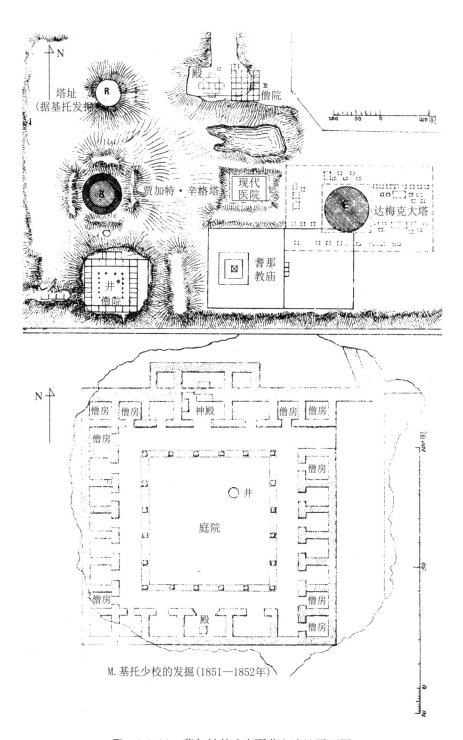

Fig. 1.1-11　萨尔纳特（鹿野苑）遗址平面图

　　鹿野伽蓝，区界八分，连垣周堵，层轩重阁，丽穷规矩。僧徒一千五百人，并学小乘正量部法。大垣中有精舍，高二百余尺，上以黄金隐起，作庵没罗果，石为基阶，砖作层龛，翕匝四周，节级百数，皆有隐起黄金佛像。精舍之中，有鍮石佛像，量等如来身，作转法轮势。精舍西南有石窣堵波，无忧王建也，基虽倾陷，尚余百尺。前建石柱，高七十余尺。石含玉润，鉴照映彻。殷勤祈请，影见众像，善恶之相，时有见者，是如来成正觉已初转法轮处也。……三佛经行侧有窣堵波，是梅呾丽耶。唐言慈，即姓也。旧曰弥勒，讹略也。菩萨受成佛记处。……于其垣内，圣迹实多。诸精舍、窣堵波数百余所，略举二三，难用详述。[1]

　　法显所记"鹿野苑精舍"或玄奘所述"鹿野伽蓝"(Mṛgadāva，亦作 Mṛgadāya)，即今印度北方邦瓦拉纳西 (Varanasi) 市北大约 8 公里处的萨尔纳特 (Sārnāth, Pl. 1.1-13)[2]。1794 年，贝纳勒斯的切特·辛格王 (Rājā Chet Singh) 首席官贾加特·辛格 (Jagat Singh) 为劫掠建筑材料，拆毁了达磨拉吉卡大塔 (当地俗称贾加特·辛格塔)。这一悲剧性事件，反倒使现代世界知晓了鹿野苑。在拆除大塔的过程中，工人在一石函中发现了一件绿色大理石舍利盒，只是由于贾加特·辛格的主张，盒中所盛舍利被全部倒入恒河之中。1798 年，贝纳勒斯居民邓肯 (Duncan) 公开了这一发现，引起公众对鹿野苑遗址的关注。1835-1836 年，坎宁安在萨尔纳特进行了较系统的调查与发掘，开启了萨尔纳特考古的序幕 (Fig. 1.1-11)。经过近两百年的调查和大规模考古发掘，现在基本搞清了萨尔纳特遗址的平面布局。

　　大约在佛涅槃后两百多年，即自阿育王起，鹿野苑逐渐受到了僧众敬仰和崇拜。阿育王在此营造了若干建筑，其中之一是高约 30.4 米的达磨拉吉卡大塔 (Dharmarājika stūpa)，塔直径 13.5 米，顶部置独石栏楯。达磨拉吉卡大塔，顾名思义，是阿育王打开原始七塔分散舍利时建造的用来秘藏佛舍利之"法王塔"。另外一处应为根本香殿 (Mūlagandhakuṭī)，即主殿 (main shrine)；主殿遗址边长 20.7 米 (68 呎)，四面各辟一柱式门廊 (portico)，系笈多时利用旧有建材在原墟上重建。根本香殿西侧所立石柱，即著名的阿育王石柱。石柱已断为五截，最下一截仍置原处，高

---

　　[1]［唐］玄奘撰《大唐西域记》，第 561-567 页。

　　[2]据英国坎宁安 1835-1836 年及 1861-1862 年调查，萨尔纳特 (Sārnāth) 之名系居住附近的村民所称，似乎仅有二百余年的历史，最早见于文字记载是 1794 年。参见: *Archaeological Survey of India: Four Reports...*, Vol. I: 104-105.

5.1 米，底部直径 0.76 米，表面镌刻阿育王法敕，顶置狮子柱头；柱头高约 2.13 米，现藏萨尔纳特考古博物馆，早年被印度纳为国徽 (State emblem) 图案。此外，达梅克大塔 (Dhāmekh stūpa) 似乎也发端于阿育王时期。巽伽时期，在达磨拉吉卡大塔周围环置一圈石栏楯。迦腻色迦即位后第三年，秣菟罗 (Mathurā) 的伯勒比丘 (Bhikṣu Bala) 在鹿野苑安置一尊高大的红砂岩菩萨像，顶置巨大伞盖。与此事有关的是时任迦尸城地方官的瑟特勒普·克勒珀尔拉纳 (Satrap Kharapallāna) 和瑟特勒普·沃纳什珀勒 (Satrap Vanashpara)。又，当时鹿野苑说一切有部僧众势力强大，曾建造了二、三座僧院。迄笈多，鹿野苑进入黄金时期。根本香殿 / 主殿被扩大，达梅克大塔表面包饰精美的石雕纹样。这座达梅克大塔，有人推测是玄奘所记"梅呾丽耶菩萨受成佛记处"，但多数学者认为它是纪念佛在鹿野苑初转法轮之处，为鹿野苑遗址中现存遗迹最大者，平面圆形，总高 43.59 米；上层砖筑，下层石垒，底部直径 28.35 米。法显游历时，记载鹿野苑有四塔、"二僧伽蓝"。到了玄奘时，他看到了达磨拉吉卡大塔和阿育王石柱，大精舍（主殿）内置转法轮印铜佛，鹿野伽蓝有僧徒一千五百之众。12世纪时，加赫德瓦勒 (Gāhaḍavāla) 王朝戈温德月王 (Govindachandra，1114-1154 年) 王后鸠摩罗天妃在鹿野苑营造了最后一座大型僧院，即法轮最胜寺 (Dharmachakra-Jina-vihāra)。逮至 13 世纪，鹿野苑先后遭受回教徒或印度教徒蹂躏，后成为废墟。

　　萨尔纳特现存的佛教遗迹主要有达磨拉吉卡塔址、根本香殿、阿育王石柱、达梅克大塔、经行处以及若干僧坊址 (Fig. 1.1-12)。其中，达梅克大塔疑为法轮 (Dharmacakra) 塔，因为默希帕勒 (Mahīpāla) 铭文 (1026 年) 记录了信众对达磨拉吉卡和法轮两座大塔的修复。除了达磨拉吉卡和法轮两塔及石柱始建于阿育王时期外，II 号僧坊 (Monastery II) 营造于贵霜且沿用到笈多时期，主殿面东而建，平面方形，边长 18.29 米，周围铺路明显，殿内发现一尊笈多式立佛。僧坊 III、僧坊 IV、僧坊 V (Monasteries III, IV, V) 营造于笈多时期，僧坊 I (Monastery I)，即法轮最胜寺，系戈温德月王之王后鸠摩罗天妃于 12 世纪营造。值得注意的是，阿育王时期鹿野苑僧众的居住场所不得而知，或许叠压在贵霜时期营造的僧坊废墟之下[1]。

----

　　[1] 1) *Archaeological Survey of India: Four Reports…*, Vol. I: 103-130, esp. 105-114, 116-119, 120-129; 2) J. D. Beglar and A. Cunningham, *Archaeological Survey of India: Report of a Tour through…*, Vol. VIII: 16; 3) F. O. Oertel, "Excavations at Sārnāth," *ASIAR 1904-05*: 59-104; 4) John Marshall and Sten Know, "Sārnāth," *ASIAR 1906-07*: 68-101; 5) John Marshall and Sten Know, "Excavations at Sārnāth," *ASIAR 1907-08*: 43-80, Pl. XI; 6) H. Hargreaves, "Excavations at Sārnāth," *ASIAR 1914-15*: 97-131; 7) *ASIAR 1919-20*: 26-27; 8) *ASIAR 1921-22*: 42-45; 9) *ASIAR 1923-24*: 57; 10) Rai Bahadur Ramaprasad Chanda, "Excavations at Sārnāth," *ASIAR 1927-28*: 95-97; 11) 長廣敏雄《インドの仏蹟》，長廣敏雄《中国美術論集》，第 526-530 页；12) V.S. Agrawala, *Sārnāth*, 4th ed. New Delhi: Archaeological Survey of India, 1984.

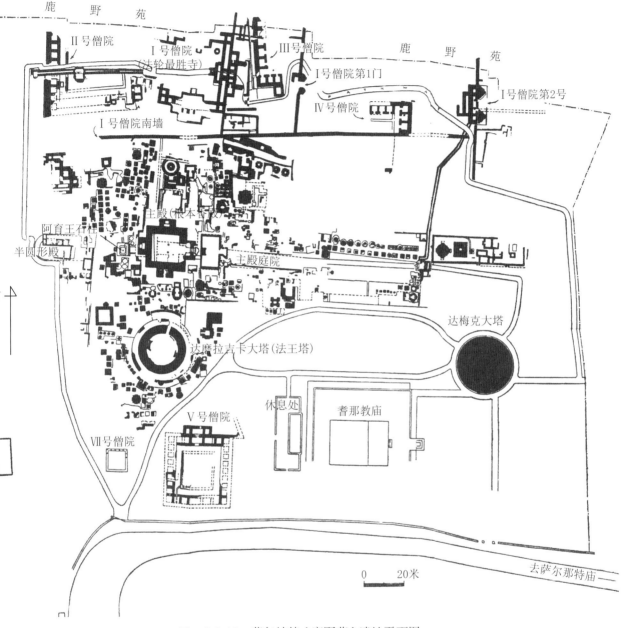

Fig. 1.1-12　萨尔纳特（鹿野苑）遗址平面图

　　综上，初转法轮处佛寺遗址的平面布局，中央应为供养、礼忏区域，如达磨拉吉卡大塔和根本香殿等，南北两侧为栖止、禅修场所。其中，最初的僧院可能建于北侧，如贵霜时期修造的僧坊 II（II 号僧院）。迄笈多时期，僧院范围进一步扩大，不但在北侧继续营造僧坊，如僧坊 III（III 号僧院）和僧坊 IV（IV 号僧院），而且还在南侧修建了僧坊 V（V 号僧院）。12 世纪时，在北侧僧坊 II 之东兴建了大型僧坊 I（I 号僧院）。

(4) 般泥洹处：法显记载：

　　（拘夷那竭）城北双树间希连河边，世尊于此北首而般泥洹。及须跋最后得道处，以金棺供养世尊七日处，金刚力士放金杵处，八王分舍利处。诸处皆起塔，有僧伽蓝，今悉现在。其城中人民亦希旷，止有众僧民户。[1]

玄奘撰《大唐西域记》卷六"拘尸那揭罗国"，对释迦牟尼涅槃处有详细记载：

　　城西北三四里，渡阿恃多伐底河。唐言无胜，此世共称耳。旧云阿利罗跋提河，讹也。典谓之尸赖拏伐底河，译曰有金河。西岸不远，至娑罗林。其树类槲，而皮青白，叶甚光润。四树特高，如来寂灭之所也。其大砖精舍中，作如来涅槃之像，北首而卧。傍有窣堵波，无忧王所建，基虽倾陷，尚高二百余尺。前建石柱，以记如来寂灭之事。虽有文记，不书日月。闻诸先记曰：佛以生年八十，吠舍佉月后半十五日入般涅槃，当此三月十五日也。说一切有部则佛以迦刺底迦月后半八日入般涅槃，当此九月八日也。自佛涅槃，诸部异议，或云千二百余年，或云千三百余年，或云千五百余年，或云已过九百、未满千年。[2]

　　法显所记拘夷那竭城或玄奘所述拘尸那揭罗国 (Kuśinagara)，一说在今尼泊尔的德赖 (Tarai)，系发现蓝毗尼园后重新推定；一说在今印度北方邦格西亚 (Kasia)，是坎宁安 1861-1862 年现场调查后提出的[3]。后来，在格西亚的涅槃殿发掘出土了涅槃巨像且附刻题记，为 5 世纪之作 (Pl. 1.1-14)；另外，涅槃殿之后窣堵波内出土的铜板上刻有 "[Pari]nirvāṇa-chaityē-tāmra-paṭṭa（涅槃塔铜板）" 字样[4]，为此说提供了有力的物证，故现在学界公认格西亚为拘夷那竭故地。拘夷那竭现存遗迹可分为三区，第一区为主遗址 (Main Site)，第二区为玛塔库厄尔殿 (Māthākuar shrine)，第三区系荼毗塔 (Cremation Stūpa，即 Rāmabhār)。其中，主遗址包括主塔 (Main Stūpa)、涅槃殿 (Nirvāṇa temple) 及其他附属建筑 (Pl. 1.1-15)。玛塔库厄

---

[1]［晋］法显撰《法显传》，第 89 页。
[2]［唐］玄奘撰《大唐西域记》，第 538-539 页。
[3] *Archaeological Survey of India: Four Reports…*, Vol. I: 76-85, Pls. XXVI, XXVII.
[4] F. E. Pargiter, "The Kasiā Copper-Plate," *ASIAR 1910-11*: 73-77.

尔殿位于主遗址西南约 201 米处，荼毗塔 (Rāmabhār) 在玛塔库厄尔殿东不足一里处。后两区与第一区遗迹关系似不大，此略。

　　第一区是三区中最重要且范围最大的，以主塔和涅槃殿为中心，两者建于 2.75 米高的台基之上，周围环绕许多僧坊、小塔和殿龛。玄奘所记"大砖精舍中，作如来涅槃之像，北首而卧。傍有窣堵波，无忧王所建，基虽倾陷，尚高二百余尺"，可能是指涅槃殿和主塔。1876 年，卡利里 (Carlleyle) 发掘出土的主塔，是一巨大的砖堆，摇摇欲坠，但再现了昔日大塔的核心，包括塔刹，推测完整时可能高达 45 米[1]。涅槃殿位于主塔之前，殿址及其涅槃像与主塔一道被卡利里发现。他首先在土丘顶部中央向下挖一探沟，发现了残台基上破碎的涅槃像。经过仔细清理，卡利里找到了大多数雕像残块，并修复了涅槃像及其涅槃台。涅槃像长 6.1 米，系用一整块可能来自丘纳尔 (Chunar) 的红砂岩雕成。涅槃台以砖垒砌，四角为石柱，表面贴敷石板，雕饰人物三身，中央那身下方存 5 世纪题刻，记录这尊涅槃像是大寺主诃梨缚罗 (Mahāvihāra-svāmin Haribala，一译赫里伯勒) 捐施，由丁 (Din) 设计。……经过发掘，涅槃像周围的遗迹被完全清理出来。涅槃殿平面长方形，西侧有前室。殿内面阔 13 米，进深 9.35 米，环绕涅槃像周围的礼拜道仅宽 0.61 米。前室面阔 10.9 米，进深 4.6 米 (Fig. 1.1-13)[2]。

　　经过印度考古调查局组织专家进行全面的调查与发掘，在涅槃殿与主塔周围分布着数量不等的建筑遗迹，按方位可分作西、南、东、北四组 (Fig. 1.1-14)。

　　第一组：在西北侧，靠近涅槃殿入口，可见若干建筑遗迹，最显著者是两座僧坊遗址 (标为 Q 和 Q')；两者平面接近，并排营造。根据发掘出土的题刻与纪年遗物，这两座僧坊的建造时间要早于公元 4 世纪。在涅槃殿前方，即西侧，可见一处大型建筑遗址，南北长约 110 米。其中，北侧的僧坊 D，外围 45.7 米见方，是迄今在拘夷那竭发现的最大僧院，实际上它由两座不同时期的僧坊构成，后者建在前者的废墟之上，但做了若干增补和改造。早期僧坊系砖砌而成，中央为一大型庭院，地面铺砖，北侧尚有圆井。庭院周围是宽约 3 米的环廊，再外是一圈面积略有差异的小

---

[1] 1927 年，在缅甸人吴波久 (U Po Kyu) 和吴波兰 (U Po Hlaing) 的捐施下，主塔被完全修复。

[2] 1) *Archaeological Survey of India: Report of a Tour in the Gorakhpur District in 1875-76 and 1876-77 by A. C. L. Carlleyle*, Vol. XVIII (1883): 55-97, 99-101, esp. 57, 63, 73, 99, Pls. V, VI; 2) *Archaeological Survey of India: Report of Tours...*, Vol. XXII (1885): 16-29, 58, Pls. III, IV.

1876 年，卡利里根据相关遗迹和遗物复建了涅槃殿。1955 年 5 月，由印度政府任命的一个委员会，为庆祝佛诞 2500 年，改善遗址狭窄的礼拜空间，移除了卡利里修复的建筑，翌年重新建造了涅槃殿。

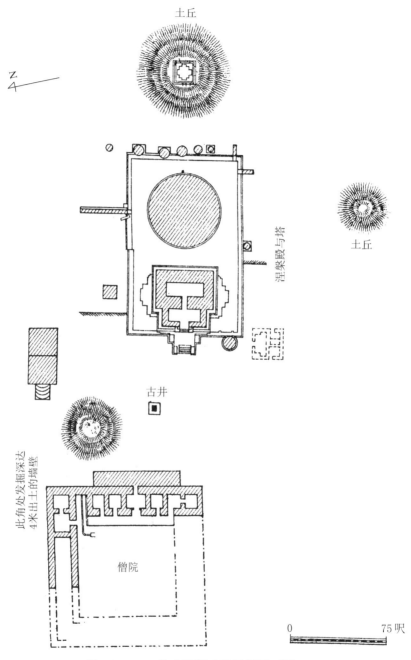

Fig. 1.1-13　拘夷那竭遗址局部平面图

型僧房。僧坊坐西朝东，门道两侧各置一门阙。发掘出土的泥印文字表明：这座僧坊大约建造于 8 世纪，公元 900 年后逐渐荒废。大约一个世纪之后，在旧僧坊址上重建了一座质地略差的僧院，平面与旧僧坊几乎相同，所用材料部分利用旧有僧坊的建材。在这座僧院的南墙外，可见另外四座僧坊遗址（编号 L、M、N、O）。依据出土的纪年遗物，这四座僧坊应建于公元 1、2 世纪，大约公元 600 年前后被毁。

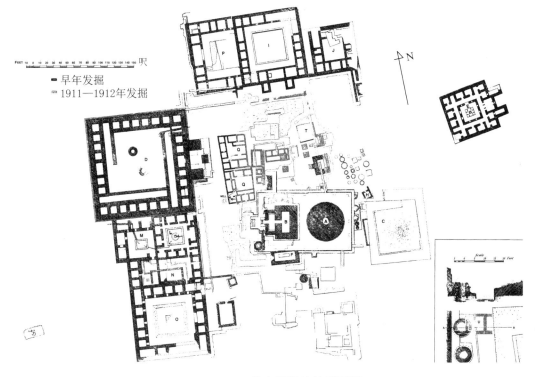

Fig. 1.1-14　拘夷那竭遗址平面图

第二组：位于涅槃殿与主塔的南侧，大多数是体量较小的纪念塔址，系虔诚信徒拜谒、敬佛或奉献的标志。

第三组：位于涅槃殿与主塔的东侧，其建筑遗迹中最重要且引人关注者，是一处大型砖砌平台建筑 (C)，与东西向的主遗址略有倾斜。平台包括上下两层，底层 27.5 米见方，西北角置踏道。玄奘没有记述这座平台，故有学者推测它建于 7 世纪之后。在平台的西北角，发现一座小型建筑 (H)，长 2.9 米，宽 2.5 米，以大砖砌筑，与孔雀王朝常见的大砖相似。这座建筑毁于贵霜时期，其始建年代可能为阿育王时期。

第四组：在小型建筑 H 的北侧，是一批朝圣者修造的小塔，与第二组中的小塔样式相似。在小塔群的西侧，有二座方形建筑基址，可能是殿龛遗迹，其上方有晚期垒砌的南北向墙垣。最北侧排列一组建筑废墟，在样式上与西侧第一组僧坊遗迹非常相似。这组建筑应是两座僧坊，皆朝向南侧的主遗址。其中，西侧僧坊 (I) 中央庭院有一方池，周边砌矮墙，地面铺砖；方池四边是回廊，再外侧是一周僧房。门道两侧各有一凸起门房。东侧僧坊 (J) 没有全部清理出来，平面布局可能与僧坊 I 相似。这组建筑的营造应在 9、10 世纪。

在主遗址的最东侧，可见一座独立的建筑遗迹，唯坐西朝东，没有面向主遗址。这座建筑没有中央庭院，取而代之的是一独立殿堂，平面 9.1 米见方，门道北向。殿堂与四周僧房之间的过道比较狭窄，殿堂的具体性质及功用不清。依据发掘出土的遗物，这座建筑的年代可推定在 10 或 11 世纪。

拘夷那竭遗址的平面布局以涅槃殿（大砖精舍）和大塔为中心，其中后者为孔雀王朝阿育王始建，此外他可能在大塔的东、西两侧修建了僧舍。现存僧坊及附属建筑，皆后世以涅槃殿和大塔为中心陆续营造，包括信众建以为纪的诸多小塔。其中，编号 L、M、N、O 的四座僧坊，靠近涅槃殿和窣堵波，应是现存最早的窣堵波与僧坊之组合，营造于贵霜时期。稍后，修建了 Q 和 Q′ 僧坊。笈多时期，在原有基础上统一扩建大塔并营造涅槃殿，同时修复了原有僧坊，并在北侧又新建二僧坊。大塔东侧的平台可能时间晚些。随着僧众的增加，8 世纪以后又陆续修建了僧坊 D 以及僧坊 I 和僧坊 P，包括南北两侧修建的奉献塔或还愿塔等，这种情况一直延续到 10 或 11 世纪[1]。

4. 其他僧伽蓝遗址

一般认为：佛陀传法的地域主要集中在今天印度东北部，以古代摩竭提国都城王舍城 (Rājagṛha) 或拘萨罗国首都舍卫城为中心，东至鸯伽国 (Aṅga)，北到迦维罗卫，西迄拘罗国 (Kuru)，南抵拘睒弥 (Kauśāmbī)。其中，佛陀居留时间较长、与佛陀教化关系较深之地是舍卫城、王舍城、毗舍离 (Vaiśāli) 和迦维罗卫。故而，除前述祇洹精舍和四大圣地，毗舍离国与拘睒弥国的佛教遗迹值得关注。此外，世界文化遗产地桑吉遗址、那烂陀寺遗址、阿旃陀石窟附近地面塔寺遗址以及东天竺境内乌荼国的乌德耶吉里遗址和中天竺或南天竺龙树山的佛寺遗址，对我们全面了解古代天竺的地面佛寺亦颇为重要。

（1）**毗舍离**：毗舍离，一作吠舍厘，是古代天竺六大都城之一，梨车部族

---

[1] 1) *Archaeological Survey of India: Four Reports…*, Vol. I: XL, 76-85, esp. 80-85, Pl. XXVI; 2) *Archaeological Survey of India: Report of Tours…*, Vol. XXII: 16-29, 58-59, Pl. III; 3) J. Ph. Vogel, "Notes on Exavations at Kasia," *ASIAR 1904-05*: 43-58; 4) J. Ph. Vogel, "Exavations at Kasiā," *ASIAR 1905-06*: 61-85; 5) J. Ph. Vogel, "Exavations at Kasiā," *ASIAR 1906-07*: 44-67; 6) Hīrānanda Śāstrī, "Exavations at Kasiā," *ASIAR 1910-11*: 63-72, Pl. XXXI; 7) Hīrānanda Śāstrī, "Exavations at Kasiā," *ASIAR 1911-12*: 134-140, Pl. LIX; 8) D. R. Patil, *Kuśīnagara*, Delhi: Department of Archaeology, India & The Manager of Publications, India, 1957; 9) 長廣敏雄《インドの仏蹟》, 長廣敏雄《中国美術論集》, 第 530-532 頁。

(Licchavi，一作离车子，玄奘译作栗呫婆子) 世居之地。据法显记载：

> 毗舍离城北，大林重阁精舍，佛住处，及阿难半身塔。其城里本庵婆罗女家，为佛起塔，今故现在。城南三里，道西，庵婆罗女以园施佛，作佛住处。佛将般泥洹，与诸弟子出毗舍离城西门，回身右转，顾看毗舍离城，告诸弟子："是吾最后所行处。"后人于此处起塔。……（佛）告阿难言："我却后三月，当般泥洹。"……佛般泥洹后百年，有毗舍离比丘错行戒律，十事证言佛说如是。尔时诸罗汉及持戒律比丘凡夫者有七百僧，更检校律藏。后人于此处起塔，今亦在。[1]

《大唐西域记》卷七记：

> 吠舍厘国周五千余里。……伽蓝数百，多已圮坏，存者三五，僧徒稀少。……宫城西北五六里，至一伽蓝，僧徒寡少，习学小乘正量部法。傍有窣堵波，是昔如来说《毗摩罗诘经》，长者子宝积等献宝盖处。其东有窣堵波，舍利子等于此证无学之果。舍利子证果东南，有窣堵波，是吠舍厘王之所建也。佛涅槃后，此国先王分得舍利，式修崇建。《印度记》曰：此中旧有如来舍利一斛，无忧王开取九斗，唯留一斗。后有国王复欲开取，方事兴功，寻则地震，遂不敢开。其西北有窣堵波，无忧王之所建也，傍有石柱，高五六十尺，上作师子之像。石柱南有池，是群猕猴为佛穿也，在昔如来曾住于此。……伽蓝东北三四里有窣堵波，是毗摩罗诘。唐言无垢称，旧曰净名，然净则无垢，名则是称，义虽取同，名乃有异。旧曰维摩诘，讹略也。故宅基趾，多有灵异。……去此不远有窣堵波，是庵没罗女故宅，佛姨母等诸苾刍尼于此证入涅槃。伽蓝北三四里有窣堵波，是如来将往拘尸那国入般涅槃，人与非人随从世尊至此伫立。次西北不远有窣堵波，是佛于此最后观吠舍厘城。其南不远有精舍，前建窣堵波，是庵没罗女园，持以施佛。庵没罗园侧有窣堵波，是如来告涅槃处。……讲堂侧不远有窣堵波，中有阿难半身舍利。……城东南行十四五里，至大窣堵波，是七百贤圣重结集处。[2]

---

[1]［晋］法显撰《法显传》，第93-94页。
[2]［唐］玄奘撰《大唐西域记》，第587-601页。

依据法显和玄奘记述，毗舍离佛教遗迹众多，不过迄今仅做了部分考古发掘工作。

1861-1862 年，坎宁安踏查北方邦穆扎法尔布尔 (Muzaffarpur) 的伯萨尔 (Besārh)，记录和测绘了若干遗迹，进而推断此地为毗舍离国遗址 (Fig. 1.1-15)[1]。1903-1904 年，印度考古调查局布洛克 (T. Bloch) 开始发掘伯萨尔城堡，即 Rājā Bisāl kā Gaṛh，这一名称尚存 Viśāla 之意。在 D 探沟 (Trench No. D) 中出土了 720 枚印章 (inscribed clay seals)，涉及王公、贵族 (seals of Dhruvasvāminī and Ghaṭotkacagupta)、官员、协会、团体 (seals of officials, guilds, corporations) 以及寺庙和宗教传说 (seals of Temples and seals with religious legends) 等。印章中有不少带 Vaiśālī 字样，如 "毗舍离某某家主之印"，制作时间主要是公元 4、5 世纪。这更进一步证实坎宁安之说可靠[2]。1911-1912 年，斯普纳 (D. B. Spooner) 对城堡的东南部分做了进一步发掘，出土了大量遗物，包括砖、陶器、雕塑、钱币、珠饰、陶范、金属制品等 826 件 (套)，其中印章 235 件[3]。

1957-1958 年发掘季，巴特那贾亚斯瓦尔研究所 (Kashi Prasad Jayaswal Research Institute) 在阿尔特卡尔 (Dr. A. S. Altekar) 主持下发掘了伯萨尔城堡西北半英里处的池塘和佛塔遗址。池址现称 Kharauna-pokhra，长 432.82 米 (1420 英尺)，宽 201.17 米 (660 英尺)，据说为梨车部族首领洗浴专用。在池塘东北有一土丘，发掘结果表明它是一座塔址，曾先后经历过四次扩建 (Fig. 1.1-16)。原始佛塔直径 7.62 米 (25 英尺)，由一层层泥土堆起，层间夹以薄土块 (gangat)，土堆底部的沉积层包含北方黑磨光器。又，同类黑磨光器残片在塔核以及原始塔与第一次扩建层之间的堆积中大量出现。佛塔的第一次扩建，使用了长 38.1 厘米、宽 22.86 厘米、厚 5.08 厘米 (15×9×2 英寸) 的烧砖，呈现颇为坚固的形态。在扩建层表面脱落的碎石中，可见若干磨光的丘纳尔砂岩碎块，暗示这次扩建发生在孔雀王朝，可能是阿育王实施的。此外，在塔西侧可见一缺口，但随之被填补。第二次扩建，几乎完全使用再生砖和碎砖以及个别砖坯，与第一次扩建相比，构造相对薄弱。第三次扩建使用的也是砖和碎砖，扩建后大塔直径 12.19 米 (40 英尺)。第四次，即最后一次主要对此前大塔做了进一步加固。发掘出土后的塔核 (core of the stupa)，显示其南侧有一宽 0.76 米 (2 英尺 6 英寸) 的缺口 (Fig. 1.1-17)。在此缺口扰动的地方，靠近塔心 (centre of the stupa) 出土了一件皂石罐 (Fig. 1.1-18)。由于来自上部的压力，

---

［1］ *Archaeological Survey of India: Four Reports…*, Vol. I: 55-64, Pl. XXI.

［2］ T. Bloch, "Excavations at Basārh," *ASIAR 1903-1904*: 81-122.

［3］ D. B. Spooner, "Excavations at Basārh," *ASIAR 1913-1914*: 98-185.

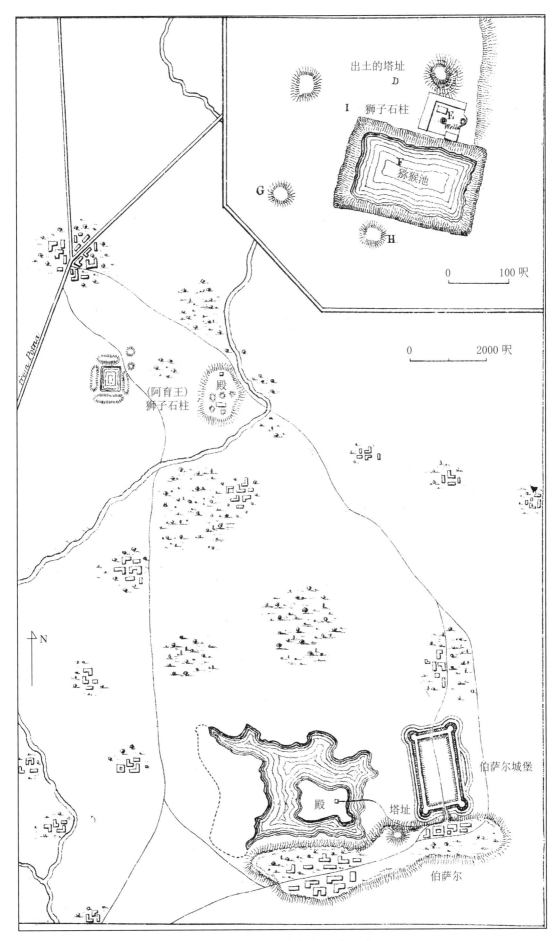

出土的塔址
D
I 狮子石柱
E
Well
F
猕猴池
G
H

0   100 呎

0   2000 呎

Patna
(阿育王)
狮子石柱
殿

N

殿
塔址
伯萨尔城堡

伯萨尔

Fig. 1.1-15　毗舍离遗址平面图

Fig. 1.1-16　毗舍离王所建原始佛塔遗址

Fig. 1.1-17　毗舍离原始佛塔舍利罐位置

Fig. 1.1-18　毗舍离原始佛
塔出土舍利罐

出土时石罐有些破裂，罐内仅有 1/4 灰土，此外还藏纳一小海螺壳、二玻璃珠、一小片金叶和一铜孔币。根据遗址发现的包含物，这座佛塔应始建于北方黑磨光器通用之时，即公元前 600 年至公元前 200 年。不过，鉴于佛塔的第一次扩建可能是在孔雀王朝，其始建应在前孔雀王朝之时，故而这座塔可能是梨车部族获取 1/8 佛舍利后回国随即营造的。舍利罐出土于缺口扰土内，且仅部分藏纳灰土，似乎证实了这一推定，因为传说阿育王曾打开梨车部族所建原始佛塔以取舍利，仅留下一份供此部族供奉。又，第一次扩建后所见西侧缺口，依据玄奘记载，可能归因于某位国王后来试图搜劫佛塔，但因恐惧而放弃之结果。因此，基于考古材料并参考传统文献，发掘者推测：揭露出土的佛塔应为梨车部族所建，尽管出土的舍利罐缺失任何与之有关的铭文[1]。作为原始八塔之一，这次考古发掘的结果现已得到学界的广泛认同 (Pl. 1.1-16)。

　　毗舍离王所建原始佛塔，后来经历的四次扩建可能分别在孔雀王朝、巽伽王朝和贵霜王朝，或许还应包括笈多王朝，因为伯萨尔城堡出土了大量的笈多印章，下述戈卢厄 (Kolhua) 遗址也出土了近两百座大小不一的笈多奉献塔。因此，这座塔址对研究原始佛塔的营造、结构及舍利藏纳形式等具有重要的学术价值。不过，毗舍离王所建佛塔旁侧是否有原始僧坊或僧舍，现不得而知[2]。

　　1922-1923 年，在同一区域内的戈卢厄古代遗迹，即伯萨尔城堡西北大约 4.8 公里 (3 英里) 处的阿育王石柱引起了学界关注[3]。1957-1958 年发掘季，巴特那贾亚斯瓦尔研究所在罗伊 (Sita Ram Roy) 主持下发掘了戈卢厄遗址[4]。1989-1990 年发掘季，印度考古调查局第三发掘队 (Excavation Branch III of the Archaeological

---

［1］*Indian Archaeology 1957-58—A Review*: 10-11, Pls. VIII, IX.

［2］除毗舍离原始佛塔外，1898 年，法人皮佩 (W. C. Peppé) 在印度北部与尼泊尔南部交界的皮普拉瓦 (Piprāvā/Piprahwa) 佛塔中发掘出土了一件冻石舍利罐，高 15.24 厘米，直径 13.34 厘米，内装舍利，盖上题刻记载此乃佛舍利罐，为释迦族苏基蒂 (Sukiti) 兄弟及其姊妹、妻儿等供奉。皮普拉瓦出土之舍利，疑为昔日八王分舍利时迦维罗卫国释种民众所得。佛塔南侧及东侧现存的僧坊遗址，年代要晚于原始佛塔，疑贵霜时期营造。W. C. Peppé, "The Piprāhwā Stūpa, containing relics of Buddha, by William Claxton Peppé, Esq., communicated with a Note by Vincent A. Smith, ICS, MRAS," *Journal of the Royal Asiatic Society of Great Britain and Ireland*, 30 (July 1898): 573-578. See B. P. C. Mukherji, "A Report on a Tour of Exploration of the Antiquities in the Tarai, Nepal, the Region of Kapilavastu during February and March, 1899," in *The Buddha's Natal Landscape as Interpreted by the Pioneers*, 93-98, Pls. XXVII-XXVIII.

［3］D. Brainerd Spooner, "(Conservation at) Basarh," *ASIAR 1922-23*: 30. 参见：長廣敏雄《インドの仏蹟》，長廣敏雄《中国美術論集》，第 536-538 页。

［4］*Indian Archaeology 1957-58—A Review*: 15-16, Pl. X.

Survey of India) 在辛格 (Lal Chand Singh) 主持下，对戈卢厄的主塔与阿育王石柱做了有限发掘，目的是确定这处遗址的大致范围及彼此关系。在主塔西南约 80 米处发掘出土的僧坊，曾先后经历三次修建，分别属于贵霜、笈多和后笈多时期，但方位在三次营建中没有发生改变。僧坊平面近正方形，外缘东西长 10.30 米，南北宽 10.10 米，外墙厚 1.35 米；中央庭院面阔 6.65 米，进深 6.5 米，中庭左、右、后三面各置僧房 3 间，庭院与僧房间距 2.30 米，由此形成一卍形廊道，上置顶棚，故印度学者常把这种平面布局的僧坊称为 "卍形僧院 (svastika-shaped monastery)"。僧坊东侧置门厅，与主塔相对。这座僧坊，后来遭受来自西面的洪水冲击，西墙受损严重，因此在第二期修建中添加了扶壁和护墙。又，依西墙外侧搭建的砖铺平台，可能用作露天盥洗台，台下置排水槽，后一直延续使用(Fig. 1.1-19)[1]。1990-1991、1991-1992、1992-1993、1993-1994、1996-1997、1997-1998、1998-1999 年发掘季，印度考古调查局巴特那支局 (Patna Circle of the Archaeological Survey of India) 一直持续进行对戈卢厄遗址的考古发掘；其中，前六次发掘皆由辛格主持，后两次改由穆罕默德 (Muhammed K. K.) 带队。通过主塔、阿育王石柱与僧坊的地层关系 (stratigraphic relationship)，印度考古学者基本上搞清了这处遗址的演变情况。戈卢厄遗址主要包括：主塔 (Main Stūpa)、阿育王石柱 (Asokan pillar)、卍形僧

Fig. 1.1-19　毗舍离遗址中僧坊址

[1] *Indian Archaeology 1989-90—A Review*: 11-13, Pls. IV, V.

坊、猕猴池 (Markaṭa-hrada/Markat Hrid tank)、重阁堂 (kūṭāgāra-śālā，重阁讲堂)
以及后世修建的大量奉献塔 (votive stupa) 和小型龛像等 (Pl. 1.1-17)。其中，主
塔系阿育王为纪念猕猴奉蜜之事所建，贵霜时期拓展、加高并用烧砖铺就了绕塔礼
拜道，笈多时期再次对大塔包砖，并相间添加 Ayakas。阿育王石柱高 11 米，顶冠
石狮，柱身表面未刻法敕，仅存笈多时期刻划的若干字母。卍形僧坊始建于贵霜王
朝，一直沿用到后笈多时期。猕猴池长 65 米，宽 33 米，上下叠涩达七层，深 4.30
米，西侧和南侧各有一台阶 (ghat)，池面敷砖为贵霜时期所为。又，卍形僧坊与猕
猴池间的砖灰路为贵霜时期始建，猕猴池与主塔区之间的建筑活动，从巽伽—贵霜
一直延续到笈多晚期[1]。从现存布局来看，阿育王造塔时旁侧是否建有僧舍或僧坊
并不清楚。贵霜王朝，对大塔进行了第一次扩建，并在大塔西南方营造僧坊，两地
之间修建猕猴池。鉴于正式考古发掘报告尚未出版，完整平面图亦未刊布，故详述
如上。

(2) 拘睒弥：拘睒弥，梵语作 Kauśāmbī，巴利语为 Kosambī，一作憍赏弥国，亦
说跋蹉国 (Vatsā) 等，也是古代天竺六大都城之一。著名的佛教遗迹有：供奉优填
王所造旃檀佛像之精舍、瞿师罗园 (Ghoṣila) 以及世亲撰《唯识论》之故砖室和无著
显扬圣教论之遗迹等[2]。据法显记载：

> 自鹿野苑精舍西北行十三由延，有国，名拘睒弥。其精舍名瞿师罗园，佛昔
> 住处，今故有众僧，多小乘学。从东行八由延，佛本于此度恶鬼处。亦尝在此住，
> 经行、坐处皆起塔。亦有僧伽蓝，可百余僧。[3]

《大唐西域记》卷五记：

> 憍赏弥国旧曰拘睒弥国，讹也。中印度境。……伽蓝十余所，倾顿荒芜；僧徒

[1] 1) *Indian Archaeology 1990-91—A Review*: 3-4, Pls. II-IV; 2) *Indian Archaeology 1991-92—A Review*: 5-6, Pls. III-V; 3) *Indian Archaeology 1992-93—A Review*: 5-6, Pl. I; 4) *Indian Archaeology 1993-94—A Review*: 9-10; 5) *Indian Archaeology 1996-97—A Review*: 5-6; 6) *Indian Archaeology 1997-98—A Review*: 15; 7) *Indian Archaeology 1998-99—A Review*: 3-4.

[2] B. C. Law, *Kauśāmbī in Ancient Literature*, Memoirs of the Archaeological Survey of India, No. 60, Calcutta: Archaeological Survey of India, 1939.

[3] [晋]法显撰《法显传》，第 136-137 页。

三百余人,学小乘教。……城内故宫中有大精舍,高六十余尺,有刻檀佛像,上悬
石盖,邬陀衍那王唐言出爱,旧云优填王,讹也。之所作也。……初,如来成正觉已,
上升天宫为母说法,三月不还,其王思慕,愿图形像。乃请尊者没特伽罗子以神
通力接工人上天宫,亲观妙相,雕刻栴檀。如来自天宫还也,刻檀之像起迎世尊。
世尊慰曰："教化劳耶? 开导末世,实此为冀!"……城内东南隅有故宅余趾,是
具史罗旧云瞿师罗,讹也。长者故宅也,中有佛精舍及发、爪窣堵波。复有故基,如
来浴室也。城东南不远,有故伽蓝,具史罗长者旧园也。中有窣堵波,无忧王之
所建立,高二百余尺,如来于此数年说法。[1]

　　1862-1863 年, 坎宁安踏查北方邦安拉阿巴德 (Allāhābād) 西北朱木拿河畔
之戈瑟姆 (Kosām), 记录和测绘了若干遗迹, 进而推断此地为拘睒弥国遗址 (Fig.
1.1-20)[2]。1921-1922 年发掘季, 萨尼 (Daya Ram Sahni) 又对这处遗址做了考古
调查, 发掘出土了若干陶器、皂石碗和残像等。其中, 新发现的 Samvat 1245 年那
轧利 (Nāgarī) 体题刻 (1189 年) 证实, 坎宁安早年考定戈瑟姆为拘睒弥国遗址之说
不误[3]。

　　1951 年, 安拉阿巴德大学 (University of Allahabad) 考古队在调查和发掘拘睒
弥国遗址时, 发现了瞿师罗园 (Ghośitārāma) 精舍址。在夏尔马 (G. R. Sharma) 主
持下, 安拉阿巴德大学在 1953-1954、1954-1955、1955-1956、1956-1957 年连续
用四个发掘季, 集中人力、物力对这处佛寺遗址进行了发掘和清理, 结果显示: 这处
遗址的文化层大约从公元前 6 世纪一直延续到公元 6 世纪, 其间经历了十六次建筑
活动。经倒数第二次修建后, 佛寺由主塔 (Main Stūpa) 和僧坊构成, 诸僧房前之回
廊环绕主塔, 此外还有一些小型窣堵波, 整个佛寺由高墙围绕。发掘出土的最早遗
物, 是北方黑磨光器 (Northern Black Polished Ware)。

　　主塔大约始建于公元前 5 世纪, 后来经过四次修复, 最后形成方形抹角平面。
其中, 对大塔的第三次修复和扩建最为重要, 时间大约是公元前 3 世纪, 这使得我
们不由想起玄奘所记瞿师罗园 "中有窣堵波, 无忧王之所建立"。第四阶段, 即最后

　　[1][唐]玄奘撰《大唐西域记》, 第 465-471 页。
　　[2] *Archaeological Survey of India: Four Reports…*, Vol. I: 301-312, Pl. XLVIII.
　　[3] Daya Ram Sahni, "Exploration at Kosam" and "Sanskrit Epigraphy at Kosam," *ASIAR
1921-22* (1924): 45-46, 120-121.

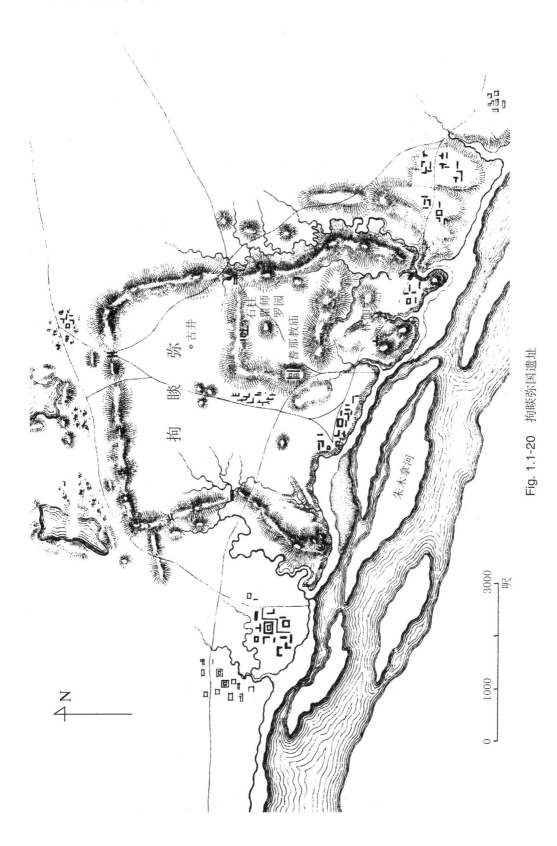

Fig. 1.1-20 拘睒弥国遗址

一次修复应该是佛寺废弃前完成的。不过遗憾的是，我们缺乏前五次或前五个阶段僧坊建筑演变的可靠材料。僧坊围墙是第六次修复时垒建的，以长 0.30 米 (1 英尺) 的大砖横砌。到了第八次修复，佛寺围墙扩大，在方形庭院周边为僧众修建僧房及回廊，由此构成典型的僧坊布局。第十一次，即默格 (Maghas) 时期，尤其公元 2 世纪末伯德勒默格 (Bhadramagha) 统治之时，是这座佛寺发展的高峰，两位统治者的名字皆刻划在一罐子上。到了第十三次修复，佛寺格局发生了进一步变化，新砌筑的高大围墙封闭了整个佛寺。北部、东部和西部的围墙厚 1.83 米 (6 英尺)，南部围墙厚 3.96 米 (13 英尺)，与此同时，在南部铺就了宽 3.35 米 (11 英尺) 的路面。为了围绕新建双塔 (每座塔基大约长 12.2 米，宽 10.97 米，即 40 英尺 ×36 英尺)，在寺院东南角和西南角又新垒砌两条并行的 24.1 米 (79 英尺) 的墙壁 (Fig. 1.1-21)。在第十六阶段，即 6 世纪上半叶嚈哒 (Hunas) 人入侵北印度时，这座佛寺被多罗摩

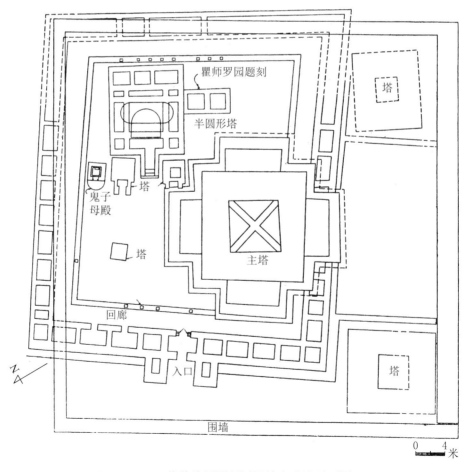

Fig. 1.1-21   拘睒弥国瞿师罗园精舍遗址平面图

那 (Toramāṇa) 摧毁[1]。又，1956-1957 年发掘季出土了一尊保存完好的立佛 (Fig. 1.1-22)，从整个造型看应为笈多雕刻[2]。

依据考古发掘，虽然瞿师罗园精舍 (具史罗伽蓝) 为"佛昔住处"且"如来于此数年说法"，但其早期布局不清。现存主塔应为阿育王时期所建，环绕佛塔的方形僧坊大约完成于公元 2 世纪，由此形成塔寺布局。到了第十三阶段，大约公元 3 或 4 世纪，以主塔为中心，重新设置了围墙，并增添了其他设施。

(3) 桑吉：印度中央邦桑吉 (Sāñchī/Sanchi) 遗址，坐落在一南北长 384 米、东西宽 201 米的山丘顶部，一般分作主台地 (Main Terrace)、东区 (Eastern Area) 和南区 (Southern Area) 三部分，周围环绕 11 至 12 世纪垒砌的围墙，是著名的世界文化遗产 (Fig. 1.1-23)。根据马歇尔 1912-1919 年对桑吉遗址的考古调查与发掘，桑吉第 1 号塔 (俗称桑吉大塔) 之内核，系阿育王时期建造，为低矮的覆钵塔，直径约为现存大塔的一半；以大砖构筑的佛塔，发掘时已严重损毁。据遗迹推断：塔为半球

Fig. 1.1-22　拘睒弥国瞿师罗园
精舍遗址出土立佛

形，底有塔基，周匝绕以木质栏楯，顶为石质轮盖。到了巽伽时期 (约前 185- 前 73 年)，信众在砖塔 (内核) 之外包裹了一层厚石块，并扩展到现存规模，即低塔身 (塔基)，半球形覆钵。覆钵顶端截平，上置栏楯形平头；平头之上竖立轮竿作为塔刹。石砌塔身与覆钵表面，原来敷有灰泥和彩绘装饰 (Pl. 1.1-18)[3]。因此，桑吉大塔也

────────────────

[1] 1) *Indian Archaeology 1953-54—A Review*: 9; 2) *Indian Archaeology 1954-55—A Review*: 16, 18; 3) *Indian Archaeology 1955-56—A Review*: 20-22, Fig. 9.

[2] 立佛用当地石材雕造，螺发，面部圆润，双眼微闭，直鼻，小嘴，大耳，颈部三折，双肩宽厚，身体略有动感，重心置右腿，双足跣立。佛大衣作右袒式披覆，右手下垂，左手于肩部持衣边。佛右脚旁可见一跪姿供养人，形体颇小。佛有舟形背光，佛座素面。*Indian Archaeology 1956-57—A Review*: 28-29, Pl. XXXVIIa.

[3] 1) John Marshall, "The Monuments of Sāñchī: Their Exploration and Conservation," *ASIAR 1913-14*: 1-39; 2) John Marshall and Alfred Foucher, *ibid.*, 19-40.

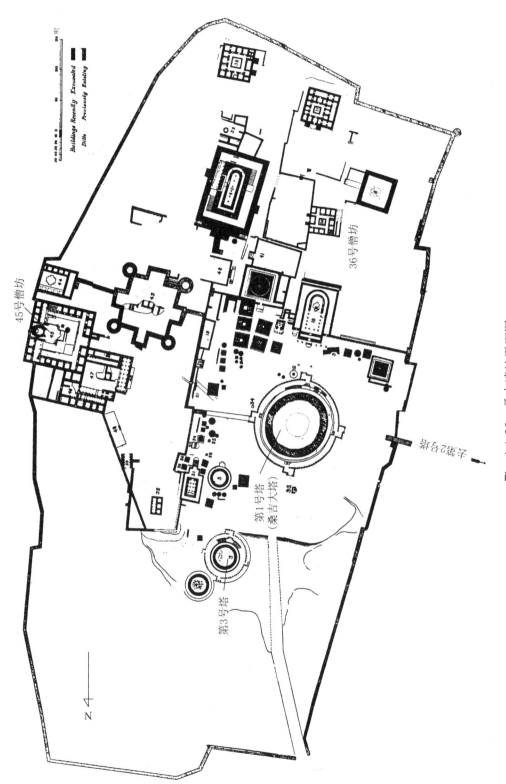

Fig. 1.1-23　桑吉遗址平面图

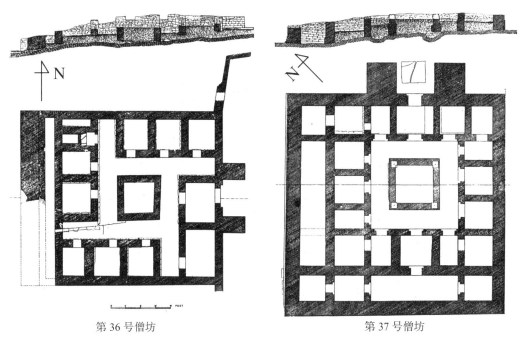

第 36 号僧坊　　　　　　　　　　　　　第 37 号僧坊

Fig. 1.1-24　桑吉遗址中第 36、37 号僧坊址平面及剖面图

是根据佛陀教示之原型建造而成的，即覆钵式[1]。另外，桑吉大塔北门浮雕一座与大塔外貌极为相似的小塔，塔门年代应为公元前 1 世纪后半叶。

　　在大塔的南部和东部，揭露出多处僧坊遗址。不过，已经发掘出土的僧坊不会早于公元 6 世纪，有些系在早期遗址之上增扩或重建。如在大塔南区发掘出土的三座僧坊，现编第 36-38 号，其中第 36 号僧坊营造最早，第 38 号次之，第 37 号最晚，年代皆可定在公元 7 世纪 (Fig. 1.1-24)。主持发掘工作的马歇尔认为：这三座僧坊，依据相同的布局建造，体量较小，几乎是贵霜时期西北天竺流行的封闭式僧坊 (self-contained *vihāra*) 的缩小版。"僧坊中央为方形庭院，院中置一平台，小室（僧房）环置四周，在小室与庭院之间有的置柱式回廊。入口设在侧面中部，外置凸起式塔门。僧坊底层用石块垒筑，以灰浆粘合并勾缝；上层可能为木构或泥土建造。"[2]因

　　　　[1] 据玄奘撰《大唐西域记》卷一："（缚喝国）大城西北五十余里至提谓城，城北四十余里有波利城。城中各有一窣堵波，高余三丈。昔者如来初证佛果，起菩提树，方诣鹿园，时二长者遇被威光，随其行路之资，遂献麨蜜，世尊为说人天之福，最初得闻五戒十善也。既闻法诲，请所供养，如来遂授其发爪焉。二长者将还本国，请礼敬之仪式，如来以僧伽胝旧曰僧祇梨，讹也。方叠布下，次郁多罗僧，次僧却崎旧曰僧祇支，讹也。又覆钵竖锡杖，如是次第为窣堵波。二人承命，各还其城，拟仪圣旨，式修崇建，斯则释迦法中最初窣堵波也。"[唐] 玄奘撰《大唐西域记》，第 122 页。这种"释迦法中最初窣堵波"，就是现在学界通称的覆钵塔。

　　　　[2] John Marshall and Alfred Foucher, *ibid.*, 18-40, 68-78, esp. 68, Pls. 2, 121b, 123.

此，中央大塔与南侧居住场所可能是桑吉较早的僧伽蓝布局，只是发掘出土的三座僧坊系笈多以降在原址上重建。大塔东侧的僧坊，时代可能还要晚些。

1995-1996 年发掘季，印度考古调查局博帕尔支局 (Bhopal Circle of the Archaeological Survey of India) 在辛哈 (A. K. Sinha) 指导下对桑吉大塔的西侧山坡进行发掘，目的是揭露对着西坡和通往第 2 号塔的古代小道南侧下层的建筑遗迹。其中，第 51 号僧坊 (Monastery 51，Pl. 1.1-19) 建于岩边之上，地面较主台地低 7 米，通过现代修砌的台阶与大塔相通。这座僧坊址保存基本完好，南北长 33.22 米，东西宽 32.69 米，是一典型的僧坊遗址。中央为露天庭院，周围置回廊，最外侧建僧房，庭院、回廊和僧房的地面铺砖，其规格与孔雀王朝的用砖相同。庭院地面较回廊略低，里面积水通过西南角的水槽排出。僧坊的石墙表面大多包砖，入口开在东壁，两侧各置一柱台或塔门 (pylon)。在第 51 号僧坊后面及周边的发掘中，发现了若干有关第 51 号僧坊各期营造活动的遗迹。其中，在第 51 号僧坊后面遗址的最底层，揭露出东西向长达 15 米的土墙；在第 51 号僧坊后半下方，发现了时代更早的建筑遗址，其毛石墙以灰浆勾缝，现存 11 层，被完全叠压在第 51 号僧坊之下。在早晚两期重叠建筑遗址之间，有明显的间断 (hiatus)。依据考古发掘地层和出土的建筑遗物，第 51 号僧坊至少经历过三次修建，最早的遗迹可以追溯到孔雀王朝[1]。1996-1997 年和 1997-1998 年发掘季，辛哈团队在第 8 号建筑址 (Structure 8) 的东南部，发掘出土了两座早晚重叠的僧房遗址，营造时间大约从公元 1 世纪到 3、4 世纪[2]。1999-2000 年发掘季，在米什拉 (P. K. Mishra) 的指导下，博帕尔支局考古队试图确定此前发掘的建筑遗址的范围，并找出第 8 号建筑与第 37 号僧坊和第 40 号殿堂之关系，并再次确认第 51 号僧坊址始建于孔雀王朝[3]。若然，这应是迄今发现的最早的塔与僧坊布局。

(4) 那烂陀寺："那烂陀"系梵语 Nālandā 的汉语音译，意译施无厌，位于今比哈尔邦首府巴特那市 (Patna) 东南 90 公里处的伯尔冈 (Bargaon，Pl. 1.1-20)。

《大唐西域记》卷九《摩揭陁国》记述：

（从王舍城）北行三十余里，至那烂陀唐言施无厌。僧伽蓝。闻之耆旧曰：此

---

[1] *Indian Archaeology 1995-96—A Review*: 47-48.

[2] 1) *Indian Archaeology 1996-97—A Review*: 65; 2) *Indian Archaeology 1997-98—A Review*: 103-105.

[3] *Indian Archaeology 1999-2000—A Review*: 99.

伽蓝南庵没罗林中有池,其龙名那烂陀,傍建伽蓝,因取为称。从其实议,是如来在昔修菩萨行,为大国王,建都此地,悲愍众生,好乐周给,时美其德,号施无厌。由是伽蓝因以为称。其地本庵没罗园,五百商人以十亿金钱买以施佛。佛于此处三月说法,诸商人等亦证圣果。

佛涅槃后未久,此国先王铄迦罗阿迭多唐言帝日。敬重一乘,尊崇三宝,式占福地,建此伽蓝。初兴功也,穿伤龙身。时有善占尼乾外道见而记曰:"斯胜地也,建立伽蓝,当必昌盛,为五印度之轨则,逾千载而弥隆,后进学人,易以成业,然多欧血,伤龙故也。"其子佛陀毱多王唐言觉护。继体承统,聿遵胜业,次此之南,又建伽蓝。呾他揭多毱多王唐言如来。笃修前绪,次此之东,又建伽蓝。婆罗阿迭多唐言幼日。王之嗣位也,次此东北又建伽蓝。……其王之子伐阇罗唐言金刚。嗣位之后,信心贞固,复于此西建立伽蓝。其后中印度王此北复建大伽蓝。于是周垣峻峙,同为一门。既历代君王继世兴建,穷诸剞劂,诚壮观也。帝日王大伽蓝者,今置佛像。……僧徒数千,并俊才高学也。德重当时,声驰异域者,数百余矣。……至如护法、护月,振芳尘于遗教;德慧、坚慧,流雅誉于当时。光友之清论,胜友之高谈,智月则风鉴明敏,戒贤乃至德幽邃。[1]

玄奘所记铄迦罗阿逸多 (Śakrāditya, 唐言帝日, 即拘摩罗笈多一世[Kumāra-gupta I], 415-455 年在位)、佛陀毱多 (Buddha-gupta, 唐言觉护, 477-495? 年在位)、呾他揭多毱多 (Tathāgata-gupta, 唐言如来,? 年在位)、婆罗阿迭多 (Bālāditya, 唐言幼日, 约 6 世纪初在位)、伐阇罗 (Vajra, 唐言金刚, 即 Kumāra-gupta III 或 Vakarakhya,? 年在位)[2], 皆为 5、6 世纪笈多帝王,故而学者大多认定那烂陀寺创建于帝日王,即公元 5 世纪,后"历代君王继世兴建"。慧立、彦悰撰《大慈恩寺三藏法师传》则有"如是六帝相承,各加营造,又以砖垒其外,合为一寺,都建一门。庭序别开,中分八院"[3]。又,前引义净《南海寄归内法传》记那烂陀"寺有八院,房有三百";义净《大唐西域求法高僧传》叙那烂陀"乃有八寺,上皆平通,规矩相似"。故而,那烂陀既是古代印度著名的超大型的地面佛寺,也是古代印度最重要的佛教学术中心,规模宏大,学者辈出[4]。

[1] [唐]玄奘撰《大唐西域记》,第 747-757 页。

[2] [唐]玄奘撰《大唐西域记》,第 360-361 页注释、第 750-756 页注释。

[3] [唐]慧立、彦悰撰《大慈恩寺三藏法师传》,第 69 页。

[4] Hirananda Sastri, *Nalanda and its Epigraphic Material*, Memoirs of the Archaeological Survey of India, No. 66, New Delhi: Archaeological Survey of India, 1942.

1861 年，坎宁安踏查比哈尔邦巴特那境内伯拉冈 (Baragaon)，记录和测绘了那里的遗迹，进而确定 temple of Bâlâditya 为那烂陀寺。在坎宁安推荐下，布罗德利 (A. M. Broadley) 于 1863 年和 1871 年对那烂陀寺遗址做了初步发掘 (Fig. 1.1-26) [1]。1916 年，印度考古调查局组织专家开始对那烂陀寺进行系统的考古调查和发掘，至 1939 年基本上搞清了这处遗址的整体平面布局 (Fig. 1.1-25)。迄今发掘出土的 10 座僧坊址中，僧坊址 1A 和 1B (Monastery site 1A、Monastery site 1B) 位于主塔，即第 3 号殿堂址 (Temple site 3) 东侧，平面如常，皆坐南朝北；另外 8 座僧坊位于主塔东北部，系统一规划，"寺门西向"，呈一字排开。其中，最南端那座，即僧坊址 1 (Monastery site 1) 的西南角叠压在僧坊址 1A 的东北角，据此，东侧 8 座僧坊，即僧坊址 1、4、6-11 要晚于僧坊址 1A 和僧坊址 1B。每座僧坊自成一独立单元，平面布局基本相同，"规矩相似"，中央为宽敞的方形庭院，周匝环置僧房，僧坊各自门道朝向庭院 (Fig. 1.1-27) [2]。"如观一寺，余七同然。"[3] (Pl. 1.1-21) 由此可见，义净所记不虚。这种寺或院，系在早期僧坊布局的基础上演化而来。那烂陀寺由诸多僧坊组成，即多院式结构，堪称天竺晚期地面佛寺的典范。又，义净在记述那烂陀"寺样"时，特别写道："此是室利那烂陀莫诃毗诃罗 (Śrīnālandāmahāvihāra) 样，唐译云吉祥神龙大住处也。西国凡唤君王及大官属并大寺舍，皆先云室利，意取吉祥尊贵之义。那烂陀乃是龙名。近此有龙，名那伽烂陀，故以为号。毗诃罗是住处

---

[1] 1) *Archaeological Survey of India: Four Reports…*, Vol. I: 28-36, Pl. XVI; 2) *Archaeological Survey of India…*Vol. III: 93-95.

[2] 1) D. B. Spooner, "(Exploration at) Nalanda," *ASIAR 1916-1917*: 15-16; 2) D. B. Spooner, "(Exploration at) Nalanda," *ASIAR 1917-18*: 26-27; 3) Hirananda Shastri, "(Exavation at) Nalanda," *ASIAR 1919-20*: 28-29; 4) Hirananda Shastri, "(Exploration at) Nalanda," *ASIAR 1920-21*: 26-27; 5) J. A. Page, "(Conservation at) Nalanda," *ASIAR 1921-22*: 19-23, 73-74; 6) J. A. Page, "(Excavation at) Nalanda," *ASIAR 1922-23*: 104-107; 7) J. A. Page, "(Exploration at) Nalanda," *ASIAR 1923-24*: 70-74; 8) J. A. Page, "(Exploration at) Nalanda," *ASIAR 1924-25*: 82-86; 9) J. A. Page, "(Exploration at) Nalanda," *ASIAR 1925-26*: 100-107; 10) J. A. Page, "(Exploration at) Nalanda," *ASIAR 1926-27*: 127-135; 11) J. A. Page, "Excavations at Nalanda", *ASIAR 1927-28*: 97-101; 12) J. A. Page, "Excavations at Nālandā", *ASIAR 1928-29*: 85-87, Pl XXXIV; 13) M. H. Kuraishi, "Excavations at Nalanda," *ASIAR 1929-30*: 135-137; 14) M. H. Kuraishi and G. C. Chandra, "Excavations at Nālandā," *ASIAR 1930-34*: 130-140; 15) G. C. Chandra, "Excavations at Nalanda," *ASIAR 1934-35*: 38-40; 16) G. C. Chandra, "Excavations at Nalanda," *ASIAR 1935-36*: 50-52; 17) M. Nazim, "Excavations at Nalanda," *ASIAR 1936-37*: 42-45; 18) A. Ghosh, *Nalanda*, 6th ed. (New Delhi: Archaeological Survey of India, 1986), 17-34, esp. 16.

[3] [唐] 义净撰《大唐西域求法高僧传》，第 115 页。

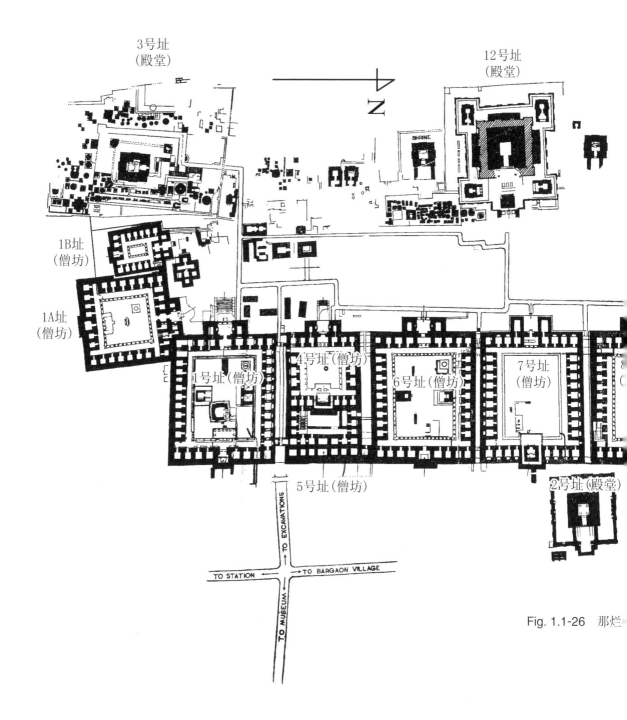

3号址（殿堂）

12号址（殿堂）

N

1B址（僧坊）

1A址（僧坊）

1号址（僧坊）

4号址（僧坊）

6号址（僧坊）

7号址（僧坊）

2号址（殿堂）

5号址（僧坊）

TO EXCAVATIONS

TO STATION → ← TO BARGAON VILLAGE

TO MUSEUM

Fig. 1.1-26　那烂

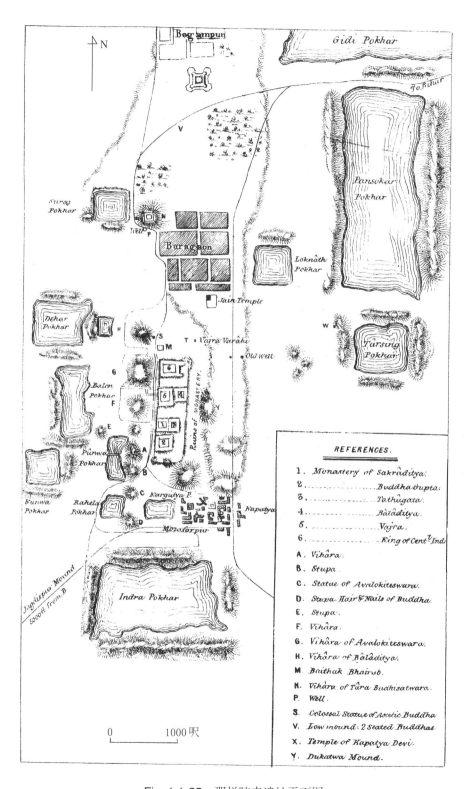

Fig. 1.1-25　那烂陀寺遗址平面图

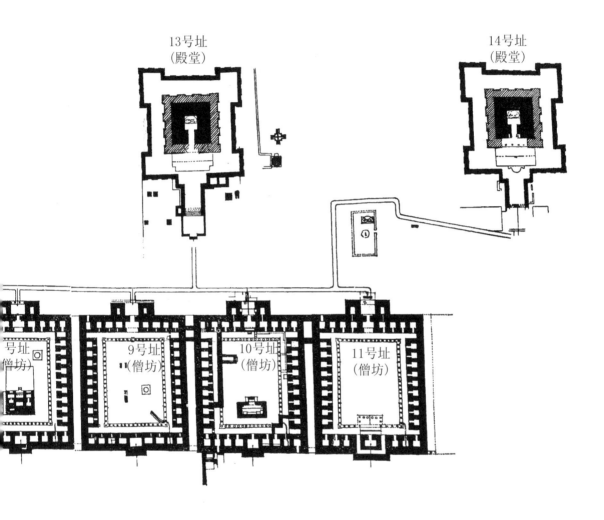

13号址
（殿堂）

14号址
（殿堂）

号址
（僧坊）

9号址
（僧坊）

10号址
（僧坊）

11号址
（僧坊）

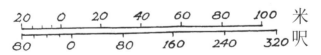

| 20 | 0 | 20 | 40 | 60 | 80 | 100 | 米 |
| 80 | 0 | 80 | 160 | 240 | 320 | | 呎 |

寺遗址平面图

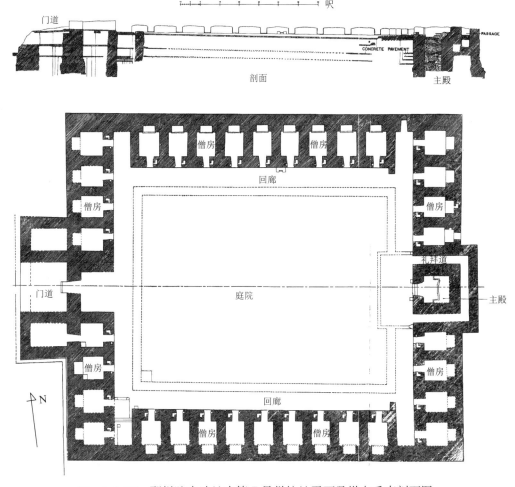

Fig. 1.1-27　那烂陀寺遗址中第 7 号僧坊址平面及纵向垂直剖面图

义，此云寺者，不是正翻。"[1] 倘若从那烂陀寺整体平面布局来看，或许也可称作 Nālandā saṃghārāma。

(5) 阿旃陀 (Ajaṇṭā/Ajanta，一译阿姜塔) 石窟，是世界著名的文化遗产。据玄奘《大唐西域记》卷十一 "摩诃剌侘国" 条：

　　国东境有大山，叠岭连障，重峦绝巘。爰有伽蓝，基于幽谷，高堂邃宇，疏崖枕峰；重阁层台，背岩面壑，阿折罗唐言所行。阿罗汉所建……伽蓝大精舍，高百余尺。中有石佛像，高七十余尺，上有石盖七重，虚悬无缀，盖间相去各三尺余。闻诸先志曰：斯乃罗汉愿力之所持也。或曰神通之力，或曰药术

————————————

[1]［唐］义净撰《大唐西域求法高僧传》，第 114-115 页。

之功。考厥实录，未详其致。精舍四周雕镂石壁，作如来在昔修菩萨行诸因地事；证圣果之祯祥，入寂灭之灵应，巨细无遗，备尽镌镂。伽蓝门外南北左右，各一石象。闻之土俗曰：此象时大声吼，地为震动。昔陈那菩萨多止此伽蓝。[1]

《大唐西域记》是阿旃陀石窟现存的唯一古代文献。玄奘关于阿折罗伽蓝的记载，早已被阿旃陀第 26 窟发现的碑刻证实；玄奘所记阿折罗阿罗汉，即碑刻中的圣者阿折罗 (Sthavir-Āchalena)，阿折罗伽蓝即阿旃陀石窟[2]。

为了追踪地面建筑与石窟之关系，确定沙多婆汉那—伐卡塔卡 (Sātāvahana-Vākāṭaka) 时期的居住活动 (habitational activity)，了解开窟造像、雕绘艺术及工匠的工作情形和寺院居住场所的设置等，印度考古调查局奥兰加巴德支局 (The Aurangabad Circle, Archaeological Survey of India) 在文卡特沙伊厄赫 (S. V. Venkateshaiah) 主持下，对阿旃陀石窟近旁的地面建筑遗址进行了系统调查，并在 1999-2000 年发掘季对瓦哥拉河 (Waghora) 右岸、与阿旃陀第 4 窟相对的地面建筑遗址进行了科学清理。他们按照南北方向布置了六个 10×10 米的大探方 (trench)，每一探方再细分作四个 5×5 米的基础探方 (quadrants)，包括探方之间的隔梁 (baulk)。发掘结果显示：小山丘侧面的这处遗址，地层堆积非常清晰，从上到下可分作八层。他们首先在 A1 探方距地表之下 30 厘米处发现了砖砌平台，仔细观察后推测它可能是一座圆形的砖砌覆钵遗迹。之后，在南侧发现了两堵东西向平行垒砌的砖墙，长 14.72 米，两墙间距 2.60 米，前墙厚 0.78 米，后墙厚 0.88 米。两墙与横向墙壁连接，由此形成一排五个小室 (cells)；中间小室体量略大，面阔 3.25 米、进深 2.60 米，两侧小室皆 2.60 米见方。其中，中间小室是佛殿，依后墙砌有一座长 3.25 米、宽 1.24 米的像台。小室地面以河卵石夯固，门道皆北向，宽 73-74 厘米，门槛砖槽用来安置木门。各小室经历过前后两次修建，用砖尺寸分别长 48 厘米、宽 23 厘米、厚 8 厘米和长 45 厘米、宽 22 厘米、厚

[1]［唐］玄奘撰《大唐西域记》，第 895-897 页。

[2] 1) Jas. Burgess, *Report on the Buddhist Cave Temples and Their Inscriptions*. Supplementary to the volume on *The Cave Temples of India* (Archaeological Survey of Western India, Vol. IV, 1883): 132-136, esp. 134-135; 2) B. Ch. Chhabra, "The Incised Inscriptions," in *Ajanta: The colour and monochrome reproductions of the Ajanta frescoes based on photography*, ed. G. Yazdani (London: Oxford University Press, Part IV, 1955, appendix), 112-124.

7 厘米[1]。

　　2000-2001 年发掘季，文卡特沙伊厄赫团队继续对遗址做系统的考古发掘，最终揭露出一处平面方形的砖构塔寺遗址，唯前半部（东侧）残损较甚 (Pl. 1.1-22)。塔寺于南、西、北三面置僧房，东侧开门道，面对瓦哥拉河。其中，南侧一排五间僧房系 1999-2000 年发掘季出土，两层地面表明，这排僧房曾经历过两次修建。塔寺西侧的僧房墙与南侧僧房墙衔接，南北长 15.30 米，然后转向东侧。西侧仅在中间置一僧房，面阔（南北向）2.60 米，进深（东西向）2.80 米，墙残高 1.48 米，东侧辟门道，门槛设置与南侧僧房类似。整个西侧僧房后墙残高 2.56 米，表面有凸起饰、壁龛和壁柱等。僧房两侧为廊道，外侧分别是南侧僧房与北侧僧房之角室。僧房位于西侧中间，可能是此寺住持所居；僧房前有宽 2.20 米的廊道，南北两侧僧房前廊宽 1.30 米。北侧僧房最东端尚未发掘，现存僧房三间，总长度 10.24 米，墙残高 1.25 米，厚 0.88 米，僧房体量相对较大。其中，西北僧房面阔（东西向）2.8 米、进深（南北向）2.65 米。中间（第二号）僧房，面阔（东西向）2.62 米、进深（南北向）2.64 米。第三号（东侧）僧房，面阔（东西向）2.56 米、进深（南北向）2.58 米。北侧僧房用砖大多被盗。值得注意的是，在北侧僧房的北部即西北角，可见若干早期营造的砖砌建筑遗迹。塔寺南、西、北三面僧房的后墙 / 外墙，立面线脚不尽相同，但墙厚皆为 0.88 米，从顶到底以灰泥涂抹。整个塔寺用砖大体有三种尺寸，即长 47.5-49 厘米、宽 23-24 厘米、厚 7-8.5 厘米，长 41.5 厘米、宽 24 厘米、厚 7.5 厘米和长 38 厘米、厚 8 厘米。在僧坊中央，是一长方形砖砌平台，即塔基，由一长 4.95 米（东西向）、宽 3.71 米（南北向）、厚 0.98 米的砖墙围合而成，现存砖构三层。塔基砖墙中央留置宽 48 厘米的空槽，其上垒砌塔壁。塔基用砖，长 47.5-48 厘米、宽 23 厘米、厚 7 厘米。塔壁之内填充石块、砖块和泥土等。其中心位置、周匝礼拜道和固定在地面上的耐磨石块，以及为日常礼拜佛塔而在东西两侧涂敷的石灰等，都传递出它是此建筑的礼拜之处[2]。

　　依据发掘出土的陶器、拜占庭国王西奥多希厄斯 (Theodosius, 402-450 年) 金币、伐卡塔卡王朝之前的残石雕，结合阿旃陀大多数石窟的开凿年代，这处塔寺遗址的年代可定为公元 4、5 世纪之间[3]。

――――――――――

　　[1] *Indian Archaeology 1999-2000—A Review*: 102.

　　[2] 法显没有拜谒过西天竺境内的阿旃陀，但此遗址是石窟与地面建筑结合的最佳遗迹，且中国学者知晓不多，故特此予以详细介绍。

　　[3] *Indian Archaeology 2000-01: A Review*: 92-97, Pl. 73.

(6) 乌德耶吉里 (Udayagiri，一译乌达亚吉里) 佛寺遗址，位于今奥里萨邦 (Odivisa，Odisha 或 Orissa Pradesh) 布伯内斯沃尔 (Bhubaneswar，一译布班内斯瓦尔) 市东北 102 公里处的阿西亚 (Assia) 丘陵，南、西、北三面由山丘环绕，中间山脊把马蹄铁型山谷中的遗址分作南北两部分，即乌德耶吉里第 1 号遗址和乌德耶吉里第 2 号遗址。乌德耶吉里遗址被疑为玄奘所言东印度境乌荼国 "西北山伽蓝" 遗址[1]。1870 年初，时任贾杰布尔行政兼司法副长官 (Deputy Magistrate of Jajpur) 钱德拉·谢卡尔·班纳吉 (Chandra Sekhar Banerji) 对这处遗迹做了现场调查和记录[2]。1927-1928 年，昌达 (R.P. Chanda) 为了帮助 (加尔各答) 印度博物馆 (Indian Museum) 丰富藏品，对这处遗址做了进一步踏查和记录[3]。从 1985 年开始，印度考古调查局组织专家对乌德耶吉里遗址进行了系统的考古调查和发掘 (Fig. 1.1-28)。其中，1985-1986 年至 1988-1989 年考古季的发掘工作集中在这处大遗址的西北部，即北半部分，先后由尼格姆 (J.S. Nigam)、乔利 (G.C. Chauley) 和辛哈 (B.K. Sinha) 主持，揭露出土的遗址由一座塔址和一座僧坊址构成，后被命名为乌德耶吉里第 1 号遗址 (Udayagiri 1)。其中，塔基边长约 10 米，塔残高 4.8 米，覆钵残损较甚，伞杆和伞盖不见。塔身每面中部设龛，内置一佛二菩萨像 (Fig. 1.1-29)；发掘者推测东面佛像为 Akṣobhya-buddha(阿閦佛)，南面为 Ratnasambhava(宝生佛)，西面为 Amitābha(阿弥陀佛)，北面为 Vak(不空成就佛？)；每尊佛像顶部皆以梵语婆罗米字镌刻佛教偈语，字体年代应为 10 世纪。僧坊位于大塔西北，平面方形，边长 33 米；中央为方形庭院，边长 12 米，庭院四周建置 21 间僧房，僧房与庭院之间置环廊，即典型的平面卍形僧院。僧坊于东侧辟门，与门道相对的佛殿 (garbhagriha) 内置一坐佛像。僧坊围墙曾经历过四次营造与修复。大塔与僧坊之间以石砌小道相连，小道两侧为砖铺广场，面积达 47 平方米，可用于僧众集会。这处遗址出土了一批印章，其中有的题刻 "Śrī Mādhavapura mahāvihāriya Āryabhikshu saṁghasya"，证明此遗址原为玛德沃普勒 (Mādhavapura) 大寺。乌德耶吉里第 1 号遗址的年代大约定在公元 8 至 10 世纪，甚至有晚到 11、12 世

---

[1]［唐］玄奘撰，见前引书，第 812-815 页。

[2] Chandrasékhara Banurji, "Notes on the Antiquities of the Nālti, the Âssia and the Mahābināyaka hills of Cuttack," *Journal of the Asiatic Society of Bangal,* Vol. XXXIX, No. 3 (Calcutta, 1870): 158-171.

[3] R. P. Chanda, "Exploration in Orissa," *Memoir of the Archaeological Survey of India,* No. 44: 11-12.

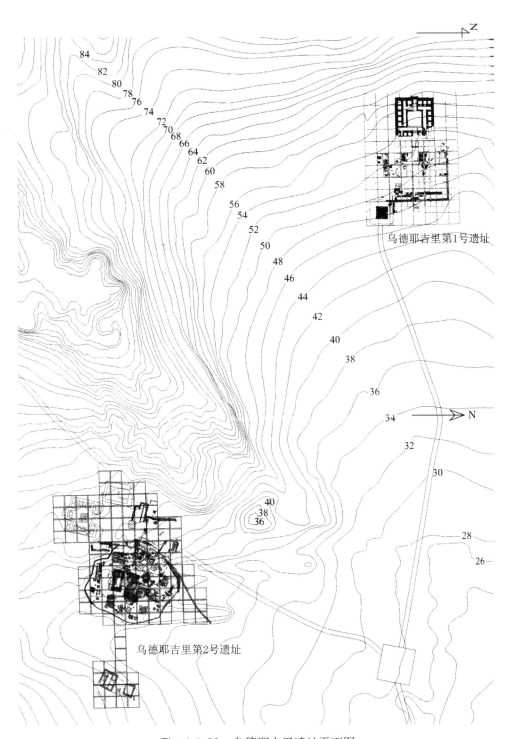

乌德耶吉里第1号遗址

乌德耶吉里第2号遗址

Fig. 1.1-28　乌德耶吉里遗址平面图

Fig. 1.1-29　乌德耶吉里 1 号遗址中大塔东面

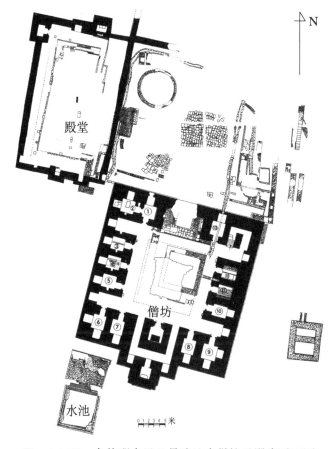

Fig. 1.1-30　乌德耶吉里 2 号遗址中僧坊及殿堂平面图

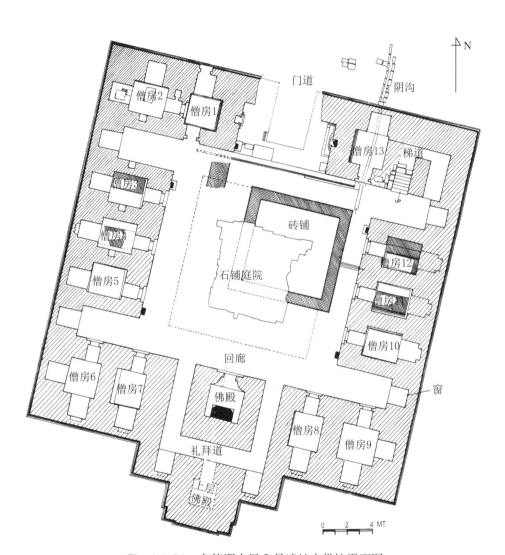

Fig. 1.1-31　乌德耶吉里 2 号遗址中僧坊平面图

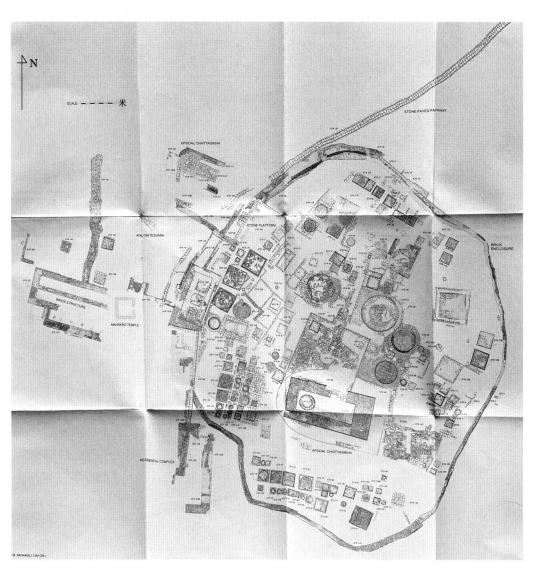

Fig. 1.1-32　乌德耶吉里 2 号遗址中供养礼拜区遗迹

纪之说[1]。1997-1998 年至 2000-2001 年考古季, 比马尔・班迪奥帕迪亚伊(Bimal Bandyopadhyay) 和帕特尔 (A.K. Patel) 团队在乌德耶吉里第 1 号遗址东南 400 米的山坡进行了考古发掘, 揭露出土一处大型僧坊和另一殿堂遗址 (Fig. 1.1-30), 后命名为乌德耶吉里第 2 号遗址 (Udayagiri 2)。僧坊平面方形, 边长 30 米, 两层砖砌结构, 中央庭院 16 米见方, 庭院四周环置 13 间僧房和 1 间密室 (3.85×0.75×0.99 米), 僧房门皆为石条搭建, 房内地面近方形, 约 2.90×2.75 米, 四周僧房之前环置宽 2.4 米的廊道。佛殿位于僧坊南侧中央, 面阔 3.75 米, 进深 2.75 米, 殿内坐佛施触地印, 通座高 2.60 米, 外绕 1.4 米宽礼拜道 (Fig. 1.1-31)。此外, 还包括僧坊西南角后面的水池, 长 6.70 米, 宽 6.20 米。这座僧坊大约始建于 8 世纪, 一直沿用到 12 世纪, 与乌德耶吉里第 1 号遗址的年代相似。在僧坊西北, 即前方左侧, 与其毗邻建造一座平面长方形殿堂, 面阔 32 米, 进深 21 米, 东侧辟门, 堂内庭院长 21 米、宽 13.6 米, 三面环置 2.8 米宽的廊道。庭院中央安置一尊观音立像 (高 2.45 米, 宽 1.12 米, 约 8 世纪雕造)。这处僧坊址也出土了一批赤陶印章, 有的内刻 "Śrī Siṁhaprastha mahāvihāra", 字体属于 10 到 11 世纪。因此, 这座僧坊原称室利辛赫普勒斯特(Śrī Siṁhaprastha) 大寺[2]。2001-2002 年和 2002-2003 考古季, 特里维迪 (P.K. Trivedi) 和帕特尔主持了乌德耶吉里第 2 号遗址的进一步考古调查, 目的是探寻这处僧坊址 (Monastery 2) 北部和东北部低洼区域的遗迹。经过考古发掘, 出土了一座大型石砌平台、一座在早期 U 形平台上砖筑的平面长方形塔庙、砖塔塔基、砖砌平台上修建的一组石塔、奉献塔、小道、排水沟、石墙以及围墙等 (Fig. 1.1-32), 时代从公元 1 世纪初一直延续到 13 世纪。其中底层的平面 U 形塔庙 (编号第 45) 长 23.60 米, 宽 15.85 米, 半圆形后室中央原置一座直径 2 米的佛塔, 现仅存塔身 (medhi) 局部 (Pl. 1.1-23)。这座平面 U 形塔庙的营造年代可定为 1 世纪。又, 在这处遗迹的南侧, 发掘出土了另一座僧房和一座砖砌厨房[3]。若然, 这处遗址前后延续使用了近一千二百年。

[1] 1) *Indian Archaeology 1985-86—A Review*, 63-65, Pls. XX, XXI; 2) *Indian Archaeology 1986-87—A Review,* 67, Pls. XXIX, XXX; 3) *Indian Archaeology 1987-88—A Review*, 90-95, Pls. XXX, XXXI; 4) *Indian Archaeology 1988-89—A Review*, 66-69, Pls. XXVII, XXVIII.

[2] 1) *Indian Archaeology 1997-98—A Review*, 136-144; 2) *Indian Archaeology 1998-99—A Review*, 120-130; 3) *Indian Archaeology 1999-2000—A Review*, 117-124; 4) *Indian Archaeology 2000-01—A Review*, 109; 5)Bimal Bandyopadhyay, *Excavations at Udayagiri-2 (1997-2000)*. Memoires of the Archaeological Survey of India No. 100. New Delhi: Archaeological Survey of India, 2007.

[3] 1) *Indian Archaeology 2001-02—A Review*, 138-194; 2) *Indian Archaeology 2002-03—A Review*, 182-202; 3)P. K. Trivedi, *Further Excavations at Udayagiri-2, Odisha (2001-2003)*. Memoires of the Archaeological Survey of India No. 104. New Delhi: Archaeological Survey of India, 2012.

据此，乌德耶吉里北半部的第 1 号遗址由塔院与僧坊构成，从公元 8 世纪一直延续到 12 世纪。南半部的第 2 号遗址，包括供养、礼忏佛事活动中心和栖止禅修生活场所两部分（参见 Fig. 1.1-32）。其中，平面 U 形塔庙是这处遗址现存的最早遗迹，旁侧是否原有僧舍不得而知。在此基础上，后来陆续修建了平面长方形塔庙以及众多的奉献塔等，并在其北侧营造了典型的僧坊及殿堂，在其南侧建筑了若干居住场所和厨房等。

(7) 龙树山："Nāgārjunakoṇḍā（龙树山）"一词由 Nāgārjuna（龙树，玄奘译作龙猛）与 koṇḍā（山）构成，位于今安得拉邦 (Andhra Pradesh) 北部，疑为玄奘所记憍萨罗国的跋逻末罗耆厘山[1]。

据《大唐西域记》卷十"憍萨罗国"条：

> 城南不远有故伽蓝，傍有窣堵波，无忧王之所建也。昔者如来曾于此处现大神通，摧伏外道。后龙猛菩萨止此伽蓝。时此国王号娑多婆诃，唐言引正。……国西南三百余里，至跋逻末罗耆厘山，唐言黑蜂。岌然特起，峰岩峭险，既无崖谷，宛如全石。引正王为龙猛菩萨凿此山中，建立伽蓝。去山十数里，凿开孔道，当其山下，仰凿疏石。其中则长廊步檐，崇台重阁。阁有五层，层有四院，并建精舍，各铸金像，量等佛身，妙穷工思。自余庄严，唯饰金宝。从山高峰，临注飞泉，周流重阁，交带廊庑。[2]

龙树山系中天竺或南天竺[3]重要的宗教遗址。20 世纪初，龙树山遗迹引起学者和众多信徒的关注。1926 年，萨拉斯沃蒂 (Rangaswamy Saraswati) 首先披露了这处遗址的状况。翌年，印度考古调查局郎赫斯特 (A. H. Longhurst) 开始对龙树山谷地进行系统调查，并在 1931 年 2 月结束工作[4]。1938-1940 年，印度考古调查局拉马钱德兰 (T. N. Ramachandran) 发掘出土一座佛塔和一座僧坊址，并发现了若干雕刻[5]。1954 年 8 月至 1960 年 3 月，印度考古调查局组织专家对龙树山遗址做了

---

[1] 1) [唐] 玄奘撰《大唐西域记》，第 832 页注释（一）; 2) K. V. Soundararajan et al., *Nagarjunakonda (1954-60)*, Vol. II (The Historical Period, Memoirs of the Archaeological Survey of India, No.75, New Delhi, 2006), 65-68.

[2] [唐] 玄奘撰《大唐西域记》，第 823-832 页。

[3] 法显没有游历南天竺，玄奘把憍萨罗国列入"中印度境"，之南的案达罗国纳入"南印度境"，故而把龙树山遗址暂时附记中天竺之内。

[4] A. H. Longhurst, *The Buddhist Antiquities of Nagarjunakonda, Madras Presidency*; Memoirs of the Archaeological Survey of India, No.54, Calcutta: Archaeological Survey of India, 1938.

[5] T. N. Ramachandran, *Nagarjunakonda 1938*, Memoirs of the Archaeological Survey of India, No.71, Delhi: Archaeological Survey of India, 1953.

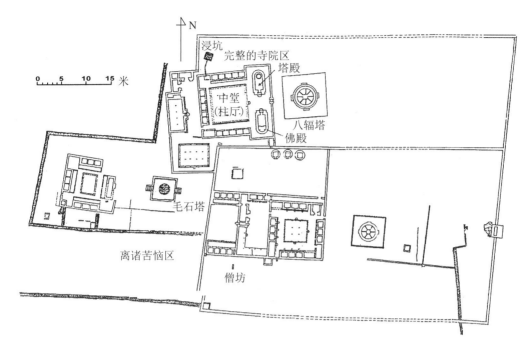

Fig. 1.1-33　龙树山佛寺遗址中大学区平面图

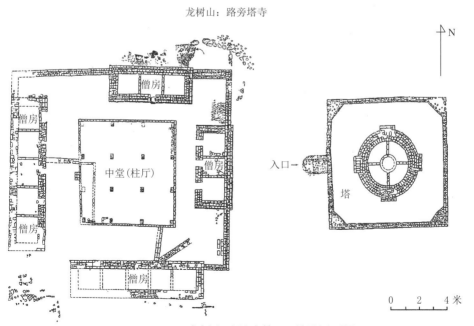

Fig. 1.1-34　龙树山遗址中第 54 号址平面图

龙树山：陀罗尼僧坊

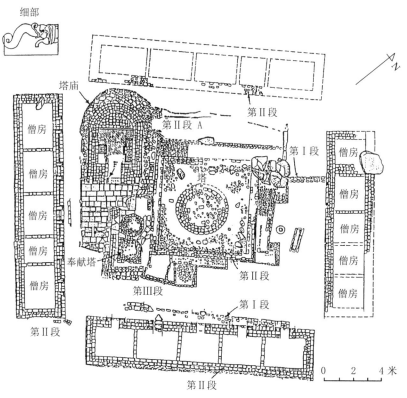

Fig. 1.1-35　龙树山遗址中第 38 号址平面图

全面调查和进一步发掘，并于 1975 年和 2006 年分别出版了考古发掘报告[1]。

　　依据考古报告，龙树山谷地曾是印度毗阇耶普里的日族甘蔗氏城 (The Ikṣvākus City of Vijayapurī) 或日族甘蔗氏 (Ikṣvākus) 王朝的要塞 (citadel)，附近兴建了许多佛教及婆罗门教寺院，营造时间主要为公元 3 世纪中叶到 4 世纪初或前半 (Fig. 1.1-33)[2]。其中，佛寺大多由浮图与僧坊构成，依据平面布局可以大体分作三种类型：①平面倒 U 字形塔殿与平面方形僧坊并排营造，或者平面圆形大塔、平面倒 U 字形塔殿与平面方形僧坊并列，如第 1、2、5、9 号遗址 (参见：Fig. 1.1-33)；②平面圆形大塔与平面方形僧坊并列，如第 7、8、15、54、105、106 号遗址 (Fig. 1.1-34)；③佛寺平面方形，大塔置中央，四周建僧房，如第 38 号遗址 (迄今仅在龙树山发掘出土一例，Fig. 1.1-35)。这三种类型的地面佛寺，似以第一种平面布局最为流行，如

　　[1] 1) R. Subrahmanyam et al., *Nagarjunakonda (1954-60),* Vol. I, Memoirs of the Archaeological Survey of India, No.75, New Delhi: Archaeological Survey of India, 1975; 2) K. V. Soundararajan et al., *Nagarjunakonda (1954-60),* Vol. II (The Historical Period), Memoirs of the Archaeological Survey of India, No.75, New Delhi: Archaeological Survey of India, 2006.

　　[2] K. V. Soundararajan et al., *ibid.*, 73.

大学区 (University Complex) 平面图 (参见 Fig. 1.1-33) 所示。其中的僧坊，中央殿堂周围基本都置回形柱廊，柱廊外侧是一匝僧房；僧房后墙有的与僧坊外墙共用。

二、北天竺塔寺[1]

1. 罽宾佛教

法人沙畹认为：

> 印度佛教圣地有二：一在辛头河流域，一在恒河流域。中夏巡礼之僧俗多先历辛头，后赴恒河；盖中印通道中，直达中印度之尼泊尔 (Népal) 一道，在唐代以前似尚不知有之。常循之路，盖为葱岭 (Pamirs)，南达克什米尔 (Cachemire) 与乌苌之路。有不少巡礼之人，如宋云、惠生之徒者，且不远赴中印度，而以弗楼沙国或呾叉尸罗 (Taksaçila) 为终点也。乾陀罗在佛教传播中夏中任务重大之理，盖不难知之矣。[2]

公元 402 年法显游历北天竺时，对这一地区的佛教情况做了详细记载：

> 渡河便到乌苌国。乌苌国是正北天竺也。……佛法甚盛，名众僧住止处为僧伽蓝，凡有五百僧伽蓝，皆小乘学。……宿呵多国，其国佛法亦盛。昔天帝释试菩萨，化作鹰、鸽、割肉贸鸽处。佛即成道，与诸弟子游行，语云："此本是吾割肉贸鸽处。"国人由是得知，于此处起塔，金银校饰。从此东下五日行，到犍陀卫国。是阿育王子法益所治处，佛为菩萨时，亦于此国以眼施人。其处亦起大塔，金银校饰。此国人多小乘学。自此东行七日，有国名竺刹尸罗。……佛为菩萨时，于此处以头施人，故因以为名。复东行二日，至投身喂饿虎处。此二处亦起大塔，皆众宝校饰。诸国王、臣民，竞兴供养，散华然灯，相继不绝。通上二塔，彼方人亦名为四大塔也。从犍陀卫国南行四日，到弗楼沙国。佛昔将诸弟子游行此国，语阿难云：吾般泥洹后，当有国王名罽腻伽于此处起塔。……高四十余丈，众宝校饰。凡所经见塔庙，壮丽威严都无此比。传云："阎浮提塔，唯此为上。"王作塔成已，小塔即自傍出大塔南，高三尺许。佛钵即在此国。昔月氏王大兴兵众，

---

　　[1] 这部分的主要内容，曾以《犍陀罗佛寺布局初探》为名，收入《宿白纪念文集》上编，北京：文物出版社，2022 年，第 143-164 页。

　　[2]［法］沙畹《宋云行纪笺注》，冯承钧译，冯承钧《西域南海史地考证译丛六编》，后收入冯承钧《西域南海史地考证译丛》第二卷，北京：商务印书馆，1995 年，第 7 页。

来伐此国，欲取佛钵。既伏此国已，月氏王笃信佛法，欲持钵去，故兴供养。供养三宝毕，乃校饰大象，置钵其上，象便伏地不能得前。更作四轮车载钵，八象共牵，复不能进。王知与钵缘未至，深自愧叹。即于此处起塔及僧伽蓝，并留镇守，种种供养。可有七百余僧，日将中，众僧则出钵，与白衣等种种供养，然后中食，至暮烧香时复尔。……到那揭国城，是菩萨本以银钱贸五茎华，供养定光佛处。城中亦有佛齿塔，供养如顶骨法。……影西百步许，佛在时剃发剪爪，佛自与诸弟子共造塔，高七八丈，以为将来塔法，今犹在。边有寺，寺中有七百余僧。[1]

法显所记北天竺，主要为当今巴基斯坦北部及阿富汗东部地区，即现在学界所称的大犍陀罗 (Greater Gandhāra)，其范围与汉文史料所记罽宾基本相当，以往学人多称之西北印度。本文之所以强调罽宾，一是想与印度本土佛教遗迹有所区别，同时力求避免 1948 年印、巴分治后有人对今印度与巴基斯坦国界之误解；二是觉得中国古代文献，尤其汉文佛籍多记述这一地区为罽宾[2]。

依据法显记载，当时北天竺佛教信徒仍以崇奉佛塔为主，如"四大塔"；与佛陀有关的圣地多"起塔及僧伽蓝"，或者塔"边有寺"，即塔 (stūpa) 与寺 (vihāra) 相接营造。换言之，塔与僧伽蓝/僧坊，或塔与寺，是罽宾地区地面佛寺的主体。当时"众僧住止处为僧伽蓝"，仅乌苌国就"有五百僧伽蓝"，表明这一地区佛寺数量众多。

公元 518-522 年，北魏宋云、惠生受命出使西域。据杨衒之《洛阳伽蓝记》卷五征引《惠生行记》《宋云家记》及《道荣传》：

（神龟二年）十二月 (520 年 1 月 6 日至 2 月 3 日) 初入乌场国。……城北有陀罗寺，佛事最多。浮图高大，僧房逼侧，周匝金像六千躯。王年常大会，皆在此寺。国内沙门，咸来云集。……王城南一百余里，有如来昔在摩休国剥皮为纸，折骨为笔处。阿育王起塔笼之，举高十丈。……（善持山）山顶东南，有太子石室，一口两房。太子室前十步，有大方石。云太子常坐其上，阿育王起塔记之。……正光元年四月 (520 年 5 月 3 日 -6 月 1 日) 中旬，入乾陀罗国。……于是西行五日，至如来舍头施人处，亦有塔寺，二十余僧。复西行三日，至辛头大河。河西岸上，有如来作摩竭大鱼，从河而出，十二年中以肉济人处，起塔为记，石上犹有鱼鳞纹。……复西行一日，至如来挑眼施人处，亦有塔寺，寺石上有迦

[1][晋]法显撰《法显传》，第 33-47 页。

[2] 关于罽宾，参见拙作 "Jibin and China as seen from Chinese Documents" 和《西行求法与罽宾道》，李崇峰著《佛教考古：从印度到中国》，第 657-736 页。

叶佛迹。……复西南行六十里,至乾陀罗城。东南七里,有雀离浮图。……推其本缘,乃是如来在世之时,与弟子游化此土,指城东曰:"我入涅槃后二百年,有国王名迦尼色迦在此处起浮图。"佛入涅槃后二百年,果有国王字迦尼色迦出游城东,见四童子累牛粪为塔,可高三尺,俄然即失[《道荣传》云:童子在虚空中向王说偈。]王怪此童子,即作塔笼之,粪塔渐高,挺出于外,去地四百尺,然后止。王更广塔基三百余步[《道荣传》云:三百九十步。]从地构木,始得齐等[《道荣传》云:其高三丈,悉用文石为阶砌栌栱,上构众木,凡十三级。]上有铁柱,高三百尺,金盘十三重,合去地七百尺。……西域浮图,最为第一。……宋云以奴婢二人奉雀离浮图,永充洒扫。惠生遂减割行资,妙简良匠,以铜摹写雀离浮图仪一躯及释迦四塔变。于是西北行七日,渡一大水,至如来为尸毗王救鸽之处,亦起塔寺。[1]

杨衒之《洛阳伽蓝记》所用"浮图"一词,疑为犍陀罗语 bhuda 或 budha 的音译[2],因为佛教传入中土,现存资料以鱼豢《魏略·西戎传》和牟子《理惑论》所记最足凭信。其中,前者见于陈寿《三国志》卷三十《魏志·乌丸鲜卑东夷传》裴松之注:"昔汉哀帝元寿元年(前 2 年),博士弟子景庐受大月氏王使伊存口授《浮屠经》。"[3]后者见于僧祐《弘明集》卷一:"昔孝明皇帝(57 ~ 75 年在位)……遣使者……于大月支写佛经四十二章,藏在兰台石室第十四间;时于洛阳城西雍门外起佛寺,于其壁画千乘万骑,绕塔三匝……"[4]《魏书·释老志》对此记述颇详:"自洛中构白马寺,盛饰佛图,画迹甚妙,为四方式。凡宫塔制度,犹依天竺旧状而重构之,从一级至三、五、七、九。世人相承,谓之'浮图'或云'佛图'。"[5]

从宋云和惠生的记载,我们发现与佛陀有关的圣地大多"起塔",即"起塔记之"或"起塔为记"。如乌苌国西南善持山顶太子石室,因太子常坐室前大方石,阿育王起塔记之。乾陀罗国辛头河(印度河)西岸上,因有如来作摩竭鱼以肉济人处而"起塔为记"。至于如来"舍头施人处""挑眼施人处"和"救鸽之处"皆"有塔寺"或"起塔寺"。

---

[1] [北魏]杨衒之撰《洛阳伽蓝记》,第 199-221 页。

[2] Robert E. Buswell, Jr., "Prakritic Phonological Elements in Chinese Buddhist Transcriptions: Data from Xuanying's *Yiqiejing Yinyi*," in *Collection of Essays 1993: Buddhism Across Boundaries— Chinese Buddhism and Western Religions* by Erik Zürcher, Lore Sander and others, ed. John R. McRae and Jan Nattier (Taipei: Foguang Cultural Enterprise Co., Ltd, 1999), 187-217, esp. 207.

[3] [晋]陈寿撰《三国志》,点校本,北京:中华书局,1959 年,第 859 页。

[4] 《大正藏》No. 2102,第 52 卷,第 4c-5a 页。

[5] [北齐]魏收撰《魏书》,点校本,北京:中华书局,1974 年,第 3029 页。

这说明罽宾既重视传统浮图之营造, 也认真对待比丘日常栖止僧坊之修建, 即塔与寺统一经营, 共同合成大型地面佛寺——塔寺 (stūpa-vihāra 或 stūpa-cum-vihāra)。[1] 有些塔寺, 如乌苌国城北陀罗寺的布局系浮图 (塔) 与僧房 (僧坊) 相接而建, "浮图高大, 僧房逼侧"。在上述诸塔寺中, 法显特别记述罽腻伽所起塔系"阎浮提塔, 唯此为上"; 宋云、慧生则记迦尼色迦所起雀离浮图乃"西域浮图, 最为第一"。

2. 雀离浮图与迦腻色迦僧坊

沙赫·吉·基·代里 (Shāh-jī-kī Dhēri 或 Shāh-jī-kī Ḍherī) 原是巴基斯坦白沙瓦市根杰门 (Ganj gate) 外两座巨大的土丘之名, 英国坎宁安和法国傅塞 (M. Foucher)[2] 皆推定它是高僧玄奘所记雀离浮图[3]之遗址 (Pl. 1.1-24)[4]。

公元 628 年[5]或 630 年[6], 玄奘游历健驮逻国, 详细记载了都城布路沙布逻 (Puruṣapura, 今白沙瓦) 城外东南八九里的雀离浮图与迦腻色迦所建伽蓝。

(卑钵罗) 树南有窣堵波, 迦腻色迦王之所建也。迦腻色迦王以如来涅槃之后第四百年, 君临膺运, 统赡部洲, 不信罪福, 轻毁佛法。畋游草泽, 遇见白兔, 王亲奔逐, 至此忽灭。见有牧牛小竖, 于林树间作小窣堵波, 其高三尺。王曰: "汝何所为?" 牧竖对曰: "昔释迦佛圣智悬记, 当有国王于此胜地建窣堵波, 吾身舍利多

---

　　[1] 王伊同英译《洛阳伽蓝记》, 把"塔寺"译作 stupa and monastery, 与拙译 stūpa-vihāra, stūpa and vihāra 或 stūpa-cum-vihāra 一致。参见: Yi-t'ung Wang, trans., *A Record of Buddhist Monasteries in Lo-yang* by Yang Hsüan-chih (Princeton: Princeton University Press, 1984), 237-238, 243.

　　[2] Alfred Foucher 之名, 一译富歇、富谢、傅舍等。依据 1926 年 9 月 30 日和 10 月 1 日北京《世界日报》第七版《教育界》的两篇报道, (北京) 中法大学邀请巴黎大学文科教授傅塞于 10 月 1 日在该校演讲, 题为"印度佛学之传述"。这是迄今法人 Alfred Foucher 在中国的最早记载。按照我国外文人名、地名译名的约定俗成原则, 本文延续"傅塞"之名。傅塞, 或为 Alfred Foucher 的中文名字。

　　[3] 雀离浮图之"雀离"二字原意不明。唐贞观十五 (645 年) 普光述《俱舍论记》卷三十《破执我品》有"外道离系子以手执雀问佛死、生。佛知彼心不为定。若答言死, 彼便放活; 若答言生, 彼便舍杀。故佛不答"。《大唐西域记》卷九《摩揭陀国》下记那烂陀附近观自在菩萨精舍"西垣外池侧窣堵波, 是外道执雀于此问佛死生之事"。《大唐西域求法高僧传》卷上记那烂陀寺内北畔有幼日王所造大窣堵波。"次此西南有小制底, 高一丈余, 是婆罗门执雀请问处, 唐云雀离浮图, 此即是也。"不知此传说是否与乾陀罗的雀离浮图有关。1)《大正新修大藏经勘同目录》,《昭和法寶總目录》第一卷, 第 470 页; 2)《大正藏》No. 1821, 第 41 卷, 第 446a 页; 3)［唐］玄奘撰《大唐西域记》, 第 760 页; 4)［唐］义净撰《大唐西域求法高僧传》, 第 115 页。

　　[4] 1) *Archaeological Survey of India: Four Reports…*, Vol. I: 89; 2) M. Foucher, "Notes sur la géographie ancienne du Gandhāra," *Bulletin de l'Ecole française d'Extrême-Orient*, Tome I (1901): 322-329.

　　[5] 1) 杨廷福《玄奘论集》, 第 110-112 页; 2) 章巽《〈大唐西域记〉校点本前言》, 第 173-174 页。

　　[6] 1)［唐］慧立、彦悰撰《大慈恩寺三藏法师传》, 第 10-11、123 页; 2) 周连宽《大唐西域记史地研究丛稿》, 第 1-3、319 页。

聚其内。大王圣德宿殖,名符昔记,神功胜福,允属斯辰,故我今者先相警发。"说此语已,忽然不现。王闻是说,喜庆增怀,自负其名大圣先记,因发正信,深敬佛法。周小窣堵波,更建石窣堵波,欲以功力弥覆其上。随其数量,恒出三尺,若是增高,逾四百尺,基趾所峙,周一里半,层基五级,高一百五十尺,方乃得覆小窣堵波。王用(因)喜庆,复于其上更起二十五层金铜相轮,即以如来舍利一斛而置其中,式修供养。……大窣堵波左右,小窣堵波鱼鳞百数。……大窣堵波西有故伽蓝,迦腻色迦王之所建也。重阁累榭,层台洞户,旌召高僧,式昭景福。虽则圮毁,尚曰奇工。僧徒减少,并学小乘。自建伽蓝,异人间出,诸作论师及证圣果,清风尚扇,至德无泯。第三重阁,有波栗湿缚唐言胁。尊者室,久已倾顿,尚立旌表。……胁尊者室东有故房,世亲菩萨于此制《阿毗达磨俱舍论》,人而敬之,封以记焉。世亲室南五十余步第二重阁,末笈曷剌他唐言如意。论师于此制《毗婆沙论》。[1]

    玄奘不但记述了迦腻色迦 (Kaniṣka) 所建大窣堵波,也提及"大窣堵波左右,小窣堵波鱼鳞百数"。尤为重要的是,玄奘特别记录"大窣堵波西有故伽蓝,迦腻色迦王之所建也"。依据玄奘记载,迦腻色迦所建伽蓝规模宏大,其中第三重阁有波栗湿缚 (Pārśva, 胁尊者) 尊者室,尊者室东故房系婆籔盘豆 (Vasubandhu, 世亲) 菩萨于此制《阿毗达磨俱舍论》,世亲室南五十余步第二重阁乃末笈曷剌他 (Manoratta, 如意) 论师于此制《毗婆沙论》。

    关于雀离浮图与周边建筑,前述法显仅记罽腻伽王起塔,"高四十余丈,众宝校饰"。宋云、惠生等记载迦尼色迦起雀离浮图,"塔基三百余步","金盘十三重,合去地七百尺"。法显、宋云、惠生及道荣似乎都未提到雀离浮图旁侧是否有僧院。只有玄奘明确记述"大窣堵波"与其西侧"伽蓝"皆为迦腻色迦所建。这表明雀离浮图圣地是由浮图与伽蓝(僧坊)构成的一座大型地面佛寺,系迦腻色迦王统一经营而成。佛寺毕工后,曾奉迦腻色迦之命于迦湿弥罗与五百圣贤共同编写《大毗婆沙论》的波栗湿缚(胁尊者)和4、5世纪奠定大乘佛教瑜伽派基础的婆籔盘豆(世亲)及世亲法嗣末笈葛剌他(如意)都曾在此栖居,即玄奘所谓"旌召高僧,式昭景福"。由此可见,雀离浮图与迦腻色迦伽蓝当为西域重要的佛教中心。经过近两千年的自然或人为破坏,法显、宋云、惠生、道荣和玄奘记载的迦腻色迦营造的大塔与伽蓝早已成为废墟。

    1908-1909年,印度考古调查局斯普纳对沙赫·吉·基·代里进行了初步的考古调查和发掘。根据玄奘所记"大窣堵波西有故伽蓝,迦腻色迦之所建也",斯普纳认为白沙瓦城郊沙赫·吉·基·代里的两座土丘与之相合,因而坎宁安与傅塞早年的推断无疑是正确的。东侧土丘具有浮图遗址之外貌,西侧土丘之轮廓表明它是一

[1][唐]玄奘撰、向达辑《大唐西域记古本三种》,北京:中华书局,1981年,第31-40页。

座规模宏大的方形僧坊遗址。从 1909 年 1 月 16 日开始，斯普纳首先在东侧土丘上开挖五条探沟，每条探沟宽 1.83 米 (6 呎)，长 30.48 米 (100 呎)。在此基础上对遗址做了初步的考古发掘，基本上搞清了大塔的平面布局 (Fig. 1.1-36)。尤为重要的是，在大塔中央地宫 (7.32 米 /24 呎见方) 中出土了著名的"迦腻色迦舍利盒" (Pl. 1.1-25)，内置水晶舍利罐；发掘出土时，铜质舍利盒尚立于地宫西南角。除了舍利盒，斯普纳还在塔基侧壁清理出土了若干灰泥佛像等。

　　发掘出土的舍利盒表面有四段题铭，皆以草体佉卢字母 (cursive Kharōshthī) 刻写。这一发现使斯普纳断定：沙赫·吉·基·代里东侧的土丘，就是贵霜国王迦腻色迦所建雀离浮图的遗址[1]。关于舍利盒上刻划的题铭，斯普纳后来专门撰写了"迦腻色迦舍利盒题铭 (The Kanishka Casket Inscriptions)"：第一段为 *Acharyana [ṁ] Sarvastivadina[ṁ] parigrahe*；第二段不可卒读，但 Kanishka 之名可以肯定；第三段是 *deyadharmo sarvasatvana[ṁ] hidasuhartaṁ bhavatu*；第四段作 *dasa agiśala navakarmi(k)anishkasa vihare mahasenasa saṅgharame*[2]。

----

[1] D. B. Spooner, "Excavations at Shāh-jī-kī Dhēri," *ASIAR 1908-9* (1912): 38-59, Pls. X-XIV.

[2] 第一、三、四段铭文，分别英译如下：For the acceptance (or, as the property) of the Doctors of the school of Sarvāstivādins; May this pious gift redound to the welfare and happiness of all creatures; The slave Agisalaos, the Superintendent of Works at the *vihāra* of Kanishka in the monastery of Mahāsēna. D. B. Spooner, "The Kanishka Casket Inscriptions," *ASIAR 1909-10* (1914): 135-41, Pls. LII-LIII.

1929 年，奥斯陆大学教授科诺 (Sten Konow) 依据照片对此四段铭文再做校释：1. saṁ[I ma][haraja*]sa Kani(ṇi)[skhasa*]. imaṇa(na)g(r)ar[e][dha]..g(r)aryaka; 2. deyadharme sarvasatvana[ṁ](ṇaṁ)hidasuhartha[ṁ] bhavatu; 3 dasa Agiśala ṇa(na)vakarmia[Ka*]ne(ṇe)shkasa vihare Mahasena(ṇa)sa saṁgharame; 4. acharyana[ṇa]sarvastivatina[ṇa]pratigrahe；英译为：In the year 1 of (the mahārāja) Kanishka, in the town. ima, connected with the...mansion, this religious gift—may it be for the welfare and happiness of all beings, — the slave Agiśala was the architect, —in Kanishka's Vihāra, in Mahāsena's Saṁghārāma, in the acceptance of the Sarvāstivādin teacher. Sten Konow, *Kharoshthī Inscriptions with the exception of those of Aśoka* (Oxford: Oxford University Press, 1929), 135-37, esp. 137.

2000 年 10 月初，柏林自由大学教授法尔克 (H. Falk) 在白沙瓦博物馆现场对舍利盒上原始佉卢字铭文仔细观察和分析后，重新调整铭文次第并释读如下：2. kaniṣkapure ṇagare ayaṁ gadhakaramḍe.. tali (mahara)jasa kaṇi 4. ṣkasa vihare mahasenasa saṁgharakṣitasa agiśala-navakarmiana 3. deyadharme(.)sarvasatvana hitasuhartha bhavatu (.) 1. acaryana sarvastivatina pratigrahe；英译为：In the town Kaniṣkapura this perfume box ... is the pious donation of the architects of the fire-hall, viz. of Mahâsena (and) Saṁgharakṣita, in the monastery (founded by) the (Mahârâ)ja Kaniṣka. May it be for the welfare and happiness of all beings. In the acceptance of the teachers of the Sarvâstivâda school. Harry Falk, "The inscription on the so-called Kaniska casket," *Silk Road Art and Archaeology*, VIII (2002): 111-120, esp. 113.

关于这件舍利函的年代，参见：Elizabeth Errington, "Numismatic evidence for dating the 'Kaniṣka's reliquary," *Silk Road Art and Archaeology*, VIII (2002): 101-110.

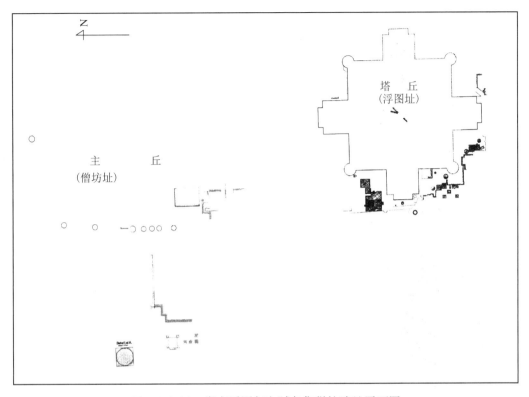

Fig. 1.1-36　雀离浮图与迦腻色伽僧坊遗址平面图

　　依据舍利盒上的铭文，迦腻色伽在雀离浮图西侧营造的"伽蓝"，原始题铭称作
"迦腻色迦僧坊 (*Kaṇeshkasa vihare* 或 *Kaṇiṣkasa vihare*)"。故而，玄奘所记"伽蓝"
乃至法显所述"僧伽蓝"[1]，其犍陀罗语佉卢字以拉丁字母转写为 vihare，梵语婆罗
米字以拉丁字母转写作 vihāra，汉译僧坊或寺。换言之，汉文文献中伽蓝、寺、僧
坊以及僧院，疑皆为犍陀罗语 vihare 或梵语 vihāra 之迻译。又，这通原始铭刻说明
迦腻色迦所营造，既有当时信徒供养、礼忏活动的中心——浮图 (bhuda/budha 或
stūpa)，也具僧众栖止、禅修之处——僧坊 (vihare 或 vihāra)。据此可知，当时一处
大型的地面佛寺，至少迄迦腻色迦时期，主要应由浮图和僧坊构成；汉语僧伽蓝，至
迟北魏以降，主要应指地面佛寺，包括塔和僧院。

　　1910-1911 年，印度考古调查局哈格里夫斯 (H. Hargreaves) 对这处遗址再次
做了进一步调查和发掘，目的是确定整个遗址的外廓，清理大塔周边遗迹及附属建
筑，找出连接大塔礼拜道之踏道。如预期所设，东侧土丘完全清理后，证实大塔平
面确为十字形 (cruciform)，方基 (square base) 边长 54.86 米 (180 呎)，每面凸出

---

[1] 法显在记述乌苌国佛教时，明确阐释"众僧住止处为僧伽蓝"。[晋] 法显撰《法显传》，第 33 页。

(projections) 15.24 米 (50 呎)。

至于沙赫·吉·基·代里西侧的土丘，1875 年克朗普顿中尉 (Lieutenant Crompton, R.E.) 曾做过挖掘，但没有发现任何有价值的遗迹与遗物[1]。从 1911 年 2 月 7 日开始，哈格里夫斯对西侧僧坊址的东南角 (South-East Corner) 和整个僧坊东面 (East Face) 做了发掘，清理出不少佛教造像及生活用具[2]。

又，在曼塞赫拉地区 (Mansehra) 卡拉·塔瑟 (Kala Tassa) 发现的壁画，画工用红色图画了两幅塔寺及其他形象，绘制年代应为公元 1 世纪。画面中的塔寺可分作上下两部分，上层中央为浮图，覆钵、方龛和轮盖清晰可见，覆钵两侧 (应为四角) 各立一柱，顶冠狮子；下层绘僧坊，方形或横长方形平面中央绘一禅定佛或二立像，周围环

Fig. 1.1-37　"迦腻色迦大王之僧坊" 线描图

置僧房。其中，绘画二立像那幅，仅在僧坊的左、右、后三面环置小室 (僧房)；塔上项轮外侧的佉卢字榜题，以拉丁字母转写为 "kaniṣka maharajasa viharo"，英译作 "Vihāra of the Mahārāja Kaniṣka"[3]，汉语迻译 "迦腻色迦大王之僧坊"。这应是浮图与僧坊构成的塔寺 (Fig. 1.1-37)[4]，或为雀离浮图与迦腻色迦僧坊之图示。

总之，把浮图与僧坊并列经营，可能是贵霜帝国迦腻色迦王所创，至少是被迦腻色迦推崇。这种佛寺布局，应对当时贵霜帝国版图内塔寺的营造，乃至后世各地佛寺的修建产生了相当影响。

---

[1] *Punjab Govt. Gazette*, Supplement, 18th November 1875.

[2] H. Hargreaves, "Excavations at Shāh-jī-kī Dhērī," *ASIAR 1910-11* (1914): 25-32, Pls. XIII-XVI.

[3] M. Nasim Khan, *Buddhist Paintings in Gandhāra* (Peshawar: Printo Graph/M. Nasim Khan, 2000), 27-34.

[4] 纳西姆·汗认为：与其说 vihāra 是指佛寺中的其他建筑，不如说就是佛塔。M. Nasim Khan, "Studying Buddhist Sculptures in Context (I): The Case of a Buddha Figure from But Kara III, Gandhāra,"《創価大学国際仏教学高等研究所年報》平成 30 年度 (第 22 号) /*Annual Report of the International Research Institute for Advanced Buddhology at Soka University* for the Academic Year 2018, Vol. XXII: 347-358.

3. 其他塔寺遗址

除雀离浮图与迦腻色迦僧坊外，罽宾地区保存有丰富的佛教遗迹。那里现存较早的佛寺遗址，著名者应是古代乌苌国（今斯瓦特地区）境内的布特卡拉第 I 号 (Butkara I) 寺址和竺刹尸罗国（今塔克西拉）境内的达磨拉吉卡 (Dharmarājikā) 遗址。现以法显所记北天竺为纲，次第记述古代乌苌国、犍陀卫国（今白沙瓦和马尔丹）、竺刹尸罗国等境内的佛教遗迹。

（1）**布特卡拉第 I 号**：古代乌苌国境内的布特卡拉第 I 号佛寺遗址，是原意大利中远东研究所 (IsMEO) 1956-1962 年发掘出土的，主持者是多米尼克·法谦纳 (Domenico Faccenna，一作法切那)。主遗址 (Sacred Precinct/SP) 平面略呈不规则的四边形 (75×80 米)，疑其原始布局已被改动 (Pl. 1.1-26)。后来，北侧柱廊的后墙经过修补，并连接西侧建筑的前部，逐渐形成了塔院围墙。大塔 (Great Stūpa/ GSt.) 居中偏西，基本位于塔院、南门与北侧僧院构成的近南北向的中轴线上 (Pl. 1.1-28)。塔院北墙外侧建有规模较大的僧院，其南端设置踏道；北墙之内推测为供养、礼忏场所。故而，这处遗址的原始布局为：南侧建置供养、礼忏的中心——浮图，北侧营造栖止、禅修之处——僧坊。现存大塔曾先后经历五次扩建 (Pl. 1.1-27)，其中前三次发掘者分别以 GSt.1、GSt.2、GSt.3 命名，平面皆圆形，自下而上由塔基、塔身、覆钵构成，再上应为方龛、平头和伞盖。发掘者认为：以 GSt.3 为代表的第三期遗迹当为公元后 1 至 3 世纪，其上限是公元前 1 世纪末至公元后 1 世纪初，F3 铺就于 2 世纪初[1]。第三期也是塔院布局的最佳阶段，大塔与僧院对称分布。现存大塔周围被 227 座大小不一的小塔、佛殿或神龛环绕，显得杂乱无序，且堵塞了北门、南门和西门。由于某些原因，现在发掘出土的区域主要是塔院部分，僧院遗址没有做进一步清理 (Pl. 1.1-29)，颇为遗憾。

据法谦纳撰写的考古报告，这座佛寺始建于公元前 3 世纪，之后历经多次重修和扩建，最后一次修复大约是公元 7 世纪末或 8 世纪初，10 世纪时佛寺完全废弃[2]。朱塞佩·图齐 (Giuseppe Tucci) 和多米尼克·法谦纳，皆把布特卡拉第 I 号遗址推定为《洛阳伽蓝记》卷五所记载的陀罗寺[3]。

---

[1] Domenico Faccenna, *Butkara I (Swāt, Pakistan) 1956-1962*, Text (Rome: IsMEO, 1980), Part 1: 173-174; Part 3: Pl. XVIII; Part 4: Pl. XXIV.

[2] Domenico Faccenna, *ibid.*, Part 1: 167-174; Part 3: 627-636, Pl. XVIII; Part 4: 730-736, Pl. XXIV.

[3] 1) Giuseppe Tucci, "Preliminary Report on an Archaeological Survey in Swāt," *East and West*, Vol. IX (1958), No. 4: 279-348, esp. 280, 288; 2) Domenico Faccenna, *ibid.*, Part 1: 171-172.

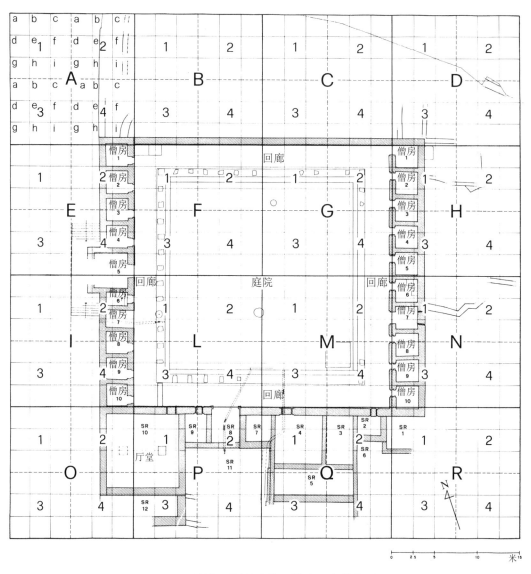

Fig. 1.1-38　赛度·谢里夫第 I 号遗址中僧坊平面图

(2) 赛度·谢里夫第 I 号：古代乌苌国境内的赛度·谢里夫第 I 号(Saidu Sharīf I，一作塞杜沙里夫一号) 佛寺遗址，占据了小山坡的两级台地，南邻季节性小溪，北依山麓，也是原意大利中远东研究所发掘出土的。遗址主要由"塔台(Stūpa Terrace)"和"寺台(Monastery Terrace)"构成，分别表示浮图与僧坊[1]。塔台所占一级台地，是 1963 年和 1966 年发掘的，揭露出大塔及其周围的建筑遗迹 (Pl. 1.1-30)。1977年至 1982 年，意大利考古队发掘的重点是遗址东侧的另一级台地，因出土一处僧坊

[1] Pierfrancesco Callieri, *Saidu Sharif I (Swat, Pakistan) 1, The Buddhist Sacred Area; The Monastery* (Rome: IsMEO, 1989), 3-141, esp. 4; Figs. 2-3.

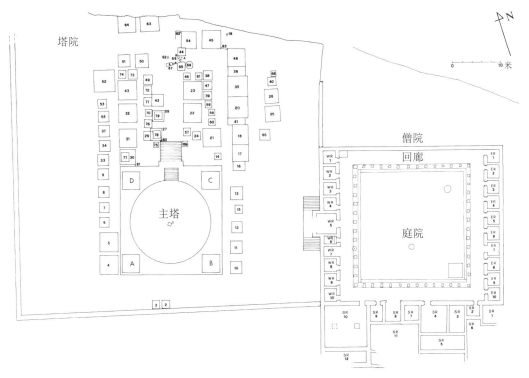

Fig. 1.1-39　赛度·谢里夫第Ⅰ号遗址平面图

而被称作寺台 (Pl. 1.1-31)。发掘前,考古专家把遗址划分为 16 个 15 米 × 15 米的大探方,并用大写拉丁字母从左向右、自上而下编排 (A-R);每一大探方内再分作 4 个 7.5×7.5 米的中型探方,以阿拉伯数字次第排列 (1-4);每个中型探方包含 9 个边长 2.5 米的基础探方,且以小写拉丁字母从左向右、自上而下标示 (a-i, Fig. 1.1-38)。发掘结果显示:虽然僧坊地面较大塔地面略高,但呈现出与其确凿的同步地层及相继地面,两者以梯道相连,是一组经过统一设计、毗邻营造的塔寺 (Fig. 1.1-39)[1]。

　　据主持遗址发掘工作的多米尼克·法谦纳等人研究,赛度·谢里夫第Ⅰ号遗址的佛教建筑,始建于公元后 1 世纪,4 世纪时趋于衰微,5 世纪时废弃[2]。其中,塔院布局的演变大体可以分作三期:第一期为公元 1 世纪,更确切地说,是公元 25 年至公元 1 世纪末,大塔与踏道两侧及前方的建筑对称布局;第二期相当于 2、3 世纪,小型建筑数量骤增,出现了部分晚期建筑包砌早期建筑的现象,即早期建筑的重修和扩建,后来对空间的需求促使台地进一步向北拓展;第三期大约为 4、5 世纪,没

　　[1] Domenico Faccenna, *Saidu Sharif I (Swat, Pakistan)* 2, *The Buddhist Sacred Area; The Stūpa Terrace*, Text (Rome: IsMEO, 1995), 143-163, esp. 145, Figs. 22-23.

　　[2] 1) Domenico Faccenna, *Saidu Sharif I...*: 143-163, esp. 157-159; 2) Francesco Noci et al., *Saidu Sharif I (Swat, Pakistan)* 3, *The Graveyard* (Rome: IsIAO, 1997), 107-111, esp. 111.

有大规模的营造活动[1]。依据考古地层与建筑之间的彼此关系，僧坊也可分作三期：第一期约公元 1 世纪，营造了东西两侧的小僧房，并围砌了长方形院墙，院内空间宽敞，建筑结构规整，这"可能是内有庭院类精舍（僧坊）的最早实例之一"[2]；第二期相当于 2、3 世纪，是赛度·谢里夫第 1 号佛寺的扩展期，相继增建了南侧的公共用房；第三期大约为 4、5 世纪，雨水等引起僧坊南侧及西侧部分建筑倒塌，导致僧坊缩减至原始规模，佛寺逐渐衰落[3]。

　　（3）塔赫特巴希及其他：古代犍陀卫国境内的佛教遗迹，以塔赫特巴希 (Takht-i-Bāhī) 佛寺遗址最为重要。这处遗址位于今马尔丹市北大约 13 公里处，即古代犍陀罗的中心。19 世纪中叶以降，欧洲学者一直关注这处遗迹。1875 年，印度考古调查局坎宁安发表了塔赫特巴希遗址最早的调查报告[4]。1907-1908 年，印度考古调查局斯普纳对这处遗址进行了大规模的发掘[5]。1910-1911 年，印度考古调查局哈格里夫斯再次对遗址做了进一步清理[6]。一直到前几年，巴基斯坦考古工作者仍在这处遗址周边区域进行系统的考古工作 (Pl. 1.1-32)。

　　根据考古发掘报告并参考汉译佛典，塔赫特巴希遗址中的佛寺遗迹主要包括浮图 (bhuda)、僧坊 (vihare)、中庭 (central court)、布萨处 (uposathāgāra) 或讲堂 (prāsāda) 以及其他附属设施如院、仓、库、廊等 (Fig. 1.1-40)。佛寺入口开在西南面，由入口到中庭西端，右转向东即可进入中庭之内。中庭地面小塔密布，三面环建较大佛龛 (chapel)；一条南北向砖铺道，穿过奉献小塔及龛像联通浮图与僧坊，即塔院 (stūpa court) 与僧院 (vihāra court)。在遗址北部、紧靠僧坊的西侧，是一座较大的露天方院，边长 15.24 米，围墙高达 9.14 米，仅南壁东侧开一门道。关于这座方院，威尔 (F. H. Wilcher) 推测为荼毗之所，坎宁安认为是僧伽集聚之处，斯普纳根据傅塞 (M. Foucher) 之说推想为会堂，我们疑为汉译佛典之"布萨处"。塔赫特巴希遗址中的佛教遗迹，堪称犍陀罗地区迄今发掘出土的佛寺遗址之典范，其中浮图与僧坊是其最重要的组成部分[7]。

---

［1］Domenico Faccenna, *Saidu Sharif I...*: 143-159.

［2］［意］法切那、卡列宁《塞杜沙里夫一号佛教寺院》，载卡列宁等编著《犍陀罗艺术探源》(115-121 页)，上海：上海古籍出版社，2015 年，第 121 页。

［3］Pierfrancesco Callieri, *ibid.*, 105-111, 117-120.

［4］A. Cunningham, *Archaeological Survey of India: Report for the Year 1872-73* (1875) /Vol. V: 23-36, Pls. VI-X.

［5］D. B. Spooner, "Excavations at Takht-i-Bāhī," *ASIAR 1907-08* (1911): 132-48, Pls. XL-L.

［6］H. Hargreaves, "Excavations at Takht-i-Bāhī," *ASIAR 1910-11* (1914): 33-39, Pls. XVII-XXII.

［7］李崇峰《从犍陀罗到平城：以地面佛寺布局为中心》，载李崇峰著《佛教考古：从印度到中国》，第 267-312 页。

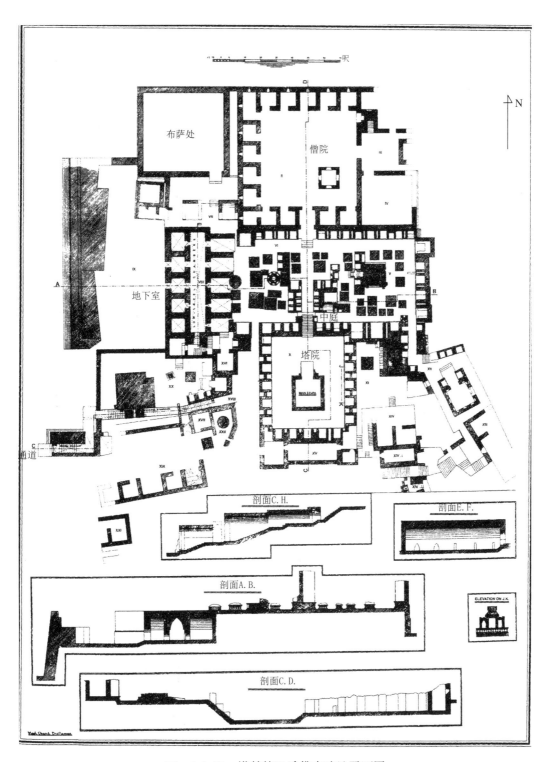

Fig. 1.1-40　塔赫特巴希佛寺遗址平面图

　　距塔赫特巴希遗址不远的瑟赫里·伯赫洛尔 (Sahrī-Bahlol) 佛寺遗址，除了贝柳 (H.W. Bellew) 19 世纪发掘出土的德马米 (Dhamāmi) 寺址中央置塔、周匝建僧房外，其余佛教遗址大多属于这种布局，即浮图与僧坊并列营造[1]。

　　(4) 阿齐兹·德里 (Aziz Dheri) 遗址：位于今斯瓦比 (Swabi) 地区根格胡·德尔 (Ganghu Dher) 村西 3 公里，属于古代犍陀卫国，遗址面积 500 × 400 米，1993 年开始由巴基斯坦开伯尔·普赫图赫瓦省 (Khyber Pakhtunkhwa，原称西北边境省，简作开普省) 考古与博物馆局组织正规调查[2]。2004 年，开普省考古与博物馆局与白沙瓦大学合作，在主塔 (Main stūpa) 附近实施考古发掘，主持人是白沙瓦大学考古系纳西姆·汗 (M. Nasim Khan) 教授。虽然阿齐兹·德里遗址多次被盗，但整体被扰动不算严重。2007-2008 年发掘季，纳西姆·汗首先对整个遗址重新进行调查，之后重新布置探方，最后在堆积最高处设立基准点 (datum point)。发掘工作从表层开始次序下挖，最深地层距地表 16 米。由于开伯尔·普赫图赫瓦省考古与博物馆局只具有阿齐兹·德里遗址部分土地使用权，迄今仅对其中的 300 × 240 米面积进行了考古调查和发掘。限于时间、经费和人力，纳西姆·汗团队采取分段方式，从顶部至生土层 (virgin soil) 全部清理，基本搞清了遗址的堆积情况。

　　阿齐兹·德里遗址主要是一处小型城址，迄今发掘出土的建筑遗迹可分作 A、B、C、D、E 五个大区或区段 (large sectors or blocks)，每区之间以一堵南北向的厚实长墙分隔 (Fig. 1.1-41)。揭露出土的遗迹表明，阿齐兹·德里的建筑布局在贵霜晚期或贵霜·萨珊时期采纳了一完善的城市规划系统。其中，B、C 和 D 区的建筑皆由大型厅堂 (hall) 或庭院 (courtyard) 与较小房间 (room) 构成，有的还设置了盥洗室。到了后期，有些大房根据彼时之需被分隔成若干小间；有些情况下，晚期建筑没有奉循早期轴线，而是与其垂直营造。五大区的每一区，在共同规划的生活中各起了特殊作用。其中，神圣区应是编号 A (A 区)，那里出土了主塔、奉献塔 (votive stūpas) 和僧房 (monk cells)。A 区与 B 区之间隔一宽约 1.5 米的南北向街道，入口似开在北侧。A 区北侧中央是一厅堂或庭院，两侧建造小室或僧房 (room/cell)，其中一间小室出土了一件印度庙泥塑模型；南侧是主塔，塔基平面方形，西侧

　　[1] Chongfeng Li, "Site-plan of the Buddhist Saṃghārāma at Sahrī-Bāhlol, Gandhāra," in *From Local to Global: Papers in Asian History and Culture*, ed. Kamal Sheel et al. (Delhi: Buddhist World Press, 2017), 421-447. 已收入本书。参见: H. W. Bellew, A General Report on the *Yusufzais* (1864, rep., Lahore: Sang-e-Meel Publications, 2013), 139.

　　[2] Shah Nazar Khan, "Preliminary Report on Aziz Dheri Excavation (First season 1993), *Journal of Asian Civilizations*, Vol. XXV, No. 2 (December, 2002): 23-45.

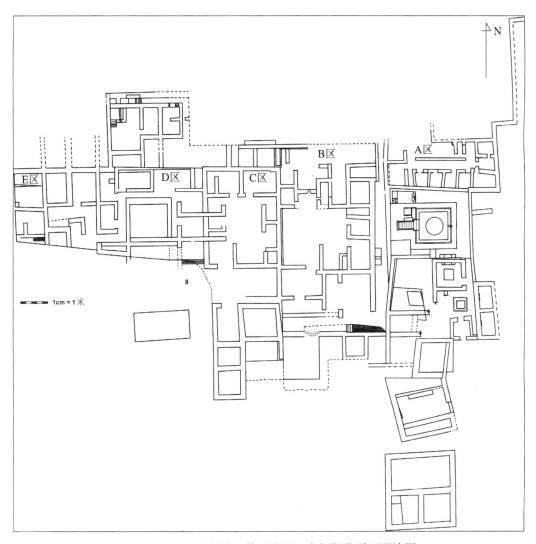

Fig. 1.1-41　阿齐兹·德里遗址已发掘部分平面测绘图

垒砌踏道，覆钵平面圆形 (Pl.1.1-33)。依据发掘结果，佛教建筑可能是贵霜晚期或贵霜·萨珊时补建的，晚期增加的奉献塔可能建于贵霜·萨珊时期。再后来，除了新建外，旧有建筑也被重新改造，以适应彼时之需。A区南侧应为另一独立区域，出土了大量铁块，暗示这一区可能是制造铁器的作坊。B区和C区内建造的大小房间、庭院以及偶尔增补的盥洗室，表明这两区用于栖居和公共聚会，或者也具有管理或经营用途。西部的D区和E区最有可能用于居住，其中D区北侧院墙之后的建筑出土了一批遗物，包括若干钱币、金属制品和一身未完工的雕像以及几件工具，暗示这一区或用作市场或为手工作坊。

　　阿齐兹·德里遗址中的世俗建筑，即厅堂与房间的分布，与典型佛教僧坊的平面布局颇为相似，表明佛教建筑的确是仿效世俗建筑营造而成，只是为了宗教活动之需增加了供养、礼忏场所，如浮图等。

阿齐兹·德里是迄今在古代犍陀卫国发现的世俗建筑与佛教建筑合一的最大遗址，出土了大量文物，包括佉卢字和婆罗谜字题刻，数百枚各种钱币，四百多件石雕和灰泥造像以及许多印章和封泥等。依据出土的钱币、题刻和封泥，结合其他考古材料，发掘者推测：阿齐兹·德里遗址的文化层从公元前 2 世纪一直延续到公元 12 世纪，包括后孔雀王朝 (Post Mauryan Period)、印度–希腊 (Indo-Greeks)、印度–斯基泰 (Indo-Scythians)、贵霜 (Kushan Period)、贵霜–萨珊 (Kushano-Sassanian Period)、寄多罗 (Kidāra period)、奥尔康 (Alchon Period)、兴都–沙希 (Hindu Shahi Period) 和伊斯兰时期 (Islamic Period)。

一般认为，犍陀罗佛教由于白匈奴 (White Hun) 5 世纪的入侵而灭亡。依据这次发掘出土的造像，发掘者推断：阿齐兹·德里的佛教活动从贵霜早期一直延续到兴都沙希，即从公元 1 世纪到 11 世纪。换言之，考古发掘表明：白匈奴入侵后这一地区的佛寺并未被毁，反而持续修建，且继续雕造佛像，只是晚期造像的形体变得很小[1]。这是值得注意的新发现。2011 年，纳西姆·汗团队在清理居住址时，于一房间内发现了小型浮图和僧坊模型，这在犍陀罗地区是罕见的，或许表明当时居士阶层住宅已经设置有小型佛堂。

(5) 达磨拉吉卡：位于今塔克西拉市哈提亚尔山 (Hathiāl) 与塔姆拉河 (Tamrānālā) 之间的达磨拉吉卡遗址，是古代竺刹尸罗国境内现存最早的佛寺遗迹，推测为孔雀王朝阿育王始建 (Pl. 1.1-34)。印度考古调查局马歇尔从 1913 年开始发掘这处遗址，并在 G5 号址出土了一件长 15.88 厘米 (6.25 吋)、宽 3.43 厘米 (1.35 吋) 的银卷，上刻犍陀罗语佉卢字铭文五行，内有 "呾叉始罗达磨拉吉塔 (dhatuo dhamaraie Tachhaśie)" 字样，故通称达磨拉吉卡遗址[2]。依据马歇尔撰写的考古报告，大塔位于遗址中央，平面圆形，塔基 (terrace) 略高，四面置踏道，塔基和踏道东西长 45.72 米 (150 呎)，南北宽 44.65 米 (146 呎 6 吋)，塔身底径

[1] 1) M. Nasim Khan, "Excavations at Aziz Dheri-A Stupa and Settlement Site in Ancient Gandhāra: Glimpses from Field Campaigns 1993 and 2007/8, *Gandhāran Studies,* Vol.2 (2008): 71-120, esp. 90-95; 2) M. Nasim Khan, *The Sacred and The Secular: Investigating the Unique Stūpa and Settlement Site of Aziz Dheri, Peshawar Valley, Khyber NWFP, Pakistan*, Vol. 3 (Peshawar: Printograph, 2010), 4-5, Cat. Nos. 1, 2, 81, 83-85, 103, 106, 107.

[2] John Marshall, *Taxila: an illustrated account of archaeological excavations carried out at Taxila under the orders of the government of India between the years 1913 and 1934* (3 vols., London: Cambridge University Press, 1951), Vol. I: 256-57.

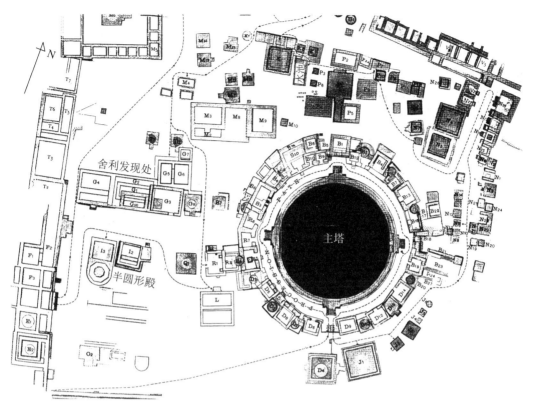

Fig. 1.1-42　达磨拉吉卡大塔及周围遗址平面图

35.1 米 (115 呎)，塔残高 13.72 米 (45 呎)。大塔内核以毛石垒筑 (rough rubble masonry)，外用十六道厚 97-145 厘米 (3 呎 2 吋 -4 呎 9 吋) 的石灰岩作轮辐式加固，从中心向外呈不规则的放射状分布，这可能是大塔成为废墟后扩建的。公元前 1 世纪中叶，在大塔周围增建一圈小塔，如 R4、S8、S9、B6、B3、B7、B17、B20、D10、D1、D2、D3 塔等，其中 R4、S8、S9、B6、B3 等塔址出土有舍利盒。大塔因为公元 1 世纪前半的大地震受损，现存覆钵 (dome/aṇḍa) 和塔身 (drum/methī)，应为震后，即 1 世纪后半重修。从半琢石型 (semi-ashlar type) 垆工技法 (masonry，石工技术) 推测，塔基与踏道的重修应在贵霜时期，即公元 2 世纪左右。至于塔身底部的装饰带，则是 4、5 世纪时对大塔所做的最后重妆。大塔与周匝小塔之间的礼拜道 (pradakṣiṇā-patha)，有三层相继地面，推测第一层是阿育王时期营造的原始地面，第二层大约是公元后 1 世纪扩建大塔时铺就，第三层应是 4、5 世纪时大规模修复所为[1]。大塔西侧的一组房址，如 E1、E2、F1-F3、T2-T7 显然是僧人的居住场所，

[1] John Marshall, *Taxila*, Vol. I: 236-39.

平面形制与同时期或偏早的比尔丘 (Bhir Mound) 或锡尔克普 (Sirkap) 遗址中的世俗住宅相似 (Fig. 1.1-42)。因此，早在方形僧坊[1]流行之前，这些栖居场所就已经存在了[2]。

　　马歇尔曾经主持发掘桑吉和竺刹尸罗国境内其他寺址，对于佛教寺院有相当研究。他认为：在佛教的早期阶段，僧伽蓝或僧院 (saṅghārāma or monastery) 只是一座庭院式的静修场所，内设若干建筑，便于夏居时游方僧 (itinerant bhikshus) 栖居。这些建筑包括僧舍、食堂、厨房、澡堂、亭子等，它们彼此独立建造，似乎并未按照某种既定布局或方式设计。在古代竺刹尸罗国，现已发掘出土的僧舍遗址，没有任何遗址可以定为公历纪元之前。达磨拉吉卡遗址中现存最早的居住址包括三组：大塔西侧的 E1-E2、F1-F3 和 T2-T7，北侧的 V1-V5 和第 4 号塔 (Stūpa 4) 西侧的 W1-W5 遗址。所有这些建筑，似乎都是萨卡晚期 (later Śaka period)[3]以毛石砌成的，在大地震之后的某个阶段再以菱形坊工法 (diaper masonry) 给予修复。此外，马歇尔推测大塔东侧原来可能有一排僧舍，大塔南侧似乎仅有一道围墙，大塔北部应有聚会厅、亭子和食堂等[4]。

　　1934-1937年，印度考古调查局汗·萨希卜·西迪吉 (Khan Sahib A. D. Siddiqi) 用三个发掘季对大塔北部的僧院遗址进行考古调查和清理，发掘范围南北长 137.16 米 (450 呎)，东西宽 112.78 米 (370 呎)。发掘结果显示：大塔北侧的遗址地层分为三层，年代可以分作四期[5]。第一期：第 1 号塔、第 4 号塔 (Stūpa 1 和 Stūpa 4) 及其塔院 (stūpa-court) 西侧与南侧成排的房间，起始于萨卡晚期，两塔内核皆以毛石垒砌，外表镶嵌肯久尔 (kañjūr) 石块，房间原以毛石砌筑，后用菱形坊工法修复。第二期：大型僧院 G (large court of cells G) 及其南侧的聚集场所 (Ga-Gd)，也包括东侧僧院 J (Court J) 的底层（下层）遗迹，以半琢石坊工法的早期类型砌筑，始于公元 2 世纪（大概是 2 世纪后半）。第三期：小型僧院 H (Court H)，包括僧院 J 的第二层（中层）遗迹，以半琢石坊工法的晚期类型砌筑，始于 4 或 5 世纪。又，第

　　　　　　　　　　　　　　　　　　　
[1] 在犍陀罗，平面方形僧坊大约公元 1 或 2 世纪才流行，如紧挨这些房址北面的那座 M6 遗址。
[2] John Marshall, ibid., 246-47.
[3] 马歇尔推测早期萨卡纪元 (Early Śaka era) 大约始于公元前 155 年，萨卡纪元 (Śaka era) 始于公元 78 年。参见：John Marshall, ibid., 84-85.
[4] John Marshall, ibid., 274-75.
[5] 1) Khan Sahib A. D. Siddiqi, "Excavations at Taxila," ASIAR 1934-35: 28-31, Pl. V; 2) Khan Sahib A. D. Siddiqi, "Excavations at Taxila," ASIAR 1935-36: 33-35, Pl. IX; 3) Khan Sahib A. D. Siddiqi, "Excavations at Taxila," ASIAR 1936-37: 36-39, Pl. V.

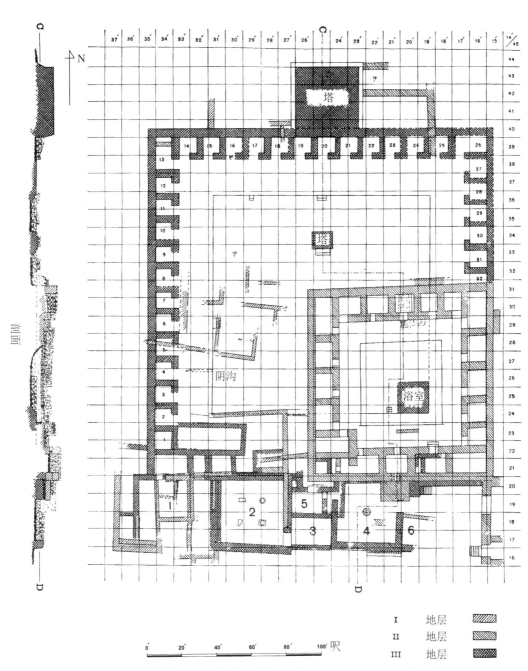

Fig. 1.1-43　达磨拉吉卡遗址中僧院 G 遗址及相关遗迹平面图

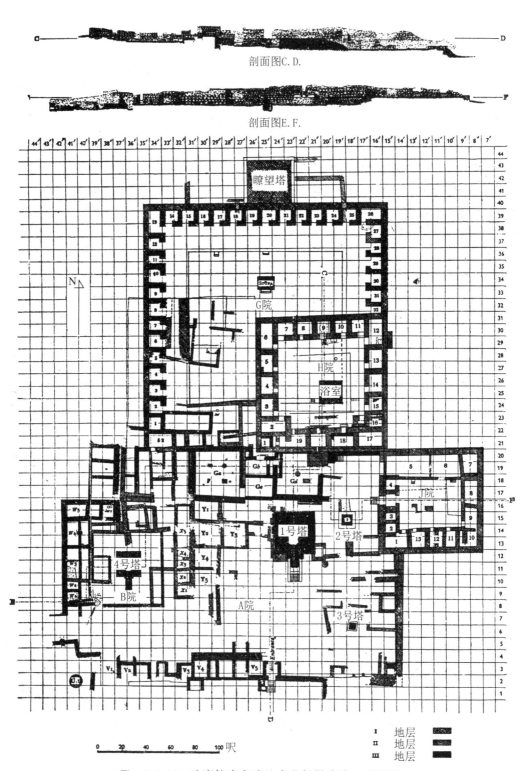

剖面图C.D.

剖面图E.F.

Fig. 1.1-44　达磨拉吉卡遗址中北部僧院遗址平面图

2、3 号塔 (Stūpa 2 和 Stūpa 3) 与之同时营造。第四期：僧院 H 和僧院 J 的最晚地层 (上层) 遗迹和遗址内其他区域的诸多围墙，以颓废的半琢石坞工法或难以归类的坞工技法 (nondescript masonry) 垒砌，始于 6 或 7 世纪。其中，第 1 号塔所在僧院 A (Court A)，南北长约 33.3 米 (109 呎)，东西宽约 32.6 米 (107 呎)[1]，包括西侧的两排房址 Y1-Y5 和 X1-X5，房间用毛石砌筑，后以菱形坞工法修复，推测与第 1 号塔同时建造，大概也与主塔 (Main Stūpa) 西侧的 E1-E2、F1-F3、T1-T7 遗址同时。除第 4 号塔及围绕此塔的小型僧院 B (Court B)，僧院 A 中没有其他遗迹早于公元 2 世纪[2]。第 4 号塔建造于大僧院 A 西侧的小僧院 B 中，在年代上与第 1 号塔相距不会太远[3]。

到了公元 2 世纪后半或 3 世纪初，即不晚于波调 (Vāsudeva) 统治时期，在塔院 A (stūpa-court A) 的北部新建了大型僧院 G (Court G) 以及新院入口处的聚会厅和三间其他房舍 (Ga-Gd)，后者打破了塔院 A 北侧的部分早期建筑。新建的僧院 G，应是整个遗址中这种类型僧院的第一处，平面近正方形，边长约 61.87 米 (203 呎)，僧房置于院子四周，皆面向中央庭院，前有廊道。地面一层有 52 间僧房，上层 (第二层) 大概应建有同样数量的僧房，但东南侧的僧房被叠压于晚期修建的僧院 H 之下。僧院 G 以半琢石坞工法的早期类型砌筑，从技术角度来讲，半琢石坞工法可以上溯到公元 2 世纪中叶。因此，僧院 G 很可能是在胡维色迦乃至前王迦腻色迦一世时营造的 (Fig. 1.1-43)[4]。

大约在营造僧院 G 及其南侧房舍时，在塔院 A 的东侧增建了小型僧院 J。僧院 H 系在僧院 G 的废墟上重建，故而其地面较僧院 G 的地面高出数呎，也高于塔院 A 的地面；僧院 H 可能在 5 世纪后半叶被白匈奴焚毁。当时不仅达磨拉吉卡，竺刹尸罗国境内的其他佛寺也都被烧毁了；之后的修复乃至重建范围非常有限[5]。此外，主塔区西北角的僧院 M6，以毛石和半琢石坞工法建筑，南北长 27.74 米 (91 呎)，东西宽 32 米 (105 呎)；院中央残存的塔基，边长 6.25 米 (20 呎 6 吋) 见方，塔基

---

[1] 西迪吉的发掘报告记录 A 院南北长 109 呎 (33.2 米)、东西宽 107 呎 (32.6 米)。马歇尔撰写的报告作南北长 270 呎 (82.3 米)、东西宽 190 呎 (58 米)。经校核，以西迪吉的测绘为准。参见：1) Khan Sahib A. D. Siddiqi, "Excavations at Taxila", in: ASIAR 1934-35: 28; 2) John Marshall, ibid., 276.

[2] 僧院 A 原来只在南侧和西侧建有房舍，东侧和北侧似乎没有什么遗迹。若然，它们似为大塔营造初期的僧众栖居之处。

[3] John Marshall, Taxila, Vol. I: 275-277.

[4] John Marshall, ibid., 280-82.

[5] John Marshall, ibid., 284-86.

东侧踏道长 3.2 米 (10 呎 6 吋)；佛塔与僧房之间没有廊道，僧房自身体量不一。这些特征表明其营造时间应为公元 2 世纪，与僧院 G 大体同时，或许还要略早一些 (Fig. 1.1-44，参见 Fig. 1.1-42)[1]。

依据现存遗迹，达磨拉吉卡遗址与布特卡拉第 1 号遗址有诸多相似之处，如大塔与僧舍或僧院的原始布局及后来的多次改建，二者应属同一种类型的僧伽蓝。

(6) 焦莲及其他：除达磨拉吉卡遗址外，古代竺刹尸罗国境内的焦莲 (Jauliañ) 佛寺颇为重要。根据马歇尔考古报告，焦莲遗址"包括一座中等规模之寺 (a monastery of moderate dimensions) 及其旁侧的二座塔院 (two stūpa courts)。二座塔院的地面高度不同，南侧较高，北侧略低。此外，北侧塔院西边尚有一较小的方院与之衔接。主塔置于南侧高院，四周奉献小塔密布；塔院四面所置佛龛，照例皆面向主塔。北侧低院及另一方院置有同样的小塔及佛龛。至于那座中等规模之寺，与莫赫拉·莫拉杜 (Mohṛā Morādu) 寺址的布局相同，方院周围建置僧房；此外，还有会堂、厨房及其他附属设施"[2]。

实际上，马歇尔所称"中等规模之寺"就是僧坊，至于二塔院，系一座大型塔院的两个组成部分。大塔位于南部中央，周围和踏道两侧及前部密布奉献塔和龛像等；塔院周匝建置高大佛龛。其僧坊，与赛度·谢里夫第 I 号和塔赫特巴希佛寺遗址中的僧坊相似，为两层结构，水池、排水槽、灯龛、佛龛、经行路及楼梯具备，说戒堂／讲堂、食堂、厨、仓、厕等设施完善 (Fig. 1.1-45)。

至于莫赫拉·莫拉杜和珀马拉 (Bhamāla) 的佛寺遗址，也是大塔与僧坊并列布局，前者大塔居东，僧坊紧邻西侧而建；后者塔院在西，僧坊营造于东侧[3]。其中，珀马拉佛寺遗址，马歇尔 1930-1931 年在此发掘出土了主塔和东侧僧院。2013 年开始，巴基斯坦哈扎拉大学 (Hazara University) 考古队在珀马拉佛寺遗址主塔西侧揭露出土大型涅槃像 (Pl. 1.1-35) 和另一佛塔[4]。这处遗址的年代，马歇尔定在 5 世纪后半之前，日本桑山正进依据主塔的十字形平面，推定在 7 至 8 世纪，巴基斯

［1］John Marshall, *ibid.*, 290-91.

［2］1) John Marshall, *Excavations at Taxila: The Stūpas and Monastery at Jauliañ*, Memoir No. 7 of the Archaeological Survey of India (Calcutta: Archaeological Survey of India, 1921), 3-19, esp. 3; 2) John Marshall, *Taxila*, Vol. I: 368-87, esp. 369.

［3］John Marshall, *Taxila*, Vol. I: 358-64, 391-97, Pls. 93, 114.

［4］A. Samad, J.M. Kenoyer, A. Hameed and Shakirullah. "Preliminary Report of Bhamala Excavation (2012-13)." *Frontier Archaeology* 9 (2017): 11-29.

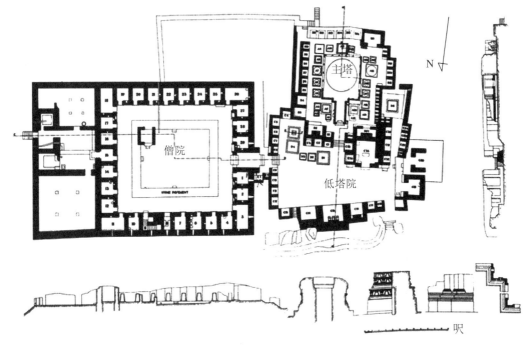

Fig. 1.1-45　焦莲佛寺遗址平面图

坦哈米德 (A. Hameed) 等人新近推测为 3 至 5 世纪。[1]。

（7）**真南·瓦利遗址**：2003 年，巴基斯坦考古局组织专家发掘的真南·瓦利遗址 (Jinan Wali Dheri)，包括塔院和僧院，两者毗邻营造。塔院中央的大塔，用石灰石和肯久尔 (kañjūr) 石块以大菱形圬工法 (large diaper masonry) 砌筑，现仅存平面方形的塔基。塔院左右后三面所置佛龛，原始造像已经不存。大塔踏道前方南北两侧，各有一座奉献塔 (votive stupa) (Fig. 1.1-46)。僧院位于塔院东侧，以半琢石 (semi-ashlar) 和菱形圬工建筑，庭院中央是方形水池 (water tank)，池东南角置盥洗室 (bathroom)。庭院周匝置 17 间僧房和一间长条形小室，其中位于四角的房间较大，僧房门道皆朝向中央庭院。在水池与周匝僧房之间，靠近池边每侧各有四个方形石础，加上四角柱础，共 20 个。僧院东西两侧各辟一门道 (entrance) (Fig. 1.1-47)。在僧院通往塔院的甬道侧壁出土了壁画，绘制时间大约为 2 至 4 世纪。

---

［1］1) John Marshall, *Taxila*, Vol. I: 397; 2)［日］桑山正進《タキシラ仏寺の伽藍構成》，刊《東方學報》第 46 冊，京都：京都大學人文科學研究所，1974 年：第 327-354 頁；3)［日］桑山正進《カービシー＝ガンダーラ史研究》，京都：京都大學人文科學研究所，1990 年，第 1-32 頁；4) A. Hameed, Shakirullah, A. Samad and J.M. Kenoyer. "Bhamla Excavations 2015-16." *Ancient Pakistan* XXIX (2018): 171-184.

5 世纪中叶白匈奴入侵时，这座塔寺 (Fig. 1.1-48) 被毁，壁画脱落在地。[1]

(8) **金迪亚尔与毕钵罗**：古代竺刹尸罗国境内另外两处值得关注的遗址，一处是金迪亚尔 (Jaṇḍiāl) B 丘，另一处是毕钵罗 (Pippala) 废墟。

金迪亚尔 B 丘，亦称巴伯尔·汗纳 (Babar-Khäna) 遗址，在坎宁安《竺刹尸罗废墟图》中标为第 40 号，是一处塔寺遗址。佛塔置于方院中央，旁侧发掘出土若干房舍。根据马歇尔考古报告，中央佛塔始建于萨迦·帕提亚 (Śaka-Parthian) 时期[2]，3 或 4 世纪时在原址上进行了重建。这处遗址最重要之处，"是塔院北面和西面地基的特殊布局。佛塔始建时，尚未出现庭院周匝对称设置佛龛之法，后者乃晚期佛寺布局之特征。实际上，我们也不能肯定现存房舍遗址那时曾被僧众居住过。Q、R、S 那组可能用以居住，但东北角的大型建筑 T 显然是一座露天方院，从其北墙中部朝院内伸出的小室可能为佛堂。塔院西侧，乍看似乎有一组狭长房舍 (N、O、P)，实际上只是凸起的平台地基"[3]。

毕钵罗废墟亦分属两个时期。东侧部分为塔寺，始建于萨迦·帕提亚晚期或贵霜初，周匝建置僧房，中央方形塔基 (Stūpa A) 北向。这座早期佛寺"在 4、5 世纪之前已变成废墟，因为那时在其西侧的部分废址之上又重建了另一座僧院，地基完全覆盖了西侧的古老廊房。与此同时，早期塔寺的其余部分被改造，除了方院中央的佛塔及周匝僧房的后墙，其余建筑一律拆除、铲平，僧房的后墙变成了新院的围墙" (Fig. 1.1-49)[4]。

(9) **桑科尔**：位于今印度旁遮普邦首府昌迪加尔 (Chandigarh) 城西 40 公里的

---

[1] 1) M. Ashraf Khan and Mahmood-ul-Hassan, "Discovery of Mural Paintings from Jinan Wali Dheri, Taxila," *Journal of Asian Civilizations*, Vol. 27 (Islamabad: Quaid-i-Azam University, 2004), No. 1: 14-27; 2) Muhammad Ashraf Khan and Mahmood-ul-Hassan, "A New Discovery in the Taxila Valley: Archaeological Excavations at the Buddhist Monastery of Jinan Wali Dheri," in *Gandhara-The Buddhist Heritage of Pakistan: Legends, Monasteries, and Paradise*, Mainz: Verlag Philipp von Zabern, 2008: 302-307; 3) Mahmood-ul-Hasan and Muhammad Ashraf Khan, "Archaeological Excavation at Jinan Wali Dheri, Taxila Valley, Pakistan, Part II—A Survey of the Findings: Painting, Sculptures, Pottery and Minor Antiquities," in *Contextualizing Material Culture in South and Central Asia in Pre-Modern Times*. Proceedings of European Association for South Asian Archaeology and Art (Wien: Center for Interdisciplinary Research and Documentation of Inner and South Asian History, 2016), Vol. II: 161-175. 真南·瓦利佛寺遗址的考古发掘资料及照片由 Dr. M. Ashraf Khan 及 Mr. Mahmood-ul-Hassan 提供。谨此致谢。

[2] 马歇尔所言萨卡·帕提亚 (Śaka-Parthian) 时期，大约从公元前 90 年到公元后 50 年。参见：John Marshall, *Taxila*, Vol. I: 84-85.

[3] John Marshall, *ibid.*, 356.

[4] 1) John Marshall, *Taxila*, Vol. I: 365-67, esp. 365; Vol. III: Pls. 98a, 99a-b, 100a; 2) *ASIAR 1923-24* (1926): 61-66, Pls. XXIII, XXIV.

塔院平面

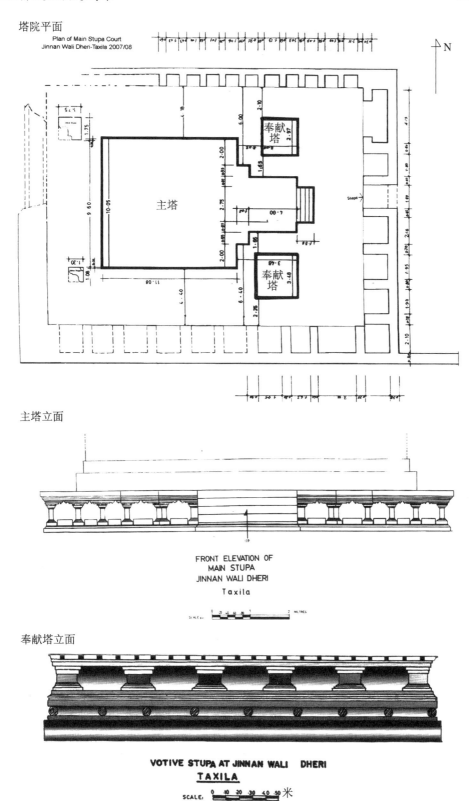

Fig. 1.1-46　真南·瓦利遗址中塔院 (浮图) 平面测绘图

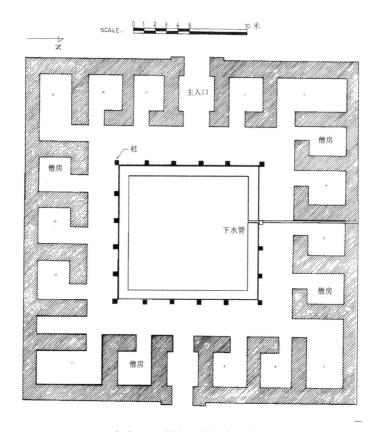

Fig. 1.1-47　真南·瓦利遗址中僧院（僧坊）平面测绘图

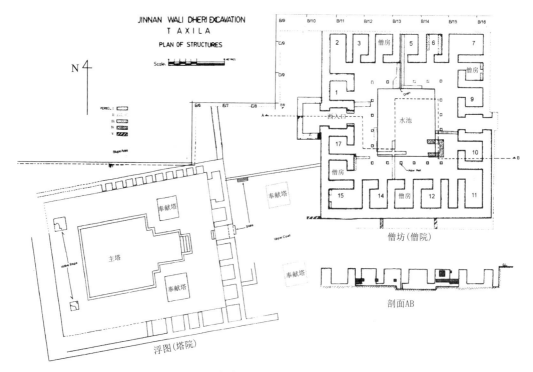

Fig. 1.1-48　真南·瓦利佛寺遗址平面测绘图

卢迪亚纳区 (District Ludhiāna)[1]，那里最早的文化遗迹可以追溯到公元前两千年。1984-1985 年发掘季，旁遮普邦文化、考古和博物馆处 (Department of Cultural Affairs, Archaeology and Museum, Punjab) 在桑科尔 (Sanghol) 揭露出土的佛塔遗址引起了学界的关注。1985-1986 年至 1989-1990 年发掘季，印度考古调查局发掘二队 (Excavation Branch-II of Archaeological Survey of India) 与旁遮普邦文化、考古和博物馆处合作，对整个僧院 (monastic complex) 遗址做了大规模发掘[2]。

桑科尔遗址，包括 SGL-5 和 SGL-11 两处遗迹，其中，前者曾于 1968-1972 年和 1979-1980 年发掘季做过局部发掘，但没有弄清遗址确切的平面布局。1984-1985 年，在夏尔马 (G. B. Sharma) 主持下，考古队发掘了塔址。SGL-5 主要由塔和僧坊 (stūpa and monastery) 构成。佛塔建于生土层之上，主体由三匝同心圆构成，直径分别为 5.04、13.00 和 16.30 米。三匝同心圆之间以放射状的轮辐骨架连接，轮辐自内而外分别为 12、24 和 32 根；轮辐之间填充肯克尔 (kankar) 和黄土，这是纪元初几个世纪内佛塔营造的惯常方法。覆钵之下为边长 17 米见方的塔基，塔基每面置一台阶 (踏道)；方形塔基与半球形覆钵之间为环形礼拜道 (pradakṣiṇapatha)(Fig. 1.1-50)。此外，还发掘出土了 69 根望柱 (upright pillar)、35 根横栏 (crossbar) 及 13 根笠石 (coping stone)。这说明大塔周围原置石栏楯，栏楯上的浮雕属公元 1、2 世纪秣菟罗艺术流派。僧坊建于主塔北侧，由一条砖铺道从佛塔东侧前伸折北后与僧坊入口连通，后者与大塔有明显的相继地面。僧坊入口两侧曾立门柱，坊内地面铺砖，中央为方形庭院，四周为廊道和僧房，僧房入口皆与庭院相通。此外，还有厨房和澡堂，其砖铺地之下有排水管 (drain) 与外界相连 (Fig. 1.1-51)。依据出土的钱币和遗物，发掘者推测：这处佛寺大约始建于公元 1 世纪，一直延续使用到 6 世纪左右，其中贵霜时期应为其鼎盛阶段 (Pl. 1.1-36)。

编号 SGL-11 遗址，在 SGL-5 遗址东北 220 米处，是一处塔寺 (stūpa and

[1] 卢迪亚纳地区，现为印度旁遮普邦管辖。从地理区划考量，桑科尔遗址应属于北天竺范围，《法显传》所记毗荼国或涵盖这一区域。印度学者认为此地即玄奘所记北印度设多图卢国 (Śatadru)，故暂时归入北天竺介绍。1)［晋］法显撰《法显传》，第 52-53 页；2)［唐］玄奘撰《大唐西域记》，第 375-376 页；3) Indian Archaeology 1989-90—A Review: 88-94, esp. 93.

[2] 1) Indian Archaeology 1984-85—A Review: 62, 66; 2) Indian Archaeology 1985-86—A Review: 67-69; 3) Indian Archaeology 1986-87—A Review: 69-71; 4) Indian Archaeology 1987-88—A Review: 95-99; 5) Indian Archaeology 1988-89—A Review: 69-73; 6) Indian Archaeology 1989-90—A Review: 88-94.

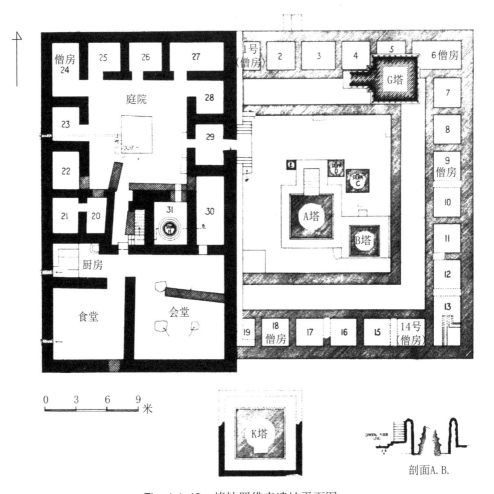

Fig. 1.1-49　毕钵罗佛寺遗址平面图

monastery complex)，1985-1986 年发掘季做了考古发掘。SGL-11 遗址的主体建筑是一座 39 × 36 米的僧院，坐北朝南，中央置塔 (S-1)。方形塔基边长 8.5 米，上为半球形覆钵；覆钵内核直径 1.45 米，轮辐骨架四条，外壳 (out circle) 直径 3.70 米，轮辐八条。塔院左、右、后三面置僧房，其中左侧 (东侧) 僧房两排，余者单排 (Pl. 1.1-37)，共 27 间僧房。依据发掘出土的库宁德、贵霜和匈奴钱币 (coins from the Kunindas, Kushans and Hunas)，这处佛寺主要使用于贵霜时期，大约公元 2、3 世纪[1]。

　　4. 汉文文献：上述僧伽蓝，与当时中土西行求法高僧所记和佛典所载罽宾地面

[1] Himanshu Prabha Ray ed., *Sanghol and the Archaeology of Punjab* (New Delhi: Aryan Books International, 2010), 86-97.

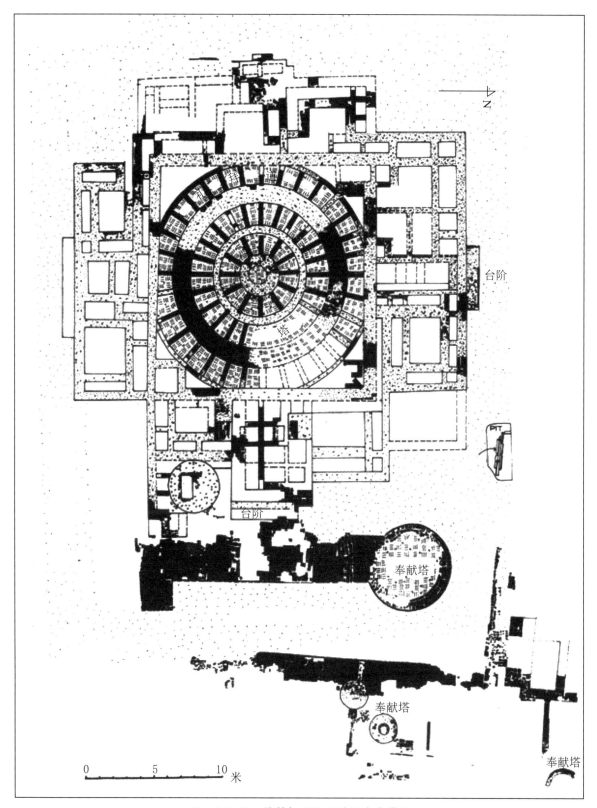

Fig. 1.1-50　桑科尔 SGL-5 遗址中大塔址

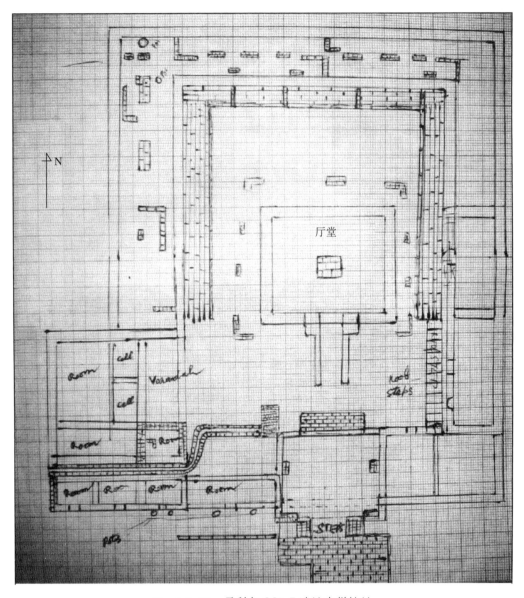

Fig. 1.1-51　桑科尔 SGL-5 遗址中僧坊址

佛寺的布局基本相符。如前述北魏杨衒之《洛阳伽蓝记》卷五征引《宋云家纪》和
《惠生行纪》记述乌苌国城北陀罗寺"浮图高大，僧房逼侧"；唐道宣《四分律删繁
补阙行事钞》卷下《主客相待篇》记载："客僧受房已、问主人已，应先礼佛塔。"[1]
这说明：佛塔应为地面佛寺的中心，僧房或僧院乃佛寺之必置。"若比丘独阿兰若处

[1]《大正藏》No. 1804，第 40 卷，第 142a 页。

十五日，布萨时，应洒扫塔、寺、布萨处及中庭，次第敷座。"[1]因此，浮图、僧坊、中庭及布萨处，系一座大型僧伽蓝的基本组合。

　　唐道世《法苑珠林》卷六十二《祭祠篇·献佛部》曰："初立寺时，佛院、僧院各须位别。如似大寺，别造佛塔。"[2]西晋沙门法立与法炬共译《佛说诸德福田经》云："佛告天帝：复有七法广施，名曰福田，行者得福，即生梵天。何谓为七？一者，兴立佛图、僧房、堂阁；二者……"[3]这里，把兴立佛图、僧房及堂阁置于福田七法之首，可见佛主对其极为重视。北魏吉迦夜与昙曜共译《杂宝藏经》卷五《长者为佛造讲堂获报生天缘》云："尔时王舍城，频婆娑罗王为佛造作浮图、僧房。有一长者，……便于如来经行之处，造一讲堂，堂开四门。后时命终，生于天上。……佛言：'本在人中，造佛讲堂，由是善因，命终生天。'"又，同卷《长者见王造塔亦复造塔获报生天缘》记"尔时耆阇崛山南天竺，有一长者见频婆娑罗王为佛作好浮图、僧坊，亦请如来，为造浮图、僧房（坊）住处。其后命终生于天上。……佛言：'……由此善业，得生天上。'"[4]

　　至于律藏，失译《菩萨本行经》（附东晋录）[5]卷中曰："正使布施百辟支佛，……所得功德，不如起塔、僧房、精舍。"[6]东晋佛陀跋陀罗共法显译《摩诃僧祇律》和前引道宣《四分律删繁补阙行事钞》等皆推崇塔院与僧院。除了修行、供养和礼忏之外，僧众每日"晨起，……应当扫塔院、僧坊院"，"晨起，扫塔院、僧院"，"至布萨日，应扫塔及僧院"，"若塔院、僧院内见不净者，应除去"[7]。"若作说戒，常法半月恒遵。每至说晨，令知事者点知僧众，谁在谁无？健病几人？几可扶来？几可与欲？如是知已，令拂拭塔庙、洒扫寺院。""若布萨日，扫塔、僧院。"[8]

　　因此，"礼塔即礼佛"之传统思想和佛说兴造浮图与僧坊之善果，辅以严格之戒律，使天竺僧伽蓝中的塔、僧坊及讲堂等，在四众的心目中占据着崇高地位。

──────────────

　　[1][后秦]弗若多罗、鸠摩罗什译《十诵律》卷五十六《比丘诵》，《大正藏》No. 1435，第23卷，第411a 页。

　　[2][唐]道世撰《法苑珠林》，第1831页。

　　[3]《大正藏》No. 683，第16卷，第777b 页。

　　[4]《大正藏》No. 203，第4卷，第475c 页。

　　[5]吕澂《新编汉文大藏经目录》，第68页。

　　[6]《大正藏》No. 155，第3卷，第114c 页。

　　[7][晋]佛驮跋陀罗、法显译《摩诃僧祇律》，《大正藏》No. 1804，第22卷，第429b、433a、450b、504c 页。

　　[8][唐]道宣撰《四分律删繁补阙行事钞》，《大正藏》No. 1804，第40卷，第23c、35a 页。

　　鉴于浮图（塔）与僧坊（寺）系天竺早期辟地新建佛寺的主体，这种僧伽蓝当时也称"塔寺"。吉迦夜与昙曜共译《杂宝藏经》卷五《长者夫妇造作浮图生天缘》曰：

　　　　舍卫国有一长者，作浮图、僧坊。长者得病，命终生三十三天。妇追忆夫，愁忧苦恼，以追忆故，修治浮图及与僧坊，如夫在时。夫在天上，自观察言："我以何缘生此天上？"知以造作塔寺功德，是故得来。自见定是天身，心生欢喜，常念塔寺，以天眼观所作塔寺，今谁料理？即见其妇，昼夜忆夫，忧愁苦恼，以其夫故，修治塔寺，……供养佛僧，作众功德，发愿生天。其后命终，即生彼天宫。夫妇相将，共至佛边。佛为说法，得须陀洹。诸比丘等惊怪所以，便问："何业缘故得生此天？"佛言："昔在人中，作浮图、僧坊，供养佛僧。由是功德，今得生天。"[1]

据此，疑当时四众合称浮图、僧坊为"塔寺"，即 *bhuda-vihare* 或 *stūpa-vihāra*。又，前引杨衒之《洛阳伽蓝记》卷五记述乾陀罗国"如来舍头施人处""如来挑眼施人处""如来为尸毗王救鸽之处"皆"起塔寺"，似乎都属此种佛寺。[2]

三、结　语

　　古代天竺辟地新建的僧伽蓝，通常由浮图／塔 (bhuda/stūpa) 与僧坊／寺 (vihare/vihāra) 构成，只是早期皆以佛塔为中心。

　　马歇尔认为：最早的佛塔起源于印度斯坦 (Hindustān，北印度？)，平面圆形，下为低矮的塔基 (plinth/terrace)，上为半球形覆钵 (dome)，如达磨拉吉卡大塔、马尼基亚拉 (Mānikiāla) 大塔和杰马尔格里 (Jamālgaṛhī，杰马勒堡) 大塔。在西北印度，当公元前 1 世纪希腊思想 (Greek ideas) 开始左右印度人时，圆形塔基随后被方形塔基[3]替代，塔身 (high drum) 之上的覆钵也随之升高。希腊化影响 (Hellenistic influence) 也表现在塔基与塔身表面的古典壁柱和装饰线脚上。大约到了公元 1 世纪末，佛塔造型再次发生了变革，塔基增高且水平分作上下两层或三层，每层表面

---

　　[1]《大正藏》No. 203，第 4 卷，第 473b-c 页。
　　[2]［北魏］杨衒之撰《洛阳伽蓝记》，周祖谟校释，第 199-221 页。
　　[3] 这与前述玄奘所记"如来以僧伽胝方叠布下，次郁多罗僧，次僧却崎。又覆钵竖锡杖，如是次第为窣堵波"相矛盾。不过，现存早期佛塔的塔基大都作圆形。

中央置佛像。从 2 世纪到 5 世纪，简朴的古典风格逐渐印度化 (Indianised)，塔基与塔身表面布满了浮雕[1]。

印度斯坦与中印度 (Hindustān and Central India) 那种敞开的僧伽蓝 (saṃghārāma)，以大众皆可自如出入为其特色，这对僧众性命不受威胁的印度部分地区可能是适宜的，但在西北印度几乎不妥，因为当地人性情暴烈、借故生端，且总有外敌入侵。这里流行的新式僧伽蓝 (new type of saṃghārāma)，设计时采纳了同一时期民居的布局；其基本原则与东方所有的普通住宅一样，敞开的庭院或天井周围环置僧房，要想进入每个房间，只有经过中央庭院才可。在印度，这种类型的住宅，即使不能再早，至少可以上溯到铜石时期 (Chalcolithic age)。纪元之初，这类民居在印度斯坦常见，就像在中国西北边疆或西亚流行的那样。它在僧伽蓝中启用，也许同样始于印度某地或别的地方。我们之所以认为它创始于西北印度，是因为与印度其他地区相比，那里的生命与财产更缺乏安全感。这种情况，很大程度上要归因于僧伽或佛寺 (the Church) 性质的改变：到处倾向于以固定的修行替代游方生活，从而放松了戒律中有关严格苦修和占有财产的要求[2]。因此，由高墙环绕的方形僧院或僧坊 (monastery or vihāra)，要晚于佛塔的营造年代，似乎公元 1 世纪时才在西北印度的僧伽蓝 (saṃghārāmas of the North-West) 中出现，然后向南、朝东传到了印度其他地区。依据律藏，此前的僧伽蓝通常由下列部分构成：僧舍、食堂、厨房、柱厅、经行处、澡堂、裁缝室、厕所、井房、仓廪、食药室等。从律典来看，构成僧伽蓝的不同设施并非局限于单一建筑之中，它们很可能各自独立营造。当然，我们不能把早期僧众栖止禅修的僧坊 (vihāra) 与晚期标准化的僧院 (monastery of later times) 联系起来。标准化僧院的建筑格局颇大，通常为两层结构，至少有一处露天的方形庭院，庭院四周建置成排的僧房或其他房间，房前有宽敞的廊道。不论是大型僧坊 (larger vihāras)，还是僧人的其他栖居场所，即 pāsāda（阁楼），adhayoya（尖顶小屋），hammiya（顶楼）或 guhā（洞窟），早期都不像晚期那样以相同的规制营造。后来那种高墙围绕、有效防护的僧院 (monasteries)，每一僧房皆面向封闭的庭院，公众意图窥探栖居此处僧众的隐私之举是不现实的[3]。

马歇尔的这种观点，迄今在学界仍有较大影响。

---

[1] John Marshall, *Taxila*, Vol. I: 233.

[2] John Marshall, *ibid.*, 234.

[3] John Marshall, *ibid.*, 233-234.

　　实际上，这种平面布局的僧坊，的确源自古代天竺的民居，印度迄今发现的这类民居遗迹至迟可以上溯到公元前 2 世纪。1966-1974 年，(德国柏林) 印度艺术博物馆 (Museum für Indische Kunst, Berlin) 派遣考古队对秣菟罗地区的松格 (Sonkh) 遗址进行了前后八季的考古发掘，主持人为黑特尔 (Herbert Härtel) 教授。在遗址的第 27 层，德国考古队发掘出土了以烧砖砌筑 (baked brick construction) 的这种民居遗址，营造时间当在密多罗 (Mitras) 时期，即公元前 2 世纪末到公元前 1 世纪 (Fig. 1.1-52、Fig. 1.1-53) [1]。这种平面布局的住宅，在今孟加拉国的村落里还是相当

Fig. 1.1-52　松格遗址第 27 层遗迹

　　[1] Herbert Härtel, *Excavations at Sonkh: 2500 years of a town in Mathura District* (Berlin: Dietrich Reimer Verlag, 1993), 9, 85-86, Level 27, Fig. 39.

Fig. 1.1-53　松格遗址第 27 层房址

普遍的。

　　我们认为：石窟寺是对地面佛寺的模仿 (imitation)，或是说是地面佛寺的石化形式 (petrified versions)；这点在印度石窟群中反映得颇为显著。印度石窟寺，最初由一座塔庙窟 (chētiyaghara) 与一座僧坊窟 (lēṇa) 构成洞窟组合，即形成一座小寺，时间大约为公元前 2 世纪中叶，只是塔庙窟与僧坊窟尚未定型。大约公元前 2 世纪末至前 1 世纪初，出现了典型塔庙窟与僧房舍窟构成的石窟寺组合。塔庙窟为倒 U 字形平面，纵券顶，半圆形后室中央雕造石塔；僧房舍窟中央为方形或长方形中堂，左右后三面向外凿作僧房，门道皆面向中堂。大约在公元 2 世纪后半，出现了塔庙僧房舍混成式窟 (chētiyaghara-cum-lēṇa)，即在僧房舍窟的后部正中向外凿出塔殿，故而这种石窟具有双重属性，既是僧人栖止、禅修之所，也是信徒供养、礼忏之处[1]。

倘若我们把地面佛寺与石窟寺进行对比，就会发现公元前 2 世纪中叶前后雕造的巴贾 (Bhājā，一译珀贾) 第 12 窟 (塔庙窟) 与第 13 窟 (僧房舍窟)、皮特尔科拉 (Pitalkhōrā，一译比德尔科拉) 第 3 窟 (塔庙窟) 与第 4 窟 (僧房舍窟) (Fig. 1.1-54)、阿旃陀 (Ajaṇṭā) 第 10 窟 (塔庙窟) 与第 12 窟 (僧房舍窟)，都是塔庙窟与僧房舍窟毗邻，形成一种固定的石窟寺组合；当时栖居石窟寺的僧众，供养、礼忏活动在塔庙窟中进行，日常起居则回到各自僧房舍窟之内。这种封闭式的僧房舍窟，大约公元前 2 世纪中叶就在印度石窟寺中出现了，较西北印度地面佛寺中的典型僧坊要早一、二百年。因此，高墙围绕的方形僧坊，不一定创始于西北印度 (即北天竺)。

基于发掘出土的重要佛寺遗址，结合佛教石窟寺的演变，我们可以大体推演古代天竺地面佛寺的发展情况。作为佛世两座著名的僧伽蓝之一，祇洹精舍始建时，主要营造了香殿、芒果殿、僧舍、经行处和其他生活设施。佛涅槃后，祇洹精舍内增建了塔殿和诸多僧坊，后来更修筑了许多纪念性佛塔。因此，祇洹精舍可以看作是

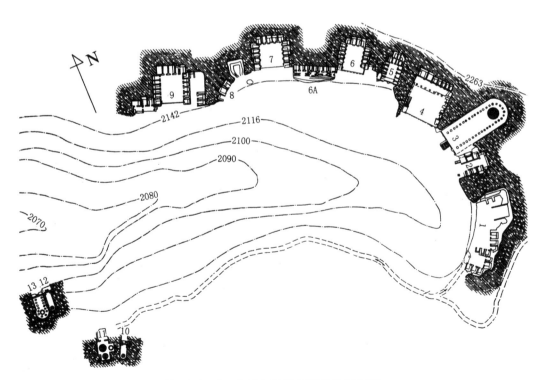

Fig. 1.1-54　皮特尔科拉石窟连续平面图

[1] 李崇峰《西印度塔庙窟的分期与年代》，载李崇峰著《佛教考古：从印度到中国》，第 21-74 页。

公元前 5 世纪迄公元 12 世纪天竺僧伽蓝发展演变之缩影。中天竺和北天竺地区后来营造的僧伽蓝或地面佛寺，似乎都应在祇洹精舍（或许也包含竹林精舍）原型的基础上演变而成，可以大体分作以下五种类型：

第一种类型：佛殿位于僧伽蓝中央，周围修建"僧住处"或僧舍，如拘萨罗国祇洹精舍第 2 号、第 3 号殿堂遗址，即"精舍当中央，佛住此处最久"。此外，也包括供奉波斯匿王所刻、"可为四部众作法式"之佛像的精舍。这些中央殿堂与周围"僧住处"或僧舍相继营造，后来在"说法、度人、经行处、坐处，亦尽起塔"。拘睒弥国瞿师罗园，乃"佛昔住处"，"如来于此数年说法"。尽管瞿师罗园早期布局不清，但它至少应包括佛陀所居精舍和僧众栖止、禅修之"僧住处"。蓝毗尼园摩耶夫人殿及附属建筑也应属于这种类型。

这种类型的僧伽蓝创始于佛世，阿育王前后疑进一步拓展，吸收了各地僧伽蓝的有益成分，如"僧住处"以及各种纪念塔的修建等。笈多时期，这种僧伽蓝的布局又发生了较大变革，就像我们所见祇洹精舍和瞿师罗园遗迹。

第二种类型：大塔位于僧伽蓝中央，附近或旁边"葺茅为宇"[1]，创始时间应在佛灭后不久，八王分舍利后各自所造佛塔应属此式，如毗舍离王所造佛塔和蓝莫国之蓝莫塔等[2]。佛言："我灭后，能故发心，往我四处，所获功德不可称计。""佛泥洹以来，四大塔处相承不绝。"这表明"四大塔处"皆以佛塔为主，"僧住处"是否同建不得而知；若建造，"僧住处"也仅仅是大塔的附属设施，因为四大圣地皆称四大"塔处"。

这种僧伽蓝在阿育王前后发扬光大，北天竺境内布特卡拉第 I 号遗址、达磨拉吉卡遗址和中天竺境内的桑吉遗址堪称这种类型的代表。其中，布特卡拉第 I 号遗址的"僧住处"位于大塔北侧，达磨拉吉卡遗址的早期"僧住处"亦置于大塔北侧，桑吉遗址的"僧住处"早期疑在西侧，后来扩展到南侧。这三处遗址中，大塔与"僧住处"彼此位置不定且有一定距离，"僧住处"平面不规则。1995-1996 年发掘季在桑吉第 51 号僧坊址下层发现的建筑遗迹，证实阿育王营造大塔的同时，也在距此不远的西坡之下修建了"僧住处"或僧院。贵霜时期，开始在大塔附近或旁边修建规整的僧坊，笈多时期在原有僧伽蓝布局的基础上更进一步演变。因此，四大塔处之平面布局，应对后来僧伽蓝的营造产生了相当影响，如桑吉大塔与其西侧第 51 号僧坊。而鹿野苑根本香殿与达磨拉吉卡大塔、拘夷那竭涅槃塔与涅槃殿等，皆与旁边"僧住

---

[1] 玄奘游历蓝摩国（蓝莫国）时，记录了蓝莫塔及其旁侧僧舍，称僧舍"葺茅为宇"，比较形象地阐释了原始僧舍的营造。[唐]玄奘撰《大唐西域记》，第 529-530 页。

[2] 关于今尼泊尔之蓝莫塔，笔者有专文介绍。已收入本书。

处"或僧院相继营造；伽耶大菩提寺的平面布局也应如此，但具体情形不得而知。

这种类型的僧伽蓝，大约在阿育王时从中天竺传至北天竺。阿育王传播佛教的方法之一，就是在各地广建佛塔。由于阿育王的倡导，塔被赋予了特殊含义，成为佛教的象征，礼塔即礼佛思想根深蒂固。传说阿育王曾打开多数原始佛塔，从中取出舍利。尔后，"以神力分佛舍利，役诸鬼神，造八万四千塔布于世界，皆同日而就"[1]。在兴造佛塔的同时，阿育王也在附近或旁侧为供养、栖居的僧众修建居住场所[2]。除大塔及"僧住处"外，后来僧伽蓝"堧垣内地，圣迹相邻，或窣堵波，或复精舍，并赡部洲诸国君王、大臣、豪族钦承遗教，建以记焉"。

第三种类型：在第二种僧伽蓝的基础上发展而来，浮图与僧坊统一经营，即bhuda 或 budha（犍陀罗语，梵语作 stūpa）[3]与 vihare（犍陀罗语，梵语作 vihāra）毗邻建筑，就像前述宋云或惠生所记乌场国王城北陀罗寺"浮图高大，僧房逼侧"。关于"僧房（僧坊）逼侧"之意，周祖谟释作："逼侧，相迫也。言僧房相接也。"[4]这种僧伽蓝，大约创始于公元前 2 或前 1 世纪，盛行于贵霜时期，笈多时期仍在使用，后来陆续增设了若干附属设施[5]。这种僧伽蓝，包括北天竺境内的雀离浮图与迦腻色迦僧坊、赛度·谢里夫第 I 号佛寺遗址、塔赫特·巴希佛寺遗址、瑟赫里·伯赫洛尔寺址、阿齐兹·德里寺址、焦莲佛寺遗址、莫赫拉·莫拉杜佛寺遗址、珀马拉寺址、真南·瓦利寺址、桑科尔 SGL-5 号遗址以及东天竺乌德耶吉里 1 号和 2 号遗址。又，蓝毗尼园第 31 号佛塔与 A、B 寺也属于这种布局。此外，中天竺龙树山遗址中第一至第二种僧伽蓝与此基本相同，只是颇具当地特色。

这种类型僧伽蓝的流行，疑受到了雀离浮图与迦腻色迦僧坊的影响，如毗舍离大塔的扩建与僧坊营造就是在贵霜王朝时统一实施的。迦腻色迦统领的贵霜帝国以犍陀罗为中心，首都在库巴 (Kubha) 河谷的弗楼沙 (Puruṣapura) 或布色羯逻伐底

---

[1] ［北齐］魏收撰《魏书》，点校本，第 3028 页。

[2] 李崇峰《塔与塔庙窟》，李崇峰著《佛教考古：从印度到中国》，修订本，上海：上海古籍出版社，2020 年，第 10 页。

[3] 关于浮图之犍陀罗语术语，参见：Robert E. Buswell, Jr., "Prakritic Phonological Elements in Chinese Buddhist Transcriptions: Data From Xuanying's *Yiqiejing yinyi*." *Collection of Essays 1993: Buddhism Across Boundaries—Chinese Buddhism and Western Religions* by Erik Zürcher, Lore Sander and others, eds. John R. McRae and Jan Nattier (Taipei: Foguang Cultural Enterprise Co., Ltd, 1999), 187-217, esp. 207.

[4] ［北魏］杨衒之撰《洛阳伽蓝记》，第 203 页。

[5] 马歇尔认为：在贵霜帝国及晚期营造的僧伽蓝中，如焦莲、莫赫拉·莫拉杜和珀马拉的佛寺遗址，聚会厅与后来出现的餐厅和厨房皆建造于僧院的一侧，远离塔院。John Marshall, *Taxila*, Vol. I: 281.

(Puṣkalāvatī)，陪都在秣菟罗 (Mathurā)。迦腻色迦在支持佛教和容忍一切宗派方面与阿育王媲美，后世并称阿育王与迦腻色迦为护法二王。在佛教艺术上，迦腻色迦开创了高塔形窣堵波，并规范了僧院建置[1]，最著名者应为"雀离浮图"与"迦腻色迦僧坊"。传说迦腻色迦曾召集胁尊者 (波栗湿缚) 及法救 (Dharmatrāta)、妙音 (Ghoṣa)、世友 (Vasumitra)、觉天 (Buddhadeva) 等五百圣众结集三藏，其中胁尊者即明确栖居"迦腻色迦僧坊"。后来，世亲 (婆籔盘豆) 和如意 (末笯曷剌他) 也都在迦腻色迦僧坊有固定房室，即玄奘所谓"旌召高僧，式昭景福"。故而，雀离浮图与迦腻色迦僧坊成为当时西域最重要的佛教中心[2]。汉文文献记载的"塔寺"，可能就是指这种类型的僧伽蓝。

第四种类型：在平面方形或长方形庭院中央造塔，四周对称设置僧房，即浮图与僧坊合一，创始时间当在公元 2 世纪前后，流行于 3 至 5 世纪，代表遗迹有北天竺境内达磨拉吉卡遗址中的塔院 A、塔院 B 和 M6 遗址、瑟赫里·伯赫洛尔的德马米遗址、金迪亚尔 B 丘、毕钵罗寺址以及桑科尔 SGL-11 号遗址、西天竺阿旃陀石窟旁侧地面塔寺遗址和中天竺龙树山寺址的第三种类型等。这种僧伽蓝或塔寺，疑在第三种类型的基础上发展而来，但具体演变轨迹不清。依据考古发掘，拘睒弥国瞿师罗园中的大塔为阿育王始建，但环绕佛塔的方形僧坊则完成于公元 2 世纪，由此形成塔寺布局；大约 3、4 世纪，以主塔为中心重新垒砌了围墙。从天竺石窟寺的开凿来看，因为功利主义思潮盛行，建造上的实用与经济冲破了传统束缚，印度第三期后段石窟 (2 世纪中叶到 3 世纪中叶) 中流行的塔庙僧房舍混成式窟 (chētiyaghara-

［1］A.K. Warder, *Indian Buddhism*, 2nd rev. ed. (Delhi: Motilal Banarsidass Publishers Pvt. Ltd, 1980), 345.

［2］据北魏杨衒之《洛阳伽蓝记》卷五征引《惠生行纪》《宋云家记》及《道荣传》，北魏"宋云以奴婢二人奉雀离浮图，永充洒扫。惠生遂减割行资，妙简良匠，以铜摹写雀离浮图仪一躯及释迦四塔变"。北魏郦道元《水经注》卷二引释氏《西域记》云："(龟兹) 国北四十里，山上有寺，名雀离大清净"。此雀离大清净亦作雀离大寺，应为今库车的苏巴什遗址，乃鸠摩罗什说法之处。北齐在邺城华林园也曾建有"雀离佛院"。此外，宋欧阳棐撰、清缪荃孙校辑《集古录目》卷八有《龙华寺造浮图记》，武平元年 (570 年)"。宋陈思《宝刻丛编》卷二十记："《龙华寺造浮图碑》，不著书撰人名氏，据碑称维那刘显等于双井村共造龙华浮图一区、爵离一区，碑以北齐武平元年立。释氏谓寺为爵离，今北朝石刻往往见之。"古代犍陀罗、龟兹和邺城皆有以雀离 / 爵离为名的佛寺，或许不是巧合，疑为当时西域与中原佛教文化交流之结果。1) [北魏] 杨衒之撰《洛阳伽蓝记》，第 214-220 页；2) [北魏] 郦道元撰《水经注》，[民国] 杨守敬、熊会贞疏，段熙仲点校，陈桥驿复校，南京：江苏古籍出版社，1989 年，第 109 页；3) [唐] 李百药撰《北齐书》卷十三《高澂传》，点校本，北京：中华书局，1972 年，第 173 页；4)《石刻史料新编》第一辑第二十四册，台北：新文丰出版公司，1977 年，第 18934、18384-18385 页。

cum-lēṇa)，应该模仿这种类型的塔寺(stūpa-cum-vihāra) 雕造[1]，且具有双重属性：既是礼塔之地，又是修行之所。

这种类型的僧伽蓝，不仅在印度阿旃陀石窟对面观景点 (Viewpoint) 下方的山坡上营造，而且在中国云冈石窟的冈上也有机械性模仿，其影响的深度与广度值得进一步深入研究[2]。

第五种类型：大塔偏置旁侧，流行诸僧坊或僧院并置，即多院式布局。中土传统上称佛教为象 (像) 教[3]："'象教'，谓为形象以教人也。"[4] 唐代高僧惠果曾告诫日僧空海"真言秘藏经疏隐密，不假图画不能相传"[5]。由于形象与图画日趋突出，佛塔逐渐退居次要地位，故而流行以殿堂为主的多院式佛寺。不少早期佛寺在延续使用的过程中也采纳了类似建置，如祇洹精舍在贵霜以后逐渐演变为多院式布局。第五种僧伽蓝之典型者，应为中天竺的那烂陀寺。其主塔东北发掘出土的八座僧坊，皆坐东朝西，呈一字排开，彼此"规矩相似"[6]。这点在中国也有相似例证，如长安慈恩寺大塔就置于旁院[7]。究其原因，除了印度教于 7 世纪兴起、佛教逐渐衰微之外，大乘佛教认为保持独立式祈祷殿已非必要恐为另一缘由。这一时期营造

---

[1] 1) 李崇峰《中印佛教石窟寺比较研究：以塔庙窟为中心》，北京：北京大学出版社，2003 年，第 97-102、122、126 页；2) 李崇峰《西印度塔庙窟的分期与年代》，载李崇峰著《佛教考古：从印度到中国》，第 27、69 页。

[2] 李崇峰《从犍陀罗到平城：以地面佛寺布局为中心》，李崇峰著《佛教考古：从印度到中国》，第 267-312 页。

[3] 正史中最早出现"像教"一词，应是《魏书·释老志》。"太延中 (435-439 年)，凉州平，徙其国人于京邑，沙门佛事皆俱东，象教弥增矣。"魏收撰《魏书》，第 3032 页。

[4]《六臣注文选》，影印日本足利学校藏宋刊明州本，北京：人民文学出版社，2008 年，第 891 页。

[5] [日] 空海撰《御请来目录》，《大正藏》No. 2161，第 55 卷，第 1065b 页。

[6] 中土唐代流行的多院式佛寺，如现已局部发掘出土的长安青龙寺和西明寺遗址，或许受到了祇洹精舍与那烂陀寺的双重影响。又，唐圆照集《代宗朝赠司空大辨正广智三藏和上表制集》卷二《请舍衣钵助僧道环修金阁寺》记："……五台灵山寺额有五，清凉、华严、佛光、玉花四寺先成，独唯金阁一所未就。既是圣迹，谁不具瞻？不空愿舍衣钵随助道环建立盛事。"《大正藏》No.2120，第 52 卷，第 834a 页。此外，日本圆仁记载五台山保磨镇国金阁寺，"斯之不空三藏为国所造，依天竺那兰陀寺样作"。[日] 圆仁撰《入唐求法巡礼行纪》，[日] 小野胜年校注，白化文等修订校注，周一良审阅，石家庄：花山文艺出版社，1992 年，第 300 页。

[7] 关于浮图偏置一院，《大唐大慈恩寺三藏法师传》卷七记述颇详："(永徽) 三年 (652 年) 春三月，(玄奘) 法师欲于 (慈恩) 寺端门之阳造石浮图，安置西域所将经像，其意恐人代不常，经本散失，兼防火难。浮图量高三十丈，拟显大国之崇基，为释迦之故迹。将欲营筑，附表闻奏。敕使中书舍人李义府报法师云：'师所营塔功大，恐难卒成，宜用砖造。亦不愿师辛苦，今已敕大内东宫、掖庭等七宫亡人衣物助师，足得成办。'于是用砖，仍改就西院。其塔基面各一百四十尺，仿西域制度，不循此旧式也。"[唐] 慧立、彦悰撰《大慈恩寺三藏法师传》，第 149-161 页。

的僧坊，本身设施齐备，雕饰辉煌，除僧房外配齐了主要和从属龛像。随着礼塔观念转为拜像理念，僧坊后部中央开始营造佛殿，即僧坊与香殿合一，形成僧坊–佛殿，由此成为栖居僧众供养、礼拜的主要场所，这导致晚期僧坊具有了双重属性，既是僧众栖止、禅修之地，也是供养、礼忏之所[1]。实际上，这种多院式佛寺应该受到了第四种类型，即"塔庙僧坊混成式"塔寺的影响。这种演变过程，在古代天竺的佛教石窟寺中也有体现[2]。

最后一次修订于 2019 年 9 月 28 日巴厘岛 RIMBA

---

[1] K. V. Soundara Rajan, "Keynote Address (at the National Seminar on Ellorā Caves)," in *Ellorā Caves: Sculptures and Architectures* (Collected Papers of the University Grants Commission's National Seminar)", ed. Ratan Parimoo et al (New Delhi: Books & Books, 1988: 29-51), 34.

[2] 1) 李崇峰《中印佛教石窟寺比较研究：以塔庙窟为中心》，第 125-126 页；2) 李崇峰《西印度塔庙窟的分期与年代》，载李崇峰著《佛教考古：从印度到中国》，第 74 页。

瑟赫里·伯赫洛尔的佛寺布局

　　瑟赫里·伯赫洛尔 (Sahrī-Bahlol，一译萨赫里·巴赫洛勒) 佛教遗址，位于巴基斯坦马尔丹 (Mardān) 市西北约 13 公里处，北纬 34°15′，东经 71°58′，在塔赫特巴希 (Takht-i-Bāhī) 佛寺遗址东南 4 公里，即古代犍陀罗的中心区域 (Fig. 1.2-1)。这处遗址出土有大量石雕和泥塑，现分藏于世界各地博物馆，其中以白沙瓦博物馆的收藏最为丰富。虽然这些雕塑显示出不同的艺术特征，但属于犍陀罗艺术繁盛期的精品数量相当大[1]。

　　不论瑟赫里·伯赫洛尔，还是塔赫特巴希，在汉文文献中似乎都没有记载[2]。依据斯坦因 (Aurel Stein) 的考古报告，玄奘 7 世纪上半叶游历之前，这里的殿堂大都荒废，甚至没有理由怀疑它湮没无闻。玄奘估计犍陀罗曾有数以千计的佛寺，倘若瑟赫里·伯赫洛尔和塔赫特巴希遗址不在他所描述的 15 处遗迹之中，我们可以推断对它们的供养和礼拜早已停止，殿堂"大多已废弃、荒芜"。与此同时，赋予这些遗迹的原始神圣传说也不再超越本地，被人们津津乐道[3]。

　　瑟赫里·伯赫洛尔遗址内的土丘分布较广，且有许多独立单元。其中，中央要塞式土丘 (fortified mound) 被认为是一座古代城址。与邻近的塔赫特巴希遗址不同，瑟赫里·伯赫洛尔遗址的保存状况不好，这不完全是因为人类的贪欲和蓄意破坏。对下层基础而言，上部建筑"绝大多数若不是以脆弱的毛石填土材料营建，就是使用了不能经久的建筑材料，如木料、泥和晒干砖坯等。这种营造方式的必然结果就是所有建筑几乎都变成了低矮的土丘或碎土堆。这种土丘一经发掘，大都会露

---

[1] Debala Mitra, *Buddhist Monuments* (Calcutta: Sahitya Samsad, 1971), 121.

[2] 英国坎宁安提出瑟赫里·伯赫洛尔可能是玄奘记述的独角仙人所居之地。参见：1) A. Cunningham, *Archaeological Survey of India: Report for the Year 1872-73*, Vol. V (1875): 36-46, esp. 42; 2)［唐］玄奘撰《大唐西域記》，季羡林等校注，第 259-260 页。

[3] Aurel Stein, "Excavations at Sahri-Bahlōl," *ASIAR 1911-12* (1915): 95-119, esp. 99.

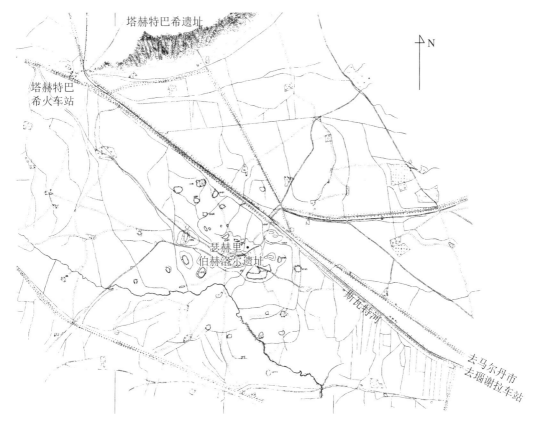

Fig. 1.2-1　西北边境省马尔丹地区瑟赫里·伯赫洛尔遗址

出原来装饰在建筑表面上的散落雕像。"[1]

　　19 世纪 60 年代初，H.W. 贝柳 (H. W. Bellew) 首先对瑟赫里·伯赫洛尔遗址做了初步踏查[2]。1872-1873 年考古季，A. 坎宁安 (Alexander Cunningham) 又对这处遗址做了比较系统的考古调查。他们二人的系列工作，揭露出若干遗址并出土了极为精致的雕塑[3]。

　　根据贝柳报告，在瑟赫里·伯赫洛尔村东大约 800 米处，发现了一座他称作德马米 (Dhamāmi) 的半球形土丘，发掘结果显示：塔婆 (tope) 是一座无尖的锥形冢，高 10.36 米 (34 呎)，顶端圆平，直径约 4.88 米 (16 呎)。塔基周围被一层碎屑和散落的石块完全覆盖，在散落的碎石中发现了造像残块。……塔婆位于一座边长 36.58 米 (120 呎) 的庭院中央，四周围墙前可见成列房舍遗迹，其中四角处的房间

―――――――――――――――

［1］Debala Mitra, *Buddhist Monuments*, 121.

［2］H. W. Bellew, *A General Report on theYusufzais*, 137-143.

［3］A. Cunningham, *ibid.*, 36-46.

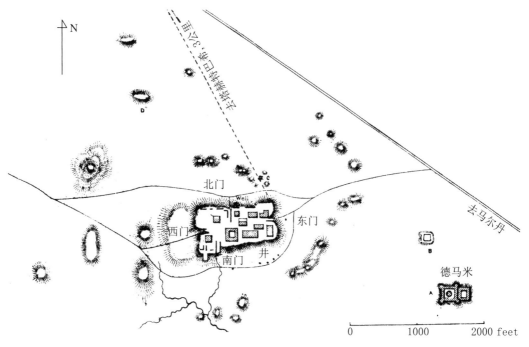

Fig. 1.2-2　瑟赫里·伯赫洛尔遗址平面图

规模偏大且向外延伸，围墙残高 0.30-0.91 米 (1-3 呎) 不等。与南墙 (应为东墙) 相连的是一座方形土丘，高约 3.66 米 (12 呎)，被杂草和荆棘覆盖。开始发掘不久，就出土了一堵墙壁；沿墙继续发掘，一座完整的方形庭院被清理出来，周边建置房舍。这些房间的入口皆朝向中央庭院，高出庭院地面约 2.44 米 (8 呎)，庭院四角外侧各有一座圆形平台与院墙连接。这座建筑，可能是附属于毗连塔婆的僧院 (the monastery) 或僧坊 (*vihâra* of the monks)[1]。

　　贝柳所用英文 "tope (塔婆)"，是梵语 *stūpa* (窣堵波) 的代用词。因此，德马米的半球形土丘，由庭院中央窣堵波与周匝僧房构成。东侧与之相连的方形土丘，发掘后是一座僧坊 (*vihāra*) 遗址，可能是毗邻塔院供养、礼拜的附属设施 (Fig. 1.2-2)。关于这座浮图与僧坊遗迹，时任印度考古调查局局长坎宁安推测：它是法显和宋云记述的佛为菩萨时 "以眼施人" 处所起塔及僧伽蓝[2]。

　　1907 年，印度考古调查局 D.B. 斯普纳 (D.B. Spooner) 主持了瑟赫里·伯赫洛

[1] H. W. Bellew, *ibid.*, 139, 141-142.

[2] A. Cunningham, *ibid.*, 45-46.

Fig. 1.2-3　瑟赫里·伯赫洛尔遗址中 A 土丘发掘后全景

Fig. 1.2-4　瑟赫里·伯赫洛尔遗址中 A 土丘主塔前雕刻

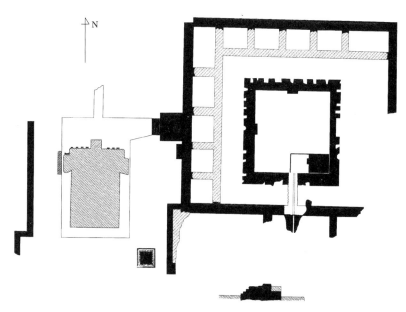

Fig. 1.2-5　瑟赫里·伯赫洛尔遗址中 A 土丘发掘遗址平面图

尔遗址的发掘[1]。考古工作始于 2 月 12 日，一直进行到 4 月 20 日。编号 A 土丘揭露后，原来是一座古代佛寺遗址，东侧是僧众栖止、禅修场所——僧院，西侧是供养、礼忏活动中心——塔院 (Fig. 1.2-3)。塔院中央建筑几乎消失，不过，包括立佛和坐佛的雕像大多保存下来。这些佛像曾安置于踏道两侧的建筑（主塔）正面 (Fig. 1.2-4)。A 土丘东半部相当于僧坊，僧房置于庭院四周，中央有一水池 (Fig. 1.2-5)。从这座土丘发掘出土的雕刻数量很多，如安置于主塔正面的浮雕和主塔盲龛等 (Fig. 1.2-6)[2]。

1909-1910 年考古季，斯普纳在瑟赫里·伯赫洛尔发现了他编号的 B 土丘。经过发掘 (Fig. 1.2-7)，揭露出土的许多塔址或其他供养、礼忏建筑 (Fig. 1.2-8) 皆位于西半部，东半部则被一座僧院占据。僧院南侧外接两座较大的殿堂，庭院中央建筑已消失不见，仅存一堵残墙和二尊装饰建筑正面的雕像，这从其位置和大量雕刻可以判断出来[3]。

---

[1] D. B. Spooner, "Excavations at Sahribahlol," *Archaeological Survey of India: Annual Report 1906*-07 (1909): 102-118.

[2] 斯普纳推测应有公共的中央礼拜建筑——窣堵波，但他在发掘后的平面测绘图中没有清晰地画出。D.B. Spooner, *ibid.*, 104, 105-106, 109, 112, Pls. XXXVI, XXXVII.

[3] D. B. Spooner, "Excavations at Sahri Bahlol," *ASIAR 1909-10* (1914): 46-62, esp. 46, 47, 49, 50, Pl. XIII.

a   b

c   d

Fig. 1.2-6　瑟赫里·伯赫洛尔遗址中 A 土丘出土的佛像

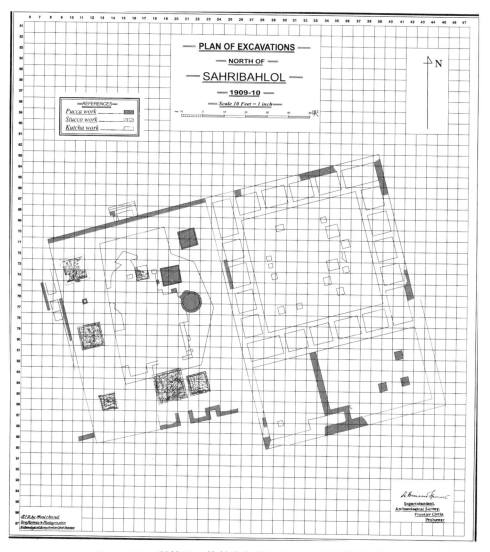

Fig. 1.2-7　瑟赫里·伯赫洛尔遗址中 B 土丘发掘平面图

　　斯普纳发掘的 A、B 遗址，似乎每处都包括一座塔院和一座僧院。其中，A 遗址明确由塔院与僧院构成，两者毗邻营造。

　　鉴于瑟赫里·伯赫洛尔是西北边境省最重要的遗址之一，1911-1912 年考古季，奥利尔·斯坦因发现了一系列散落在瑟赫里·伯赫洛尔村周围的遗址。考古工作始于 1912 年 2 月 21 日，一直进行到同年 4 月的第一周，中间没有一天停歇，一共清理了六座土丘。新发现的土丘，编号 C、D 者分别位于瑟赫里·伯赫洛尔村南和村东南，编号 E、F、G、H 者则位于村北或村西北的不同地点。斯坦因记录如下：

Fig. 1.2-8　瑟赫里·伯赫洛尔遗址中 B 土丘发掘出土的平面方形小塔基

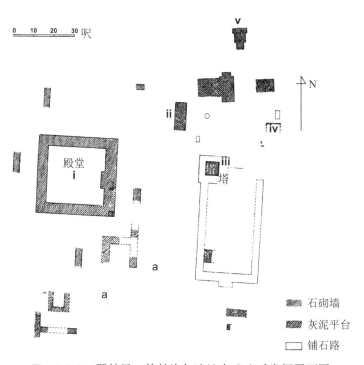

Fig. 1.2-9　瑟赫里·伯赫洛尔遗址中 C 土丘发掘平面图

C 号 "土丘东半部包含 *vihāra*[1]遗迹，西半部散落着表明僧院位置的墙基。后者的主要建筑包括一座大厅 (标示 I)，内长 8.53 米 (28 呎)、宽 8.23 米 (27 呎)，四周围墙以犍陀罗垗工法垒砌，墙厚 1.52 米 (5 呎)。……这些建筑遗迹东侧的土丘已延伸到东北，发掘后证实是 vihāra 区域，从现场发现的雕刻测定，这一区域南北长 48.77 米 (160 呎)，东西宽超过 24.38 米 (80 呎)"。(Fig. 1.2-9)

对着 I 号大厅的主殿堂，略偏南一点，现存高出地面 0.15 米 (6 吋) 的长方形石砌小道，长约 18.29 米 (60 呎)、宽 9.14 米 (30 呎)，包括外铺地。在这个区域及其附近出土了一大批精美的雕刻 (Fig. 1.2-10、Fig. 1.2-11、Fig. 1.2-12)[2]，包括众所周知的悉达多太子树下思维石雕 (Fig. 1.2-13)。

D 号土丘 "从顶点开挖的辐射状探沟，后来证实其位于废墟中心，且在分隔殿堂与僧舍的界墙之上"。经过发掘 (Fig. 1.1-14)，我们发现僧舍区与其北侧的殿堂区被一堵东西向隔墙分开。墙北侧是 vihāra 遗迹，出土了若干平台和基座址，也包括许多散落的雕刻 (Fig. 1.2-15)。在中央台基 (central dais)[3]北缘发现两座小型平台，分别标作 I 和 III，应为原始营造的塔基，后来被用作敛置各种雕刻及残像之所 (Fig. 1.2-16、Fig. 1.2-17)。这处废墟最具特色的建筑是编号 V 的大型平台 (Fig. 1.2-18)，原来可能用于安置奉献雕刻，平台南面作背面。D 号土丘出土的雕刻与 C 号土丘发现的非常相似，不论是特征还是品质都是如此[4]。

E 号土丘 "除了低矮的以线条装饰的底座外，如 C-D 剖面所示，I 号主台基曾经负荷的上部建筑没有保存任何遗迹。如果西半部可追溯到佛教时代，这座建筑原来可能是一座窣堵波。" 在这堵大围墙里，发现 5 座分布在不同地点、平面为方形的小塔基。东围墙外侧的若干方形小室，其墙壁依靠围墙垒砌，较内侧台基低 1.52 米 (5 呎)，这些方形小室可能供僧人居住。现有足够证据表明这处佛教中心后来变成了印度教寺庙 (Fig. 1.2-19)[5]。

F 号土丘南半部发掘出土了石砌基墙，显然是僧舍残迹，包括长 9.14 米 (30 呎)、宽 6.40 米 (21 呎) 的长方形大厅。与之相毗邻的北侧出土了一座大型石边台基

---

[1] 斯坦因报告中所用梵语词 *vihāra* 意指朝拜中心，他在文中如此使用应与梵语原词，至少是汉译佛典的含义不符。这种区域有时也被他称作荒废的殿堂或主要殿堂，抑或简作殿堂。*confer*: Aurel Stein, "Excavations at Sahri-Bahlōl," *ibid.*, 103, 112.

[2] Aurel Stein, *ibid.*, 102-103.

[3] 这一区的中央台基，疑为 D 号土丘遗址供养礼忏活动的主塔塔基。

[4] Aurel Stein, *ibid.*, 110-112.

[5] Aurel Stein, *ibid.*, 115-116.

Fig. 1.2-10　从东南角拍摄 C 土丘发掘后殿堂区北侧

Fig. 1.2-11　从西南角拍摄 C 土丘发掘出土的 III 号基址

a   b   c

d   e

Fig. 1.2-12　瑟赫里·伯赫洛尔遗址中 C、H 土丘发掘出土的菩萨像

Fig. 1.2-13　瑟赫里·伯赫洛
尔遗址中 C 土丘出土的悉达
多太子树下思维像

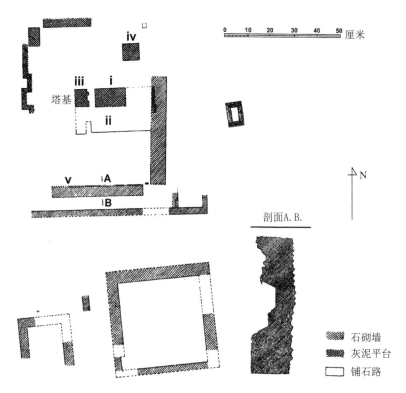

Fig. 1.2-14　瑟赫里・伯赫洛尔遗址中 D 土丘发掘平面图

Fig. 1.2-15　瑟赫里・伯赫洛尔遗址中 D 土丘发掘后全景

Fig. 1.2-16　从东南角拍摄 D 土丘 I 号平台　　　　　　Fig. 1.2-17　从北侧拍摄 D 土丘 II 号平台发掘出土的雕

Fig. 1.2-18　瑟赫里·伯赫洛尔遗址中 D 土丘发掘出土的 V 号平台北面

(dais)，南边长 16.01 米 (46 呎)，上有低矮 (覆钵) 基址，显示 22 个柱槽筋 (facets)，覆钵直径 9.75 米 (32 呎)。(Fig. 1.2-20)[1]

G 号土丘清理发掘后，在西半部出土了以犍陀罗垞工法垒砌的坚固墙基，表明是僧舍遗迹，包括长 17.07 米 (56 呎)、宽 12.19 米 (40 呎) 的大厅。不过，隶属于这座佛寺的殿堂没有追寻到任何遗迹，除了在僧舍东部发现一座低矮的塔址。塔基表面涂饰灰泥，平面不同寻常；因袭正统的方形塔基，通过一系列明显的折角起凸，变成对称发展的十字形 (Fig. 1.2-21)[2]。

H 号土丘开始发掘后不久，显露土丘之下"埋藏着一座 vihāra 遗迹，在类型上和 C、D 遗址的 vihāra 遗迹恰好一致"，与毗邻僧舍一道构成佛寺 (Fig. 1.2-22)。以犍陀罗垞工法垒砌的墙基在北侧被揭露出来，出土了长 12.19 米 (40 呎)、宽 10.67 米 (35 呎) 的中央大厅。尽管南侧礼拜区遗迹没有显露出任何特征，但中心被一座较大的、低矮台基占据，长 15.85 米 (52 呎)、宽 13.11 米 (43 呎)，边缘以石头铺砌。发掘出土的两座平面方形的小塔基位于东侧，在其北侧另外出土了 5 座塔基 (Fig. 1.2-23)[3]。

"考虑到波调 (Vāsudeva) 钱币和继承其类型的晚期贵霜钱币以流通犍陀罗为先决条件，从公元 2 世纪到 425 年左右寄多罗小贵霜建立政权这段相当隐晦不明的时间里，这处圣地一直吸引着各地信众前来朝拜。换言之，这种情形一直延续到 5 世纪中叶匈奴入侵并在西北边境地区建立政权为止。这处遗址及其他遗址完全缺失白匈奴钱币，暗示在他们统治期间 (一个世纪左右)，这里已经完全荒芜了。"[4]

斯坦因在瑟赫里·伯赫洛尔发掘的六处土丘，就像德伯勒·米特拉 (Debala Mitra) 指出的那样，虽然每处遗址都出土了不少雕刻，但"由数量不足的残存窣堵波、僧舍和小殿堂构成的建筑遗迹，是不能令人信服的"[5]。

依据斯坦因考古报告，"在所有相继发掘的佛教礼拜场所，发现僧舍遗迹与 vihāra 遗址紧密毗连，后者事实上容纳了所有雕刻。若是住处，至少主要僧舍可以通过结实的基础或以犍陀罗垞工法垒砌的底座追寻，那些基础或底座曾用来承托用踏实的泥土或晒干的砖坯筑起的墙壁。僧院建筑似乎总是包含一两间方形大房，明显作为僧众的公共场所。僧院诸小室通常采用脆弱的材料，如土木结构或泥笆墙作

---

[1] Aurel Stein, *ibid.*, 117.

[2] Aurel Stein, *ibid.*, 118.

[3] Aurel Stein, *ibid.*, 118-119. H 号土丘遗址看来是奉献塔环绕主塔营造的典型。

[4] Aurel Stein, *ibid.*, 109.

[5] Debala Mitra, *ibid.*, 122.

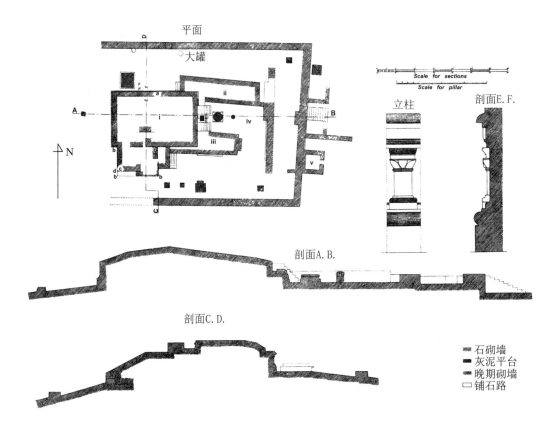

Fig. 1.2-19　瑟赫里·伯赫洛尔遗址中 E 土丘发掘平面图

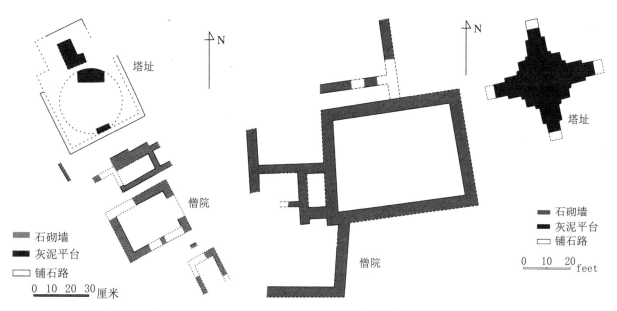

Fig. 1.2-20　瑟赫里·伯赫洛尔遗址中　　　　　　Fig. 1.2-21　瑟赫里·伯赫洛尔遗址中 G 土丘发掘平面图
　　　　　　F 土丘发掘平面图

Fig. 1.2-22　瑟赫里·伯赫洛尔遗址中 H 土丘发掘后全景

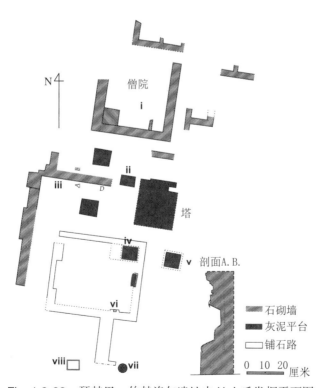

Fig. 1.2-23　瑟赫里·伯赫洛尔遗址中 H 土丘发掘平面图

为隔墙，故没有发现其清晰的遗迹"[1]。

虽然斯坦因发现的大多数土丘严重朽坏，他所测绘的平面图也不能清晰地显示每处遗址的全部情形，但我们推测 C、D、F、G 和 H 遗址应属于同一种类型，每处遗址主要由塔院和僧院构成。在考古报告中，斯坦因用梵语词 *vihāra* 表示礼拜中心或殿堂，不过，贝柳认为 *vihāra* 是僧院。根据现存 5-8 世纪的汉译佛典，*vihāra* 本意确指僧院，音译毗诃罗，意译僧坊或寺，说明斯坦因用词不妥。这从另一角度透视出他既对天竺佛寺的构成不完全清楚，也反映出他对汉译佛典不够熟悉。

20 世纪 80 年代，弗朗辛·蒂索 (Francine Tissot) 重新考虑了瑟赫里·伯赫洛尔的佛寺遗址，并对遗址做了详细的研究，特别是探讨了 1909-1910 年考古季斯普纳的新发现[2]。

北魏杨衒之《洛阳伽蓝记》卷五征引《宋云家纪》和《惠生行纪》记载：乌苌国"(王)城北有陀罗寺，佛事最多。浮图高大，僧房逼侧，周匝金像六千躯。王年常大会，皆在此寺。国内沙门，咸来云集"。文中的"僧房逼侧"，周祖谟阐释："逼侧，相迫也。言僧房相接也。"[3]唐道宣《四分律删繁补阙行事钞》卷下《主客相待篇》规诫："客僧受房已、问主人已，应先礼佛塔。"[4]这说明：佛塔应为当时地面佛寺的中心，僧房乃佛寺之必置，龛像亦为信徒供养、礼忏之场所。"若比丘独阿兰若处十五日，布萨时，应洒扫塔、寺、布萨处及中庭，次第敷座。"[5]因此，浮图 (大塔)、僧房 (僧坊)、中庭及布萨处似为一座大型僧伽蓝的基本组合。

根据考古报告并参考汉译佛典，位于瑟赫里·伯赫洛尔遗址西北 4 公里、古代犍陀卫国境内的塔赫特巴希佛寺遗迹，主要包括浮图 (bhuda 或 budha)[6]、僧

[1] Aurel Stein, *ibid.*, 99-100.

[2] 1) Francine Tissot, "The Site of Sahrī-Bāhlol in Gandhāra," in *South Asian Archaeology 1983* (1985): 567-614; 2) Francine Tissot, "The Site of Sahrī-Bāhlol in Gandhāra—Further Investigations," in *South Asian Archaeology 1985* (1989): 417-425; 3) Francine Tissot, "The Site of Sahrī-Bāhlol in Gandhāra (Part III)," in *South Asian Archaeology 1987* (1990): 737-764.

[3] [北魏]杨衒之撰《洛阳伽蓝记》，第 203 页。

[4]《大正藏》No.1804，第 40 卷，第 142a 页。

[5] [后秦]弗若多罗、鸠摩罗什译《十诵律》卷五十六《比丘诵》，《大正藏》No.1435，第 23 卷，第 411a 页。

[6] 关于"浮图"之犍陀罗语术语，参见: Robert E. Buswell, Jr., "Prakritic Phonological Elements in Chinese Buddhist Transcriptions: Data From Xuanying's *Yiqiejing yinyi*." *Collection of Essays 1993: Buddhism Across Boundaries—Chinese Buddhism and Western Religions* by Erik Zürcher, Lore Sander and others, eds. John R. McRae and Jan Nattier, Taipei: Foguang Cultural Enterprise Co., Ltd, 1999: 187-217, esp. 207.

坊 (vihare)、中庭 (central court)、布萨处 (uposathāgāra) 或讲堂 (prāsāda) 以及其他附属设施如院、仓、库、廊等 (参见 Fig. 1.1-40)[1]。古代乌苌国境内的赛度·谢里夫第 I 号 (Saidu Sharīf I) 佛寺遗址，主要由 "塔台" (Stūpa Terrace) 和 "寺台" (Monastery Terrace) 构成，分别表示大塔与僧院[2]。考古发掘显示：虽然赛度·谢里夫第 I 号遗址的僧院地面较大塔地面略高，但呈现出与其确凿的同步地层及相继地面，两者以梯道相连，是一组经过统一设计、毗邻营造的塔寺 (参见 Fig. 1.1-39)[3]。古代弗楼沙国境内的沙赫·吉·基·代里 (Shāh-jī-kī Dhēri 或 Shāh-jī-kī Ḍherī)，原是今巴基斯坦白沙瓦市根杰门 (Ganj gate) 外两座巨大的土丘之名。1908-1909 年，印度考古调查局斯普纳对沙赫·吉·基·代里进行了考古调查和发掘 (参见 Fig. 1.1-36)。根据玄奘所记 "大窣堵波 (雀离浮图) 西有故伽蓝，迦腻色迦之所建也"，斯普纳认为白沙瓦城郊沙赫·吉·基·代里的两座土丘与之相合。东侧土丘具有窣堵波遗址之外貌，西侧土丘轮廓表明它是一座规模宏大的方形僧院遗址。考古发掘揭露的遗址和出土舍利盒上的题铭，使斯普纳断定：沙赫·吉·基·代里东侧土丘是雀离浮图遗址，西侧土丘是 "迦腻色迦僧坊 (*Kaṇeshkasa vihare* 或 *Kaṇiṣkasa vihare*)" 遗址[4]。舍利盒表面的原始铭刻表明：迦腻色迦所营造的，既有当时信徒供养礼忏活动的中心——浮图 (bhuda 或 budha)，也具僧众栖止禅修之处——僧坊 (vihare)。据此可知，罽宾或大犍陀罗地区典型的僧伽蓝或地面佛寺，至少迄迦腻色迦时期，主要应由浮图和僧坊构成。

这种地面佛寺规制，与当时中土西行求法高僧所记和汉译佛典所载罽宾佛寺的布局基本相符。《法显传》记载："度河便到乌苌国。乌苌国是正北天竺也。尽作中天竺语，中天竺所谓中国。俗人衣服、饮食，亦与中国同。佛法甚盛。名众僧止住处为僧伽蓝，凡有五百僧伽蓝，皆小乘学。…… (到弗楼沙国)，佛钵即在此国。昔月氏王大兴兵众，来伐此国，欲取佛钵。既伏此国已，月氏王笃信佛法，欲持钵去，故兴供养。供养三宝毕，乃校饰大象，置钵其上，象便伏地不能得前。更作四轮车

[1] 1) A. Cunningham, *ibid.*, 23-36, esp. 26-33; 2) D. B. Spooner, "Excavations at Takht-i-Bāhī," *ASIAR 1907-08* (1911): 132-148, Pls. XL-L; 3) H. Hargreaves, "Excavations at Takht-i-Bāhī," *ASIAR 1910-11* (1914): 33-39, Pls. XVII-XXII; 4) Chongfeng Li, "From Gandhāra to Pingcheng: the Layout of a Free-Standing Buddhist Monastery," *Ancient Pakistan*, Vol. XXIII (2012): 13-54, esp. 20-23.

[2] Pierfrancesco Callieri, *Saidu Sharif I (Swat, Pakistan) 1, The Buddhist Sacred Area; The Monastery* (Rome: IsMEO, 1989), 3-141, esp. 4; Figs. 2-3.

[3] Domenico Faccenna, *Saidu Sharif I (Swat, Pakistan) 2, The Buddhist Sacred Area; The Stūpa Terrace*, Text (Rome: IsMEO, 1995), 143-163, esp. 145, Figs. 22-23.

[4] D. B. Spooner, "Excavations at Shāh-jī-kī Dhēri," *ASIAR 1908-9* (1912): 38-59, Pls. X-XIV.

载钵，八象共牵，复不能进。王知与钵缘未至，深自愧叹。即于此处起塔及僧伽蓝，并留镇守，种种供养，可有七百余僧。……（那竭国），佛在时剃发剪爪。佛自与诸弟子共造塔，高七八丈，以为将来塔法，今犹在。边有寺，寺中有七百余僧。"[1]依据法显记载，当时北天竺信众仍以崇奉佛塔为主，与佛陀有关的圣地多"起塔及僧伽蓝"，或者塔"边有寺"，即塔与僧伽蓝或寺相接营造。

关于僧伽蓝，唐道世撰《法苑珠林》卷三十九《伽蓝篇·述意部》云："原夫伽蓝者，昔布金西域，肇树福基；缔构东川，终祈净业。所以宝塔蕴其光明，精舍图其形像。遍满三千之界，住持一万之年。建苦海之舟航，为信根之枝干。睹则发心，见便忘返。益福生善，称为伽蓝也。……是以古德《寺诰》，乃有多名。或名道场，即无生廷也；或名为寺，即公廷也；或名净住舍，或名法同舍，或名出世间舍，或名精舍，或名清净无极园，或名金刚净刹，或名寂灭道场，或名远离恶处，或名亲近善处。并随义立，各有所表。今道俗离居，岂得称名也。"[2]据此，僧伽蓝亦"名为寺""或名精舍"。"伽蓝者，……宝塔蕴其光明，精舍图其形像"，表明宝塔与精舍或寺似为僧伽蓝的主体建筑。唐玄应《众经音义》卷一音《大集日藏分经》第二卷注解："僧伽蓝，旧译云村，此应讹也。正言僧伽罗磨，云众园也。"[3]"僧伽蓝"应为梵语 saṃghārāma 之音译，"伽蓝"或为僧伽蓝之简称；僧伽蓝或伽蓝，原指僧众所居之园林，泛称僧众栖止禅修之地面佛寺。至于"寺"，应为 vihāra 之意译。玄应《众经音义》卷二十四音《阿毗达磨俱舍论》第十五卷云："毗诃罗，亦言鼻诃罗，此云游，谓僧游履处也。此土以寺代之。"[4]唐义净《大唐西域求法高僧传》卷上记述："毗诃罗是住处义，比（此）云寺者，不是正翻。"[5]又，唐代一行《大毗卢遮那成佛经疏》卷三《入漫荼罗具缘真言品》详细注解："僧坊，梵音毗诃罗，译为住处，即是长福住处也。白衣为长福，故为诸比丘造房，令持戒禅慧者，得庇御风、寒、暑、湿种种不饶益事，安心行道。令檀越受用施福，日夜常流，无有断绝，故名住处也。"[6]因此，结合前述雀离浮图遗址所出舍利盒题铭，玄奘所记"伽蓝"，犍陀罗语佉卢字原名用拉丁字母转写为 vihare，梵语婆罗米字作 vihāra，汉译僧坊或寺。换言之，汉文文献中伽蓝、寺、僧坊等术语，疑皆为犍陀罗语 vihare 或梵语 vihāra 之迻译。

――――――――――――――

［1］［晋］法显撰《法显传》，第 33、39-40、47 页。
［2］［唐］道世撰《法苑珠林》，第 1229-1230 页。
［3］《一切经音义三种校本合刊》，第 17 页。
［4］《一切经音义三种校本合刊》，第 494 页。
［5］［唐］义净撰《大唐西域求法高僧传》，第 115 页。
［6］《大正藏》No. 1796，第 39 卷，第 615c-616a 页。

对于寺与僧伽蓝之关系，宋赞宁《大宋僧史略》卷上"创造伽蓝"条做如下阐释："寺者，《释名》曰：寺，嗣也，治事者相嗣续于其内也。本是司名，西僧乍来，权止公司。移入别居，不忘其本，还标寺号。僧寺之名，始于此也。僧伽蓝者，译为众园，谓众人所居，在乎园圃，生殖之所，佛弟子则生殖道芽圣果也。故经中有迦兰陀竹园、祇树给孤独园，皆是西域之寺舍也。若其不思议之迹，即周穆王造显济寺，此难凭准，命曰难思之事也。后魏太武帝始光元年 (424 年)，创立伽蓝，为招提[1]之号。隋炀帝大业中，改天下寺为道场。至唐，复为寺也。"[2]

鉴于浮图 (bhuda，塔) 与僧坊 (vihare，寺) 是僧伽蓝或地面佛寺的重要组成部分，这种佛寺中古时期也被称作塔寺。唐慧琳《一切经音义》卷二十三引唐惠苑撰《新译大方广佛花严经音义》卷下"盗塔寺物"条注解："塔，具云窣堵波。谓置佛舍利处也。寺名，依梵本中呼为鞞诃罗，此云游，谓众生共游止之所也。《三苍》曰：寺，馆舍也。馆舍与游义称相近耳。又《风俗通》曰：寺，司也。匡之有法度者也。今诸侯所止皆曰寺也。《释名》曰：寺，嗣也。治事者相继嗣于内也。今若以义立名，则佛弟子助佛杨化，住持正法同后三说。若直据梵本敌对而翻，则如初释也。"[3]北魏吉迦夜与昙曜合译《杂宝藏经》卷五《长者夫妇造作浮图生天缘》记载："舍卫国有一长者，作浮图、僧坊。长者得病，命终生三十三天。妇追忆夫，愁忧苦恼，以追忆故，修治浮图及与僧坊，如夫在时。夫在天上，自观察言：'我以何缘生此天上？'知以造作塔寺功德，是故得来。自见定是天身，心生欢喜，常念塔寺，以天眼观所作塔寺今谁料理？即见其妇，昼夜忆夫，忧愁苦恼，以其夫故，修治塔寺。……供养佛僧，作众功德，发愿生天。其后命终，即生彼天宫。夫妇相将，共至佛边。佛为说法，得须陀洹。诸比丘等惊怪所以，便问：'何业缘故得生此天？'佛言：'昔在人中，作浮图、僧坊，供养佛僧。由是功德，今得生天。'"[4]据此，浮图与僧坊毗邻相接，当时合称"塔寺"。

杨衒之《洛阳伽蓝记》卷五征引《惠生行记》《宋云家记》及《道荣传》记载：

---

[1] 招提，梵文作 cāturdiśya，柘斗提奢，意为四方，后省作柘提，误作招提。据慧琳《一切经音义》卷二十六删补释云公《大般涅槃经》第二十一卷："招提僧坊：古音云供给客僧之处也，即以招引提携之义故也。亲曾问净三藏云：招提是梵语，此云四方僧房也。"同书卷六十四慧琳抄玄应《大比丘三千威仪》卷上："招提：译云四方也。招，此云四，提，此云方。谓四方僧也。一云招提者，讹也。正言柘斗提奢，此云四方。译人去斗去奢，柘复误作招，以柘、招相似，遂有斯误也。"《一切经音义三种校本合刊》，第 955、1649 页。

[2]《大正藏》No. 2126，第 54 卷，第 236c 页。

[3]《一切经音义三种校本合刊》，第 901-902 页。

[4]《大正藏》No.203，第 4 卷，第 473b-c 页。

"于是西行五日，至如来舍头施人处，亦有塔寺，二十余僧。……至如来挑眼施人处，亦有塔寺，寺石上有迦叶佛迹。……渡一大水，至如来为尸毗王救鸽之处，亦起塔寺。"[1]这说明罽宾信众既重视传统浮图之营造，也认真对待比丘日常栖止僧坊之修建，即浮图/塔 (bhuda) 与僧坊/寺 (vihare) 统一经营，共同构成大型地面佛寺——塔寺 (bhuda-vihare)。有些塔寺，如乌苌国陀罗寺的布局明确记述浮图与僧房相接，即"浮图高大，僧房逼侧"。

综上所述，我们认为：贝柳在瑟赫里·伯赫洛尔发现的德马米土丘是中央置塔、周建僧房的塔寺遗迹；斯普纳发掘的 A、B 土丘皆由塔院与僧院构成。依据汉译佛典并结合 A、B 遗址，我们推测斯坦因在瑟赫里·伯赫洛尔发掘的六处废墟，每处遗址的原始布局皆与沙赫·吉·基·代里遗址相似，应受雀离浮图与迦腻色迦伽蓝的影响所致，即浮图与僧坊相接营造。这种布局应是大犍陀罗地区佛寺的典型规制，只是在发掘过程中斯坦因没有追寻到主塔遗迹而已。

本文最初以英文撰写，原名 Site-plan of the Buddhist *Saṃghārāma* at Sahrī-Bāhlol, Gandhāra，载 Prof. A. K. Narain Commemoration Volume *From Local to Global: Papers in Asian History and Culture* (ed. Kamal Sheel, Charles Willemen and Kenneth Zysk, Delhi: Buddhist World Press, 2017: 421-447)。现据英文本重新以中文写就。

---

[1]［北魏］杨衒之撰《洛阳伽蓝记》，第 199-221 页。

Site-plan of the
Buddhist *Saṃghārāma* at Sahrī-Bāhlol, Gandhāra

The Buddhist site at Sahrī-Bāhlol (lat. 34°15′N; long. 71°58′E.) is located two and a half miles to the south-south-east of Takht-i-Bāhī and some eight miles to the north-west of Mardān, Pakistan (Fig. 1.2-1). As one of the richest sites in terms of stone and stucco sculptures, the many artefacts discovered there have been distributed over several museums, with the largest collection going to the Peshawar Museum. There are a wide variety of artistic styles represented across the sculptures, and one of the more notable and dominant among them at the site is attributed to the best phase of the Gandhāran art[1].

So far, no mention of either Sahrī-Bāhlol or Takht-i-Bāhī has been found in any Chinese accounts.[2] According to Aurel Stein:

> The greatest portion of their shrines must have been abandoned and in ruins long before his (scil.Xuanzang) visit in the second quarter of the seventh century. There is less reason than ever to consider his silence strange... If the shrines of Sahri-Bahlōl and Takht-i-Bahī are not among the fifteen specifically mentioned by

---

[1] Debala Mitra, *Buddhist Monuments* (Calcutta: Sahitya Samsad, 1971), 121.

[2] A. Cunningham "suggested that Sahri-Bahlol may be the city mentioned by Hwen-Thsang (Xuanzang), where the Rishi Ekasringa [Ekaśṛṅga 独角仙人] had resided before the time of Asoka." A. Cunningham, *Archaeological Survey of India: Report for the Year 1872-73*, Vol. V (1875): 36-46, esp. 42.

him out of the round thousand at which he estimates the number of convents in Gandhāra, "mostly ruined and deserted", we can only conclude that worship at them had ceased, and that the sacred legends which originally may have attached to these foundations were not likely to have ever enjoyed celebrity reaching far beyond local limits.[1]

The mounds at Sahrī-Bāhlol are scattered in isolated units over an extensive area, and the central fortified mound is thought to be the ruin of an ancient city or town. Unlike those of the neighboring Takht-i-Bāhī, the monuments at Sahrī-Bāhlol are inadequately preserved, though not merely as a result of human cupidity and vandalism. "It appears that most of the superstructures were either of weak construction due to a filling of rubble and earth or of perishable materials like timber, clay and mud bricks. The inevitable result of such construction is that almost all of them have been reduced to low mounds of earth and debris. Many of such mounds, on little excavations, have unfolded scores of loose sculptures which originally embellished the facades."[2]

Systematic excavations on the Buddhist site at Sahrī-Bāhlol, which were conducted by H. W. Bellew in the early 1860s and later by A. Cunningham during the year 1872-73, have disclosed some mounds and yielded remarkably fine sculptures and reliefs[3].

According to H. W. Bellew, reportedly discovered one hemispherical mound, called Dhamāmi, which is situated just half a mile to the east of Sahrī-Bāhlol village, with the following results:

The tope is a bluntly conical tumulus, thirty-four feet high, and with a flat circular surface above, about sixteen feet in diameter. The base all round is completely enveloped in a dense layer of rubbish and loose stones, amongst which are found fragments of idols... The tope thus explored stands in the centre of a

---

[1] Aurel Stein, "Excavations at Sahri-Bahlōl," *ASIAR 1911-12* (1915): 95-119, esp. 99.

[2] Debala Mitra, *ibid.*, 121.

[3] 1) H. W. Bellew, *A General Report on the Yusufzais* (1864, rep., Lahore: Sang-e-Meel Publications, 2013), 139-142; 2) A. Cunningham, *ibid.*, 36-46.

court-yard, about 120 feet each way. Along each wall are the remains of a series of chambers; those at each corner are larger and project outwards. The walls of this enclosure are still between one and three feet high. Contiguous with the southern wall is a square mound, some twelve feet high, and covered with weeds and thorny bushes. On excavating it a wall was soon come upon; and, following the course of this, a complete quadrangle, with chambers all round, was in time exposed to view. These rooms all open on to a central court-yard, raised about eight feet above the plain. Outside each corner of the quadrangle is a circular platform continuous with the walls of the quadrangle. This building was probably the monastery or *vihâra* of the monks attached to the service of the adjoining tope. [1]

The word "tope" used by H. W. Bellew is a substitute for the Sanskrit *stūpa.* Therefore, the hemispherical mound called Dhamāmi yielded a *stūpa*-ourt consisting of a tower-like circular *stūpa* standing in a quadrangle of chapels, i.e., a *stūpa*-cum-*vihāra* in ground plan. And, the square mound attached to its east side disclosed a *vihāra*-court, perhaps to the service of the adjoining *stūpa*-cum-*vihāra* (Fig. 1.2-2). The *stūpa* and the remains connected with it were inferred by A. Cunningham, who was then the Director-General of the Archaeological Survey of India, to be the famous *stūpa* of the "Eye-gift" described by both Faxian and Song Yun [2].

In 1907, D. B. Spooner, who was a superintendent of the Archaeological Survey of India, carried out excavations at Sahrī-Bāhlol [3]. The archaeological work was begun on February 12th and continued until April 20th. After the mound marked A was disclosed, it was found to contain an ancient Buddhist establishment with a monastic quadrangle to the east and its religious precinct to the west (Fig. 1.2-3). The central structure of the *stūpa*-court has almost disappeared, but the sculptures, including standing and seated figures of Buddha, which once adorned its front faces flanking the staircase, are mostly

---

[1] H. W. Bellew, *ibid.*, 139, 141-142.

[2] A. Cunningham, *ibid.*, 45-46.

[3] D. B. Spooner, "Excavations at Sahribahlol," *ASIAR 1906-07* (1909): 102-118.

preserved (Fig. 1.2-4). The eastern portion of the mound contains the monastic quadrangle, and the usual arrangement of cells was found built around the sides of a courtyard, with a tank in its center (Fig. 1.2-5). The sculptural finds from this mound were rich and numerous, such as the stone sculptures placed along the front of the main *stūpa* and reliefs of the false niches of the main *stūpa* (Fig. 1.2-6).[1]

In the working season of 1909-1910, D. B. Spooner recovered another mound marked B at Sahrī-Bāhlol. After the excavation (Fig. 1.2-7), he explained that many "*stūpas* or other religious structures (Fig. 1.2-8) as had existed at this site lay to the west, while the eastern side had been occupied by a monastic quadrangle," with two halls flanking the southern wing of cells. Judging from the position and a large number of sculptural finds, what would have been the central structure of the quadrangle, "the main monument of this community", has mostly vanished, leaving only a fragment of the wall and two sculptures adorning the facade.[2]

Still, each of the main ruins excavated by D. B. Spooner seems to have comprised a *stūpa*-court and a *vihāra*-court, which were typical elements of the Gandhāran *saṃghārāma* design.

Because Sahrī-Bāhlol as a whole was one of the most important and promising sites on the Northwest Frontier, Aurel Stein discovered a series of ruins scattered around the Sahrī-Bāhlol village during the archaeological season of 1911-1912. The excavations, commenced on February 21st, 1912, and maintained without a day's interruption until the first week in April, resulted in the clearing of six mounds. The newly excavated mounds which were marked C and D respectively are situated to the south and southeast of Sahrī-Bāhlol, while the mounds marked E, F, G, and H lie at different points to the north and northwest. Stein recorded them in detail as follows:

---

[1] Spooner presumes that there must have been the central religious edifice of the community, a *stūpa*, but he did not sketch it clearly in his plan of the excavations. D.B. Spooner, *ibid.*, 104-106, 109, 112, Pls. XXXVI, XXXVII.

[2] D. B. Spooner, "Excavations at Sahri Bahlol," *ASIAR 1909-10* (1914): 46-62, esp. 46, 47, 49, 50, Pl. XIII.

Mound C: "The eastern portion of the mound contained the remains of the *vihāra* [1] while over the western one were scattered the wall foundations marking the position of the monastery. The principal structure of the latter consisted of a hall (marked I) measuring inside 28 by 27 feet and enclosed by walls of which the foundations built in Gandhāra masonry showed a thickness of fully 5 feet... The whole of that portion of the mound which lay to the east of these structural remains and extended also considerably to the north-east of them was proved to have comprised the *vihāra* area. Taking the measurements from the extreme points where sculptures were found evidently *in situ*, this extended fully 160 feet from north to south and over 80 feet from east to west." [2] (Fig. 1.2-9)

"Fortunately in the case of the principal shrine situated opposite to hall I, but a little further south, the survival of a stone-lined passage all round, raised about 6 inches from the ground, indicated the original dimensions, an oblong of circa 60 by 30 feet including the outer pavement. It is over this area and in its immediate vicinity that the greatest and best portion of the sculptures was brought to light." (Fig. 1.2-10, Fig. 1.2-11, Fig. 1.2-12) [3] Among them a master piece of stone sculpture, which depicts Siddhārtha meditating under a tree (Fig. 1.2-13), is well known.

Mound D: "Radiating trenches were started from the highest point of the mound which proved to lie almost in the centre of the ruins and in the line of the wall dividing the shrine from the monastic quarters." [4] After the excavation (Fig. 1.2-14), it was exposed to view that the monastic area was divided from the shrine northward by a wall running due east-west. To the north of this wall there were found the remains of a *vihāra* comprising a number of ruined platforms and bases, as well as many scattered sculptures (Fig. 1.2-15). On the northern edge

----

[1] The Sanskrit word *vihāra* used by Aurel Stein in his report means a center of worship. He also referred to such an area as a ruined shrine or principal shrine, or simply a shrine. *confer*: Aurel Stein, *ibid.*, 103, 112.

[2] Aurel Stein, "Excavations at Sahri-Bahlōl," *ASIAR 1911-12* (1915): 95-119, esp. 102-103.

[3] Aurel Stein, *ibid.*, 103.

[4] Aurel Stein, *ibid.*, 110.

of the central dais[1] there rose two small platforms, marked I and III separately, which were built originally as *stūpa* bases but were utilized at a later period as places of deposit for miscellaneous sculptures and fragments (Fig. 1.2-16, Fig. 1.2-17). A striking feature of this ruin is a large platform (Fig. 1.2-18), which might originally have served as a place of deposit for votive sculptures, with its southern face as the back side.

The sculptural remains unearthed from Mound D present a close similarity to those found at ruin C, in regard to both character and conditions[2].

Mound E: "Apart from a low moulded plinth which the section on line C, D marks, no traces survive of the superstructure which the main platform, I, once bore. If its older western portion goes back to Buddhist times this may well have been originally a *stūpa*."[3] Within this enclosure five small square foundations were traced at different points, evidently intended as *stūpa* bases. The remains of walls forming small square rooms were found built against the outside of the eastern enclosure wall and on a level about 5 feet lower. The space inside probably served as quarters for monks. There is sufficient evidence at the site to prove that this Buddhist center was converted into a Hindu temple at later time (Fig. 1.2-19)[4].

Mound F: "On the south it proved to hide the remains of the stone-built foundation walls of what manifestly were monastic quarters, including a hall measuring inside 30 by 21 feet. Adjoining them on the north there came to light the outlines of a large stone-edged dais measuring 46 feet on its south side and on it traces of a low base, showing twenty-two facets and about 32 feet in diameter." (Fig. 1.2-20)[5]

Mound G: After the clearing, wall foundations in solid Gandhāran masonry came to light in the west, indicating the position of the monastic quarters, which comprised a hall measuring inside 56 by 40 feet. "But of the shrine which was

---

[1] The central dais in this area should have been a base for the main *stūpa* in the religious precinct of ruin D.

[2] Aurel Stein, *ibid.*, 110-112.

[3] Aurel Stein, *ibid.*, 115.

[4] Aurel Stein, *ibid.*, 115-116.

[5] Aurel Stein, *ibid.*, 117.

attached to this establishment nothing could be traced except the low remains of a *stūpa* base plastered in stucco which were unearthed to the east of the quarters." The base itself shows a ground plan which is of distinct interest. Here, the traditional orthodox square of the *stūpa* base has been transformed by a series of bold projections into a symmetrically developed cross (Fig. 1.2-21) [1].

Mound H: While the mound was being unearthed, it soon became clear that this mound "was hiding the remains of a *vihāra* exactly conforming in type to those of" ruins C and D, together with adjoining monastic quarters. The Gandhāran masonry foundations of the latter were brought to light on the north side, indicating the existence of a central hall, about 35 by 40 feet (Fig. 1.2-22). Although the remains of the worship area to the south did not reveal any particular features, the central area of the shrine was marked by a low and relatively large dais, measuring 52 by 43 feet, and edged with a stone pavement (Fig. 1.2-23). Two small platforms, square shaped, intended to serve as *stūpa* bases, occupied portions of its eastern face, and five more were discovered to the north and to the east of it. [2]

"Considering that the coins of Vāsudeva and of the Later Great Kushaṇas continuing his type can safely be assumed to have constituted the currency of Gandhāra during the long and rather obscure period extending from about the 2nd century CE to the settlement of the Little Kushaṇas under Ki-to-lo or Kidāra, circ. 425 CE... The shrine must have been still attracting worshippers down to the middle of the fifth century when the Ephthalites or White Huns after destructive inroads established their power on the North-West Frontier. The total absence of White Hun coins from this and the other ruins suggests that during their rule which continued for about a century, the site was completely deserted."[3]

The six more mounds, mound Nos. C, D, E, F, G, and H, excavated and

---

[1] Aurel Stein, *ibid.*, 118.

[2] Aurel Stein, *ibid.*, 118-119. Ruin H appears to be the typical type for votive *stūpas* or offerings around the main *stūpa*.

[3] Aurel Stein, *ibid.*, 109.

studied by Aurel Stein, as pointed out by Debala Mitra, have yielded numerous sculptures, but "the structural remains, consisting of scanty remnants of *stūpas*, monasteries and chapels were unimpressive."[1]

According to Aurel Stein: At all the places of Buddhist worship successively excavated remains of monastic quarters were found closely adjoining the ruined shrines of *vihāras* which practically alone contained any sculptures. In the case of the dwellings the plan of at least the principal quarters could always be traced with ease by the massive foundations or plinths in solid Gandhāra masonry which must have once carried walls constructed of stamped clay or sun-dried bricks. One or two large quadrangular rooms seem always to have formed part of the monastic building, and evidently served for the common use of the monks. The latter's cells must have been constructed ordinarily with walls of very perishable material, mere clay or timber and wattle; no clear indication of them was found except at one ruin, E, which also otherwise showed structural peculiarities.[2]

Though most of the mounds discovered by Aurel Stein were badly decayed and the site plans mapped by him after the excavations do not clearly show the whole portion of each ruin, presumably, ruins C, D, F, G and H belong to the same type, which comprised mainly a *stūpa*-court and a *vihāra*-court.

In his report on the excavations at Sahrī-Bāhlol, Aurel Stein used the Sanskrit term *vihāra* to mean a center of worship or a shrine. However, H. W. Bellew believed that a *vihāra* is a monastery of monks, yet in light of the Chinese documents dated from the early 5th to the early 8th century CE, *vihāra* should not be understood to mean a monastic court.

Moreover, Francine Tissot reconsidered the site of Sahrī-Bāhlol and made a detailed study of the very site, especially dealing with the discoveries by D. B. Spooner in the year 1909-1910[3].

---

[1] Debala Mitra, *ibid.*, 122.

[2] Aurel Stein, *ibid.*, 99-100.

[3] 1) Francine Tissot, "The Site of Sahrī-Bāhlol in Gandhāra," in *South Asian Archaeology 1983* (1985): 567-614; 2) Francine Tissot, "The Site of Sahrī-Bāhlol in Gandhāra—Further Investigations," in *South Asian Archaeology 1985* (1989): 417-425; 3) Francine Tissot, "The Site of Sahrī-Bāhlol in Gandhāra (Part III)," in *South Asian Archaeology 1987* (1990): 737-764.

The overall remains of the whole monastic complex at Takht-i-Bāhī, on the basis of the archaeological reports as well as Buddhist texts in Chinese, comprise a *bhuda* or *stūpa* [*futu/ta* 浮图 / 塔], a *vihare* or *vihāra* [*sengfang* 僧坊], a central court [*zhongting* 中庭], and an *uposathāgāra* [*busachu/shuojietang* 布萨处 / 说戒堂] or *prāsāda* [*jiangtang* 讲堂], besides some other related structures such as low level chambers, a square court and a passage (See Fig. 1.1-40).[1] Among them, the Chinese word *sengfang* [僧坊], according to *Da Piluzhena Chengfo Jingshu* [大毗卢遮那成佛经疏 , *Annotation on the Mahā-vairocanā-sūtra*][2], which is monk Yixing [一行 683-727 CE]'s record of the Indian Śubhākarasiṃha [善无畏 637-735 CE]'s preaching or lectures on the very *sūtra*, is a paraphrase of the Sanskrit *vihāra*, meaning a dwelling place.[3] Therefore, both the *stūpa*-court and the *vihāra*-court constituted the most important components of a typical *saṃghārāma* or a monastic complex of Greater Gandhāra.

Such a design of a Buddhist monastic complex coincided with the notes and records that the Chinese pilgrims and monks made about the *bhudas* or *stūpas* and the *vihares* or *vihāras* of Greater Gandhāra during pilgrimages to Buddhist centers over there. According to *Faxian Zhuan* [法显传 *The Record of Faxian*], Lord Buddha's bowl was kept in the kingdom of Puruṣapura. After a king of the Kuṣāṇas had conquered this kingdom, "he built a *ta* (*bhuda* or *stūpa*) on the very spot, and also a *sengqielan* [僧伽蓝 *vihare* or *saṃghārāma*], leaving a garrison to guard the bowl and making all kinds of offerings." "About one hundred paces to the west of Buddha's shadow cave (in the kingdom of Nagarahāra), when Lord Buddha lived here, he shaved his head and cut his nails. Then, Lord Buddha

[1] 1) A. Cunningham, *ibid.*, 23-36, esp. 26-33; 2) D. B. Spooner, "Excavations at Takht-i-Bāhī," *ASIAR 1907-08* (1911): 132-148, Pls. XL-L; 3) H. Hargreaves, "Excavations at Takht-i-Bāhī," *ASIAR 1910-11* (1914): 33-39, Pls. XVII-XXII; 4) Chongfeng Li, "From Gandhāra to Pingcheng: the Layout of a Free-Standing Buddhist Monastery," *Ancient Pakistan*, Vol. XXIII (2012): 13-54, esp. 20-23.

[2] For the Chinese literature, document or translated version of the Buddhist scriptures, its name in *pinyin* system will be first written down, followed by the Chinese characters or Sinogram and then its English translation in bracket. Whenever the literature or document is again cited or quoted, the *pinyin* system will be used first and then the English translation put in brackets.

[3] *Taishō shinshū daizōkyō* [大正新脩大藏經 *Taishō Revised Tripiṭaka*], 100 volumes, ed. Junjirō Takakusu [高楠順次朗] and Kaigyoku Watanabe [渡邊海旭], Tokyo: Taishō Issaikyō Kankōkai, 1924-1934, hereafter abbreviated to *Taishō*, No. 1796, Vol. 39: 615c.

himself with the help of his disciples together built a *ta* (*bhuda* or *stūpa*), about seventy to eighty feet in height, as a model for all *stūpas* constructed in the future. It exists to this day, and by its side there is a *si*〔寺 *vihare* or *vihāra*〕where about seven hundred priests or monks dwell. In this place, moreover, there are as many as a thousand *stūpas* in honour of Arhats and Pratyeka-buddhas."[1] Here, the Chinese character *si* should be understood as another paraphrase of the Gandārī or Sanskrit word *vihare* or *vihāra* on the basis of *Yiqiejing Yinyi*〔一切经音义 *The Pronunciation and Meaning in the Buddhist Scriptures*〕by Xuanying〔玄应〕[2].

In light of the records by Song Yun〔宋云〕and Huisheng〔惠生〕, who visited this region early in 520 CE, "to the north of the〔capital〕city〔of Uḍḍiyāna〕was the Tuoluo Monastery〔陀罗寺〕, which had the largest number of Buddhist relics. The *futu*〔浮图 *bhuda* or *stūpa*〕was high and large, and the *sengfang*〔僧房 *vihare* or *vihāra*〕was crowded off to the side. It has six thousand (or sixty) golden statues arranged in a circle."[3] This clearly indicates that the *bhuda* or *stūpa* was the centre of a *saṃghārāma*, and the *vihare* or *vihāra* was necessary or indispensable to a *saṃghārāma*, while the image-niches sometimes were a place set apart for making obeisance and doing monastic confession and repentance (*vandanā* and *pāpa-deśanā*). "Once a *bhikṣu* lives at an *araṇya* alone for 15 days, he should sprinkle water and sweep courtyards of *ta*〔塔 *stūpa*〕, *si*〔寺 *vihāra*〕, *busachu*

---

〔1〕Faxian〔法显．？－423 CE〕, *Faxian zhuan*〔法显传, *Record of Faxian*〕, emended and annotated by Zhang Xun〔章巽〕(Shanghai: Shanghai Chinese Classics Publishing House, 1985), 39-40, 47. *confer*: H. A. Giles, trans., *The Travels of Fa-hsien* (399-414 AD), or *Record of the Buddhistic Kingdoms* (Cambridge: Cambridge University Press, 1923), 14, 18.

〔2〕Xuanying〔玄应〕, *Yiqiejing yinyi*〔一切经音义, *The Pronunciation and Meaning in the Buddhist Scriptures*〕, emended by Sun Xingyan〔孙星衍〕et al. (Shanghai: The Commercial Press, 1936), 291, 1113.

〔3〕Yang Xuanzhi〔杨衒之〕, *Luoyang qielan ji*〔洛阳伽蓝记, *A Record of Saṃghārāmas in Luoyang*〕in 547 CE, emended and annotated by Zhou Zumo〔周祖谟〕(Beijing: Zhonghua Book Company, 1963), 203. *confer*: Yi-t'ung Wang, tr., *A Record of Buddhist Monasteries in Lo-yang* by Yang Hsüan-chih (Princeton: Princeton University Press, 1984), 231.

Both Giuseppe Tucci and Domenico Faccenna "wish to identify the Sacred Precinct of BI (Butkara I, Swāt) with the T'o-lo sanctuary (the monastery of T'a-lo)". *confer*: 1) Giuseppe Tucci, "Preliminary Report on an Archaeological Survey in Swāt," *East and West*, IX/4 (1958): 279-348, esp. 280, 288; 2) Domenico Faccenna, *Butkara I (Swāt, Pakistan) 1956-1962*, Part 1, Text (Rome: IsMEO, 1980), 171-172.

［布萨处 uposathāgāra］ and *zhongting*［中庭 central court］, then lay and spread seats (*nisīdana*) one after another."[1] Thus, the *bhuda* or *stūpa*, *vihare* or *vihāra*, central court as well as *uposathāgāra* or *prāsāda* are a basic set or components of a large *saṃghārāma* of Hinduka (present day India and part of Pakistan). Of which, the *bhuda* or *stūpa* and *vihare* or *vihāra* were the most important in the design of the Gandhāran *saṃghārāma*.

Because *bhuda* or *stūpa* and *vihare* or *vihāra* were such important components of a Buddhist *saṃghārāma*, this kind of monastic complex was also called or translated into Chinese as *tasi*［塔寺］. Here, the Chinese character *ta*［塔］ means *bhuda or stūpa* and *si*［寺］ *vihare* or *vihāra*. The term *tasi* was a compound word, which was combined into one by the Chinese characters *ta* (*bhuda* or *stūpa*) and *si* (*vihare* or *vihāra*), meaning *bhuda-vihare* or *stūpa-vihāra*.[2] On the basis of *Za Baozang Jing*［杂宝藏经 *Kṣudrakapiṭaka/Storehouse of Various Treasures Sūtra*］ translated by Kikkāya/Kinkara［吉迦夜］ and Tanyao［昙曜］ in 472 CE[3], the *futu*［浮图 *bhuda* or *stūpa*］ and *sengfang*［僧坊 *vihare* or *vihāra*］were built by a *śreṣṭhi*［长者 elder］ from Śrāvastī. Who would later be born again in Trāyastriṃśa［三十三天］ after dying of illness. The *futu* (*bhuda* or *stūpa*) and *sengfang* (*vihare* or *vihāra*) built by him, which were generally called *tasi* (*bhuda-vihare* or *stūpa-vihāra*) for short, would be repaired by his wife in his memory. After the elder's wife passed, she too would be reborn in the same heaven as her husband was, on the basis of their merits and virtues.[4]

---

[1] Puṇyatāra and Kumārajīva, trans., *Shisong Lü* (*The Ten Divisions of Monastic Rules/ Sarvstivāda-vinaya*), before 413 CE, in *Taishō* No. 1435, Vol. 23: 411a.

As for translation of *Shisong lü* (*The Ten Divisions of Monastic Rules/Sarvstivāda-vinaya*), see Fei Zhangfang［费长房］, *Lidai sanbo ji*［历代三宝记, *Record of the Triratna through the Ages* or *Record concerning the Triratna under Successive Dynasties* or *Record of the Three Jewels throughout Successive Dynasties*］, in: *Taishō* No. 2034, Vol. 49: 22-127, esp.77b.

[2] Huiyuan［惠苑］, *Xinyi Dafangguangfo Huayanjing Yinyi*［新译大方广佛花严经音义, *Pronunciation and Meaning in the Buddhāvataṃsaka-mahāvaipulya-sūtra/ Pronunciation and Meaning in the Flower Garland Sūtra*］, in *Taishō*, No. 2128, Vol. 54: 433b-457a, esp. 453c. Xuanying holds also that *tasi* is the Chinese paraphrase of the *vihare* or *vihāra*. Xuanying, *ibid.*, 291, 1113.

[3] Fei Zhangfang, *ibid.*, 43a.

[4] *Taishō* No. 203, Vol. 4: 473b-c.

According to Song Yun and Huisheng, moreover, "thence they traveled westward for five days before reaching the place where Tathāgata [agreed to] be beheaded in compliance with someone's request. There too was a *tasi* (*bhuda-vihare* or *stūpa-vihāra* or a *stūpa* and a monastery) that housed more than twenty monks... Traveling westward for another day, they reached the place where Tathāgata tore out his eyes to benefit others. There was also a *tasi* (*bhuda-vihare* or *stūpa-vihāra* or a *stūpa* and a monastery) ... Thereafter they traveled westward for seven days, and, after having crossed a large river, they reached the place where Tathāgata, as King Śibi, saved the life of a dove. A *tasi* (*bhuda-vihare* or *stūpa-vihāra* or a *stūpa* and a monastery) was built [to commemorate this event] "[1].

Therefore, we firmly believed that the Dhamāmi mound discovered by H. W. Bellew comprised the remains of a *vihare* or *vihāra* with a *bhuda* or *stūpa* in its centre, and the mounds A and B excavated by D. B. Spooner at Sahrī-Bāhlol consisted of a *bhuda* or *stūpa* and a *vihare* or *vihāra*. On the basis of the above mentioned archaeological reports as well as Buddhist texts in Chinese, it can furthermore, be inferred that each site plan of the six ruins excavated by Aurel Stein at Sahrī-Bāhlol originally followed the *tasi* (*bhuda-vihare* or *stūpa-vihāra*) system of the Gandhāran *saṃghārāma* (See Fig. 1.1-39), though some main *bhudas* or *stūpas* remained untraceable during the excavations.

This paper was published in Prof. A.K. Narain Commemoration Volume *From Local to Global: Papers in Asian History and Culture*, ed. Kamal Sheel, Charles Willemen and Kenneth Zysk, 421-447. Delhi: Buddhist World Press, 2017

[1] Yang Xuanzhi, *ibid.*, 212-213, 220-221. *confer*: Yi-t'ung Wang, *ibid.*, 237, 238, 243.

蓝莫塔遗址札记

蓝莫塔 (梵语作 Rāmagrāma, 巴利语为 Rāmagāma), 位于尼泊尔蓝毗尼 (Lumbinī) 园以东大约 50 公里处 (Fig. 1.3-1), 东经 83°41′05″, 北纬 27°29′55″, 是释迦牟尼涅槃后所建原始八塔之一。2011 年 8 月 27 日, 笔者考察了蓝莫塔遗址; 2019 年 4 月 5 日, 笔者再次游历此地 (Pl. 1.3-1)。

关于蓝莫塔, 东晋高僧法显 (337?-423? 年) 和唐代高僧玄奘 (602-664 年) 皆有记载。

公元 404 年, 法显抵达迦维罗卫城。

(迦维罗卫东) 有国名蓝莫。此国王得佛一分舍利, 还归起塔, 即名蓝莫塔。塔边有池, 池中有龙, 常守护此塔, 昼夜供养。阿育王出世, 欲破八塔作八万四千塔。破七塔已, 次欲破此塔, 龙便现身, 将阿育王入其宫中, 观诸供养具已, 语王言:

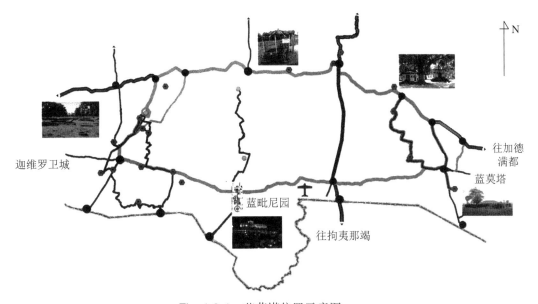

Fig. 1.3-1　蓝莫塔位置示意图

"汝供养若能胜是，便可坏之持去，吾不与汝诤。"阿育王知其供养具非世之所有，于是便还。此中荒芜，无人洒扫。常有群象以鼻取水洒地，取杂花香而供养塔。诸国有道人来，欲礼拜塔，遇象大怖，依树自翳，见象如法供养。道人大自悲感：此中无有僧伽蓝可供养此塔，乃令象洒扫。道人即舍大戒，还作沙弥，自挽草木，平治处所，使得净洁，劝化国王作僧住处，己为寺主。今现有僧住，此事在近。[1]

大约 631 年，玄奘游历蓝摩国（蓝莫国），记录蓝莫塔建于其国东南百余里，即悉达多太子逾城出家后解宝衣、除璎珞并命车匿持归之地。《大唐西域记》卷六云：

蓝摩国空荒岁久，疆场无纪，城邑丘墟，居人稀旷。故城东南有砖窣堵波，高减百尺。昔者如来入寂灭已，此国先王分得舍利，持归本国，式遵崇建，灵异间起，神光时烛。窣堵波侧有一清池，龙每出游，变形蛇服，右旋宛转，绕窣堵波。野象群行，采花以散，冥力警察，初无间替。昔无忧王之分建窣堵波也，七国所建，咸已开发，至于此国，方欲兴功，而此池龙恐见陵夺，乃变作婆罗门，前叩象曰："大王情流佛法，广树福田，敢请纡驾，降临我宅。"王曰："尔家安在，为近远乎？"婆罗门曰："我，此池之龙王也。承大王欲建胜福，敢来请谒！"王受其请，遂入龙宫。坐久之，龙进曰："我惟恶业，受此龙身，供养舍利，冀消罪咎，愿王躬往，观而礼敬。"无忧王见已，惧然谓曰："凡诸供养之具，非人间所有也。"龙曰："若然者，愿无废毁！"无忧王自度力非其畴，遂不开发。出池之所，今有封记。窣堵波侧不远，有一伽蓝，僧众鲜矣，清肃皎然，而以沙弥总任众务。远方僧至，礼遇弥隆，必留三日，供养四事。闻诸先志曰：昔有苾刍同志相召，自远而至，礼窣堵波。见诸群象相趋往来，或以牙芟草，或以鼻洒水，各持异花，共为供养。时众见已，悲叹感怀。有一苾刍便舍具戒，愿留供养，与众辞曰："我惟多福，滥迹僧中，岁月逾淹，行业无纪。此窣堵波有佛舍利，圣德冥通，群象践洒。遗身此地，甘与同群。得毕余龄，诚为幸矣！"众告之曰："斯盛事也，吾等垢重，智不谋此。随时自爱，无亏胜业！"亦既离群，重申诚愿，欢然独居，有终焉之志。于是葺茅为宇，引流成池，采摅时花，洒扫茔域，绵历岁序，心事无殆。邻国诸王闻而雅尚，竞舍财宝，共建伽蓝。[2]

有关佛涅槃后八王分舍利及原始八塔，汉译《长阿含经·游行经》记载较详：当时，波婆国之末罗（the Mallas of Pāvā）民众欲"于本土起塔供养"，"严四种兵——

---

[1]［晋］法显撰《法显传》，第 86-89 页。
[2]［唐］玄奘撰《大唐西域记》，季羡林等校注，第 526-530 页。

象兵、马兵、车兵、步兵，到拘尸城"，请分舍利。拘尸国 (Kuśinagara) 王认为：世尊
于该国入灭，"国内士民，当自供养，远劳诸君，求舍利分，终不可得"。与此同时，
遮罗颇国诸跋离民众 (the Bulis or Bulayas of Allakappakā)、罗摩伽国 (蓝莫国) 拘
利民众 (the Koliyās of Rāmagrāma)、毗留提国婆罗门众 (Brahmin or brāhamaṇas
of Veṭhadīpaka)、迦维罗卫国释种民众 (the Śākyas of Kapilavastu)、毗舍离国离车
民众 (the Licchavīs of Vaiśālī) 及摩竭提国王阿阇世 (Ajātaśatru of Magadha)，也
各自备兵进至恒河，"求舍利分"。拘尸国王以同样理由婉拒，诸王欲大动干戈，以
武力取之。这时香姓婆罗门 (Doṇa) 接受诸王之命，"分佛舍利，均作八分"。"拘尸
国人得舍利分，即于其土起塔供养。波婆国人、遮罗国、罗摩伽国、毗留提国、迦
维罗卫国、毗舍离国、摩竭国阿阇世王等，得舍利分已，各归其国，起塔供养。"[1]
这就是传说中建造的原始八塔，即摩竭提 (Magadha) 塔、毗舍离 (Vaiśālī) 塔、迦维
罗卫 (Kapilavastu) 塔、遮罗颇 (Allakappakā) 塔、蓝莫 (Rāmagrāma) 塔、毗留提
(Veṭhadīpaka) 塔、波婆 (Pāvā) 塔和拘夷那竭 (Kuśinagara) 塔，每塔皆藏纳佛舍利。

　　1898 年，法人皮佩 (W. C. Peppé) 在印度北部与尼泊尔南部交界的皮普拉瓦
(Piprāvā/ Piprahwa) 佛寺遗址 (Fig. 1.3-2) 的佛塔中，发掘出土了一件冻石舍利罐
(Fig. 1.3-3)，高 15.24 厘米，直径 13.34 厘米，内装舍利，盖上题刻记载此乃佛舍利
罐，为释迦族苏基蒂 (Sukiti) 兄弟及其姊妹、妻儿等供奉[2]。皮普拉瓦出土之舍利，
疑为昔日八王分舍利时迦维罗卫国释种民众所得[3]。

　　1957-1958 年发掘季，印度贾亚斯瓦尔研究所 (Kashi Prasad Jayaswal Research

　　[1]《大正藏》No. 001，第 1 卷，第 29b-30a 页。西方学者相关论述与汉译《长阿含经·游行经》
略有差异，此八国分别为：Mallas of Kuśinagara, King Ajātaśatru of Magadha, the Licchavis of Vaiśālī,
the Śākyas of Kapilavastu, the Bulakas of Calakalpā, the Krauḍyas of Rāmagrāma, the brāhmins of
Viṣṇudvīpa and the Malas of Pāvā。参见：Étienne Lamotte, *Histoire du Bouddhisme Indien: des origines
à l'ére Šaka*, Bibliothèque du *Muséon* 43 (Louvain: Institut Orientaliste de Louvain, 1958), 24.

　　[2] W. C. Peppé, "The Plprāhwa Stūpa, containing relics of Buddha, by William Claxton Peppé,
Esq., communicated with a Note by Vincent A. Smith, ICS, MRAS," *Journal of the Royal Asiatic Society
of Great Britain and Ireland*, 30 (July 1898): 573-578. See B. P. C. Mukherji, "A Report on a Tour
of Exploration of the Antiquities in the Tarai, Nepal, the Region of Kapilavastu during February and
March, 1899", in *The Buddha's Natal Landscape as Interpreted by the Pioneers*, ed. Basanta Bidari
(Kathmandu: Lumbini Development Trust, Government of Nepal, 2019), 93-98, Pls. XXVII-XXVIII.

　　[3] 题刻作：*sukiti-bhatinaṁ sa-bhagiṇikanaṁ sa-puta-dalanaṁ iyaṁ salila-nidhane Budhasa bhagavate
sakiyanaṁ*。关于此题刻的释读，学界现有争议。参见：1) Debala Mitra, *Buddhist Monuments* (Calcutta:
Sahitya Samsad, 1971), 80; 2) Charles Allen, "What happened at Piprahwa: a chronology of events
relating to the excavation in January 1898 of the Piprahwa Stupa in Basti District, North-Western
Provinces and Oude (Uttar Pradesh), India, and the associated 'Piprahwa Inscription', based on
newly available correspondence", *Zeitschrift für Indologie und Südasienstudien*, 29 (2012): 1-20.

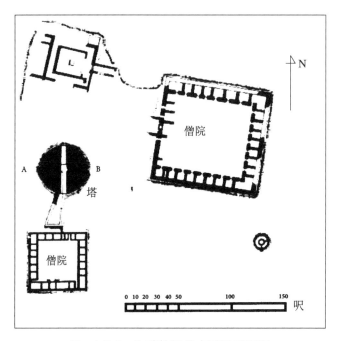

Fig. 1.3-2　皮普拉瓦佛寺遗址平面图

Fig. 1.3-3　皮普拉瓦佛塔出土舍利罐,（加尔各答）印度博物馆藏

Institute) 在阿尔特卡尔 (Dr. A. S. Altekar) 主持下, 发掘了印度北方邦穆扎法尔布尔 (Muzaffarpur) 地区伯萨尔 (Besārh) 城堡西北约半英里处的一处塔址。原始佛塔直径 7.62 米 (25 英尺), 由一层层泥土堆起, 层间夹以薄土块 (gangat), 土堆底部的沉积层包含北方黑磨光器 (Northern Black Polished Ware)。发掘显示: 佛塔营造后的第一次扩建应在孔雀王朝, 使用了长 38.1 厘米、宽 22.86 厘米、厚 5.08 厘米 (15×9×2 英寸) 的大砖。第二次扩建活动相对薄弱, 几乎完全使用旧砖 (re-used burnt bricks) 和碎砖以及个别砖坯。第三扩建使用的也是旧砖和碎砖, 扩建后的大塔直径 12.19 米 (40 英尺)。第四次, 即最后一次修复, 主要表现在对大塔的进一步加固 (参见 Pl. 1.1-16)。在靠近塔心 (centre of the stupa) 处, 发掘出土了一件皂石罐。出土时, 石罐有些破裂 (参见 Fig. 1.1-18), 罐内仅有 1/4 灰土, 此外还藏纳一小海螺壳、二玻璃珠、一小片金叶和一铜孔币。根据遗址出土的包含物, 这座土塔可能是梨车民众获取佛舍利后营造的[1]。作为原始八塔之一, 这次的考古发掘成果已得到学界广泛认同。

至于蓝莫国 (罗摩伽国) 的原始佛塔, 塔旁池中有龙, 守护此塔。阿育王欲 "开发" 原始八塔, 以 "分建" 八万四千塔。七塔已开, 至蓝莫国, 因守塔之龙阻挠未果。故而, 蓝莫国之原始佛塔, 至少是其内核似保持原状, 故而受到了信众的虔诚礼拜, 是南亚地区一座举足轻重的佛教圣地。

据马歇尔 (John Marshall) 和傅塞 (Alfred Foucher) 研究, 桑吉大塔南门正面中楣 (中枋) 浮雕 (middle lintel/middle architrave) 表现的正是这一事件 (Pl. 1.3-2)。画面中央为覆钵塔, 形制与桑吉大塔一致。塔左侧雕阿育王及其随从, 缠头巾、大口水罐、塵尾和皇家马车及拜谒队伍等清晰可见, 唯阿育王头顶缺少华盖。此外, 还镌刻出武器、步兵、骑兵、战象和战车等, 只是拜谒队伍中没有女性形象。塔右侧所刻神格化的龙 (nāga, 那伽) 及其家人, 正手持大口罐或盘子走来。其中, 雄龙有五头 (即五头冠或五蛇盖), 配偶为单头, 前景中屈身之仆从也作单头。在仆从与雄龙之间有一个三头冠男孩, 疑为龙王 (nāga-rāja) 之继承者。龙与龙女 (nāgī) 中, 有两位仍浸待于莲池之中, 另外两位与其女仆已立于岸上。其中, 靠近佛塔那身, 头巾样式特别, 应是部族之王, 略为低矮的那身应是他的副王 (upa-rāja)。画面上部成排的树木, 如比格诺藤属植物、芒果树、扇形棕榈等, 使人想起蓝莫塔被森林垦殖的传说 (Pl. 1.3-3)[2]。

---

[1] *Indian Archaeology 1957-58—A Review*: 10-11, Pls. VIII, IX.

[2] John Marshall and Alfred Foucher, *The Monuments of Sāñchī* (Calcutta: Manager of Publications/ Archaeological Survey of India, 1940), Vol. I: 215-216, Vol. II: Pl. 11.

这一事件，在公元 2 世纪营造的阿默拉瓦蒂大塔浮雕饰板上似乎也有表现 (Pl. 1.3-4、Pl. 1.3-5)[1]。

法显拜谒蓝莫塔时，记载"现有僧住，此事在近"，表明这座伽蓝之修建，应距法显游历之时不远。玄奘记述蓝莫塔及其轶事较法显为详，且特别记录蓝莫塔为砖塔。玄奘游历之后，蓝莫塔渐渐淡出人们的视野。

1874-1875 年和 1875-1876 年发掘季，卡利里 (A. C. L. Carlleyle) 踏查了伯斯蒂 (Bastī) 的科劳·迪赫 (Korau Dih) 遗址，推测它可能是蓝莫塔[2]。不久，坎宁安也考察了卡利里推测为蓝莫塔遗址的科劳·迪赫[3]。经过调查与比较，卡利里在 1876-1877 年发掘季认定伯斯蒂地区兰布尔·代奥里亚 (Rāmpur Deoriyā) 村东北约 152 米 (500 呎) 的砖塔应为蓝莫塔遗迹[4]。这一发现，后来得到了坎宁安的认可[5]。1898 年初，霍伊 (William Hoey) 踏查戈勒克布尔 (Gorakhpur) 地区，在伯拉西集市 (Parasi Bazar) 东南 2 英里的恰勒西 (Jharahi) 河岸发现了一座保存较好的佛塔，推测可能是蓝莫塔遗迹[6]。1901 年，慕克吉 (P. C. Mukherji) 在撰写蓝毗尼园遗址等地考古调查报告的结语时提出：应努力实施东德赖 (Eastern Tarai) 区域的现场调查工作，以确认可能在戈勒克布尔北部的蓝莫塔遗址[7]。迄今，学术界基本认定伯拉西的拉默格拉姆 (Ramagram) 就是昔日的蓝莫塔遗址。

1997 年，尼泊尔王国把蓝毗尼园、迦维罗卫和蓝莫塔三处遗址一并申报世界文化遗产，联合国教科文组织稍后批准蓝毗尼园列入世界文化遗产名录 (第 666 号遗产)，并派遣考察队到现场进一步核查另外两处遗址。考察工作由考古学家罗宾·坎宁汉 (Robin Cunningham) 和地球物理学家阿明·施密特 (Armin Schmidt) 主持，并

---

[1] Robert Knox, *Amarāvatī: Buddhist Sculpture from the Great Stūpa* (London: British Museum Press, 1992), 51-52, 106-107.

[2] *Archaeological Survey of India: Report of Tours in the Central Doab and Gorakhpur in 1874-75 and 1875-76* by A. C. I. Carlleyle, Vol. XII (1879): 215-222, esp.217.

[3] *Archaeological Survey of India: Report of Tours...*, Vol. XII: III-V (Introduction by A. Cunningham), esp. IV.

[4] 1) *Archaeological Survey of India: Report of a Tour in the Gorakhpur District* by A. C. I. Carlleyle, Vol. XVIII (1883): 3-10, esp. 4; 2) *Archaeological Survey of India: Report of Tours in Gorakhpur, Saran, and Ghazipur in 1877-78-79 and 80* by A. C. I. Carlleyle, Vol. XXII (1885): 1-2, Pl. II.

[5] *Archaeological Survey of India: Report of Tours...*, Vol. XXII: Preface by A. Cunningham.

[6] 霍伊的发现，最早见于印度安拉阿巴德 1898 年 3 月 25 日出版的《先锋报》(*Pioneer*)。

[7] B. P. C. Mukherji, "A Report on a Tour of Exploration of the Antiquities in the Tarai, Nepal, the Region of Kapilavastu during February and March, 1899", *ibid.*, 114.

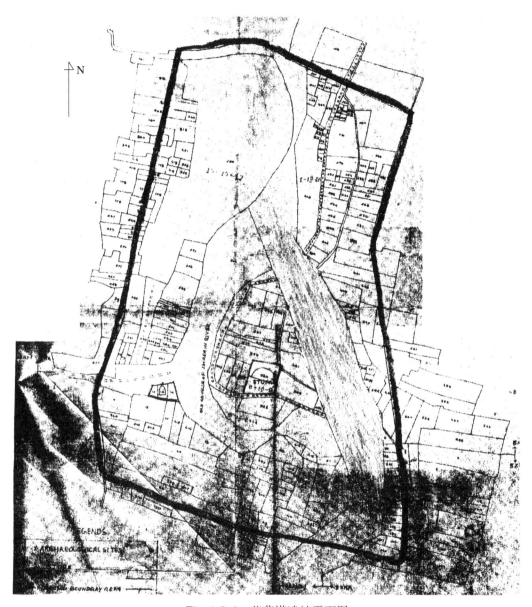

Fig. 1.3-4 蓝莫塔遗址平面图

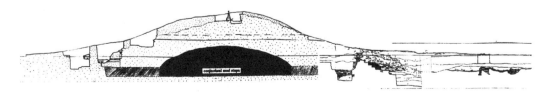

Fig. 1.3-5 蓝莫塔遗址横向垂直剖面图（东西向）

于 1997 年 9 月 10-13 日对蓝莫塔遗址进行了科学测绘 (Fig. 1.3-4)，目的是搞清地下遗迹，探明遗址的四至范围，为未来的遗产保护与考古发掘等提供科学依据。

实地调查时，考察队了解到当地村民在遗址南部河床打墓穴时，曾在地表之下发现过砖砌平台[1]。因此，他们建议尼方扩大征地范围，以利于蓝莫塔遗址区的未来保护和发展。经过尼泊尔考古局 (Department of Archaeology，简称 DOA) 与蓝毗尼园发展委员会 (Lumbini Development Trust，简称 LDT) 共同努力，最终确定了蓝莫塔遗址的核心区 (Core zone)、遗产区 (Supportive zone) 和缓冲区 (Buffer zone)。在联合国教科文组织世界遗产中心网站"全球战略 (Global Strategy)"下的"暂时名录 (Tentative Lists)"中，对蓝莫塔遗址有如下描述：这是唯一没有受到扰乱的原始佛塔，内藏佛舍利，始建于公元前 6 世纪，后世扩大且以大砖覆盖佛塔表层；遗址还包括邻近的僧院[2]。

1999 年，尼泊尔考古局组织专业人员对蓝莫塔遗址做了补充勘探和发掘。当时选择了三处不同的发掘地点，但仅在一处发现了地下文化层。这处地点位于主塔西北 100 米处，即莫迪的土地 (Modi's field)。

为了科学地记录考古发掘，使不同遗迹与遗物之间互为关联，整个蓝莫塔遗址被均匀划分为 88 个 50 米 ×50 米的大探方 (square)，即东西向 8 个大探方，南北向 11 个大探方，从图纸左上方开始编排，至右下方结束。其中，第 44 号大探方覆盖佛塔，第 19、27、35、36、43、44 和 67 号大探方涵盖考古遗迹，以第 35、43、44 号为核心区。每一大探方再被均分为 4 个 25×25 米的中型探方 (quadrant)，并以英文大写字母 ABCD 顺时针自左上方编排。每个中型探方被进一步细分为 25 个 4×4 米的小探方 (trench)，探方间隔梁为 1 米；25 个小探方以小写字母 abcd 自左上方编排，字母次第一直到 z，但不包括字母 o，因为字母 o 有时会令人产生零的错觉。这样，每一大探方包含 100 个小探方，使发掘工作易管理、更科学。每一探方的首位数字代表大探方，接下来的大写字母表示中型探方，之后的小写字母指特定的小探方，如 35Bd 指第 35 号大探方内 B 中型探方之 d 小探方。在正式考古报告中，所有发现及相互关系都被记录在相关的大探方 (big grid)、中型探方、小探方以及各自的层位 (layer number) 上。

---

[1] 在另一处地点，即大塔南侧，日本人近年修建的佛子之庙 (Bussi-no-Kai)，据说是该遗址当时未列入世界文化遗产名录的否决证据。

[2] 原文作：The only undisturbed original stupa containing relics of Lord Buddha. Built in the 6th century B. C. and enlarged by being enveloped with bricks subsequently. The site includes adjacent monasteries. 参见：http://whc.unesco.org/en/tentativelists/843.

经过前后四次考古发掘，尼泊尔考古专家大体搞清了蓝莫塔遗址的基本布局[1]。第 19 和 27 号大探方，皆位于主塔西北较远处，即前述莫迪的土地。主塔方形塔基的四角已被找到，惟西南角与东南角已残损。通过对第 44Aq、44Ba、44Ad、44Bs、44Bp 和 44Dm 六个探方的试掘，发现蓝莫塔半球形覆钵的表面有很厚的覆盖物。现摘录考古发掘报告[2]的主要内容如下：

蓝莫塔遗址，南北呈等腰梯形或纵长方形，包括中央主塔、旁侧"僧住处"或僧院以及"祈祷台"和奉献塔 (votive stupa) 等遗迹。

蓝莫塔曾经历多次损坏与修复。原始佛塔平面圆形，用土堆筑，直径小于 20 米。后来，在原始佛塔表面覆盖厚大外壳，用长 41 厘米、宽 26 厘米、厚 7 厘米大砖铺就，底部直径约 36.5 米，残高 9 米，重修时间应在孔雀王朝[3]。

迄今所挖六个探方，大体反映了佛塔演变的不同阶段。其中，第 44Bs、44Ad 和 44Al 探方为此做了很好的图示 (Fig. 1.3-5)。

最底层半球形建筑的用砖，与蓝毗尼园遗址中孔雀王朝营造的摩耶夫人殿的用砖相同，平均长 40 厘米、宽 26 厘米、厚 7 厘米。所有用砖皆为模制。

在平面圆形的建筑之上，是长宽 24 米见方的塔基，四面各伸出 7 米踏道通向主塔，由此形成十字形平面。塔基用砖长 33/34 厘米、宽 24/25 厘米、厚 5 厘米，建筑装饰因素显著增多。方形塔基的年代，暂定在孔雀王朝之后、笈多王朝之前，因为蓝莫塔在巽伽—贵霜时期似曾修复。

方形塔基之上是平面八边形的塔身，边长 10.25 米，仅高 1 米，每角雕出一壁柱，角间另置壁柱二根。

在第 44Bs 探方，尼泊尔考古学家曾竖直解剖至第七层砖，后因探方空间狭窄，没有继续下挖。剖面与方形塔基呈直角，解剖发现主塔被大砖全部覆盖。这种大规

---

[1] 1999 年发掘蓝莫塔遗址的简报，刊布于《古代尼泊尔》(Ancient Nepal) 第 142 期；之后的调查与发掘，连同早年发掘成果，也陆续刊布在《古代尼泊尔》。关于前后四次的考古发掘情况，详见：Sukra Sagar Shrestha, "Ramgram Excavations I-IV", Ancient Nepal (Journal of the Department of Archaeology, Ministry of Culture, Tourism & Civil Aviation, Government of Nepal, Kathmandu), Nos. 142, 148, 157, 158.

[2] Sukra Sagar Shrestha, "Ramgram Excavation", Ancient Nepal, No.163 (2006, Ramgram Issue): 10-21, 30-32. 这是由释莱斯阏 (Sukra Sagar Shrestha) 撰写的蓝莫塔遗址的"正式"发掘报告，以"蓝莫塔专号"(Ramgram Issue) 形式发表在 2006 年 12 月刊行的《古代尼泊尔》第 163 期。

[3] 英国达勒姆大学 (Durham University) 进行的地球物理勘查 (geophysical survey) 显示大塔直径 23.5 米，高 10 米。参见：UNESCO, The Sacred Garden of Lumbini (Paris: United Nations Educational, Scientific and Cultural Organization, 2019), 256。

模覆盖，目的不仅为了建筑本身，而且从外部完全封闭了藏纳佛舍利的土塔。故而，孔雀王朝通过这种方式，保护了极具价值的原始佛塔。贵霜王朝遵奉旧习，仅修建了装饰性的方形塔基，并在西侧设置踏道。至于八边形塔身之上的覆钵，其原始高度不得而知。孔雀王朝所铺砖层究竟有多厚目前尚不知晓，因为我们不能从 **44Bs** 探方向下继续深挖，否则会破坏整个塔的主体砖结构。

泥土堆砌的原始佛塔，应在八边形塔身之下，推测其直径小于 20 米。由于原始佛塔在孔雀王朝时被大砖完全覆盖，我们现在通过解剖可以从方形塔基之下看到。从水平面之上横过建筑的最高点小于 6 米，因此原始佛塔的高度应低于 6 米。

迄今为止的发掘仅限在探方中进行，建筑的面貌也只能从探方中管窥。因此，未来全面揭露这处塔址是必要的，那样才可以对主塔有一整体认识 (Fig. 1.3-6)。

在主塔西侧揭露出一处南北长 17 米、东西宽 8 米的长方形建筑，中央竖立一座方形平台 (4×4.5 米)，推测是祈祷台。整个建筑用砖，长 34/35 厘米、宽 20 厘米、厚 4/5 厘米。

在祈祷台北面约 6 米，揭露出一处中等规模的僧舍，暂名僧院 I (Monastic Complex I)，它曾与祈祷台一道是主塔近旁两处显著的建筑 (Pl. 1.3-6)。僧院 I 位

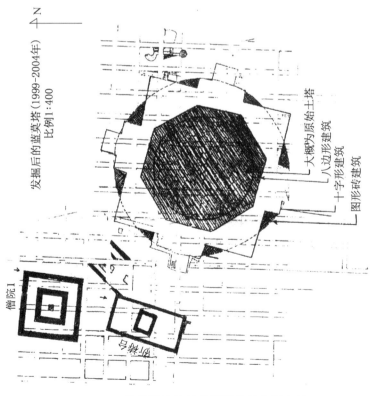

Fig. 1.3-6　蓝莫塔址及其旁侧僧院址和平台址

于 35C 探方，长、宽分别为 13.5 米和 13 米，房间进深、面阔为 2.04-2.4 米，庭院 4.8 米见方，院墙厚 1.15-1.25 米。僧院 I 的用砖尺寸有两种，一种长 30 厘米、宽 19 厘米、厚 6 厘米，另一种长 36 厘米、宽 23 厘米、厚 6 厘米，这表明僧院 I 经历了两次营造。院内房间彼此没有隔墙，原以芦苇或竹子隔挡。发掘者推测：僧院 I 应是法显记载的"僧住处"，或玄奘所记窣堵波侧不远之"伽蓝"，大约在 5 世纪后被洪水冲毁。庭院遗址中央那座塔基 115 厘米见方的奉献塔应为水灾后新建。倘若把僧院 I 定为笈多时期修建，那么下层遗址的年代就要早于笈多。

通过地球物理勘查 (Geophysical survey)，在主塔 (main stupa) 西北大约 100 米处、莫迪的土地上发现了另一处僧院遗址，即僧院 II (Monastic Complex II)，其规模与僧院 I 基本相当 (Pl. 1.3-7)。鉴于地球物理勘查没有文字描述，我们在那里开了两个 4×4 米探方和一个 2×4 米探方。试掘结果表明，僧院 II 的始建与主塔西侧的祈祷台同时，后遭地震废弃；原始地面在现地面之下 2.2 米，出土了一件精美的贵霜碗。第二期建筑，是在原始僧院的废墟上重修的 (探方 27Ai)。两期僧院的建筑用砖分别为长 37/38 厘米、宽 25/27 厘米、厚 5 厘米和长 32/33 厘米、宽 19/20 厘米、厚 4 厘米。这处僧院遗址的地层没有被后世扰动，应该对其进行全面发掘，以彻底解决蓝莫塔遗址的年代问题。

此外，在前后四次的考古发掘中，还出土了三件赤陶头像、诸多石雕残件、若干人骨以及灰陶器和绳纹陶器等。为了厘清遗址的范围，他们还在稍远的花园区 (Garden Area) 和河南岸 (Riverbed on South) 挖了若干探沟。

经过四个发掘季、前后六年的考古发掘，虽然没有发现任何实证性铭文或印章，但揭露出土的建筑遗迹及遗物非常重要。这次考古发掘的目的，是观察而非损害、切割或替换任何建筑部分。因此，发掘工作原计划把历代的堆积移除，最大限度地从周围地下采集考古遗迹信息。此外，也适度收集其他考古资料，以便复原主塔，弄清其逐渐演化和毁弃之情形。

依据初步发掘结果，结合碳十四测年，整个蓝莫塔始建之后的遗迹可以大体分作六期：

第一期 (First Phase)：孔雀王朝时期铺就的大砖外壳，砖层之下应有土塔，但仅仅是推测而已。原始主塔位于最底层，若有舍利，应藏纳现存地面之下至少 3 米。

第二期 (Second Phase)：平面方形塔基，"四出"伸展[1]，由此形成十字形。

---

[1]［东晋］佛陀跋陀罗共法显译《摩诃僧祇律》卷三十三："尔时，世尊自起迦叶佛塔，下基四方，周匝栏楯；圆起二重，方牙四出；上施盘盖，长表轮相。佛言：作塔法应如是。"（《大正藏》No. 1425，第 22 卷，第 497c 页。）此"方牙四出"，是否指塔基四面所设踏道，抑或周匝栏楯四面所设塔门？

第三期 (Third Phase)：营造祈祷台 (Praying Platform) 和莫迪土地出土的下层僧院；

第四期 (Fourth Phase)：主塔周围柱础 (栏楯？) 及主塔的修复；

第五期 (Fifth Phase)：重修僧院 II，西北角置门道；

第六期 (Sixth Phase)：为防水患，在主塔周围砌墙。同时，在塔院东侧铺路，并增设一座圆形祈祷台。此外，在主塔周围修建了不少小型奉献塔。

在上述六期遗迹中，从僧院 I 遗址的采样，测定其年代是笈多时期，即公元 4 至 6 世纪。这一时期的用砖尺寸，长 26/27 厘米、宽 18/19 厘米、厚 4/5 厘米。祈祷台用砖长 34/35 厘米、宽 26.5 厘米、厚 4/5 厘米，塔基用砖分为两种，一种与大塔半球形表面及西侧祈祷台的用砖相同。大塔最底层用砖，长 39/40 厘米、宽 26/27 厘米、厚 6/7 厘米。鉴于用砖制度现已被大多数学者接受，蓝莫塔的建筑活动及用砖可以归纳为：

笈多帝国：砖长、宽、厚分别为 26/27、18/19、4/5 厘米 (附以 C^{14} 测年)；

巽伽—贵霜时期：砖长、宽、厚分别为 34/35、26/27、5/6 厘米，这种砖的尺寸介于笈多与孔雀王朝之间；

孔雀王朝：砖长、宽、厚分别为 40/41、27/28、6/7 厘米，经过与蓝毗尼园遗址中摩耶夫人殿 (15 号房) 的砖进行对比设定。

根据 2002-2003 年发掘季在第 19 和 27 号大探方的发掘，僧院 II 在巽伽—贵霜时曾遭遇大地震，僧舍因此被毁。笈多时，在早期废墟之上再次营造了僧院。此外，主塔在这次地震中也未能幸免，塔东北部分受到了破坏；地震后为之垒砌了一堵墙，使用了笈多小砖[1]。

由于主持发掘工作的释莱斯阅退休，加之尼泊尔考古局人力、物力匮乏，蓝莫塔遗址原计划的考古工作 2005 年以后被迫停止。

蓝莫塔既与古代天竺僧伽蓝一脉相承，也与中国早期佛寺密切相关。依据相关资料和笔者研究，蓝莫塔属于古代天竺僧伽蓝的第二种类型，即大塔位于中央，旁侧 "葺茅为宇"[2]。原始佛塔平面圆形，以土堆砌成。孔雀王朝在原始土塔表面覆盖厚砖，巽伽—贵霜王朝以及笈多时期在原有基础上再行扩展。又，贵霜时期开始在大塔附近或旁边修建规整的僧院，笈多时又在原有布局的基

[1] Sukra Sagar Shrestha, "Ramgram Excavation", ibid., 10-21, 30-32.

[2] 李崇峰《天竺僧伽蓝的初步考察》(收入本书)。

础上进一步演变，从而成为一处以佛塔为中心、旁侧营造诸多僧院[1]的佛教遗址[2]。

2011 年 12 月 3 日初稿，2019 年 10 月 1 日二稿

---

[1] 释莱斯阔在《蓝莫塔遗址发掘报告》中推测至少还有四座僧院等待考古发掘。参见：Sukra Sagar Shrestha, "Ramgram Excavation", *ibid.*, 31-32。英国达勒姆大学曾于 1997、1999 和 2018 年三次对蓝莫塔遗址做了地球物理勘探，结果显示：主塔位于恰勒西河与另一现代沟渠形成的 U 字形岛状平地中央，其西北侧有一规制较小的僧院遗址，遗址旁侧是长方形水池，池北是规模较大的僧院区，至少含有三座僧坊遗址，营造年代为贵霜时期。UNESCO, *The Sacred Garden of Lumbini* (Paris: United Nations Educational, Scientific and Cultural Organization, 2019), 256-257.

[2] 鉴于蓝莫塔现存的早期记载皆为中土高僧所做，中国考古工作者应该为此作出自己应有的贡献。尼泊尔考古局及当地文物主管部门一直期望与中国考古部门合作，全面发掘蓝莫塔遗址，以揭示其整体布局、佛塔结构、僧院规制、后世改建以及附属设施等。他们曾对笔者说，倘若中尼两国考古学家联合发掘蓝莫塔遗址，全面揭露后一定会被列入世界文化遗产名录。中国佛教考古学科创始人宿季庚先生看到相关资料后，认为：这是一处极具学术价值的重要佛教遗址。若可能，国家相关主管部门应该支持这项国际合作，对其进行系统科学的考古发掘。这项工作一旦完成，既可提升中国佛教考古的国际地位，也可为中尼两国千百年来的友好往还提供极具科学价值的历史信息。同时，它也对国家目前实施的"一带一路"倡议具有重要的现实意义。

二、丝路遗踪

Pl.2.1-1. 印度舍卫城萨赫特（祇洹精舍）遗址

Pl.2.1-2. 萨赫特（祇洹精舍）遗址中第 2 号佛殿遗址

Pl.2.1-3. 萨赫特（祇洹精舍）遗址中 G 遗址（僧坊）

Pl.2.1-4. 西安大雁塔，唐长安城大慈恩寺西塔院佛塔

Pl.2.1-5. 唐长安城西明寺遗址东部院落中殿遗址

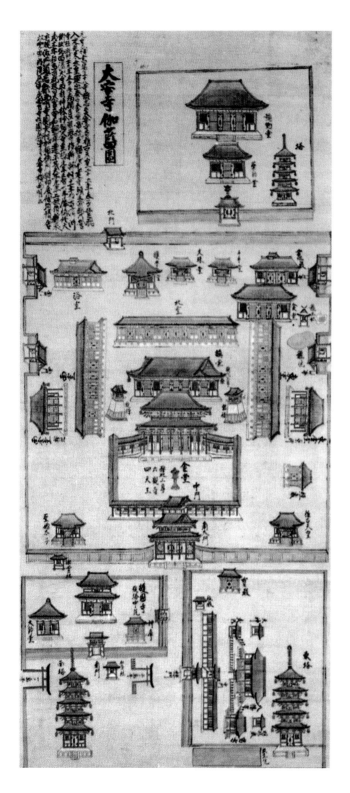

Pl.2.1-6. 奈良《大安寺伽蓝图》

Pl.2.2-1. 印度拜拉特圆形塔殿遗址

Pl.2.2-2. 印度巴贾第 12 窟外貌

Pl.2.2-3. 印度洛马斯里希石窟外貌

Pl.2.2-4. 印度贡图珀利塔庙窟外貌

Pl.2.2-5. 印度阿旃陀第 1 窟外貌

Pl.2.2-6. 中国新疆克孜尔石窟第 113-116 窟外貌

Pl.2.2-7. 中国山西云冈石窟第 5、6 窟外立面图

Pl.2.2-8. 中国山西云冈石窟第 5、6 窟外貌

Pl.2.2-10. 中国江苏南京栖霞山千佛崖以三圣殿为中心的南朝石窟外貌

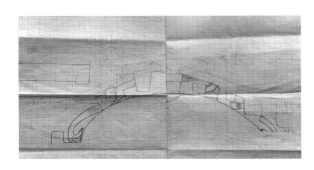

Pl.2.2-9. 中国江苏南京栖霞山千佛崖
第 23 窟窟口上部原始遗迹实测图

Pl.2.2-11. 中国江苏南京栖霞山千佛崖
第 23 窟外貌

Pl.2.2-12. 中国河南洛阳龙门石窟擂鼓台区石窟窟前建筑遗址全景

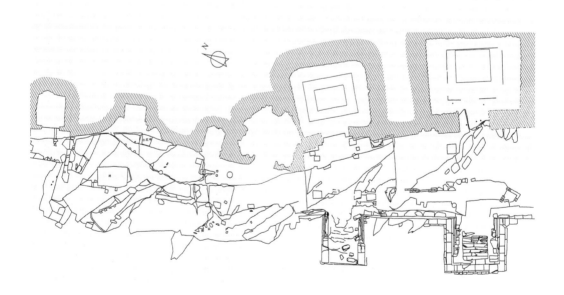

Pl.2.2-13. 中国河南洛阳龙门石窟擂鼓台区石窟连续平面图

Pl.2.2-14. 中国河南洛阳龙门石窟
擂鼓台区北洞窟外遗迹

Pl.2.2-15. 中国河南洛阳龙门石窟
擂鼓台区中洞窟外遗迹

Pl.2.2-16. 中国河南洛阳龙门石窟
擂鼓台区南洞窟外遗迹

Pl.2.3-1. 中国新疆克孜尔石窟第 80 窟中心塔柱正壁壁画

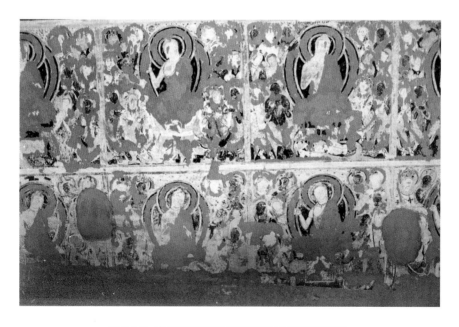

Pl.2.3-2. 中国新疆克孜尔石窟第 17 窟侧壁壁画

Pl.2.3-3. 中国新疆克孜尔石窟第 17 窟券顶壁画

Pl.2.3-4. 中国新疆克孜尔石窟第 38 窟后甬道后壁壁画

Pl.2.3-5. 中国新疆克孜尔石窟新 1 窟后室涅槃塑像

Pl.2.3-6. 中国新疆克孜尔石窟第 224 窟主室前壁门道上方壁画

Pl.2.3-7. 中国新疆克孜尔石窟
第 46-48 窟外景

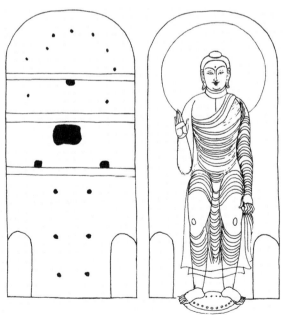

Pl.2.3-8. 中国新疆克孜尔石窟第 47 窟
大立像遗迹及佛像复原示意图

Pl.2.3-9. 阿富汗巴米扬石窟远景

Pl.2.3-10. 阿富汗巴米扬石窟东大佛

Pl.2.3-11. 印度坎赫里石窟第 3 窟大立佛

Pl.2.3-12. 中国山西云冈石窟第 18 窟大立佛局部

Pl.2.3-13. 中国新疆克孜尔石窟第 84 窟正壁与北壁壁画

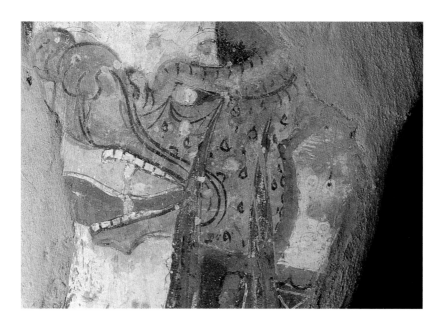

Pl.2.3-14. 中国新疆克孜尔第 193 窟后室重绘壁画

Pl.2.4-1. 比马兰舍利盒，阿富汗贾拉拉巴德比
马兰村第 2 号塔出土，现藏（伦敦）
不列颠博物院

Pl.2.4-2. "迦腻色迦舍利盒"，巴基斯坦
白沙瓦雀离浮图遗址出土，现
藏白沙瓦博物馆

Pl.2.4-3. 佛与帝释天和梵天，巴基斯坦斯
瓦特地区彭尔佛寺遗址出土，现藏
斯瓦特博物馆

Pl.2.4-4. 佛与二胁侍造像碑，印度
秣菟罗卡特拉遗址出土，现藏
秣菟罗博物馆

Pl.2.4-5. 佛与金刚手和莲花手，印度
厄希切特拉遗址出土，现藏
（新德里）国家博物馆

Pl.2.4-6. 佛与帝释天和梵天，巴基斯坦
斯瓦特地区出土，现藏（德国柏林）
亚洲艺术馆

Pl.2.4-7. 佛与帝释天、梵天和二菩萨，巴基斯坦
马尔丹地区瑟赫里·伯赫洛尔遗址出土，
现藏白沙瓦博物馆

Pl.2.4-8. 佛与帝释天、梵天和二菩萨，
巴基斯坦马尔丹地区瑟赫里·伯
赫洛尔出土，现藏白沙瓦博物馆

Pl.2.4-9. 印度阿旃陀第 1 窟佛殿内佛与二菩萨像

Pl.2.4-10. L.I. 阿尔鲍姆（L.I. Al'baum）在乌兹别克
斯坦法雅兹泰佩佛寺遗址发掘现场

Pl.2.4-11. 乌兹别克斯坦法雅兹泰佩遗址
发掘出土的佛龛

Pl.2.4-12. 中国山西云冈石窟第 7 窟后室西壁第四层佛龛

Pl.2.4-13. 中国甘肃炳灵寺石窟第 169 窟 3 号龛

Pl.2.4-14. 中国甘肃敦煌莫高窟隋代第 433 窟窟顶弥勒上生经变中的佛寺布局

Pl.2.4-15. 中国河南龙门石窟大卢舍那像龛正壁

Pl.2.4-16. 中国河南龙门石窟大卢舍那像龛左半部

Pl.2.4-17. 中国山西云冈石窟第 6 窟
东壁上层佛龛

Pl.2.4-18. 中国河南龙门石窟宾阳中洞正壁造像

Pl.2.4-19. 中国河北北响堂山石窟南洞右侧壁（北壁）佛龛

Pl.2.4-20. 中国河北北响堂山石窟
南洞右侧壁龛内主尊左侧缘觉像

Pl.2.4-21. 中国河南巩义大力山石窟第5窟东端佛与"护法神王"和"金毗罗神王"

Pl.2.4-22. 中国河南龙门石窟看经寺前庭正壁门道两侧金刚与力士

Pl.2.5-1. 阿育王像正面，中国四川成都市
西安路出土，成都博物院藏
（雷玉华摄）

Pl.2.5-2. 阿育王像背面，中国四川成都市
西安路出土，成都博物院藏
（雷玉华摄）

Pl.2.6-1. 坐佛，印度戈温德讷格尔遗址出土，秣菟罗博物馆藏

Pl.2.6-2. 佛头，印度查蒙达遗址
出土，秣菟罗博物馆藏

Pl.2.6-3. 立佛，印度杰马勒布尔遗址
　　　　出土，秣菟罗博物馆藏

Pl.2.6-4. 坐佛，印度萨尔纳特遗址出土，
　　　　萨尔纳特考古博物馆藏

Pl.2.6-5. 立佛，印度戈温德讷格尔遗址出土，
秣菟罗博物馆藏

Pl.2.6-6. 坐佛，印度桑吉大塔北门内

Pl.2.6-7. 立佛，中国甘肃炳灵寺
石窟第 169 窟 7 号龛

Pl.2.6-8. 立佛，中国山西云冈石窟
第 18 窟西壁

Pl.2.6-9. 立佛，中国山东青州龙兴寺
遗址出土，青州博物馆藏

Pl.2.6-11. 斯里兰卡狮子岩壁画

Pl.2.6-10. 印度阿旃陀石窟第 1 窟壁画

Pl.2.6-13. 中国山西大同城内出土石椁板壁画

Pl.2.6-12. 中国甘肃敦煌莫高窟第 272 窟西壁壁画

Pl.2.7-1. 印度阿旃陀第 1 窟莲花手菩萨壁画 Pl.2.7-2. 印度阿旃陀第 2 窟佛殿顶部飞天

Pl.2.7-3. 印度阿旃陀第 1 窟
顶部装饰图案局部

Pl.2.7-4. 印度巴格石窟第 2 窟飞天

a	b
c	

Pl.2.7-5. 斯里兰卡狮子岩壁画

Pl.2.7-6. 巴基斯坦乌苌地区　　　Pl.2.7-7. 巴基斯坦布内尔地区
　　　　布特卡拉第 1 号寺址壁画　　　　　伯德瓦诺·格代壁画

Pl.2.7-8. 巴基斯坦犍陀卫地区
　　　　阿齐兹·德里寺址壁画

Pl.2.7-9. 巴基斯坦竺刹尸罗地区　　　Pl.2.7-10. 巴基斯坦竺刹尸罗地区真南·瓦利寺址壁画
　　　　真南·瓦利寺址壁画

Pl.2.7-11. 阿富汗巴米扬第 404 窟西壁飞天像　　　Pl.2.7-12. 阿富汗巴米扬第 530 窟西壁坐佛像

Pl.2.7-13.　阿富汗巴米扬第 51 窟菩萨像，
现藏（法国）集美博物馆

Pl.2.7-14.　阿富汗巴米扬第 176 窟
窟顶莲花

Pl.2.7-15. 中国新疆库木吐喇石窟
第 23 窟主室窟顶因缘佛传

Pl.2.7-16. 中国新疆克孜尔石窟
第 7 窟大善见王及王妃

Pl.2.7-17. 中国新疆克孜尔石窟
第 17 窟窟顶本生故事

Pl.2.7-18. 中国新疆克孜尔石窟
第 118 窟窟顶伎乐

Pl.2.7-19. 中国新疆克孜尔石窟第 189 窟主室北壁说法图（局部）

Pl.2.7-20. 中国甘肃敦煌莫高窟
第 263 窟南壁降魔变

Pl.2.7-21. 中国甘肃敦煌莫高窟
第 254 窟北壁尸毗王本生

Pl.2.7-22. 中国甘肃敦煌莫高窟第 428 窟北壁说法图

Pl.2.7-23. 中国山西大同城内出土一石椁板壁画

祇洹精舍与中土早期佛寺

　　古代天竺拘萨罗国 (Kośalā) 舍卫城 (Śrāvastī，室罗伐悉底国) 的祇洹精舍 (梵文作 Jetavana 或 Jetavanārāma[1] 或 Jetavanavihāra[2]，亦译祇园精舍、祇洹寺)，是长者须达奉献释迦牟尼及其弟子的一处重要的地面佛寺 (Pl. 2.1-1)。祇洹精舍在早期文献中，特别是汉文文献中多有记述，全称祇洹阿难邠坻阿蓝 (Jetavanānāthapiṇḍadasyārāma，亦译祇树给孤独园或逝多林给孤独园)。传说拘萨罗国富商须达 (Sudatta，亦译须达多、善施)，姓阿难邠坻 (Anāthapiṇḍada，亦译给孤独或给孤独长者)，欲寻一地为佛陀及其弟子营造伽蓝 (saṃghārāma)，最后相中拘萨罗国波斯匿王 (Prasenajit，亦译胜军王) 之子祇陀 (Jeta) 的园林。祇陀起初不愿售卖，戏言：若须达能满园铺就金币，就卖给他。须达开始铺园时，祇陀太子十分惊疑；而在知晓须达为何购买园地时，太子便捐献了全部树木，帮助须达营建寺院，即后来著名的祇洹精舍。

一、祇洹经像

　　现存有关祇洹精舍的文献，以失译《分别功德论》(附后汉录)[3]卷二为最早。

　　祇树给孤独园：祇陀太子者，波斯匿王之嫡子也，有园田八十顷，地平木茂，多

---

　　[1] 1) Sukumar Dutt, *Buddhist Monks and Monasteries of India: Their History and their Contribution to Indian Culture* (London: George Allen & Unwin Ltd, 1962), 62-64; 2) C. Witanachchi, "Jetavana (1)," in *Encyclopaedia of Buddhism*, Vol. VI, ed. W. G. Weeraratne (Colombo: The Government of Sri Lanka, 1996), 42-46, esp. 42.

　　[2] Nalinaksha Dutt, *Early Monastic Buddhism* (Calcutta: Firma KLM Private Ltd, 1971), 125.

　　[3]《开元释教录》卷十三《声闻对法藏》记载："《分别功德论》四卷，或云《分别功德经》或三卷或五卷。失译，在后汉录，单本。"《大正藏》No. 2154，第 55 卷，第 621b 页。

诸禽兽，日来相集。祇心存佛，常欲上佛作精舍，未周之顷，须达长者复来请买。祇
少与长者亲善，每喜调戏，戏言许可，须达得决，意甚欣悦，顾谓侍者：速严驾象，载
金布地，即负金出，随集布地。须史，满四十顷。祇曰：止止，我戏言相可，不须复
布。须达即与太子共至王所，启白此意。王曰：法无二言。许决已定，理无容悔。
祇曰：吾取树分，卿便取地，二人会可，共立精舍。有七十二讲堂，千二百五十房
舍。其中平正，果木丰茂；流泉浴池，寒温调适。四望清显，冬夏不改。严治都讫，
共请世尊。世尊即与千二百五十比丘，游止其中。檀越供养，四事无乏。[1]

北凉昙无谶译《大般涅槃经》卷二十九《师子吼菩萨品》云：

> 祇陀长者自造门楼，须达长者七日之中成立大房足三百口，禅房、静处六十三
> 所。冬室、夏堂，各各别异；厨坊、浴室、洗脚之处，大小圊厕，无不备足。[2]

关于此事，元魏慧觉等译《贤愚经》卷十《须达起精舍品》记载颇详，现节录如下：

> 如是我闻：一时佛在王舍城竹园中止。尔时舍卫国王波斯匿，有一大臣，名
> 曰须达，居家巨富，财宝无限，好喜布施，赈济贫乏及诸孤老，时人因行，为其立号，
> 名给孤独。……于时须达，闻佛僧名，……当往见佛。……须达白佛："唯愿如来，
> 垂神降屈，临履舍卫，使中众生除邪就正。"世尊告曰："出家之法，与俗有别，住止
> 处所，应当有异，彼无精舍，云何得去？"须达白佛言："弟子能起，愿见听许。"世尊
> 默然。须达辞往，为儿娶妇竟，辞佛还家，因白佛言："还到本国，当立精舍，不知摸
> 法？唯愿世尊，使一弟子共往敕示。"世尊思惟："舍卫城内，婆罗门众，信邪倒见，
> 余人往者，必不能办；唯舍利弗，是婆罗门种，少小聪明，神足兼备，去必有益。"即
> 便命之，共须达往。……从王舍城，至舍卫国，还来到舍，共舍利弗，按行诸地，何
> 处平博，中起精舍。按行周遍，无可意处。唯王太子祇陀有园，其地平正，其树郁
> 茂，不远不近，正得处所。时舍利弗，告须达言："今此园中，宜起精舍，若远作之，
> 乞食则难，近处愦闹，妨废行道。"须达欢喜，到太子所，白太子言："我今欲为如来
> 起立精舍，太子园好，今欲买之。"太子笑言："我无所乏，此园茂盛，当用游戏，逍
> 遥散志。"须达殷勤乃至再三，太子贪惜。"增倍求价，谓呼价贵，当不能贾。"语须

[1]《大正藏》No. 1507，第 25 卷，第 35b-c 页。
[2]《大正藏》No. 374，第 12 卷，第 541b 页。

达言："汝若能以黄金布地,令间无空者,便当相与。"须达曰："诺,听随其价。"太子祇陀言："我戏语耳。"须达白言："为太子法,不应妄语,妄语欺诈,云何绍继,抚恤人民?"……须达欢喜,便敕使人:"象负金出。"八十顷中,须臾欲满,残有少地。须达思惟:"何藏金足?不多不少,当取满足。"祇陀问言:"嫌贵置之。"答言:"不也。自念金藏,何者可足?当补满耳。"祇陀念言:"佛必大德,乃使斯人轻宝乃尔?"教齐是止!"勿更出金,园地属卿,树木属我,我自上佛,共立精舍。"……长者须达,共舍利弗,往图精舍,须达手自捉绳一头,时舍利弗自捉一头,共经精舍。……经地已竟,起立精舍,为佛作窟,以妙栴檀,用为香泥,别房住止,千二百处,凡百二十处,别打揵椎。施设已竟,欲往请佛。……尔时世尊,与诸四众,前后围绕,放大光明,震动大地,至舍卫国。所经客舍,悉于中止,道次度人,无有限量。渐渐来近舍卫城边,一切大众,持诸供具,迎待世尊。……佛告阿难:"今此园地,须达所买,林树华果,祇陀所有,二人同心,共立精舍,应当与号太子祇树给孤独园,名字流布,传示后世。"尔时阿难,及四部众,闻佛所说,顶戴奉行。[1]

传说当时须达为买祇园铺金币 1.8 亿枚,而修成精舍又花费了同样数量[2]。公元 404 年,东晋高僧法显游历拘萨罗国舍卫城。

出城南门千二百步,道西,长者须达起精舍。精舍东向开门,门户两厢有二石柱,左柱上作轮形,右柱上作牛形。池流清净,树木尚茂,众华异色,蔚然可观,即所谓祇洹精舍也。佛上忉利天为母说法九十日,波斯匿王思见佛,即刻牛头栴檀作佛像,置佛坐处。佛后还入精舍,像即避出迎佛。佛言:"还坐。吾般泥洹后,可为四部众作法式。"像即还坐。此像最是众像之始,后人所法者也。佛于是移住南边小精舍,与像异处,相去二十步。祇洹精舍本有七层,诸国王、人民竞兴供养,悬缯幡盖,散华,烧香,然灯续明,日日不绝。鼠衔灯炷,烧花幡盖,遂及精舍,七重都尽。诸国王、人民皆大悲恼,谓栴檀像已烧。却后四、五日,开东小精舍户,忽见本像,皆大欢喜。共治精舍,得作两重,还移像本处。法显、道整初到祇洹精舍,念昔世尊住此二十五年,自伤生在边地,共诸同志游历诸国,而或有还者,或有无常者,今日乃见佛空处,怆然心悲。彼众僧出,问显等言:"汝等从何

[1]《大正藏》No.202,第 4 卷,第 418b-421b 页。

[2] *Archaeological Survey of India: Report of Tours in the Gangetic Provinces from Badaon to Bihar in 1875-76 and 1877-78* by A. Cunningham, Archaeological Survey of India, 1880, Vol. XI: 80.

国来？"答曰："从汉地来。"彼众僧叹曰："奇哉！边地之人乃能求法至此！"自相谓言："我等诸师和上相承已来，未见汉道人来到此也。"精舍西北四里有榛，名曰得眼。本有五百盲人，依精舍住此。佛为说法，尽还得眼。盲人欢喜，刺杖着地，头面作礼。杖遂生长大，世人重之，无敢伐者，遂成为榛，是故以得眼为名。祇洹众僧中食后，多往彼榛中坐禅。……祇洹精舍大援落有二门，一门东向，一门北向。此园即须达长者布金钱买地处也。精舍当中央，佛住此处最久。说法、度人、经行、坐处亦尽起塔，皆有名字。……绕祇洹精舍，有九十八（十八）僧伽蓝，尽有僧住处，唯一处空。……法显本求戒律，而北天竺诸国皆师师口传，无本可写，是以远步，乃至中天竺。于此摩诃衍僧伽蓝得一部律，是《摩诃僧祇众律》，佛在世时最初大众所行也，于祇洹精舍传其本。[1]

依据法显记载，祇洹精舍包括一座大援落及其旁侧小院落，整个建筑七重，由此推见祇洹精舍系多院落式布局。佛在此住长达二十五年，宣说诸多大法，故而，祇洹精舍似较僧伽接受的第一座寺院——竹林精舍更为重要。

631 年左右，玄奘游历室罗伐悉底国（舍卫城），拜访逝多林给孤独园，即祇洹精舍。

城南五六里有逝多林，唐言胜林，旧曰祇陀，讹也。是给孤独园，胜军王大臣善施为佛建精舍。昔为伽蓝，今已荒废。东门左右各建石柱，高七十余尺。左柱镂轮相于其端，右柱刻牛形于其上，并无忧王之所建也。室宇倾圮，唯余故基，独一砖室岿然独在。中有佛像。昔者如来升三十三天为母说法之后，胜军王闻出爱王刻檀像佛，乃造此像。善施长者仁而聪敏，积而能散，拯乏济贫，哀孤恤老，时美其德，号给孤独焉。闻佛功德，深生尊敬，愿建精舍，请佛降临，世尊命舍利子随瞻揆焉。唯太子逝多园地爽垲。寻诣太子，具以情告。太子戏言："金遍乃卖。"善施闻之，心豁如也，即出藏金，随言布地。有少未满，太子请留曰："佛诚良田，宜植善种。"即于空地建立精舍，世尊即之，告阿难曰："园地善施所买，林树逝多所施，二人同心，式崇功业。自今已去，应谓此地为逝多林给孤独园。"[2]

须达奉献祇洹精舍之故实，早在公元 1 世纪就已经出现在犍陀罗雕刻之

---

[1]［晋］法显撰《法显传》，第 72-74、141 页。
[2]［唐］玄奘撰《大唐西域记》，季美林等校注，第 488-490 页。

中。法国学者傅塞 (Alfred Foucher) 认为：马尔丹地区吉德·梅斯 (Guides Mess of Mardan) 藏品中的一件浮雕，应该表现的是舍卫城祇园奉献或称给园供养 (Presentation of Jetavana at Śrāvastī, 参见 Pl. 1.1-1) [1]。浮雕左侧表现佛陀及身旁随侍弟子，面对两人的是四位世俗信徒，即供养人。佛与供养人等身，只比他们多了头光和肉髻。其中，佛左侧供养人应为须达，即给孤独长者，手握象征供养的水瓶 [2]。

现存最早的祇洹精舍图像，可追溯到公元前 2 世纪。帕鲁德 (Bhārhut，亦译巴尔胡特) 大塔栏楯浮雕中，有一幅圆形构图的祇洹精舍。浮雕下方题刻以拉丁字母转写为：*Jetavana Anâdhapeḍiko deti Koṭisanthatena Keṭâ* 或 *Jetavana Anädhapeḍiko deti koṭisaṁthatena keto*，意为：给孤独长者铺钱数千万后购置并奉献祇园 (参见 Pl. 1.1-2) [3]。

据坎宁安 (Alexander Cunningham) 研究，雕刻家既期望表现祇洹精舍这座伟大的寺院，同时也力图展示给孤独长者购置并营造精舍之情形。浮雕前景中，可见一辆轮车、两头卸套卧牛和一男性驭手。车旁，即上方四人正忙着卸车和在地上铺置金币。浮雕中央，一人站立，双手持水罐，坎宁安考定为给孤独长者。水将洒至佛手，以示完成捐献、供养。浮雕左侧六人，似为祇陀太子及其朋友。浮雕中的四棵树，右上方可能是檀香树，左下半可能是结满果实的芒果树，这无疑在表现祇陀园林。浮雕左侧有两座建筑，上方者题刻香殿 (Gandha-kuṭi/gandha-kuṭī) 字样，左下角者镌作芒果殿 (Kosamba-kuṭi)。这两座建筑意义非凡，因为它们不可能是祇园的原始部分 [4]。雕刻家意图在有限的空间内表现出祇洹故实的关键特征，图像所现与传说所言不完全相同。浮雕中，各自题刻香殿和芒果殿的两座佛殿 (kuṭis)，是与时间不合的事物 (anachronisms)，因为精舍的营造不可能发生在园林购置之前。这幅浮雕不仅表现祇陀园林被购后的情形，而且也刻画出给孤独长者与祇陀太子增补殿堂

---

[1] Alfred Foucher, *L'Art gréco-bouddhique du Gandhâra: étude sur les origines de l'influence classique dans l'art bouddhique de l'Inde et de l'Extréme-Orient*, 2 Bde (Paris: E. Leroux/ Imprimerie Nationale, 1905-51), Tome I: 473-476, Fig. 239.

[2] John Marshall, *Buddhist Art of Gandhara: The Story of the Early School; its birth, growth and decline* (London: Cambridge University Press, 1960), 41, Fig. 53.

[3] Alexander Cunningham, *The Stūpa of Bhārhut: A Buddhist Monument ornamented with numerous sculptures illustrated of Buddhist legend and history in the third century B.C.* (London: W. H. Allen & Co., 1879), 84-87; Pls. XXVIII, LVII. 参见: Benimadhab Barua, *Barhut*, Book II: *Jātaka-scenes*, rep. (Patna: Indological Book Corporation, 1979), 27.

[4] 1) Cunningham, *Stūpa of Bhārhut*, 85, 87, Pls. XXVIII, LVII; 2) Barua, Book II, 27-31.

等建筑后把它改造成佛寺，奉献供养的场面，即把不同时间发生的事件或情节"融合"在一起。这种表现方式，在古代天竺乃至近东和欧洲艺术中多有发现，德国学者罗伯特 (C. Robert) 称之为"情节融合 (Szenenverschmelzung)"[1]，维克霍夫 (F. Wickhoff) 则把这种表现形式称作"完整化 (completierende)"[2]，即艺术家通过前因后果关系使前后发生的、对情节重要的一切都使之在基础场景中变得"完整"。这种表现方式在佛教艺术中不胜枚举。又，浮雕中表现的佛殿是一座单层建筑，宝座或圣坛环绕挂饰。每座佛殿皆辟栱门，上有另一栱形出檐。香殿似作平顶，前有人字形檐饰 (山面向前式)，顶上每侧各有一座小尖塔 (Fig. 2.1-1)；芒果殿则作穹隆顶，上置一尖塔或尖饰 (Fig. 2.1-2)。鉴于两座佛殿仅作正立面，故无法推定其平面布局及构造。不过，这幅浮雕似欲表现法显所记的祇洹精舍之大援落。

此外，公元前 1 世纪营造的桑吉 (Sāñchī) 大塔北门也浮雕出祇洹精舍[3]。

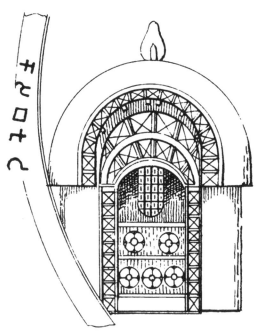

Fig. 2.1-1　帕鲁德大塔栏楯浮雕   Fig. 2.1-2　帕鲁德大塔栏楯浮雕
　　　祇洹精舍中之香殿   祇洹精舍中之芒果殿

[1]　C. Robert, *Archaeologische Hermeneutik, Anleitung zur Deutung klassischer Bildwerke* (Berlin: Weidmann, 1919), 157.

[2] F. Wickhoff, v. W. Hartel, *Die Wiener Genesis* (Wien: Tempsky, 1895), 8f.

[3] John Marshall and Alfred Foucher, *The Monuments of Sāñchī* (Calcutta: Manager of Publications/ Archaeological Survey of India), 1940, Vol. I: 122, 235; Vol. II: Pl. XXXIVa.

二、道宣《图经》

　　鉴于其特殊的宗教内涵，祇洹精舍在佛教史上占据有十分重要的地位。故而，高僧道宣梳理各种记载，于唐高宗乾封二年 (667 年) 编撰《中天竺舍卫国祇洹寺图经》及《关中创立戒坛图经》[1]。"余所撰《祇桓图》上、下两卷，修缉所闻，统收经律，讨雠诸传，极有踪绪。然五大精舍，佛所常游，祇桓 (洹) 一代最住经久，故二十五载弘化在兹。"[2]道宣未曾亲历天竺，所撰《中天竺舍卫国祇洹寺图经》，主要依据灵裕《寺诰》及《胜迹记》，并加上自己感悟所创，故自述 "觉梦虽异，不足怀疑"[3]。宋赞宁《宋高僧传》卷十四《唐京兆西明寺道宣传》"系曰：……至于乾封之际，天神合沓，或写《祇洹图经》《付嘱仪》等，且非寓言于鬼物乎？"[4]据天和元年 (1681 年) 日僧宗觉《祇洹图经序》，道宣 "恐后世造塔庙无所表彰，窃据灵感，制《祇洹图经》双卷矣"[5]。其中，《关中创立戒坛图经》凡有十一篇，《戒坛高下广狭第四并引图相》总叙祇洹精舍各院并附《祇洹寺图》(参见 Fig. 1.1-2)。周叔迦认为：《关中创立戒坛图经》之《祇洹图》，与《中天竺舍卫国祇洹寺图经》所记大有乖舛。"戒坛之作，当在天人感通之先。所指《祇洹图》，当是初纂而未定之稿，所以此书始终未言及天人是也。"《中天竺舍卫国祇洹寺图经》"所记在后，乃天人指示改正者也"[6]。《中天竺舍卫国祇洹寺图经》系 "唐乾封二年季春，终南山释氏感灵所出"[7]，现抄录相关记述如下：

　　"初造此园，其地南北周徼八十余顷，东西长列，在舍卫城南五、六里许，大院有二[8]。西方大院，僧佛所居，名曰道场，或金刚场。"[9]西方大院以中院为核心，"中院南门面对端门，亦有七重横列七门，枃枇高敞以表七觉意也。言意此中院唯佛

────────────

　　[1] 参见：《大正藏》No.1899，第 45 卷，第 882c-896b 页；《大正藏》No.1892，第 45 卷，第 807a-819a 页。

　　[2]《大正藏》No.1892，第 45 卷，第 812b 页。

　　[3][唐]道宣撰《中天竺舍卫国祇洹寺图经序》，《大正藏》No.1899，第 45 卷，第 883b 页。

　　[4][宋]赞宁撰《宋高僧传》，范祥雍点校，北京：中华书局，1987 年，第 330 页。

　　[5]《大正藏》No.1899，第 45 卷，第 882b 页。

　　[6]周叔迦《释家艺文提要》，北京：北京古籍出版社，2004 年，第 201-202、208-209 页。

　　[7]《大正藏》No.1899，第 45 卷，第 882c、895c 页。

　　[8]前述法显记 "祇洹精舍大援落 (院落)"，"绕祇洹精舍有九十八 (十八) 僧伽蓝"，疑当时祇洹精舍或有小院落。道宣《中天竺舍卫国祇洹寺图经》卷下记："(灵) 裕师《圣迹记》总集诸传，以法显为本。"据此，道宣所言祇洹精舍二大院落，似因袭法显之说。参见：《大正藏》No.1899，第 45 卷，第 895b 页。

　　[9]《大正藏》No.1899，第 45 卷，第 883c 页。

独居，不与僧共，分有择法。"[1]故道宣也称中院为"佛院"[2]。

佛院有明确的南北向中轴线，院内主要建筑皆依此轴布列：佛院南门（中门）面对端门，不远有大方池，池东、西两侧有戒坛；方池正北有七重塔，塔傍左右立二钟台；次北有大佛殿，置东、西夹殿和前佛殿东、西楼；第二大复殿，旁有飞廊两接楼观，即复殿东（楼）台和复殿西台；极北重阁三重，即重阁讲堂和阁之东、西大宝楼；东、西二佛库在墙两角。此三座殿阁，即大佛殿、第二大复殿、重阁讲堂，次第重映，北望极目，殆非人谋。阁北桓墙，周匝四面（参见 Fig. 1.1-3、Fig. 2.1-3）。

佛院之东、西、北三边永巷，周围置五十三所别院，包括：他方白衣菩萨之院、他方菩萨之院、比丘尼来请教授之院、教诫比丘尼院、他方诸佛之院、佛香库院、诸仙之院、大梵天王之院、知时之院、魔王施物之院、大佛像院、龙王之院、榱殿之院、居士之院、文殊师利菩萨之院、僧库院、菩萨四谛之院、菩萨十二因缘之院、缘觉十二因缘之院、缘觉四谛之院、无学人问法之院、学人住止听法之院、佛油库院、他方三乘学人八圣道之院、学人四谛之院、学人十二因缘之院、角力之院、外道来出家院、凡夫禅思之院、明僧院（僧房院）、持律院、戒坛律院、论院、修多罗院、佛洗衣院、佛经行所、佛衣服院、韦陀院、书院、阴阳书籍院、医方之院、僧家净人坊、天童院、无常院、圣人病坊院、佛病坊、四天王献佛食坊、浴坊、流厕、地神坚牢院、诸龙王像院、大千世界力士院和大千世界大梵天王摩王帝释院等。"大院东门对于中道，东西通彻。此门高大，出诸院表。……四方道俗初来礼觐，未敢北面，多历此门。"

供僧院，即第二大院，位于"（西方）大院东大路之左"[3]。西方大院与供僧院之间路阔三里，中有林树一十八行。供僧院至少包括：僧净厨院、诸圣人诸王天众出家处、凡下出家处、果园或曰佛经行地、竹菜园、解衣车马处、诸王夫人解衣服院、供食院、维那者监护院、牛马坊、佛堂钟台周廓、房宇典座所居院、僧食所、僧净人常行食者小便之院、药库、僧病人所居院、病者大小便处、脱着衣院、浴室坊等十八九处[4]。

道宣写道："自大圣入寂以来千六百岁，祇园兴废经二十返，增损备缺事出当机，故使图传纷纶，借以定断。"[5]"又检《圣迹记》云：'绕祇桓园有一十八寺，并有僧

［1］《大正藏》No.1899，第45卷，第886c页。

［2］《大正藏》No.1892，第45卷，第811a页。

［3］道宣在两《图经》中所说"左右"，是以佛之左右定之。

［4］《大正藏》No.1899，第45卷，第882c-895b页。道宣《关中创立戒坛图经》卷上记载："今约祇树园中，总有六十四院，通衢大巷，南有二十六院。三门之左右大院，西门之右六院……东门之左七院……中门之右七院……中门之左六院……绕佛院外有十九院……中院东门之左七院……中院北有六院……中院西有六院……正中佛院之内有十九所。"《大正藏》No.1892，第45卷，第810c-811a页。

［5］《大正藏》No.1899，第45卷，第883a页。

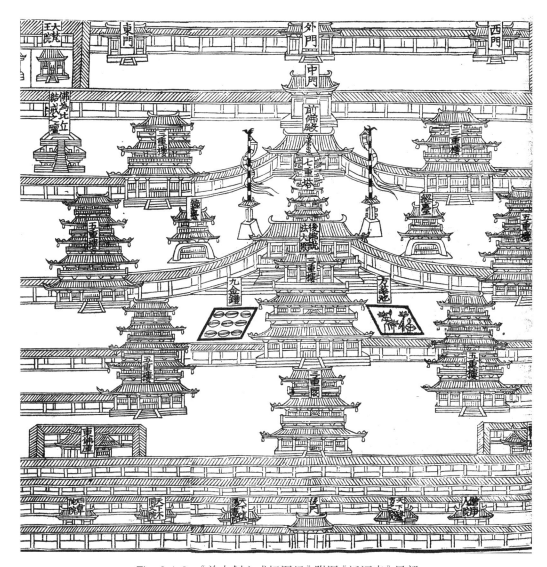

Fig. 2.1-3 《关中创立戒坛图经》附图《祇洹寺》局部

ordination-platforms［戒坛］ front Buddha-hall［前佛殿］

three-storied tower［三重楼］ seven-storied *stūpa*（七重塔）

bell-tower［钟台］ scripture-repository［经台］

rear Buddha-hall［后佛说法大殿］

five-storied tower［五重楼］

three-storied building or tower［三重楼］ *jinhu*［九金护］ square-pool［方华池］

three-storied pavilion or hall［三重阁］five-storied tower［五重楼］

storehouses［佛库］

住。'又《别图》云：'祇桓一寺，十字巷通于外院。'又云：'寺有二门，一南一东。'又云：'寺有五门。'又云：'七日所成，大房三百口、六十余院。'案：北齐灵裕法师《寺诰》述《祇桓图经》具明诸院，大有准的。又案《别传》：'祇桓一寺，顿结三坛，今虽荒毁，不妨初有。'自尔至今，千七百载，前后重造，凡二十返，形相不同，不足可怪，且据元始，如前略存。"[1]自佛陀入住到唐初，祇洹精舍经历了二十回或更多次改造，扩展到唐初以佛院为中心的六十四院或更多。因此，诸多文献及图经中出现了不少互相矛盾之处，唯"北齐灵裕法师《寺诰》述《祇桓图经》具明诸院，大有准的"。因此，道宣搜集诸多记录，编撰了《中天竺舍卫国祇洹寺图经》及《关中创立戒坛图经》。

依据道宣记载，祇洹精舍整体布局主次分明，院落布列有序，功能分区显著。精舍总体分为东、西两大院落。西方大院是佛、僧所居之佛寺主体，其中佛院的东、西、北三面设绕佛房，即明（名）僧院；东方大院则是寺院的后勤服务区。两大院落之间以南北向大路相隔。又，西方大院的佛院之南，有贯穿全寺的东西大道。大道以南区域被三条南北向道路分成四块。这三条道路分别通向佛寺南端的三座大门，与东西大道共同构成寺院前部的主要交通脉络。以东西大道作为划分内外功能区域的界限，道南为"对外接待"或接受外部供养的区域；道北则是寺院内部活动区域，其中又分为中心佛院与外周僧院两大部分[2]。

《中天竺舍卫国祇洹寺图经》在国内数度失传，前后两次从海外得回重印，经文对祇洹精舍的总体布局与寺内各建筑之间的关系、方位、院门朝向等描述甚详，但附图早已散佚。《关中创立戒坛图经》虽以设坛为主，对佛寺建筑的描述相较《中天竺舍卫国祇洹寺图经》略粗，但也基本上表述了祇洹寺的平面布局。

唐义净675年左右亲临祇洹精舍，后在《大唐西域求法高僧传》中写道："曾忆在京见人画出祇洹寺样，咸是凭虚。为广异闻，略陈梗概云尔。"[3]传源自南宋绍兴二十二年(1152年)刻本的《关中创立戒坛图经》附图，祇洹精舍为一座横连多院的大型佛寺，中部中轴线上的建筑为主院，即"正中佛院"，左侧横连两个院落，右侧横联一个院落，三大院落中还各有被廊庑分隔的众多小院，每小院中各置一殿。钟晓青认为："图中建筑形象不似唐代，疑为绍兴年间刻版时补刻。"[4]不管怎样，《中天竺舍卫国祇洹寺图经》代表了唐初中土高僧对天竺祇洹精舍的理解。

---

[1]《大正藏》No.1892，第45卷，第812b页。

[2]参见：钟晓青《初唐佛教图经中的佛寺布局构想》，《钟晓青中国古代建筑史论文集》，沈阳：辽宁美术出版社，2013年，第234-248页。

[3][唐]义净撰《大唐西域求法高僧传》，第114页。

[4]钟晓青《初唐佛教图经中的佛寺布局构想》，《钟晓青中国古代建筑史论文集》，第234页。

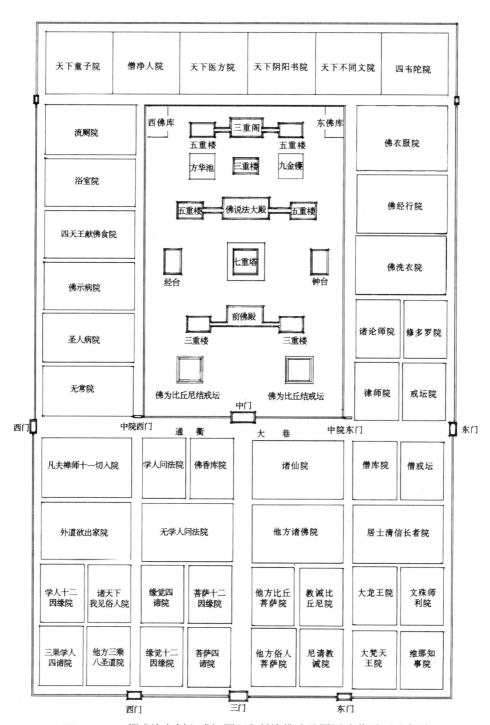

Fig. 2.1-4 据《关中创立戒坛图经》所绘佛院及周围院落平面示意图

　　1996 年，钟晓青依据《中天竺舍卫国祇洹寺图经》和《关中创立戒坛图经》，分别画出祇洹精舍的两种平面示意图 (Fig. 2.1-4，参见 Fig. 1.1-3)。经过"分析比较，可以看出这两部图经经文所表述的佛寺布局构想大同小异，这与吸收初唐时期城市规划及宫殿布局特点有必然的联系。……《寺经》与《戒坛经》经文中，作者都一致强调书中所述是印度祇洹寺的原始形象。但是将据其复原的佛寺平面图与目前所知魏晋、北朝及隋唐时期的都城与宫城平面图相比较，不难看出它们在总体格局上的一致，其中与唐长安宫城平面尤为相似，而与印度早期佛寺的平面布局相比，却没有明显的相似之处"。"由此可见，初唐佛教图经中所描述的佛寺布局实脱胎于当时汉地所流行的规划布局形式。""自灵裕而至道宣，他们所宣扬并提倡的，均为纯粹的中国式佛寺布局，是充分体现传统规划思想、展现本土建筑特点的寺院形象。""当时的佛寺建造，必然会在一定程度上受其影响，对于唐代佛寺规制的形成，也会起到相当大的作用。"[1]

　　道宣所撰《祇洹图经》，在一定程度上可以视作唐长安城的缩微版。从其所绘《祇洹寺图》来看，与发掘出土的西明寺横向多院式布局的部分遗迹是接近的。

三、考古发掘

　　祇洹精舍，是迄今做过全面考古调查和发掘的印度古代佛教寺院遗址之一。

　　最早对这处地面佛寺遗址进行考古调查的，是印度政府考古调查员 (Archaeological Surveyor to the Government of India) A. 坎宁安 (Alexander Cunningham)。1863 年 1 月，坎宁安第一次踏查今北方邦贡达 (Gonda) 与巴赫赖奇 (Bahraich) 交界的萨赫特–马赫特 (Sâhet-Mâhet) 遗迹 (Fig. 2.1-5) [2]。在第 3 号土丘 (A third mound)，坎宁安发掘出一座殿堂 (temple) 遗址，即他后来所称的第 3 号殿 (Temple 3)。殿堂平面方

---

　　[1] 钟晓青《初唐佛教图经中的佛寺布局构想》，《钟晓青中国古代建筑史论文集》，第 240、244、247 页；图 2、3、6。实际上，这种情况至少从北魏开始已经出现。《洛阳伽蓝记》卷一记载："永宁寺，熙平元年 (516 年) 灵太后胡氏所立也，在宫前阊阖门南一里御道西。其寺……中有九层浮图一所，……浮图北有佛殿一所，形如太极殿。……僧房楼观，一千余间。……寺院墙皆施短椽，以瓦覆之，若今宫墙也。四面各开一门，南门楼三重，通三阁道，去地二十丈，形制似今端门。……北门一道，上不施屋，似乌头门。"（周祖谟校释本第 17-47 页）依据杨衒之记载，当时佛教寺院与官府建筑之间，可能存在着某种密切关系。永宁寺之院墙，"若今宫墙"；其南门，"形制似今端门"；其佛殿，"形如太极殿"。这说明北朝伽蓝，如剔除宗教内容，的确与官府建筑布局相似。

　　[2] *Archaeological Survey of India: Four Reports made during the years 1862-63-64-65* by A. Cunningham, Vol. I (1871): 330-348; Pl. L. 需要说明的是，坎宁安测绘图中所标注的 Sâhet 和 Mâhet 与后来马歇尔等人给出的 Sâhet 和 Mâhet 的位置正好相反，应为坎宁安当初笔误所致。

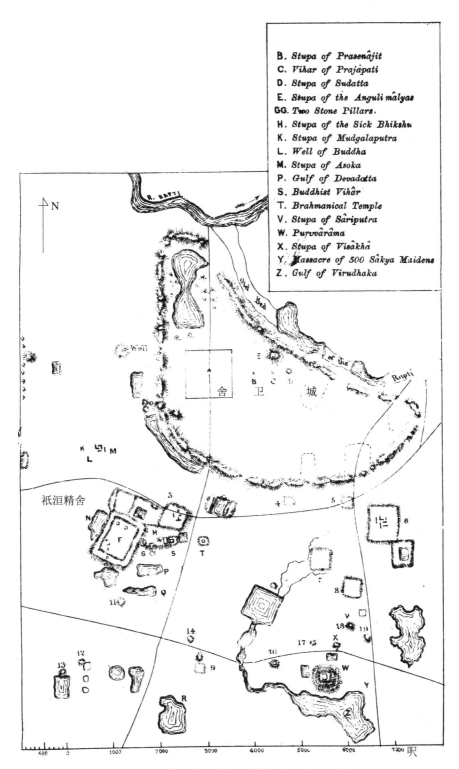

B. *Stupa of Prasenâjit*
C. *Vihar of Prajâpati*
D. *Stupa of Sudatta*
E. *Stupa of the Anguli mâlyas*
GG. *Two Stone Pillars.*
H. *Stupa of the Sick Bhikshu*
K. *Stupa of Mudgalaputra*
L. *Well of Buddha*
M. *Stupa of Asoka*
P. *Gulf of Devadatta*
S. *Buddhist Vihâr*
T. *Brahmanical Temple*
V. *Stupa of Sâriputra*
W. *Puṛvârâma*
X. *Stupa of Visâkhâ*
Y. *Massacre of 500 Sâkya Maidens*
Z. *Gulf of Virudhaka*

Fig. 2.1-5 舍卫城址与祇洹精舍遗址平面测绘图

形，边长 2.36 米 (7¾ 呎)，东壁 (前壁) 厚 1.52 米 (5 呎)，正中辟门道，其余三壁厚 1.22 米 (4 呎)，每面墙壁外侧中央各有一 15.2 厘米 (6 吋) 的凸起部分，外缘长 5.79 米 (19 呎)，宽 5.49 米 (18 呎)。坎宁安在殿堂正壁 (西壁) 发现一尊石雕立佛，出土时像座仍置原位。立佛高 2.24 米 (7 呎 4 吋)，头光两侧下缘小孔应把立像固定于墙壁时所凿。立佛头部已残，左手置腰部，右手施无畏印，双脚跣立。大衣作右袒式披覆，除右臂衣纹较密外，立佛上身几乎不见褶襞；下衣束带。这尊立佛以红砂岩 (杂白斑点) 雕造，故推定是从秣菟罗运至舍卫城 (参见 Fig. 1.1-6)。原始发愿文题刻应为印度–斯基泰 (Indo-Scythian) 时期所刻，文中提到了供养人、三位托钵僧，之后是菩萨称号、地名舍卫城和佛名薄伽梵 (Bhagavata)，结语作："此像，令芒果殿的有部法师满意。"[1] 这一发现，使坎宁安断定萨赫特–马赫特遗迹就是历史上有名的舍卫城 (Srâvasti) 遗址。后来，坎宁安把 3 号殿推定为芒果殿[2]。坎宁安关于马赫特 (Mahēṭh) 即舍卫城遗址、萨赫特 (Sahēṭh) 即祇洹精舍遗址的推论，早已得到了学术界的公认。

　　1876 年初，时任印度考古调查局局长 (Director-General of the Archaeological Survey of India) 坎宁安再次来到萨赫特，在这里进行了为期 11 天的考古调查，并主持发掘了 20 座土丘。其中，10 座土丘为殿堂遗址，5 座塔址，5 座居住址 (或烧砖被撬走后留下的土堆)。经过调查和发掘，坎宁安测绘出一幅大比例的祇洹精舍遗址图，这应是迄今所知祇洹精舍最早的平面图 (参见 Pl. 1.1-4)。他在测绘图上标定和绘制出所有发掘出土的建筑遗址，如第 1 号遗址及其会堂 (mandapa)、2 号殿堂 (Temple No. 2)、第 3 号殿堂 (Temple No. 3)、第 5 号塔址 (Stupa No. 5) 以及祇洹精舍的东门和北门等[3]。

---

[1] *Archaeological Survey of India: Four Reports made during the years 1862-63-64-65* by A. Cunningham, Vol. I (1871): 338-340。德国吕德斯释读题刻如下：Mixed dialect. A Bōdhisatva (*Bōdhisattva*), an umbrella (*chhātra*) and a staff (*dāṇḍa*), the gift of the monk (*bhikshu*) Bala, who knows the Tripiṭaka (*trēpiṭaka*), the companion (*saddhyēvihārin*) of the monk (*bhikshu*) Pushya[vuddhi] (*Pushyavṛiddhi*), at Śāvastī (*Śrāvastī*), at the walk (*chṁkama*) of Bhagavat in the Kōsaṁbakuṭī (*Kauśāmbakuṭī*), as the property of the Sarvastivādin (*Sarvāstivādin*) teachers (*acharyyas*). H. Lüders, "A List of Brāhmī Inscriptions from the Earliest Times to about A.D.400 with the Exception of those of Aśōka," *Epigraphia Indica and Record of the Archaeological Survey of India*, Vol. X (1909-10), Appendix (Calcutta: Superintendent Government Printing, India, 1912), No. 918.

　　萨尔纳特遗址发掘出土的一尊石雕立佛也题作菩萨 (*Boddhisatwa*)，供养人也是伯勒 (Bala)，两者之间应有一定关联。

[2] *Archaeological Survey of India: Report of Tours in the Gangetic Provinces from Badaon to Bihar in 1875-76 and 1877-78* by A. Cunningham, Vol. XI (1880): 84.

[3] *Archaeological Survey of India: Report of Tours...*, Vol. XI (1880): 78-100, Pls. XXIV-XXX.

第 2 号殿堂坐西朝东，由门廊、大厅 (assembly-hall) 和内殿 (sanctum) 构成，大厅面阔（南北向）6.55 米 (21 呎 6 吋)，进深（东西）6.33 米 (20 呎 9 吋)；大厅与内殿之间甬道长 2.36 米 (7 呎 9 吋)；内殿面阔（南北）2.9 米 (9 呎 6 吋)，进深（东西）2.84 米 (9 呎 4 吋)；后半部置砖砌像台，面阔与正壁等同，进深 1.59 米 (5 呎 2½ 吋)，原应置大型佛像；殿墙厚 1.77 米 (5 呎 10 吋)。据此，坎宁安推测第 2 号殿堂应是安置旃檀佛像之著名香殿 (Gandha-kuṭī) [1]，系祇洹精舍中两座最神圣的建筑 (monuments) 之一[2]。

第 3 号殿堂，坎宁安推定为芒果殿址，疑为玄奘所记"独一砖室岿然独在，中有佛像"。1863 年坎宁安在第 3 号殿堂发掘出土的佛像，应在玄奘游历之前安置，玄奘所见应是此像；第 3 号殿堂在法显游历之前已倾圮，玄奘所见或为重修。邻近芒果殿，坎宁安还发现了经行处。鉴于香殿和芒果殿与释迦牟尼之关系，坎宁安认为其毁坏后不大可能在其他地点予以重建[3]。

坎宁安关于这两座殿堂遗址的考定，已被所获材料充分证实，只是他对祇洹精舍北门的推测现存争议。否则，他早年的辨识与推论将被所有资料证实。

1884 年 12 月 15 日至 1885 年 5 月 15 日，霍伊博士 (Dr. W. Hoey) 与其团队在萨赫特–马赫特遗址进行了更为深入的调查。虽然他们在萨赫特的发掘不少于 34 处，在马赫特及周围区域也发掘了若干地点，但这些遗址中没有一处被彻底清理。他后来在报告中发表的文字和测绘图，似乎也不足以传递他们所发掘出土遗迹的准确理念[4]。

1908 年 2 月 3 日至 4 月 30 日，印度考古调查局福格尔博士 (Dr. J. Ph. Vogel)，在威尔逊 (A.J. Wilson) 和萨尼 (Daya Ram Sahni) 协助下，主持了萨赫特–马赫特遗址的考古发掘，工作重心集中在前人没有完成考古发掘的重要建筑遗迹的清理上。其中，马赫特遗址，即舍卫城址的考古发掘工作，主要由福格尔负责[5]；萨赫

---

[1] *Archaeological Survey of India: Report of Tours...*, Vol. XI (1880): 84; Pl. XXVI. 唐义净译《根本说一切有部毗奈耶杂事》卷二十六《摄颂之余佛现大神通事》阐释："香殿，西方名佛所住堂为健陀俱知。健陀是香，俱知是室。此是香室、香台、香殿之义，不可亲触摸尊颜故，但唤其所住之殿，即如此方玉阶陛下之类。然名为佛堂、佛殿者，斯乃不顺西方之意也。"《大正藏》No.1451，第 24 卷，第 331b-c 页。

[2] 第 2 号殿堂遗址及其近旁的原始建筑遗迹，或许就是道宣《中天竺舍卫国祇洹寺图经》所言"中院唯佛独居，不与僧共"之处。《大正藏》No.1899，第 45 卷，第 886c 页。

[3] 1) *Archaeological Survey of India: Four Reports...*, Vol. I (1871): 330-348, esp. 338-340; 2) *Archaeological Survey of India: Report of Tours...*, Vol. XI (1880): 84-87, Pl. XXV.

[4] W. Hoey, "Set Mahet, " *Journal of the Asiatic Society of Bengal*, Vol. LXI (1892), Part I, Extra Number: 1-64, Pls. I-XXX.

[5] J. Ph. Vogel, "Excavations at Sahēṭh-Mahēṭh," *ASIAR 1907-08* (1911): 81-117, 130-31.

特遗址，即祇洹精舍寺址的发掘由萨尼担当[1]。经过细致勘查和发掘，福格尔确信：坎宁安因为在萨赫特–马赫特废墟中发现一尊大型菩萨立像，进而推定该废墟为舍卫城和祇洹精舍遗址之观点是正确的。像座上的题刻属于贵霜时期 (Kuṣāṇa period)，记载这尊菩萨像与伞盖一道由伯勒 (Friar Bala) 安置于舍卫城，位于芒果殿 (Kōsamba-kuṭi) 到经行处 (chaṅkrama) 之间[2]。不论是遗迹范围还是整体形态，马赫特无疑是古代舍卫城遗址；而萨赫特，则被萨尼确认为祇洹精舍遗址[3]。根据萨尼报告[4]，萨赫特第 19 号僧坊 (convent No. 19)[5]、第 12 号殿堂、第 5 号塔和第 1-3 号殿堂遗址的考古发掘都有重要收获。

　　第 19 号僧坊先后经历过两次重修，遗址的晚期地层大约可以定在公元 10 世纪，平面呈规则的方形，边墙外侧长 35.97 米 (118 呎)，共有 24 间僧房 (Fig. 2.1-6)。在 23 号房 (门厅) 西北角地面之下出土了一件曲女城戈文达·旃陀罗 (Gōvindachandra of Kanauj) 颁发的铜牒 (a copper-plate charter)。铜牒长 45.72 厘米 (18 吋)、高 35.6 厘米 (14 吋)、厚 0.64 厘米 (¼ 吋)，置于边长 60.96 厘米 (2 呎)、高 7.62 厘米 (3 吋) 的陶函中，安放于地基之上，四周以砖围砌。题铭共 27 行，内有 "Sam. 1186，Āshāḍha 月圆之日，周一，这件铜牒从波罗奈 (Vārāṇasī) 签署"。这一日期，弗利特博士 (Dr. Fleet) 推算为公元 1130 年 6 月 23 日[6]。第 5 号塔址最初由坎宁安发现，推断上层建筑原来是一座小殿或神龛，早期塔址现被晚期遗迹覆盖 (Fig. 2.1-7)。在第 3 号殿堂 (芒果殿) 附近，发掘出土了一座非常有趣的建筑，推测为佛经行处 (promenade)。经过发掘，第 2 号殿堂遗址被完全揭露出来 (Pl. 2.1-2)，平面长方形，长 22.86 米 (75 呎)、宽 17.37 米 (57 呎)。萨尼认为："就年代而言，发掘出土的这座建筑不会早于笈多晚期。" (Fig. 2.1-8)[7]发掘期间，他

[1] D. R. Sahni, "Sahēṭh," *ASIAR 1907-08* (1911): 117-130.

[2] J. Ph. Vogel, "Excavations at Sahēṭh-Mahēṭh," *ASIAR 1907-08* (1911): 82.

[3] J. Ph. Vogel, "Excavations at Sahēṭh-Mahēṭh," *ASIAR 1907-08* (1911): 81-131.

[4] D. R. Sahni, "Sahēṭh," *ASIAR 1907-08* (1911): 117-130.

[5] 第 19 号遗址最早是霍伊重新发现的，后来萨尼做了进一步清理。不过他们为什么使用 convent 一词来表示这座建筑，因为 "convent" 通常指修女团或女修道院，即佛教庵堂或尼寺。萨尼报告中也用 monastery 来描述这座僧坊的 24 间僧房。参见: 1) W. Hoey, "Set Mahet," *Journal of the Asiatic Society of Bengal*, Vol. LXI (1892), Part I, Extra Number: Pls. V, X; 2) D. R. Sahni, "Sahēṭh," *ASIAR 1907-08* (1911): 119.

[6] 铜牒记载：当地统治者同意把所属六个乡村转让给祇洹大寺 (Jētavana-mahāvihāra) 住持佛陀至尊 (Buddhabhaṭṭāraka) 所统领的僧团，这说明祇洹精舍直到 12 世纪中叶仍然存在。参见: D. R. Sahni, "Sahēṭh," *ASIAR 1907-08* (1911): 120。

[7] D. R. Sahni, "Sahēṭh," *ASIAR 1907-08* (1911): 124.

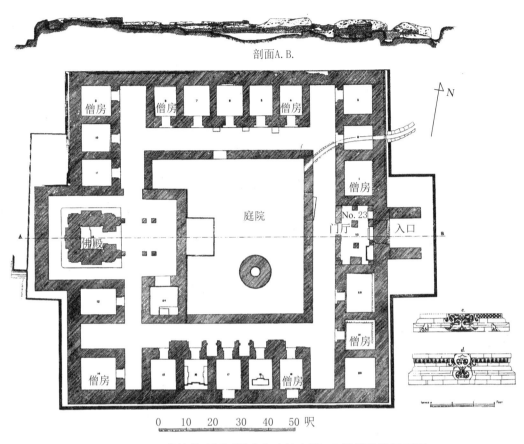

Fig. 2.1-6　萨赫特（祇洹精舍）遗址中第 19 号僧坊址平面图

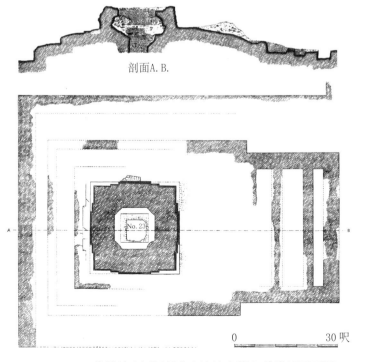

Fig. 2.1-7　萨赫特（祇洹精舍）遗址中第 5 号塔址平面图

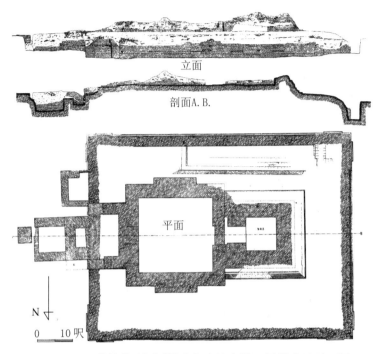

Fig. 2.1-8　萨赫特（祇洹精舍）遗址中第 2 号殿堂址平面图

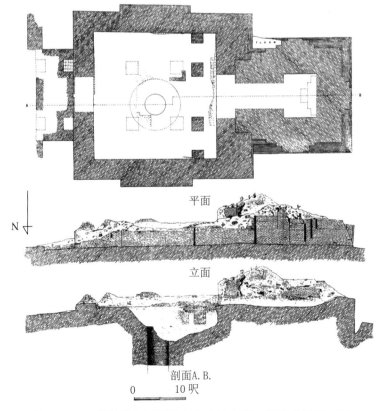

Fig. 2.1-9　萨赫特（祇洹精舍）遗址中第 1 号殿堂址平面图

们还获知第 1 号殿堂 (Fig. 2.1-9) 的两个重要特征：一是有顶棚门廊的斜坡地面，另一是殿堂四周的围墙，用来环绕礼拜道。

福格尔在发掘报告结语中写道：在贵霜与加哈尔瓦尔王朝 (Gaharvārs，即加哈达瓦拉王朝) 千年之中，祇园一定经历了诸多变化。第 19 号僧坊中发现的铜牒，是公元 1130 年颁发给祇洹精舍僧团的，证明这处圣地在穆斯林征服这一地区之前的那个世纪仍然存在。鉴于我们已经掌握权威记录的相重证据 (cumulative evidence)，"萨赫特代表祇园、马赫特必然是舍卫城，是毋庸置疑的。"这就是 1907-1908 年发掘季萨赫特–马赫特遗址考古发掘的主要结果[1]。

1908-1909 年发掘季时福格尔休假，时任印度考古调查局局长马歇尔 (John H. Marshall) 应福格尔请求，继续进行萨赫特–马赫特遗址的发掘，萨尼担任他的考古助理。在第二季发掘中，虽然马歇尔的主要任务是祇洹精舍遗址，但他利用这次机会调查了若干远离主体的遗迹。这些边远遗迹，大多早于已被揭露出土的主遗址[2]。萨赫特土丘从东北角到西南角长约 488 米 (1600 呎)、东西宽 137 米 (450 呎) 至 213 米 (700 呎) 不等，平均高出周围地面 4.27 米 (14 呎)[3]。马歇尔团队新发现的古代遗迹在其测绘图中标红，整个祇洹精舍遗址从北到南可以大体分作三组，即北、中、南三区 (参见 Pl. 1.1-5)，现次第予以介绍[4]。

(1) 第一组遗迹主要分布在遗址北区，是三组遗迹中最大的，对于我们了解祇洹精舍的布局非常重要 (参见 Fig. 1.1-4、Fig. 2.1-10)。其中，第 1 号殿堂周围遗迹已被全部清理，原来它是萨赫特迄今发掘出土的一处最大的僧坊 (vihāra) 遗址。僧坊坐西朝东，东西长 45.72 米 (150 英尺)、南北宽 43.28 米 (142 呎)，中央庭院周围环置 36 间僧房，营造年代大约为公元 10 世纪；僧坊四周建置的房舍，较庭院中央殿堂略早。在第 1 号殿之下，原有另一座小型僧坊 (A)，南北长约 27.13 米 (89 呎)，东西宽度可能与南北长度等同，仅西侧建筑部分被揭露出来。因此，僧坊 A 应早于第 1 号殿堂大约四五个世纪。遗址 B 平面方形，边长约 15.24 米 (50 呎)，是一座小型僧坊址。被叠压在遗址 B 下方的成列小室 / 僧房，属于一座相当规模的僧

[1] J. Ph. Vogel, "Excavations at Sahēṭh-Mahēṭh," *ASIAR 1907-08* (1911): 131.

[2] 马歇尔写道："我自己的工作计划，是指导队员继续这次的考古清理，同时就纪元初若干世纪遗址的分布状况，指导他们透过遗迹去洞察下层和更早的地层，以期找到若干明确的证据。坎宁安将军把他发现的建筑与法显和玄奘记载的若干遗迹等同起来，是独出心裁的，实际上这些建筑系他们游历之后陆续建造而成。因此，就中国求法僧游历时的祇园布局而论，确实没有东西从他们那里可以得到推论。" John H. Marshall, "Excavations at Sahēṭh-Mahēṭh," *ASIAR 1910-11* (1914): 1-24, esp. 4.

[3] D. R. Sahni, "Sahēṭh," *ASIAR 1907-08* (1911): 117.

[4] John H. Marshall, "Excavations at Sahēṭh-Mahēṭh," *ASIAR 1910-11* (1914): 1-24.

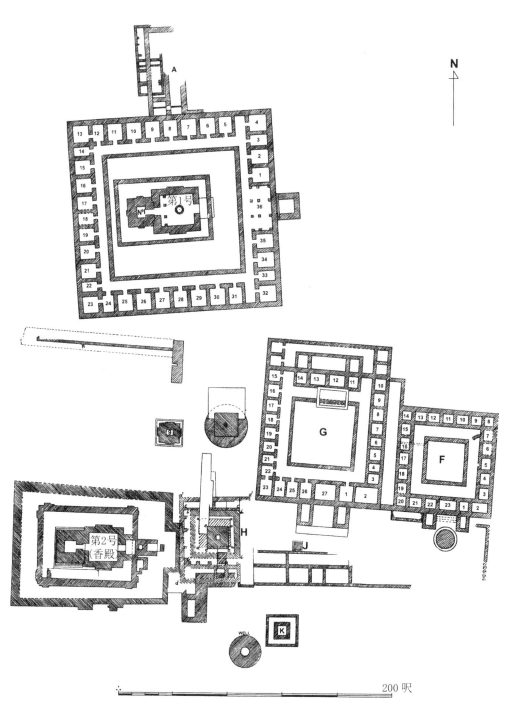

Fig. 2.1-10 萨赫特（祇洹精舍）遗址北区平面测绘图

Fig. 2.1-11　萨赫特（祗洹精舍）遗址中 F、G、H、J 和 K 遗址及通往第 2 号殿堂小路

坊，但在遗址 B 和 C 营造之前已经倒塌，从而成为建筑 B、C 的部分基址，营造年代为公元 1 或 2 世纪。遗址 C 与遗址 B 大约同时，可能构成同一僧院的一部分。这一区的 D 遗迹，建筑在较低地层，可能较上述遗址要早一个世纪。遗址 E 由前室和主室构成，大小规模近似，可能安置涅槃佛像（*parinirvāṇa* Buddha shrine）。

尽管北门位置尚待证实，但坎宁安推测的祗洹精舍东门无疑是正确的。通往东门的道路与路北侧毗邻营造的建筑遗址 F 和 G 年代相同，可以定在贵霜早期。

F 僧坊平面方形，边长约 22.86 米（75 呎），以通常样式营造，敞开的庭院四周建有围廊和僧房（参见 Fig. 2.1-10）。这座僧坊倒塌后，在原址上又重修了类似建筑。在 15 号僧房内出土的一只陶罐，内装 105 枚钱币，其中 96 枚为贵霜帝国最后一位国王波调（Vāsudēva）铸造。因此，可以假定钱币埋藏的时间在波调统治时期或其后不久，同时也可推测发现钱币的那间僧房此时或略晚塌毁。既然这座僧坊属于在早期建筑废墟上重建，从现存证据来看，下层建筑的年代应相当早。这点同样适用于建筑遗址 G、H、J 和 K，它们以相同样式营造并建于同一地层之上（Fig. 2.1-11）。

G 僧坊与 F 僧坊的营造年代相当，但它经历了若干次修复。这些修复肯定发生在原始营造后很久，因为新隔墙的地基垒砌在旧址地面之上。这座建筑的最后废弃，较晚期笈多要早一百年左右（Pl. 2.1-3）。至于遗址 H、J 和 K，H 址在其顶部的古塔出现之前就经历了若干次重建，原始塔基平面方形，边长约 6.1 米（20 呎），最后一次重妆应在笈多时期。K 遗址也是塔，内置舍利盒，后来被重修、扩大。在这座塔的西南，有一口精心建造的水井，似乎年代稍晚些。

第 8 号址在 G 僧坊西侧，是一座塔址（Fig. 2.1-12），出土了一尊圆雕菩萨残像。像座正面镌刻发愿文四行，其中上方三行"既非纯粹俗语，也非纯粹梵语，而是两者的混合形式"。题刻属于贵霜早期，且与石雕同时完成，记述这尊菩萨像由秣菟罗工

Fig. 2.1-12　萨赫特 (祇洹精舍) 遗址中第 8 号塔址

匠雕造，后安置于舍卫城祇洹精舍。第四行题刻节录自佛经，虽以梵语刻出，但未经妥善校正，补刻于 8、9 世纪 (参见 Fig. 1.1-5)。这行补刻，可能晚于菩萨像被安置在塔中的年代。这通题刻，不仅证实萨赫特是舍卫城祇洹精舍遗址，而且表明直到 9、10 世纪时祇洹精舍仍是一处活跃的佛教圣地[1]。此外，在第 8 号塔址西侧的第 9 号塔址出土了一尊坐佛，手施无畏印，下为狮子座。像座高 30.5 厘米 (1 呎)，

---

[1] 菩萨像座正面前三段题刻以拉丁字母转写如下：

L. 1...*sya Śīvadharasya cha bhrātriṇā*[*ṁ*] *kshatriyanā*[*ṁ*] *Vēlishṭānaṁ Dhamanāṁda-putrānaṁ dānaṁ Śrāvāsta-Jētāvanē Bōhisatvā Mathurā-*[*vā*]...

L. 2...*tā sarva-Būdhānaṁ pujathaṁ mātā-pṛitī puraskṛicha sava-satvahitathaṁ cha d*[*ē*]*ṁtī sathavīchakshaṇā asarākā cha bhōgānāṁ*

L. 3...*jīvītasa cha sērāmiya-kuśalaā bhuyakuśalam-achīni M*[*ā*]*thurēna śēlarupakārēna Ś*[*i*]*vamitrēna Bōhīsatva kṛitā.*

原始题刻略译如下："作为……的礼物，一尊菩萨像被安置于舍卫城祇洹精舍。这尊菩萨像，由秣菟罗雕刻家尸缚密多罗创作。"据萨尼研究，这通题刻的前三行可定在迦腻色迦统治之前，而含有佛教偈语的最后一行系在原始题刻之后若干世纪，大约 8、9 世纪补刻。这通题刻，为支持萨赫特–马赫特即舍卫城遗址的观点进一步提供了绝对证据。Daya Ram Sahni, "A Buddhist Image Inscription from Śrāvastī," *ASIAR 1908-09* (1912): 133-138, esp. 135. 参见: John H. Marshall, "Excavations at Sahēth-Mahēth," *ASIAR 1910-11* (1914): 4-12。

宽 19.1 厘米 (7½ 吋), 厚 7.6 厘米 (3 吋), 表面题刻字体属于贵霜晚期, 造像样式同样属于秣菟罗流派[1]。

(2) 遗址中区, 即第二组遗迹主要以第 3 号殿堂为中心, 分布在祇洹精舍遗址东侧的台地上 (Fig. 2.1-13, 参见 Pl. 1.1-5)。坎宁安把第 3 号殿堂考定为芒果殿遗址, 是佛从忉利天返回 "后还入精舍" 所居, 即法显所记 "佛于是移住南边小精舍, 与像异处, 相去二十步"。马歇尔认为: "所有证据有利于这一考释, 每次发掘都提供了越来越多的证据, 即它曾是特别神圣的殿堂之一。"[2]在这座殿堂西侧和北侧下层发掘出土的残壁, 原来围绕一座神龛, 营造时间应早于现存殿址。此外, 在残壁与神龛之间揭露的一座佛塔遗迹, 即平面方形塔基和圆形覆钵也应晚于神龛。在芒果殿东侧发现了第二条经行小路 (第一条经行小路, 是 1907-1908 年发掘季福格尔团队发现的)。第二条经行小道的南北两侧各揭露出土一座建筑遗址。其中, 一座系中古时期营造的殿堂址 M, 由两间小室和一间前室构成; 另一座是僧坊址 N, 平面布局如常。在第 6 号僧房内发现两枚印章, 属于 6、7 世纪, 故僧坊 N 大概在这一时期或稍后不久废弃。在僧坊 N 遗址发现的残缺不全的造像 (mutilated images), 应在僧坊建造后五百年左右, 最大的可能性是僧坊废弃后被敆置在那里。

编号 O 最晚的遗迹是两座塔, 大约建造于 11 或 12 世纪[3]。

(3) 第三组建筑遗迹位于遗址南区, 主要散布在第 19 号僧坊址的东部及东北部, 大多数为塔址 (参见 Pl. 1.1-5)。其中, 第 10 号塔始建于 4 或 5 世纪, 8 或 9 世纪重修时被扩大, 并被包裹了一层外壳。第 19 号僧坊址东侧的一排塔大约修建于 12 世纪前后, 这些简单的建筑似乎仅仅是朝圣者的游历纪念物。又, 南区两座贵霜时期营造的佛塔, 后来被晚期修建的第 17、18 号建筑覆盖。其中, 第 17 号塔基平面方形, 边长 6.25 米 (2½ 呎); 覆钵平面圆形, 直径约 5.79 米 (19 呎)。这种从平面方形塔基向平面圆形覆钵的转换或过渡, 通过在边角设计一系列壁阶 (offsets, 阶宽), 即向上的同心曲线 (concentric curves) 完成 (Fig. 2.1-14)。这实际上是·种非常有趣的独特设计[4]。

上述三区, 即三组建筑遗迹, 第一组和第二组遗迹彼此邻近, 第一组中的第 2 号址 (香殿) 和第二组的第 3 号址 (芒果殿), 与公元前 2 世纪雕刻的帕鲁德大塔栏楯上祇洹精舍浮雕中的香殿和芒果殿位置相当, 可以并为一大组, 疑为法显所记

[1] John H. Marshall, "Excavations at Sahēṭh-Mahēṭh," *ASIAR 1910-11* (1914): 12, Pl. VIb.

[2] *Ibid.*, 12.

[3] *Ibid.*, 12-14, 19.

[4] John H. Marshall, "Excavations at Sahēṭh-Mahēṭh," *ASIAR 1910-11* (1914): 14-15.

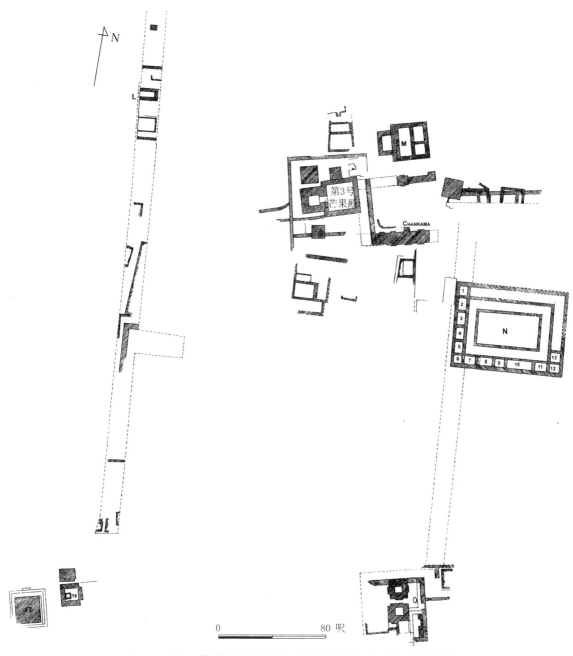

Fig. 2.1-13　萨赫特（祇洹精舍）遗址中区和东区平面测绘图

"祇洹精舍大援落"[1]。第三组建筑遗迹为另一院落。若然，这种布局似与法显和道宣所记有某种契合。坎宁安、霍伊、福格尔、马歇尔等在萨赫特进行的考古发掘，

———————————

[1] 关于大援落，参见：[日] 足立喜六《法顯傳：中亞、印度、南海紀行の研究》，東京：法藏館，1940 年，第 94-95 页注释 39。又，汉语"援"有篱笆之意。参见：[唐] 房玄龄等撰《晋书》，点校本，北京：中华书局，1974 年，第 2291 页。

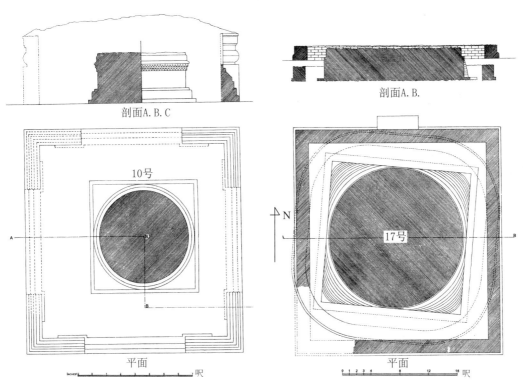

Fig. 2.1-14　萨赫特（祇洹精舍）遗址中第 10、17 号塔址平面图

特别是从马歇尔测绘的遗址平面图中，我们可以清楚地看到：祇洹精舍主要由香殿 (Gandha-kuṭī)、芒果殿 (Kōsamba-kuṭi) 以及十几座僧坊 (vihāra) 构成，另加数量不等的殿堂 (temple)、神龛 (shrine)、塔 (stūpa) 或奉献塔 (votive stūpa)、经行处 (chaṅkama 或 caṅkramana) 以及水井和其他生活设施。从公元 1 世纪到 12 世纪前后，这些建筑大多经历过重修或改造。

在马歇尔完成考古发掘 80 年后，印度考古调查局与日本关西大学合作，连续三个发掘季重新开始对祇洹精舍的勘探和发掘[1]。考古工作始于 1986-1987 年发掘季，结束于 1988-1989 年发掘季，主要在祇洹精舍所在的萨赫特土丘南部和西北边缘进行。第一发掘季的任务，是确定祇洹精舍遗址的文化潜能 (cultural potentiality)。这次发掘，揭露出土了 41 处烧砖建筑，大多位于土丘的南边[2]。第二发掘季 (1987-1988 年) 的主要目的，是找出土丘西北边缘先前注意到的角墙细部

[1] 参见：網干善教：《祇園精舍伝流考》，载南都国際仏教文化研究所编集：《南都大安寺論叢》，奈良：河野清晃 / 大安寺，1995 年，第 439-460 页。

[2] Indian Archaeology 1986-87—A Review (New Delhi: Archaeological Survey of India, 1992), 76.

及其与第一季揭露的建筑之关系，目的是确定遗址的古昔与文化关联 (antiquity and cultural sequence)[1]。为延续先前工作，印度考古调查局与关西大学在 1988-1989 年发掘季继续合作，目的是揭露一座池塘和与之相关的其他邻近建筑，以弄清淤积物的性质 (nature of deposits)。虽然印日联合考古队关于祇洹精舍的发掘报告迄今尚未出版，但现有资料表明祇洹精舍遗址发掘揭露的遗迹，根据出土的陶器、文物和建筑废墟可以分作下列四期：第一期：贵霜 / 晚期贵霜 (Kuṣāṇa/late Kuṣāṇa)，大约公元 1-3 世纪；第二期：笈多时期 (Gupta)，大约 4-7 世纪；第三期：后笈多时期 (Post-Gupta)，大约 8-9 世纪；第四期：中世纪早期 / 加哈达瓦拉王朝 (Gahadavala)，大约 10-12 世纪[2]。

作为佛陀接纳的第二座寺院[3]，传说释迦牟尼在祇洹精舍栖居二十五年，"为佛教三宝常住之道场"[4]。依据相关经律、法显与玄奘记录、帕鲁德栏楯浮雕和萨赫特考古发掘报告，祇洹精舍的原始建筑由香殿、芒果殿、经行处、僧舍或雏形僧坊以及其他附属建筑构成[5]。佛涅槃后，尤其从阿育王开始，礼塔即礼佛思想加深、意识增强，塔成为佛教传播的视觉标志和天竺僧伽蓝或精舍的核心，不过这点在祇洹精舍似不够显著，因为法显与道整拜谒时，"精舍当中央，佛住此处最久。说法、度人、经行、坐处亦尽起塔，皆有名字。""绕祇洹精舍，有十八僧伽蓝，尽有僧住处。"从法显记载，我们获知，除中央精舍外，祇洹精舍周围有十八座僧伽蓝（僧坊）。祇洹精舍中的典型僧坊可能出现在公元 1 世纪前后，晚期营造的大型僧坊，如第 1 号僧坊遗址，僧众不仅可以在此栖居，而且还能专心从事佛教修行、供养和礼拜活动。第 19 号僧坊址出土的铜牒，记录这一地区的统治者把当地六个乡村奉献给祇洹大寺，说明祇洹精舍直到 12 世纪中叶仍很活跃。

---

[1] *Indian Archaeology 1987-88—A Review* (New Delhi: Archaeological Survey of India, 1992), 106-108.

[2] *Indian Archaeology 1988-89—A Review* (New Delhi: Archaeological Survey of India, 1993), 82-84.

[3] 据说，竹林精舍是佛教创立后佛陀所接受的第一座寺院。竹林精舍与祇洹精舍，并为佛陀说法之重地。鉴于竹林精舍没有进行全面的考古发掘，现不宜对其做系统的介绍。

[4] 吕澂《佛教研究法》，上海：商务印书馆，1926 年，第 27 页。

[5] 5 世纪中叶，佛音 (Buddhaghoṣa) 解释巴利语长部经的《吉祥悦议论》(*Sumangalavilāsinī*)，提到祇洹精舍内有四座大型建筑 (*cattāri mahāgehāni*)，即迦利树窟 / 花林窟 (Karerikuṭi)、芒果殿 (Kosambakuṭi)、香殿 (Gandhakuṭi) 和松林殿 / 石岩 (Salalaghara)。参见：C. Witanachchi, "Jetavana (1)," in *Encyclopaedia of Buddhism*, Vol. VI: 42-46, esp. 44.

迄今实施的考古发掘显示：祇洹精舍中的殿堂、僧坊及塔，似为漫无目的营造，"位置未经统一商定和安排"[1]。不过，倘若仔细分析马歇尔测绘的萨赫特遗址平面图，就会发现：散布于遗址北区的建筑，是以第 2 号殿堂（香殿）为中心营造的；中区的建筑，则是围绕第 3 号殿堂（芒果殿）安排；南区的建筑遗迹，似乎以第 19 号僧坊为核心。另外，遗址中也有特别经营的若干建筑群，如编号 B-D 的一组僧坊以及由第 5 号塔与邻近遗迹构成的那组建筑。萨赫特遗址中的北、中、南三区遗迹，可能代表了祇洹精舍创建以来演变的三个阶段，整个营造似从北向南拓展。北、中、南三部分遗迹，似乎也代表了祇洹精舍平面布局中的三大院落。每一院落的中心建筑，如第一院落中的香殿和第二院落中的芒果殿，设计时皆以东方为准定其方位，使正门朝着太阳升起的方向。院落中的其他建筑都在中心建筑之前展开，且安排为东西向位置；建筑的朝向大多被设计为向南或向北，使其正门对着通往中心建筑的道路——经行路。

虽然我们尚不能确定这些院落中哪一个是法显所记的"大援落"（北区？中区？），但是考古发掘和研究结果进一步证实了道宣《祇洹图经》，尤其是图经中关于院落的记载[2]。祇洹精舍的中后期经营，似以多院落或多院式布局展开，这对东方地面佛寺的营造应产生了相当影响。

四、东方伽蓝

（一）南北朝祇洹精舍

《魏书·释老志》记载："自洛中构白马寺，盛饰佛图，画迹甚妙，为四方式。凡宫塔制度，犹依天竺旧状而重构之，从一级至三、五、七、九。世人相承，谓之'浮图'，或云'佛图'。晋世，洛中佛图有四十二所矣。"[3]

鉴于祇洹精舍在佛教史上的特殊地位，东晋南北朝以降中土营造佛寺，有些或以祇洹（祇园）为名，或重祇洹规制。《建康实录》卷八记载东晋许询"舍永兴、山阴二宅为寺，家财珍异，悉皆是给。既成，启奏孝宗 (344-361 年)，诏曰：'山阴旧宅为祇洹寺，永兴新居为崇化寺。'询乃于崇化寺造四层塔，物产既罄，犹欠露盘相轮。

---

[1] Debala Mitra, *Buddhist Monuments* (Calcutta: Sahitya Samsad, 1971), 77.

[2] 依据考古发掘，倘若再细分，祇洹精舍似包含六个大小不一的院落。

[3] [北齐]魏收撰《魏书》，第 3029 页。

一朝风雨，相轮等自备，时所访问，乃是剡县飞来。"[1]这应是现存文献中较早记载冠名祇洹的中土佛寺。

1. 刘宋祇洹寺

据《宋书》卷六十《范泰传》，元嘉五年 (428 年) 去世的范泰，"暮年事佛甚精，于宅西立祇洹精舍"[2]。关于此事，梁慧皎《高僧传·慧义传》记载颇详："宋永初元年 (420 年)，车骑范泰立祇洹寺，以义德为物宗，固请经始。义以泰清信之至，因为指授仪则，时人以义方身子 (舍利弗)，泰比须达。故祇洹之称，厥号存焉。后西域名僧多投止此寺，或传译经典，或训授禅法。宋元嘉初，徐羡之、檀道济等，专权朝政。泰有不平之色，尝肆言骂之。羡等深憾。闻者皆忧泰在不测，泰亦虑及于祸，乃问义安身之术。义曰：'忠顺不失，以事其上，故上下能相亲也，何虑之足忧。'因劝泰以果竹园六十亩施寺，以为幽冥之佑。泰从之，终享其福。……后祇洹寺又有释僧叡，善《三论》，为宋文所重。"[3]

慧皎记述"西域名僧多投止此寺，或传译经典，或训授禅法"。梁僧祐《出三藏记集·昙摩密多传》云："昙摩密多，齐言法秀，罽宾人也。……罽宾多出圣达，屡值明师，博贯群经，特深禅法，所得之要，极甚微奥。……以宋元嘉元年 (424 年) 展转至蜀，俄而出峡，停止荆州，于长沙寺造立禅馆。居顷之，沿流东下，至于京师，即止祇洹寺。其道声素着，倾都礼讯，自宋文哀皇后及皇子公主，莫不设斋桂宫，请戒椒掖，参候之使，旬日相属。即于祇洹寺译出诸经。"[4] 又，《出三藏记集·求那跋陀罗传》曰："求那跋陀罗，齐言功德贤，中天竺人也。以大乘学，故世号摩诃衍。……元嘉十二年 (435) 至广州。时刺史车朗表闻，宋太祖遣使迎接。既至京都，敕名僧慧严、慧观于新亭郊劳。见其神情朗彻，莫不虔敬，虽因译交言，而欣若倾盖。初住祇洹寺，俄而文帝延请，深加崇敬。琅琊颜延之，通才硕学，束带造门。于是京师远近，冠盖相望，宋彭城王义康、谯王义宣并师事焉。顷之，众僧共请出经，于祇洹寺集义学诸僧译出《杂阿含经》。"[5]与此同时，也有西域来华高僧被国王"敕住祇洹寺"。《高僧传·求那跋摩传》记载："求那跋摩，此云功德铠，本刹利

[1] [唐] 许嵩撰《建康实录》，张忱石点校，北京：中华书局，1986 年，第 216-217 页。

[2] [梁] 沈约撰《宋书》，点校本，北京：中华书局，1974 年，第 1623 页。

[3] [梁] 慧皎撰《高僧传》，汤用彤校点本，《汤用彤全集》第六卷，石家庄：河北人民出版社，2000 年，第 217-218 页。

[4] [梁] 僧祐撰《出三藏记集》，苏晋仁、萧錬子点校，北京：中华书局，1995 年，第 545-546 页。

[5] [梁] 僧祐撰《出三藏记集》，第 547-548 页。

种，累世为王，治在罽宾国。……以元嘉八年 (431 年) 正月达于建邺。文帝引见，劳问殷勤。……乃敕住祇洹寺，供给隆厚，王公英彦，莫不宗奉。"[1]另外，还有寓居建康的外国高僧偏重祇洹。《高僧传·释法平传》云："释法平，姓康，康居人，寓居建业。与弟法等俱出家，止白马寺，为昙钥弟子，共传师业。响韵清雅，运转无方。后兄弟同移祇洹，弟貌小丑，而声逾于兄。宋大将军于东府设斋，一往，以貌轻之。及闻披卷三契，便扼腕神服，乃叹曰：'以貌取人，失之子羽，信矣。'后东安严公发讲，等作三契经竟，严徐动麈尾曰：'如此读经，亦不减发讲。'遂散席。明更开题，议者以为相成之道也。兄弟并以元嘉 (424-453 年) 末卒。"[2]《高僧传·释昙迁传》曰："释昙迁，姓支，本月支人，寓居建康。……常布施题经。巧于转读，有无穷声韵，梵制新奇，特拔终古。彭城王义康、范晔、王昙首，并皆游狎。迁初止祇洹寺，后移乌依寺。……齐建元四年 (480 年) 卒。"[3]

除域外高僧或寓居建康的西域高僧之外，中土大德也因皇室、显贵偏爱而多有栖居祇洹寺者。《高僧传·释僧苞传》记载："(释僧苞) 后东下京师，正值祇洹寺发讲，法徒云聚，士庶骈席。……时王弘、范泰闻苞论议，叹其才思，请与交言。仍屈住祇洹寺，开讲众经，法化相续。……宋元嘉 (424-453 年) 中卒。"[4]《高僧传·释慧基传》云："(释慧基) 初依随祇洹慧义法师。至年十五，义嘉其神彩，为启宋文帝求度出家，文帝引见顾问允怗，即敕于祇洹寺为设会出家。舆驾亲幸，公卿必集。"[5]《高僧传·释道照传》："(释道照) 十八出家，止京师祇洹寺。披览群典，以宣唱为业。……宋元嘉三十年 (453 年) 卒。"[6]

因此，刘宋以降建康祇洹寺在南朝佛教史上具有非常重要的地位。

2. 北魏祇洹 (精) 舍

西安碑林博物馆藏《大代宕昌公晖福寺碑》，原出自陕西澄城县。碑文云："我皇文明自天，超世高悟。……太皇太后，圣虑渊详，道心幽畅。……照灵鹫于溥天，摹祇桓于震旦。……散骑常侍、安西将军、吏部内行尚书、宕昌公王庆时，资性明茂，秉心渊懿。……于本乡南北旧宅上，为二圣造三级佛图各一区。规崇爽

---

[1] [梁] 慧皎撰《高僧传》，第 87-89 页。

[2] 同上书，第 395-96 页。

[3] 同上书，第 397 页。

[4] 同上书，第 221 页。

[5] 同上书，第 261 页。

[6] 同上书，第 404 页。

垲，择形胜之地，临沃衍，据条刚。……伐良松于华畎之阴，掇文瑶于荆山之阳，旌功锐巧，穷妙极思，爰自经始，三载而就。崇基重构，层栏叠起；法堂禅室，通阁连晖。……太和十二年岁在戊辰七月己卯朔一日 (488 年 7 月 25 日) 建。"[1]王庆时 (钳耳庆时) 在陕西澄城县家乡所建晖福寺，疑"摹祇桓于震旦"。此外，郦道元《水经注》卷十三"漯水"条记载钳耳庆时在平城东郊营造了祇洹舍。"(平城) 东郭外，太和中，阉人宕昌公钳耳庆时，立祇洹舍于东皋，椽瓦梁栋，台壁棂陛，尊容圣像，及床坐轩帐，悉青石也。图制可观，所恨惟列壁合石，疏而不密。庭中有《祇洹碑》，碑题大篆，非佳耳。然京邑帝里，佛法丰盛，神图妙塔，桀峙相望，法轮东转，兹为上矣。"[2]又，该条还记录："其水又东北流注武周川水，武周川水又东南流，水侧有石祇洹舍，并诸窟室，比邱尼所居也。"[3]陈垣认为："《水经注》撰于后魏太和之世，去石窟寺之建，不过四五十年，其所记载，至可信据。""武州川水自西北来，先经石祇洹舍，则今石佛寺以西诸窟，必有比邱尼所居之遗迹，惜不能指其处矣。"[4]换言之，郦道元所记"石祇洹舍并诸窟室"，应是北魏武州山石窟寺的重要组成部分。

据《魏书·源贺传》，这一时期，陇西王源贺深受高祖孝文帝和文明太后宠信，并与沙门道可过从密切[5]。《魏书·赵柔传》记载："陇西王源贺，采佛经幽旨，作《祇洹精舍图偈》六卷，柔为之注解，咸得理衷，为当时俊僧所钦味焉。"[6]这一故实，《册府元龟》卷八二一《总录部·崇释教》综述如下："高允为尚书散骑常侍，雅言佛道，时设斋讲，好生恶杀。赵柔少以才学知名，为河内太守；陇西王源贺，采佛经幽旨，作《祇园精舍图偈》六卷，柔为之注解，咸得理衷，为当时俊僧所钦味焉。"[7]

北魏迁洛后，洛阳地区的佛教得到进一步发展。杨衒之《洛阳伽蓝记》卷一记载："景林寺，在开阳门内御道东。讲殿叠起，房庑连属。丹楹炫日，绣栭迎风，实为胜地。寺西有园，多饶奇果。春鸟秋蝉，鸣声相续。中有禅房一所，内置祇洹精舍，形制虽小，巧构难比。加以禅阁虚静，隐室凝邃，嘉树夹牖，芳杜匝阶，虽云朝

[1]参见罗振玉《石交录》卷三，罗继祖编《罗振玉学术论著集》第三卷，上海：上海古籍出版社，2010 年，第 279 页。

[2][北魏]郦道元撰《水经注》，杨守敬、熊会贞疏，段熙仲点校，陈桥驿复校，南京：江苏古籍出版社，1989 年，第 1149-1150 页。

[3][北魏]郦道元撰《水经注》，第 1154-1155 页。

[4]陈垣《记大同武州山石窟寺》，《陈垣学术论文集》第一集，北京：中华书局，1980 年，第 403-404 页。

[5][北齐]魏收撰《魏书》，第 919-923 页。

[6]同上书，第 1162 页。

[7][宋]王钦若等编《宋本册府元龟》，影印本，北京：中华书局，1989 年，第 3043 页。

市，想同岩谷。"[1]《洛阳伽蓝记》卷四云："法云寺，西域乌场国胡沙门昙摩罗所立也。在宝光寺西，隔墙并门。摩罗聪慧利根，学穷释氏。至中国，即晓魏言及隶书，凡所闻见，无不通解，是以道俗贵贱，同归仰之。作祇洹寺一所，工制甚精。佛殿、僧房，皆为胡饰。丹素炫彩，金玉垂辉。摹写真容，似丈六之见鹿苑；神光壮丽，若金刚之在双林。伽蓝之内，花果蔚茂，芳草蔓合，嘉树被庭。京师沙门好胡法者，皆就摩罗受持之。戒行真苦，难可揄扬。秘咒神验，阎浮所无。咒枯树能生枝叶，咒人变为驴马，见之莫不忻怖。西域所赍舍利骨及佛牙、经像皆在此寺。"[2]

　　祇洹精舍在中土的重建，除基于天竺粉本、模型或样板之外，也不排除当时信众或匠师依据前规营造，最后冠以祇洹之名，以示天竺正统[3]。不管怎样，舍卫城祇洹精舍不仅是天竺原始佛寺之一，而且也成为中土各地佛寺营造所仿效的正宗典范。

（二）唐代国家大寺

　　唐代中土营造的大型佛教寺院，特别是皇室辟地新建的地面佛寺，即"国家大寺"[4]，虽然大多根植于前代寺院规制，但有些佛寺平面布局的来源，文献中明确给出另外因素[5]。

1. 长安大慈恩寺

　　大慈恩寺位于唐长安城晋昌坊。《分门集注杜工部诗》卷八引《两京新记》记载慈恩寺："隋无漏寺之故地，武德（618-626年）初废。贞观二十年（646年），高宗在春宫，为文德皇后所立，故以慈恩为名。南院临黄蕖，竹林森邃，为京城之最。寺西院浮图，六级，高三百尺。永徽三年（652年），沙门玄奘所立。浮图内有梵本诸经数十匣。"[6]宋敏求《长安志》卷八记载："（晋昌坊）半以东大慈恩寺，隋无漏寺之地，武德初废。贞观二十二年（648年），高宗在春宫，为文德皇后立为寺，故以慈恩为名，仍选林泉形胜之所。寺成，高宗亲幸，佛像、幡华并从宫中所出，太常九部乐送额至寺。寺南临黄渠，水竹森邃，为京都之最。会昌五年（845年），诏天下废

[1] ［北魏］杨衒之撰《洛阳伽蓝记》，第64-65页。

[2] 同上书，第154-155页。

[3] 这或许也与中国的传统文化有关。《论语·子路》曰："名不正，则言不顺；言不顺，则事不成。"《论语注疏解经》卷十三《子路》，［清］阮元校刻《十三经注疏》，影印本，北京：中华书局，1980年，第2506页。

[4] ［唐］道世撰《法苑珠林》，周叔迦、苏晋仁校注，北京：中华书局，2003年，第1826页。

[5] 宿白《试论唐代长安佛教寺院的等级问题》，载宿白《魏晋南北朝唐宋考古文稿辑丛》，北京：文物出版社，2011年，第263页。

[6] ［唐］杜甫撰《分门集注杜工部诗》，［宋］王洙、赵次公注，《四部丛刊》本。

寺，上都每街各留寺两所，僧各三十人；左街留慈恩、荐福，右街留西明、庄严。"[1]

关于大慈恩寺，慧立、彦悰《大唐大慈恩寺三藏法师传》卷七记载颇详：

（贞观二十二年七月）庚辰（648 年 7 月 26 日），皇太子以文德圣皇后早弃万方，思报昊天，追崇福业，使中大夫守右庶子臣高季辅宣令曰："……宜令所司于京城内旧废寺妙选一所，奉为文德圣皇后即营僧寺。寺成之日，当别度僧。仍令挟带林泉，务尽形胜。仰规忉利之果，副此罔极之怀。"于是有司详择胜地，遂于宫城南晋昌里，面曲池，依净觉故伽蓝而营建焉。瞻星揆地，像天阙，仿给园，穷班、倕巧艺，尽衡、霍良木，文石梓桂橡樟栟桐充其材，珠玉丹青赭垩金翠备其饰。而重楼复殿，云阁洞房，凡十余院，总一千八百九十七间，床褥器物，备皆盈满。……（冬十月）戊申（10 月 22 日），皇太子又宣令曰："营慈恩寺渐向毕功，轮奂将成，僧徒尚阙，伏奉敕旨度三百僧，别请五十大德同奉神居，降临行道。其新营道场宜名大慈恩寺，别造翻经院，虹梁藻井，丹青云气，琼础铜踏，金环华铺，并加殊丽。令法师移就翻译，仍纲维寺任。"法师既奉令旨，令充上座。……（永徽）三年（652 年）春三月，法师欲于寺端门之阳造石浮图，安置西域所将经像，其意恐人代不常，经本散失，兼防火难。浮图量高三十丈，拟显大国之崇基，为释迦之故迹。将欲营筑，附表闻奏。敕使中书舍人李义府报法师云："所营塔功大，恐难卒成，宜用砖造。亦不愿师辛苦，今已敕大内东宫、掖庭等七宫亡人衣物助师，足得成办。"于是用砖，仍改就西院。其塔基面各一百四十尺，仿西域制度，不循此旧式也。塔有五级，并相轮、露盘，凡高一百八十尺。……时三藏亲负篑畚，担运砖石，首尾二周，功业斯毕。[2]

慧立、彦悰记述大慈恩寺"像天阙、仿给园"。宿季庚先生认为："像天阙言其建筑之壮丽有若宫殿，主要是指其立面结构而言；仿给园应是就规划形制而言，即指寺院整体平面布局系仿效舍卫城逝多林给孤独园之设置。"[3]据我们统计，大慈恩寺占据晋昌坊二分之一坊地，包括主院、西院、东院、浮图／塔、翻经院、三藏院、上座院、僧院／僧舍、无果院／元果院、太平院、东廊院、默公院、浴堂院／浴室院以及戏场和南池等，由此可见规模之大。其中，主院营造端门、中三门、大殿／佛殿、东廊、西廊、碑屋、东阁、东楼和戒坛等。除玄奘外，许多高僧大德曾在大慈恩

---

[1] [宋]宋敏求撰《长安志》卷八，《宋元方志丛刊》本，北京：中华书局，1991 年，第 117 页。

[2] [唐]慧立本、彦悰笺《大唐大慈恩寺三藏法师传》，孙毓棠、谢方点校，北京：中华书局，2000 年，第 149-161 页。

[3] 宿白《试论唐代长安佛教寺院的等级问题》，载宿白《魏晋南北朝唐宋考古文稿辑丛》，第 263 页。

寺先后栖居，如那提、玄应、靖迈、窥基、惠立、彦悰、道世、金刚智等[1]。《册府元龟》卷五十二《帝王部·崇释氏》记载：唐大历八年 "八月戊午 (773 年 9 月 6 日)，修一万僧斋于慈恩寺，为百姓祈福也。"[2] 可见大慈恩寺规模之宏大。不过，迄今只有西院浮图保存下来 (Pl. 2.1-4)。

汉末以降，中土地面佛寺的营造，多采纳天竺僧伽蓝的传统制度，于佛寺中央或主要位置修建浮图。大慈恩寺塔，玄奘原拟 "于寺端门之阳造石浮图"，但唐高宗敕令 "改就西院"，尽管塔本身仍 "仿西域制度、不循此旧式"。宿季庚先生认为："唐高宗即位之初，对玄奘慈恩寺设计所作的一项改变，对佛教寺院布局的东方化至关重要。""此后，在中原地区兴建的大型寺院，大多以佛殿为主，'塔庙' 形制即趋消失。"[3] 中土佛寺平面布局的这种变化，或是天竺僧伽蓝中国化之结果，或是舍卫城祇洹精舍的直接影响。

大慈恩寺 "别造翻经院"，"令法师移就翻译"。据慧立记载，玄奘法师曾 "慨然叹曰：'此地经、论，盖法门枝叶，未是根源。诸师虽各起异端，而情疑莫遣，终须括囊大本，取定于祇洹耳。' ……以贞观三年 (629 年) 秋八月立誓束装，拂衣而去，到中天竺那烂陀寺。……十九年春正月二十五日 (645 年 2 月 26 日) 还至长安。"[4] 敬播《〈大唐西域记〉序》云："法师幼渐法门，慨祇园之莫履；长怀真迹，仰鹿野而翘心。"[5] 由此推见，玄奘感怀祇洹精舍，一心向往祇园。玄奘可能参与了大慈恩寺规划，故而，大慈恩寺 "仿给园" 实在情理之中。

唐显庆三年 (658 年) 六月，西明寺建成，唐高宗为优礼玄奘，于七月敕法师徙居西明寺。《大唐大慈恩寺三藏法师传》卷十记载："显庆三年正月，驾自东都还西京，法师亦随还。秋七月，敕法师徙居西明寺。"[6]

2. 长安西明寺

唐韦述《两京新记》卷三记载："延康坊西南隅西明寺，本隋尚书令越国公杨素

---

[1] 参见：[日] 小野胜年著《中国隋唐长安寺院史料集成》，京都：法藏馆，1989 年，《史料篇》第 84-115、367-373 页，《解说篇》第 55-69 页。

[2] [宋] 王钦若、杨亿编《册府元龟》，影印明崇祯壬午 (1641 年) 黄国琦原刻本，北京：中华书局，第 578 页。

[3] 宿白《试论唐代长安佛教寺院的等级问题》，载宿白《魏晋南北朝唐宋考古文稿辑丛》，第 258、263 页。

[4] [唐] 慧立本、彦悰笺《大唐大慈恩寺三藏法师传》，孙毓棠、谢方点校，第 228-230 页。

[5] [唐] 玄奘撰《大唐西域记》，季羡林等校注，第 8 页。

[6] [唐] 慧立本、彦悰笺《大唐大慈恩寺三藏法师传》，孙毓棠、谢方点校，第 214 页。

宅。大业中，素子玄感诛后没官。武德初，为万春公主宅。贞观中，赐濮恭王泰。秦死后，官市之，立寺。" (Fig. 2.1-15) [1] 宋敏求《长安志》卷十云："(延康坊) 西南隅，西明寺。显庆元年 (656 年)，高宗为孝敬太子病愈所立。大中六年 (会昌六年？)，改为福寿寺。"[2]

慧立、彦悰《大唐大慈恩寺三藏法师传》卷十记载：

> (西明) 寺以 (显庆) 元年秋八月戊子十九日造[3]。时有敕曰："以延康坊濮王故宅为皇太子分造观、寺各一，命法师案行其处。"还奏：地窄不容两所，于是总用营寺，其观改就普宁坊。仍先造寺，以其年 (658 年) 夏六月营造功毕。其寺面三百五十步，周围数里。左右通衢，腹背廛落。青槐列其外，渌水亘其间，叠叠眈眈，都邑仁祠此为最也。而廊殿楼台，飞惊接汉，金铺藻栋，眩日晖霞。凡有十院，屋四千余间。庄严之盛，虽梁之同泰，魏之永宁，所不能及也。[4]

《文苑英华》卷八五五苏颋《唐长安西明寺塔》记述西明寺故实颇详：

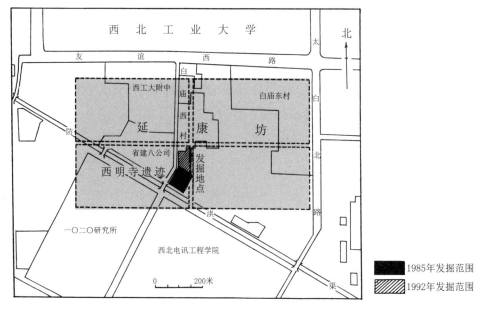

Fig. 2.1-15　唐长安城西明寺位置图

---

[1] 参见：[唐] 韦述撰《两京新记》，辛德勇辑校，西安：三秦出版社，2006 年，第 38 页。
[2] [宋] 宋敏求撰《长安志》卷八，第 126 页。
[3] 据陈垣《二十史朔闰表》，显庆元年八月癸巳朔，无"戊子"。
[4] [唐] 慧立本、彦悰笺《大唐大慈恩寺三藏法师传》，孙毓棠、谢方点校，第 214 页。

　　赫矣帝唐,发于天光,鸿勋铺亿载,盛业冠三代。钦明浚哲,以至高宗天皇绍元命而导要道也。时孝敬皇帝储副承祧,晦明示疾,一物三善,禀人君之量,喜而又惧。闻王子之言,以大威力,作弘誓愿,凭有为之基,获无妄之吉。粤明(显)庆元年仲秋癸酉[1],诏于京兆延康里置西明寺以报之。先是,三藏法师玄奘惟应真乎乃成果者,首[命]视延衮,财[广]轮,往以绳度,还而墨顺。次命少监吴兴沈谦之,倾水衡之藏,彻河宗之府,制而缩版,参以悬矩,钩北阜之舄,伐南山之枚,初历落以星峙,忽穹崇以云曼,攒栱炎嶫,骞蓁宛转,揆阴阳之中,居子午之直,丛倚观阁,层立殿堂,虹凤夭矫而相承,鬼神睢盱而欲起,罔不珠缀窈窱。旋题照烛,琉璃洞彻,菡萏纷敷,白日为之隐蔽,丹霓为之舒卷者,凡十有二所,每动微风,滴细溜,宵然其若来和,鎗然其去有音,悉丰丽博敞,峥峥曈朗,奕奕焉,耽耽焉,中国之庄严未有,《大荒》之神异所绝。于是召以正工,以考安瑞,表湛真容,绣色电烻,金光火合,移忉利之宫,镇菩提之座,状微笑而莞尔,意屡言于善哉者,不可胜计。遂赐田园百顷,净人百房,车五十两,绢布二千匹,征海内大德高僧,有毗罗、静念、满颙、广说、鹏耆、辩了、鸷子、知会凡五十人,广京师行业童子,有空净闻道、善思喜法、须迦分施、撰择不染者,凡一百五十人,导天衢,指天寺,上御安福观以遣之,有则有容,昂昂颙颙,骈象马,错人龙,幡幢之阴,周四十里,伎乐之响,震三千界。……上座道宣、寺主神察、都维那智衍、子立、传学、玄则、栖禅、静定、持律、道成、怀素等八法师,舍卫是求,须弥不动。[2]

　　唐道宣《集古今佛道论衡》卷丁《上以西明寺成功德圆满佛僧创入荣泰所期又召僧道士入内殿躬御论场观其义理事》记载:"显庆三年六月十二日(658 年 7 月 17 日),西明寺成,道俗云合,幢盖严华,明晨良日,将欲入寺。箫鼓振地,香华乱空,自北城之达南寺,十余里中,街衢阗阓。至十三日清旦,帝御安福门上,郡公僚佐,备列于下。内出绣像长幡,高广惊于视听,从于大街,沿路南往,并皆御览,事讫方还。"[3]宋志磐《佛祖统纪》卷三十九《法运通塞志》记载:"敕建西明寺,大殿十三所,楼台、廊庑四千区。诏道宣律师为上座,神泰法师为寺主,怀素为维那。"[4]宋赞宁《宋高僧传·道宣传》则

――――――――――

[1] 据陈垣《二十史朔闰表》,显庆元年仲秋八月癸巳朔,无"癸酉"。
[2] [宋]李昉等编《文苑英华》,影印宋本配明隆庆本,北京:中华书局,1966 年,第 4516-4517 页。
[3] 《大正藏》No. 2104,第 52 卷,第 388c-389a 页。
[4] 《大正藏》No. 2035,第 49 卷,第 367a-b 页。

云："及西明寺初就，诏宣充上座。三藏奘师至止，诏与翻译。……（道宣安坐而化于）乾封二年十月三日（667 年 10 月 23 日）也，春秋七十二，僧腊五十二。累门人窆于坛谷石室，其后树塔三所。高宗下诏令崇饰图写宣之真。"[1]

慧立、彦悰记述唐高宗敕"命法师案行其处"，说明西明寺的规制和营造与玄奘密切相关。前引《贤愚经》卷十《须达起精舍品》云："长者须达共舍利弗，往图精舍，须达手自捉绳一头，时舍利弗自捉一头，共经精舍。"苏颋记述"玄奘惟应真乎乃成果者，首命视延袤，财广轮，往以绳度，还而墨顺。"也证实玄奘从一开始就参与了西明寺的经营；"上座道宣、寺主神察、都维那智衍、子立、传学、玄则、栖禅、静定、持律；道成、怀素等八法师，舍卫是求，须弥不动。"则暗示西明寺是以祇洹精舍为蓝图创建的。唐高宗推重道宣，"及西明寺初就，诏宣充上座。"既然"乾封之际，天神合沓，或写《祇洹图经》《付嘱仪》"[2]，我们推想道宣也应参与了西明寺规划。又，唐高宗在西明寺落成之日亲自参加隆重典礼，可谓盛极一时。李昉《太平广记》卷四百二引《广异记》记载：皇后武则天曾把珍贵的青泥珠"施西明寺僧"[3]。《广弘明集》卷二十八《启福篇》云："（麟德二年二月八日/665 年 2 月 27 日）庚辰，皇太子奉为二圣于西明寺造铜钟一口，可一万斤。"[4]可见李唐王朝对西明寺之重视。

唐高宗为孝敬太子病愈所立西明寺，占延康坊四分之一坊地。唐武宗会昌五年废佛时，西明寺是长安城内仅保留的四座佛寺之一，由此可见其地位之高。文献记载西明寺"凡有十院"或"大殿十三所"，我们初步辑录有：菩提院、僧院、三阶院、僧厨院、东廊、禅府、戒坛以及道宣律师影堂、宋济院、玄造院和井、西门等。栖居西明寺的高僧，除道宣和玄奘外，还有神察（泰），怀素、佛陀波利/觉护、道世、义净、善无畏、不空、慧琳以及怀恽、圆测、良秀、承恩、威公、林复、自觉、顺贞等。日本入唐求法僧多被"敕居西明寺"或"准敕配住西明寺"，如永忠、空海、圆珍、圆载、真如、宗璇等[5]。因此，王利器《文镜秘府论校注》前言云："如果我们说长安是当时东方的文化中心，那么，西明寺就是长安的佛教文化中心。"[6]

---

[1]［宋］赞宁撰《宋高僧传》，范祥雍点校，第 328 页。

[2]同上书，第 330 页。

[3]［宋］李昉等编《太平广记》，第 3237 页。

[4]《大正藏》No. 2103，第 52 卷，第 330a 页。

[5]参见：1)［日］小野胜年著《中国隋唐长安寺院史料集成》，《史料篇》第 227-243 页，《解说篇》第 146-157 页；2) 王利器《文镜秘府论》校注前言》(1-26 页)，［日］弘法大师著《文镜秘府论》，王利器校注，北京：中国社会科学出版社，1983 年，第 6 页；3) 安家瑶《唐长安西明寺遗址的考古发现》，《唐研究》第六卷 (337-352 页)，北京大学出版社，2000 年，第 342 页。

[6] 王利器《《文镜秘府论》校注前言》，［日］弘法大师著《文镜秘府论》，第 7 页。

　　唐长安城的佛寺，主要分布在皇城以外、郭城以内的区域之中。由于唐长安城大部被叠压在今西安城区之下，西安市又属于典型的古今城市重叠的现代城市，因此对城内唐代佛教寺院的勘察和发掘很难进行。目前有关部门仅对唐青龙寺和西明寺遗址做过一定规模的局部发掘。

　　1985 年 2-11 月和 1992 年夏，中国社会科学院考古研究所西安唐城工作队，为配合西安市供电局白庙变电站的工程基建，发掘了西明寺遗址的一部分，即属于基建范围内的遗址发掘 (Pl. 2.1-5)。由于西明寺遗址为现代建筑覆压，加之这次考古工作是配合基本建设工程，当时中国社会科学院考古研究所组织专家 (马得志、冯孝堂、安家瑶) 仅发掘了西明寺最东面的一组建筑基址，即一个院落的有关建筑和相邻两个院落的一部分。这组建筑东西宽约 70 米，南北中轴线上依次排列 3 座殿堂建筑基址，并由回廊址和廊房址连接，构成三进相对独立的院落。其中，中殿址占地最大，前殿次之。中殿址前的东西两侧有伸入院中的二基址。就这组建筑看，发掘者推测南殿址似为供养佛像的佛殿，中殿址为讲堂，讲堂前东西两侧基址应为钟楼和经藏的配置，北殿址及僧房址大概是供僧人生活起居之用 (Fig. 2.1-16)。考古发掘揭露的部分，约占佛寺所占坊地总宽度的七分之一，由此可知现存遗址应是西明寺的“十院”之一。安家瑶认为：隋唐时期佛寺布局讲究对称，因此西明寺的西边部分也应有一处类似东边发掘部分的院落。倘若除去东西两边的部分，中间还应有宽约 250 米的空间，大致可以安排 2 个与东西院落相仿的院落和中间一个较大的中心院落。西明寺“凡有十院”，每院皆为一单独院落，应由类似十个单元构成。其中，位于中轴的中心院落可能就是西明寺的主体——佛院。不过，由于整个佛寺遗址完全被现代楼群叠压，要弄清西明寺“十院”的具体配置与平面，恐怕是不可能完成的任务[1]。

　　日本文武帝大宝元年 (701 年) 至元正帝养老二年 (718 年)，日僧道慈在长安学习，曾“谒善无畏三藏”，“写 (西明寺) 诸堂止规”，后“以图上进”圣武帝，受命建造奈良平城左京大安寺，其主院布局明确仿效西明寺的主院设计[2]。这一故实，日本古籍多有记载，现录醍醐寺本《诸寺缘起集》中“大安寺缘起”如下：“中天竺舍卫国祇园精舍以兜率宫为规模焉，大唐西明寺以彼祇园精舍为规模焉，本朝大安寺

　　[1] 1) 中国社会科学院考古研究所西安唐城工作队《唐长安西明寺遗址发掘简报》,《考古》1990 年第 1 期，第 45-55 页；2) 安家瑶《唐长安西明寺遗址的考古发现》，第 337-352 页。

　　[2] [日] 师蛮撰《本朝高僧传》，佛书刊行会编纂《大日本佛教全书》第 102 卷，东京：佛书刊行会，1913 年，第 89-90 页。

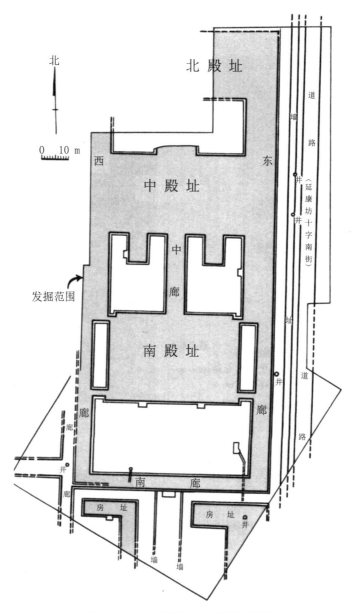

北

北 殿 址

0 10 m

西   东

中 殿 址

墙

址

道 路（延 康 坊 十 字 南 街）

井

井

发掘范围

中
廊

南 殿 址

井

廊

道

廊

路

廊

井

廊

南   廊

井

房 址

房 址

井

墙   墙

Fig. 2.1-16　西明寺遗址局部平面图

以彼唐西明寺为规模。"[1]因此，唐长安西明寺依据祇洹精舍的规制进行营造。

3. 洛阳敬爱寺

东都敬爱寺是唐代另一座大型地面佛寺。王溥《唐会要》卷四十八《议释教》

［1］日本醍醐寺本《大安寺缘起》，载《校刊美术史料寺院篇》上卷，后收入大安寺史编集委员會编《大安寺史·史料》(572-574页)，奈良：河野清晃／大安寺，1984年，第572页。

记载："敬爱寺，怀仁坊，显庆二年 (657)，孝敬在春宫，为高宗、武太后立之，以敬爱寺为名，制度与西明寺同。天授二年 (691)，改为佛授记寺，其后又改为敬爱寺。"[1] 敬爱寺 "制度与西明寺同"，既表明洛阳敬爱寺规制与长安西明寺相同，也暗示敬爱寺同样与天竺佛寺，尤其祇洹精舍有关。敬爱寺改名佛授记寺，正值武则天声称得佛授记、改国号为大周之后[2]。此前的龙朔三年 (663 年)，高宗 "敕令于敬爱道场写一切经典"[3]。由此可见，敬爱寺 / 佛授记寺确为唐高宗、武则天时期一座重要的国家大寺。

张彦远《历代名画记》卷三《记两京外州寺观画壁》"东都" 条记载："(敬爱寺) 佛殿内菩萨树下弥勒菩萨塑像，麟德二年 (665 年) 自内出，王玄策取致西域所图菩萨像为样，巧儿张寿、宋朝塑，王玄策指挥，李安贴金；东间弥勒像，张智藏塑，即张寿之弟也，陈永承成；西间弥勒像，窦弘果塑，已上三处像光及化生等，并是刘爽刻。殿中门西神，窦弘果塑，殿中门东神，赵云质塑；今谓之圣神也。此一殿功德，并妙选巧工，各骋奇思，庄严华丽，天下共推。" 接着次第记述 "西禅院殿" "东禅院般若台" "中门" "大门" "食堂" "讲堂" 等塑像，之后记录 "大殿" "西禅院" "东禅院殿" 及 "内廊" 等壁画，然后记 "讲堂内大宝帐" "天后大香炉" "大金铜香炉" "金铜幡十三口"，再后记 "大院纱廊" "中 (三) 门纱廊" "大门" "殿内" "山亭院" 及 "门楼" 画壁。最后特记："彦远游西 (两) 京寺观不得遍，惟敬爱寺得细探讨，故为详备。"[4]

依据张彦远记载，敬爱寺包括大门、大院、西禅院、东禅院、山亭院等院落。其中，大院 (主院) 由中门、佛殿 (大殿)、东间、西间和纱廊等构成；西禅院有佛殿及西廊，东禅院有佛殿、般若台及内廊。此外，敬爱寺还有讲堂、食堂、门楼及其两厢、天后大香炉、大金铜香炉和金铜幡等。值得注意的是，东都敬爱寺似无装藏舍利与供奉佛像的主塔。

据统计，栖居敬爱寺的高僧、大德，除首任寺主或上座静泰之外，先后有昙光、印宗、菩提流志、名佺、行感、神英、实叉难陀、义净、弘景、圆测、法宝、法藏、慧表、玄度、德感、慧智、道昌、思玄、智静、行感、元嶷等。[5]

[1]［五代］王溥编《唐会要》，影印《丛书集成》本，北京：中华书局，1955 年，第 848 页。

[2] 王邦维《义净与〈南海寄归内法传〉》，［唐］义净撰《南海寄归内法传》，第 161 页注 [32]。

[3]［唐］静泰撰《大唐东京大敬爱寺一切经论目序》，《大正藏》No.2148，第 55 卷，第 181a 页。

[4]［唐］张彦远撰《历代名画记》，明万历初年王世贞郧阳初刻《王氏画苑》本，卷三，叶十六至十八。

[5] 参见：王惠民《唐东都敬爱寺考》，王惠民《敦煌历史与佛教文化》，兰州：甘肃文化出版社，2020 年，第 71-93 页。

冯承钧认为："中国同印度交际最活动的时间，从来无及唐初百年者。这个时代出了一位玄奘大师，又出了一位建功异域的外交使臣王玄策。"[1]王玄策于唐贞观十七年(643年)、二十一年(647年)和显庆二年(657年)"前后三度"[2]奉使天竺，所著《中天竺行记》，亦作《王玄策行传》，成为当时中土了解印度的重要资料[3]，如麟德三年(666年)百官奉敕撰写的《西国志》，文字六十卷，图画四十卷，合成一百卷，主要"依《(玄)奘法师行传》《王玄策传》及西域道俗，任土所宜"[4]完成，惜早已亡佚。王玄策三次奉使印度，其中两次游历摩诃菩提寺，瞻仰菩提树像，"观严饰相好，具若真容"。因感"此乃旷代所未见，史籍所未详"，故为此像出其经本，请工匠宋法智图写圣颜。后带回"京都，道俗竞摸。"[5]

张彦远记述敬爱寺，开篇作"佛殿内菩萨树下弥勒菩萨塑像，麟德二年自内出，王玄策取致西域所图菩萨像为样"，并注明"巧儿张寿、宋朝塑，王玄策指挥。"张彦远《历代名画记》现存无善本，鲁鱼亥豕现象甚多。明万历初，王世贞于郧阳初刻《历代名画记》，应复刻自宋理宗(1224-1264年)时"临安府陈道人书籍铺刊行"本，是现存《历代名画记》的最早刻本[6]。北京大学图书馆藏王世贞郧阳初刻《历代名画记》卷三、叶十六作"佛殿内菩萨树下弥勒菩萨塑像"，疑张彦远原本为"佛殿内菩提树下弥勒造菩萨塑像"抑或"佛殿内菩提树像、弥勒菩萨塑像"。倘若无传抄、刻板之误，佛殿内主尊塑像应为"弥勒规摹"之菩提树像[7]。"像样"系显庆二年王玄策请宋法智在天竺"图写"后带回，同年孝敬为高宗、武太后立敬爱寺，"王玄策指挥"宋朝等雕塑完成。这尊菩提树像与东西两间弥勒像构成一种新型的造像组合，故张彦远有"已上三处像光及化生等，并是刘爽刻"之语。因此，东都敬爱寺主院以佛殿为主，殿内主尊为"道俗竞摸"之菩提树像。这是迄今所知中土地面佛寺主殿明确塑造的菩提树像，后"天下共推"，在佛教石窟寺中也多有雕塑，如龙门石

---

[1]冯承钧《王玄策事辑》，载冯承钧《西域南海史地考证论著汇辑》(102-128页)，北京：中华书局，1957年，第102页。

[2][唐]道世撰《法苑珠林》，第1661页。

[3]冯承钧《王玄策事辑》，载冯承钧《西域南海史地考证论著汇辑》，第102-128页。

[4][唐]道世撰《法苑珠林》，第888页。

[5]同上书，第908、907页。

[6]参见：宿白《张彦远与〈历代名画记〉》，北京：文物出版社，2008年，第16-17页。

[7]冯承钧认为：敬爱寺所塑菩提树像，其"图样必定是宋法智在摩诃菩提图写，而到京都道俗竞摸的那张图样，去年(664年)宋法智在嘉寿殿竖菩提骨之时，大约也曾用过。此处的宋朝，不知同宋法智是否一人，我们知道王玄策的事迹，只能到665年。"冯承钧《王玄策事辑》，载冯承钧《西域南海史地考证论著汇辑》，第121页。

窟播鼓台北洞的菩提树像[1]。

宿季庚先生认为："完全以佛殿为重心，不建置浮图的寺院布局，最早之例为显庆初高宗为孝敬太子李弘病愈于京城长安立西明寺和李弘又为高宗武后立'制度与西明寺同'的敬爱寺于东都洛阳。此皇室联续于两京兴建同一规制的两座佛寺的措施，似应视为其前不久，即永徽三年 (652 年) 高宗敕令长安慈恩寺'于端门之阳造石浮图'的计划，易为砖砌并'仍改就西院'的作法，更进一步转变印度佛寺主院的安排；但此新设计显然受到较大抵制。'西明寺初就，诏充上座'(《宋高僧传》卷一四《唐京兆西明寺道宣传》) 的道宣的活动值得关注：道宣于乾封二年 (667 年)二月之前'撰《祇园图》上下两卷'(《中天竺舍卫国祇洹寺图经》)；同年二月又据《祇园图》等撰《关中创立戒坛图经》，两书皆记佛寺主院中轴线上布置浮图。"[2]

大慈恩寺"仿给园"，玄奘"慨祇园之莫履"，参与慈恩寺规制；高宗诏建西明寺，"命法师案行其处"，"(玄奘) 视延袤，财广轮，往以绳度，还而墨顺"；与此同时，上座道宣等众法师"舍卫是求"。孝敬为高宗、武太后于东都所立敬爱寺，"制度与西明寺同。"因此，受大慈恩寺三藏法师玄奘和京兆西明寺道宣等人影响，唐两京大慈恩寺、西明寺和敬爱寺的制度，皆与天竺祇洹精舍有密切关系。换言之，大慈恩寺、西明寺和敬爱寺应仿效天竺祇洹精舍营造，至少是在祇洹精舍规制或理念影响下的结果。这种理念，实际上是道宣等人在中土传统宫城布局基础上的一种创新，而非模仿真正的中天竺舍卫国祇洹精舍。

(三) 日本大安寺

大安寺，是日本奈良"南都七大寺"之一 (Pl. 2.1-6)[3]。日本皇円《扶桑略记》第六《圣武天皇纪》记载：天平元年 (729 年)，

> 天皇 (724-749 年) 欲改造大官大寺，为遵先帝遗诏也，遍降纶命，搜求良工。爰有称沙门道慈 (674?-744 年) 者，奏天皇曰：道慈问道求法自唐国来，但有一宿念欲造大寺，偷图取西明寺结构之体。天皇闻而大悦，以为我愿满也，敕道慈改造大寺。《缘起》云："中天竺舍卫国祇园精舍以兜率天内院为规模焉，大唐西明寺以彼祇园精舍为规模焉，本朝大安寺以唐西明寺为规模焉。"寺大和国添

---

[1] 参见：李崇峰《菩提像初探》，李崇峰著《佛教考古 从印度到中国》，修订本，上海：上海古籍出版社，2014 年，第 809-834 页。

[2] 宿白《唐代长安以外佛教寺院的布局与等级初稿》，载宿白《魏晋南北朝唐宋考古文稿辑丛》(270-285 页)，北京：文物出版社，2011 年，第 284 页注释 15。

[3] 大安寺史编集委員會编《大安寺史·史料》，第 568-572、593-594 页。

上郡平城左京六条三坊矣。其宝塔、花龛、佛殿、僧坊、经藏、钟楼、食堂、浴室，内外宇构不遑具记。二七年间营造既成，天皇欢悦，开大法会，加施三百町之水田，得度五百人之沙弥，即以道慈补权律师，兼赐食封百五十户，褒赏有员不能具记。法师道慈，性受聪悟，为众所推，尤妙工巧，构作形制，皆禀其规，所有匠手莫不叹服焉。[1](Fig. 2.1-17)

日本师蛮《本朝高僧传》卷四《和州大安寺沙门道慈传》记载此事颇详：

> 释道慈，姓额田氏，和州添下郡人。自少出家，天生灵敏。……大宝元年(701年)，入唐请益。乃届长安，谒善无畏三藏，受求闻持等密法，遍蹈胜地，亲见名师。时唐帝选召义学高僧一百员，讲《仁王般若经》，预选入宫，怜慈远客，特加优命。在唐十八年，经论史集，游练心曲，贯通要英。以开元戊午归，当本朝养老二年(718年)矣。敕居大官寺，弘三论，始讲《慈恩疏》《说戒疏》。……天平九(元)年，圣武帝将新大官寺，下诏觅伽蓝制式。时无知者，慈奏曰："臣僧在中华时，见西明寺。私念，异日归国，苟逢胜缘，当以此为则。"写诸堂之规，袭藏巾笥。今陛下圣问，实臣僧之先抱也。以图上进，帝大悦，曰："朕愿满矣。"诏任律师监造寺事，重赐食封一百户扶翼侍子，其余赉赐若干品。慈有巧思，延袤长短，自督绳墨，工匠叹服，历十四年而成。赐额大安，敕慈主席。……按夫西明寺，取规于天竺祇园精舍，祇园摹兜率内院。本朝梵刹之制度，无可与大安寺齐齿。[2]

因此，天竺舍卫国祇洹精舍、中土长安西明寺和海东奈良大安寺，三者源流清晰可辨。"大唐西明寺以彼祇园精舍为规模焉，本朝大安寺以唐西明寺为规模焉。"

日本文化厅藏《大安寺伽蓝缘起并流记资财账》，系日本圣武帝天平十九年二月十一日(公元747年3月26日)都维那僧灵仁、寺主法师教义、上座尊耀完成。《伽蓝缘起并流记资财账》记载"(大安寺)，合寺院地壹拾伍坊：四坊塔院，四坊堂并僧坊等院，一坊半禅院、食堂并太众院，一坊池并岳，一坊半贱院，一坊苑院，一坊仓垣院，一坊花苑园。"(Fig. 2.1-18) 大安寺"合门九"，佛门二，僧门七；"合堂叁"，金堂一，讲堂一，食堂一；"合楼贰"，经楼一，钟楼一；"合廊壹院"，金堂东西胁(廊)，东西(廊)；"合食堂前庑廊"，东西(廊)；"合通左右庑廊陆条"，一行经楼，一行钟，

---

[1][日]皇円撰《扶桑略記》，《新訂增補國史大系》第十二卷，東京：吉川弘文館，1965年，第89頁。

[2][日]师蛮撰《本朝高僧传》，佛書刊行會編纂《大日本佛教全书》，第89-90頁。

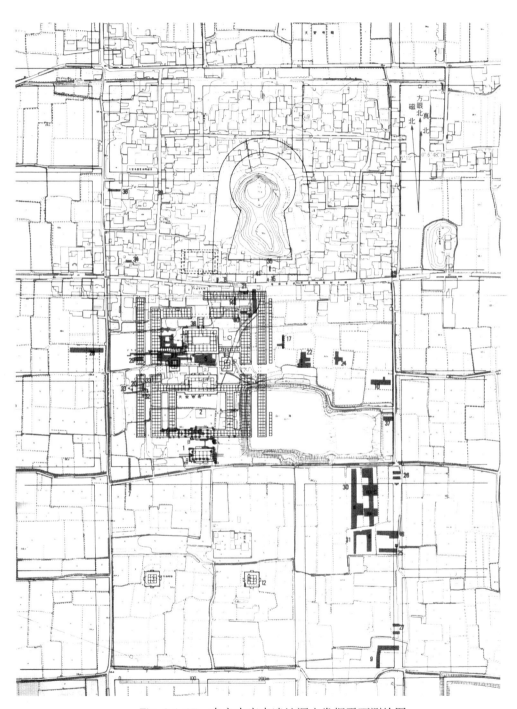

Fig. 2.1-17　奈良大安寺遗址调查发掘平面测绘图

二 (廊) 向讲堂，一讲堂北廊，一食堂 (廊)；"合僧房壹拾叁条"，二列东西太房列，二列东二西太房北列，二列东西南列中房，二列东西中房北列，二列北太房，一列北东中房，一列小子房南列，一列东小子房；"合井屋贰"，并六角间，在僧房院；"合宿直屋陆"，金堂二 (屋)，南大门东西曲屋，南中门东西 (屋)；"合温室院室叁"；"合禅院舍捌"，堂一，僧房六，庑廊一条；"合太众院屋陆"，一厨，一灶屋，二维那房，一井屋，一碓屋；"合政所院叁"；"合仓贰拾肆"，分置太众院、禅院和仓垣院[1](Fig. 2.1-19、Fig. 2.1-20)。除主院外，皇円《扶桑略记》也零散记述了大安寺几个别院，包括"大安寺西唐院""大安寺东僧坊""大安寺别院"等[2]。孝谦女皇天平胜宝"八年五月二日 (756 年 6 月 4 日)，太上法皇圣武，春秋五十七崩。壬申日 (6 月 21 日)，葬大和国添上郡佐保山陵。……六月丙戌日 (7 月 5 日 ?)，五七，于大安寺设斋，僧、沙弥合一千余人"[3]。据此，大安寺不仅是南都最重要的佛寺，类似唐朝"国家大

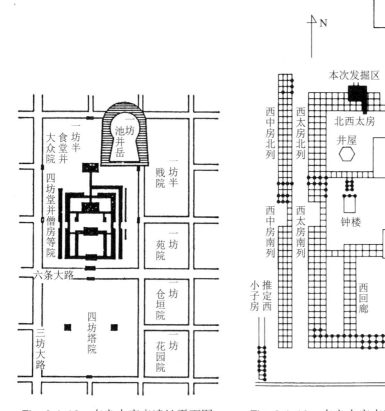

Fig. 2.1-18　奈良大安寺遗址平面图　　　Fig. 2.1-19　奈良大安寺遗址发掘平面测绘图

[1] 大安寺史编集委员会编《大安寺史·史料》，第 559-561 页，写真 3。
[2] [日] 皇円撰《扶桑略记》，第 92、96、100、113 页。
[3] 同上书，第 102 页。

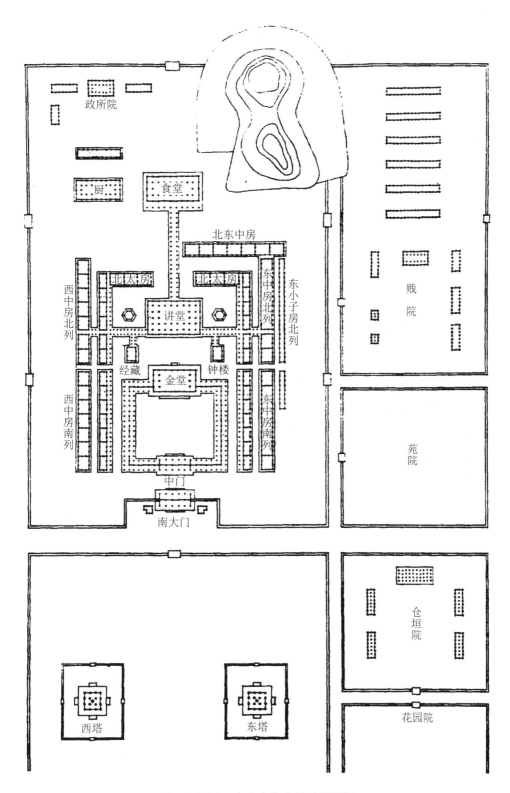

Fig. 2.1-20　奈良大安寺遗址平面图

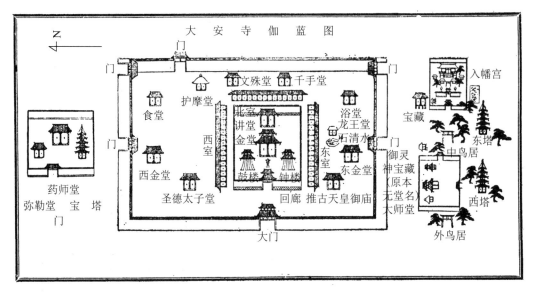

Fig. 2.1-21 《大安寺伽蓝图》

寺"，而且建筑规制很大，系多院式布局。

    1954 年至 1991 年，日本考古学家在奈良大安寺遗址进行了系统的调查和发掘，经过 80 多次尝试与积累，考古学家终于完成了大安寺遗址的平面测绘图（参见 Fig. 2.1-17、Fig. 2.1-18、Fig.2.1-19）[1]，发掘结果显示大安寺由主院和旁侧的其他别院构成（参见 Fig. 2.1-20）。根据考古发掘并参照《伽蓝缘起并流记资财帐》《大安寺伽蓝古图》（参见 Pl. 2.1-6）和《大安寺伽蓝图》(Fig. 2.1-21)，大安寺主院沿南北中轴线对称布局，主要由南大门、中门、廊院、金堂（佛殿）、讲堂、钟楼、经楼、僧房院（僧房壹拾叁条）、井屋和食堂（北堂）构成，此外还有厨屋、池岳、政所院等。主院南侧是占地四坊的塔院，东塔、西塔对峙；主院及塔院东侧，由南向北依次为花园院、仓垣院、苑院、贱院等[2]。据宿季庚先生研究，大安寺主院布局和绕

    ［1］1) 森郁夫《大安寺発掘調查の概要》，载大安寺史编集委員會编《大安寺史·史料》，奈良：河野清晃 / 大安寺，1984 年，第 873-879 页；上野邦一《大安寺の発掘調查》，《大安寺史·史料》，893-907 页；3) 奈良市教育委員会《史跡·大安寺旧境内発掘調查》，载南都国際仏教文化研究所编集《南都大安寺論叢》，奈良：河野清晃 / 大安寺，1995 年，第 303-435 页。

    ［2］1) 大安寺史编集委員會编《大安寺史·史料》，第 541-568 页、595 页、963-982 页、1001 页，写真 2；2) 奈良市教育委員會《史跡·大安寺旧境内発掘調查》，《南都大安寺論叢》，第 306 页第 1 图、314 页第 1 图、第 335 页発掘区の位置、第 341 页発掘区の位置、第 347 页発掘区の位置、第 353 页检出遺構平面图 / 発掘区の位置、第 355 页检出遺構平面图 / 発掘区の位置、第 361 页発掘区の位置、第 362 页発掘区位置图、第 378 页発掘区位置图、第 391 页大安寺旧境内発掘調查位置、第 400 页史跡大安寺旧境内発掘調查位置图、第 403-406 页、第 415 史跡大安寺旧境内発掘調查地位置图、第 419 页、第 425-426 页、第 429 页大安寺伽藍と発掘区の位置图。

主院设置别院之规制,"与道宣《图经》附图相符,而有可能源自西明;但大安寺主院之南兴建东西两塔的塔院,既不见于有关长安西明寺的记载,也有异于道宣《图经》所绘塔的方位,当如日本学者认为系由于各种原因变更道慈原设计所致。"[1]因此,从大安寺遗址我们可以推见西明寺主院的建筑布局,因为后者的规制仿效前者而成。

五、汉地多院式佛寺

前述道宣《关中创立戒坛图经》附图《祇洹寺》显示:中天竺舍卫国祇洹精舍是一座横连多院的大型佛教寺院,以中部中轴线上的建筑为主院,即正中佛院。中土营造大型多院式佛寺,主要采纳东西向平行安排,主院位于中轴线上,别院通常从南向北对称置于主院两侧,这与发掘出土的天竺祇洹精舍的实际布局略有不同。

大型多院式佛寺早在南北朝时期已经出现,如萧梁在建康营造的大爱敬寺。道宣《续高僧传》卷一《宝唱传》记载:

> (梁武帝)为太祖文皇于钟山竹涧建大爱敬寺,纠纷协日,临睨百丈,翠微峻极,流泉灌注。钟龙遍岭,饮凤乘空。创塔包岩壑之奇,宴坐尽山林之邃。结构伽蓝,同尊园寝;经营雕丽,奄若天宫。中院之去大门,延袤七里,廊庑相架,檐霤临属。旁置三十六院,皆设池台,周宇环绕。千有余僧,四事供给。中院正殿有栴檀像,举高丈八。[2]

《建康实录》卷十七引陈顾野王《舆地志》,记载梁武帝大通元年(527年)修建的同泰寺也似多院式布局:

> 置四周池堑,浮图九层、大殿六所、小殿及堂十余所。宫各像日月之形,禅窟、禅房、山林之内,东、西般若台各三层,筑山构陇,亘在西北,柏殿在其中。东南有璇玑殿,殿外积石种树为山,有盖天仪,激水随滴而转。[3]

---

[1] 1) 宿白《试论唐代长安佛教寺院的等级问题》,载宿白《魏晋南北朝唐宋考古文稿辑丛》,第261页;2) 冈田英男《大安寺伽蓝と建築》,大安寺史编集委員會编《大安寺史·史料》(963-982页),第974页。

[2] [唐]道宣撰《续高僧传》,郭绍林点校,北京:中华书局,2014年,第9页。

[3] [唐]许嵩撰《建康实录》,第681页。

此外，道宣《律相感通传》记：

> （荆州河东寺）甚大，……本曾住万僧，震旦之最。……东、西二寺因旧广立，自晋、宋、齐、梁、陈代，僧徒常有数万人。……殿一十二间。……殿前塔，宋谯王义季所造。塔内塑像及东殿中弥勒像，并是忉利天工所造。西殿中多金铜像。……寺内僧众兼于主客出万余人。……陈末隋初，有名者三千五百人。……寺房五重，并皆七架，别院大小合有十所，般舟、方等二院庄严最胜，夏别常有千人。寺中屋宇及四周廊庑等减一万间。寺开三门，两重七间，两厦殿宇横设，并不重安。……东川大寺，唯此为高。[1]

　　"暨永熙多难，皇舆迁邺，诸寺僧尼，亦与时徙。"[2]北魏孝静帝迁邺，致使北朝的佛教中心从洛阳转移到邺城。"属高齐之盛，佛教中兴，都下大寺略计四千，见住僧尼仅将八万，讲席相距，二百有余，在众常听，出过一万。故宇内英杰，咸归厥邦。"[3]2000年开始，中国社会科学院考古研究所邺城考古队把工作重点逐渐推移到内城以外的外郭区，先后发掘或清理了赵彭城佛寺遗址、北吴庄造像埋藏坑和核桃园一号建筑基址等。其中，赵彭城佛寺遗址应占据当时的一坊之地，是迄今考古发现的佛教寺院遗址中规模最大的。赵彭城佛寺的平面布局：佛塔置于中轴线偏南处，是整个佛寺的核心所在。在佛塔东南和西南各有一处大型院落，其中西南院平面方形，边长约110米，院四周建置完全围和的房屋建筑，建筑内外可能有回廊；院北部中央有大型殿堂建筑遗迹，初步怀疑西南院落中央设经堂、周围环置僧房。东南院规模与西南院相近，其平面布局有待进一步发掘。赵彭城佛寺临近邺南城中轴线向南延长线东侧，坐北朝南，规模宏大，平面布局以木塔为中心，采用多院式结构，既突出佛塔地位，不同院落又有相对独立的空间。该寺的位置、规模、形制均表明它具有很高等级，应属于东魏北齐的皇家佛寺[4]。赵彭城佛寺的多院式布局(Fig. 2.1-22)，应是中原北方地面佛寺进一步汉化的结果。

---

　　[1]《大正藏》No.1898，第45卷，第877c-878a页。
　　[2][魏]杨衒之撰《洛阳伽蓝记》，第6页。
　　[3][唐]道宣撰《续高僧传》，第337页。
　　[4]参见：1)国家文物局主编《2002中国重要考古发现》，北京：文物出版社，2003年，第97-100页；2)中国社会科学院考古研究所等《河北临漳县邺城遗址赵彭城北朝佛寺遗址的勘探与发掘》，《考古》2010年第7期，第31-42页。

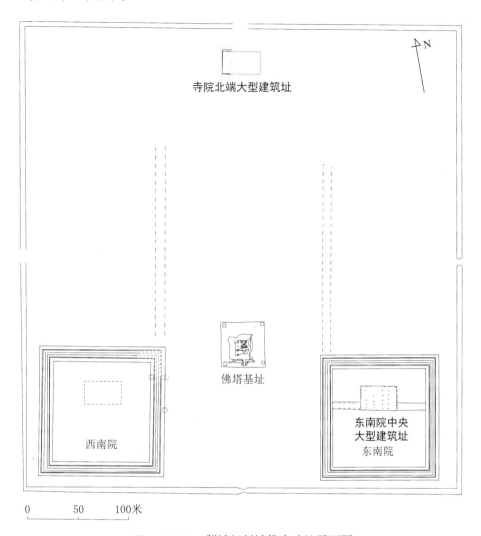

Fig. 2.1-22　邺城赵彭城佛寺遗址平面图

　　唐长安城大慈恩寺"仿给园"，西明寺以"祇园精舍为规模"，东都敬爱寺"制度与西明寺同"。这三座大型地面佛寺的共同特征，是规模宏大、院落众多[1]，似皆奉循祇洹精舍传统，拜像胜过礼塔，因为三寺"完全以佛殿为重心。"这暗示唐代大型地面佛寺的营造，尤其高僧大德如玄奘和道宣等参与经营的佛寺，在规制上似紧密遵奉天竺正统。道宣撰述《中天竺舍卫国祇洹寺图经》，目的"故示见图，开张视听"；"致诸教中，树立祇桓，开化元首。"[2]赞宁《宋高僧传·道宣传》记载："乾封

　　[1] 参见：1) 宿白《试论唐代长安佛教寺院的等级问题》，载宿白《魏晋南北朝唐宋考古文稿辑丛》，第255-264页；2) 龚国强《隋唐长安城佛寺研究》，北京：文物出版社，2006年，第220页。
　　[2]《大正藏》No.1892，第45卷，第811b、812b页。

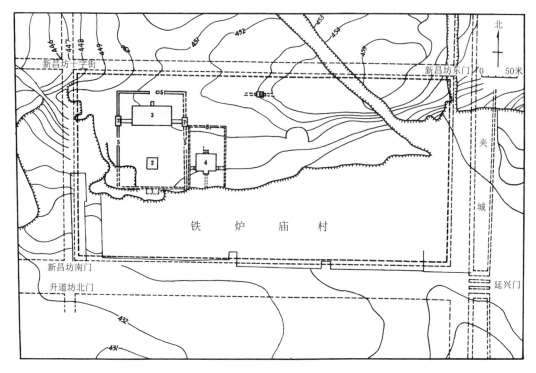

Fig. 2.1-23　唐长安青龙寺遗址位置及局部遗迹图

二年春，冥感天人来谈律相，言钞文轻重，仪中舛误，皆译之过，非师之咎，请师改
正。故今所行著述，多是重修本是也。又有天人云：'曾撰《祇洹图经》，计人间纸帛
一百许卷。'宣苦告口占，一一抄记，上下二卷。又口传偈颂，号《付嘱仪》十卷是
也。……宣之持律，声振竺乾，宣之编修，美流天下。"[1] 又，前述宗觉《祇洹图经
序》云：道宣"恐后世造塔庙无所表彰，窃据灵感，制《祇洹图经》双卷矣。"考虑到
慈恩寺与西明寺两座"国家大寺"之摹拟传闻，《祇洹图经》之"美流天下"，法显所
记祇洹精舍"大援落"和考古发掘出土的三区遗迹，天竺祇洹精舍对唐代地面佛寺
的营造应有相当影响，对唐代佛寺规制，尤其是多院式佛寺布局的形成也会起到相
当大的促进作用[2]。

　　除唐长安大慈恩寺、西明寺和东都洛阳敬爱寺外，唐长安城新昌坊青龙寺占地
四分之一坊 (Fig. 2.1-23)。王溥《唐会要》卷四十八《议释教》记载："青龙寺，新昌
坊，本隋废灵感寺。龙朔二年 (662 年)，新城公主奏立为观音寺，景云二年 (711 年)

　　[1]［宋］赞宁撰《宋高僧传》，第 329-330 页。
　　[2]　参见：1) 钟晓青《初唐佛教图经中的佛寺布局构想》，《钟晓青中国古代建筑史论文集》，第 247
页；2) 宿白《试论唐代长安佛教寺院的等级问题》，载宿白《魏晋南北朝唐宋考古文稿辑丛》，第 264 页。

改名。"[1]宋敏求《长安志》卷九云："(新昌坊) 南门之东青龙寺，本隋灵感寺，开皇二年 (582 年) 立。文帝移都，徙掘城中陵墓，葬之郊野，因置此寺，故以灵感为名。至武德四年 (621 年) 废。龙朔二年，城阳公主复奏立为观音寺。初，公主疾甚，有苏州僧法朗，诵《观音经》，乞愿得愈，因名焉。景云二年，改为青龙寺。北枕高原，南望爽垲，为登眺之美。"[2]据文献记载，青龙寺也是多院式佛寺布局。除主院外，文献记载至少有别院六处，即东塔院、净土院、法全阿阇梨院、故昙上人院、上方院和僧院等，其中五院出自唐大历 (766-779 年) 以后的著述[3]。依据考古发掘报告，以遗址 4 为中心的院落，应是位于青龙寺主院西侧的一座别院[4]。

唐长安城上述三座佛寺中，大慈恩寺和西明寺特别重要，因为唐武宗会昌五年 (845 年) 毁佛后长安城仅有左街慈恩寺、荐福寺和右街西明寺、庄严寺被保留下来。刘昫《旧唐书·武宗纪》记载："(会昌五年) 秋七月庚子[5]，敕并省天下佛寺。中书门下条疏闻奏：'据令式，诸上州国忌日官吏行香于寺，其上州望各留寺一所，有列圣尊容，便令移于寺内；其下州寺并废。其上都、东都两街请留十寺，寺僧十人。'敕曰：'上州合留寺，工作精妙者留之；如破落，亦宜废毁。其合行香日，官吏宜于道观。其上都、下都每街留寺两所，寺留僧三十人。上都左街留慈恩、荐福，右街留西明、庄严。'"[6]

又，《法苑珠林》卷六十二《祭祠篇·献佛部》记载："若是国家大寺，如似长安西明、慈恩等寺，除口分地外，别有敕赐田庄。所有供给，并是国家供养。"[7]唐代国家大寺规制，"除具备重楼、复殿、云阁、修廊等壮丽的建筑外，最重要的特点是 (一) 浮图不建在主院，(二) 继承甚至发展了南北朝晚期梁与北齐兴建颇多的别院。"[8]同样地，有些大型地面佛寺甚至明确采纳了天竺祇洹精舍规制。不过，一座大型佛寺的建筑经营，就像道宣《祇洹图经》所示，不可能恃合祇洹精舍的原始规制。根据道宣《祇洹图经》及大慈恩寺和西明寺的早期记录，天竺祇洹精舍规制的

[1][五代]王溥撰《唐会要》，第 846 页。

[2][宋]宋敏求撰《长安志》卷八，第 122 页。

[3]参见：[日]小野胜年著《中国隋唐长安寺院史料集成》，《史料篇》第 159-167、383-385 页，《解说篇》第 103-110 页。

[4]中国社会科学院考古研究所西安唐城队《唐长安青龙寺遗址》，《考古学报》，1989 年第 2 期，第231-262 页。

[5]据陈垣《二十史朔闰表》，会昌五年七月丙午朔，无"庚子"。

[6][晋]刘昫等撰《旧唐书》，点校本，北京：中华书局，1975 年，第 604-605 页。

[7][唐]道世撰《法苑珠林》，第 1826 页。

[8]宿白《试论唐代长安佛教寺院的等级问题》，载宿白《魏晋南北朝唐宋考古文稿辑丛》，第 263 页。

确对东方佛寺的设置有一定的影响。如"长安中 (701-705 年) 资圣寺已建有与佛殿毗邻的钟楼、经藏,此是现知并建钟楼、经藏的较早记录。其中,上距道宣《戒坛图经》甚近,《图经》附图即于后佛说法大殿前两侧绘出经台、钟台,因疑此两建置的来源,约与道宣撰述有关。"[1]

综上所述,虽然唐代大型地面佛寺不得不根植于前代寺院的形制,但有些皇室和显贵辟地新建的大型多院式佛寺可能依据大慈恩寺或西明寺的规制安排,即仿效天竺祇洹精舍营造[2]。

本文最初以英文撰写,原名 Jetavanārāma and Early *Saṃghārāmas* of China,载 *Buddhist Monasteries of South Asia and China* (Monograph No. 1, Society for Buddhist Art and Archaeology, Editor-in-Chief R. C. Agrawal, 157-209. Delhi: Manohar Publishers & Distributors, 2019)。现据英文本重新以中文写就。

---

[1] 宿白《试论唐代长安佛教寺院的等级问题》,载宿白《魏晋南北朝唐宋考古文稿辑丛》,第 266 页。

[2] 唐义净于高宗咸亨二年 (671 年) 从广州取海路赴印度求法,武周垂拱元年 (685 年) 离开那烂陀寺仍取海路东归,在南海一带滞留将近十年,后于证圣元年 (695 年) 抵达洛阳。义净曾对那烂陀寺的设计布局、僧坊规制以及寺院管理等有详细记录,且在《大唐西域求法高僧传》卷上特别提及"沙门义净从西国还,在南海室利佛逝撰《寄归》(《南海寄归内法传》) 并《那烂陀寺图》。"慧立、彦悰记载:那烂陀寺"如是六帝相承,各加营造,又以砖垒其外,合为一寺,都建一门。庭序别开,中分八院。"这与那烂陀寺发掘后的情形大体一致。至于义净绘制那烂陀寺图的初衷,或许也有祈愿中土佛寺的营造应效仿那烂陀寺之意,武周以后两京佛寺修建可能也受到了那烂陀寺的影响,尤其是那烂陀那种多院式佛寺布局。因此,中土唐代流行的多院式佛寺,如现已局部发掘出土的长安青龙和西明寺遗址,或许受到了祇洹精舍与那烂陀寺的双重影响。又,唐圆照集《代宗朝赠司空大辨正广智三藏和上表制集》卷二《请舍衣钵助僧道环修金阁寺》记载:"五台灵山寺额有五,清凉、华严、佛光、玉花四寺先成,独唯金阁一所未就。既是圣迹,谁不具瞻? 不空愿舍衣钵随助道环建立盛事。"日本圆仁记载五台山保磨镇国金阁寺,"斯之不空三藏为国所造,依天竺那兰陀寺样作。"参见:1)［唐］义净撰《大唐西域求法高僧传》,第 1 页;2)［唐］慧立本、彦悰笺《大唐大慈恩寺三藏法师传》,孙毓棠、谢方点校,第 69 页;3)《大正藏》No.2120,第 52 卷,第 834a 页;4)［日］圆仁撰《入唐求法巡礼行纪》,第 300 页。关于印度那烂陀寺及其在中土的影响,已超出本文范围,容另文探讨。

Jetavanārāma and Early
Saṃghārāmas of China[*]

Jetavana［祇洹 / 祇园 / 逝多林］, also Jetavanārāma^[1] or Jetavanavihāra^[2]
［祇洹精舍 / 祇园精舍 / 祇洹寺］^[3] in the vicinity of Śrāvastī［舍卫城 / 室罗伐悉

* Among the colleagues and friends who have commented upon this article, I am particularly indebted to Himanshu P. Ray, Angela F. Howard, and An Jiayao for their kind and valuable suggestions. And, I should like to thank Francesca Monteith for her painstaking proofread and polish of my English.

［1］1) Sukumar Dutt, *Buddhist Monks and Monasteries of India: Their History and their Contribution to Indian Culture* (London: George Allen & Unwin Ltd, 1962), 62-64; 2) C. Witanachchi, "Jetavana (1)," in *Encyclopaedia of Buddhism*, Vol. VI, ed. W. G. Weeraratne (Colombo: The Government of Sri Lanka, 1996), 42-46, esp. 42.

［2］Nalinaksha Dutt, *Early Monastic Buddhism* (Calcutta: Firma KLM Private Ltd, 1971), 125.

［3］With regard to an interrelation between *vihāra*［毗诃罗 / 僧坊］and *saṃghārāma*［僧伽蓝 / 众园］, according to Xuanzang［玄奘 600-664 CE］and Huilin［慧琳 736-820 CE］, King Sātavāhana［娑多婆诃王 / 引正王］of (south) Kośalā/ Kauśala ordered a *saṃghārāma*［伽蓝］to be hewn from the rock or that one be built at Bhrāmara-giri［黑蜂山 Śrīparvata］for the sake of Nāgārjuna Bodhisattva. A statue cast of gold and equal to the height of the Buddha was to be set up in each *vihāra*［精舍］. It appears the *saṃghārāma* at Bhrāmara-giri comprised of several *vihāras*. Thus, a *vihāra* must be considered as a component part of a *saṃghārāma*. In this article, therefore, Jetavanārāma is used in preference to Jetavanavihāra.

Confer: 1) Xuanzang, *Da Tang Xiyu Ji*, 829-832; 2) Samuel Beal, trans., *Si-Yu-Ki—Buddhist Records of the Western World: Chinese Accounts of India,* translated from the Chinese of Hiuen Tsiang (London: Trubner, 1884), 418-420; 3) Huilin, *Yiqiejing Yinyi*, in *Taishō* No. 2128, Vol. 54: 342b; 4) Dutt, *Buddhist Monks and Monasteries*, 58-65; 5) Chongfeng Li, "From Gandhāra to Pingcheng: The Layout of a Free-Standing Buddhist Monastery," in *Buddhist Archaeology from India to China* by Chongfeng Li (Shanghai: Shanghai Chinese Classics Publishing House, 2020), 299-300; 6) Chongfeng Li, "The Sinicizing Process of the Cave-temples: Evolution of the *Lēṇa，Maṭapa* and *Chētiyaghara*," in *Buddhist Archaeology from India to China* by Chongfeng Li (Shanghai: Shanghai Chinese Classics Publishing House, 2020), 590-591.

底国］was the most important Buddhist settlement or monastic complex built for Lord Buddha and his disciples in Hinduka［天竺, present-day India and part of Pakistan］[1] (Pl. 2.1-1). Jetavanārāma was mostly referred to in the early Buddhist sources, especially Chinese accounts, by its full name Jetavanānāthapiṇḍadasyārāma ［祇树给孤独园 / 逝多林给孤独园 / 祇洹阿难邠坻阿蓝］. It is said that the wealthy merchant Sudatta［须达 / 须达多 / 善施］, surnamed Anāthapiṇḍada or Anāthapiṇḍika［阿难邠坻 / 给孤独 / 给孤独长者］, who came from the Kingdom of Kośalā［拘萨罗国］seeking the most suitable land on which to build a saṃghārāma for Lord Buddha and his disciples. He set his heart on Jetavana, lit. Jeta's Park. However, Prince Jeta［祇陀 / 祇多 / 逝多］, who was a son of King Prasenajit［波斯匿王 / 钵逻斯那恃多 / 胜军王］, the ruler of the Kośalā kingdom, was unwilling to part with the land. He told Sudatta he would only sell him the land if Sudatta could cover the whole area with gold. When Sudatta actually started to do so, Prince Jeta was astonished. After he found out why Sudatta wanted the land Prince Jeta gave him both the land and the trees on it. He also assisted in the construction of a monastic settlement (saṃghārāma) there. Anāthapiṇḍadasyārāma or Anāthapiṇḍikārāma formed the nucleus of this site.

I. Records and Images of Jetavanārāma

Jetavanārāma is recorded as covering an area of 80 qing［顷］, which equates to 533 hectares. Fenbie Gongde Lun［分别功德论 Treatise on Meritorious Virtue Achieved by Discrimination］[2], translated into Chinese in the Later Han Dynasty

---

［1］For the ancient Chinese names of Hinduka, confer: 1) P. C. Bagchi, "Ancient Chinese Names of India", in India and China: Interactions through Buddhism and Diplomacy; A Collection of Essays by Professor Prabodh Chandra Bagchi, compiled by Bangwei Wang and Tansen Sen (Delhi: Anthem Press India, 2011), 8-9; 2) Qian Wenzhong, "The Ancient Chinese Names of India and their Origins," in Land Routes of the Silk Roads and the Cultural Exchanges Between the East and West Before the 10th Century; Desert Route Expedition International Seminar in Urumqi August 19-21, 1990, ed. Xu Pingfang (Beijing: New World Press, 1996), 601-611.

［2］For the Chinese literature, document or translated version of the Buddhist scriptures, its name in pinyin system will be first written down, followed by the Sinogram or Chinese characters and then its English translation in bracket. Whenever the literature or document is again cited or quoted, the pinyin system will be used first and then the English translation put in brackets.

(25-220 CE), states that there were 72 lecture-halls［讲堂 *maṇḍala-mātra-vyūha*］and 1250 houses or rooms［房舍 *layanas*］in Jetavanārāma.[1] In contrast *Da Boniepan Jing*［大般涅槃经 *Mahāparinirvāṇa-sūtra*］, translated by Dharmarakṣa［昙无谶］between 416-423 CE, records that there were 300 big halls［大房 *mahallakas*］, 63 *dhyāna*-houses［禅房］and quiet-cells［静处 *rahas*］, in addition to the houses or rooms used in winter and summer as well as the kitchens, bathrooms, and toilets.[2]

According to Faxian, who visited this area in 404 CE, Śrāvastī was the capital city of the Kośalā kingdom, over which King Prasenajit had ruled. Leaving the city by the south gate and proceeding 1200 paces on the road, on the west side of it is the place where *śreṣṭhi* Sudatta built a *vihāra*［精舍］, which opens towards the east. The main door is flanked by two side chambers, in front of which stand two stone pillars; on the top of the left hand one is the figure of a wheel, and on the right-hand one the image of an ox. The clear water of the tanks, the luxuriant groves, and numberless flowers of variegated hues combine to produce the picture of what is called Jetavanārāma. On the basis of the scripture, when Lord Buddha went up to Trāyastriṃśa Heaven［忉利天］for ninety days to preach the Law to his mother, King Prasenajit missed him so much that he ordered an image of Lord Buddha to be carved in sandalwood taken from the Bull's-head mountain［牛头旃檀］. This statue was then placed where the Buddha usually sat. Upon Lord Buddha's return to Jetavanārāma, the image straightway quit the seat and came forth to receive him. The Buddha cried out: "Return to your seat; you shall be the model for the four categories of Buddhists［四部众 *catasraḥ parṣadaḥ*］in search of spiritual truth after my *parinirvāṇa*." The image then went back to its seat. It was the very first of all such images, and is the one which later ages have copied. Then Lord Buddha moved to a small *vihāra* on the south side of the very *vihāra* where the image was placed, at a spot about twenty paces away from the image. The structures in Jetavanārāma were originally arranged in seven sections or rows［七层 / 七重］; kings and people of neighboring countries vied with each

---

[1] *Taishō* No. 1507, Vol. 25: 35b.
[2] *Taishō* No. 374, Vol. 12: 541b.

other to make offerings, hang up embroidered banners and canopies, scatter flowers, burn incense, and light lamps to shine from dusk to dawn. Such offerings had to be done day to day without fail. One day, a rat holding a lamp-wick in its mouth set fire to the embroidered banners and canopies. All of the structures in the seven sections burnt down and were completely destroyed. The kings and people alike were greatly grieved and annoyed, thinking that the sandalwood image had been destroyed. However, four or five days later, when they opened the door of the small *vihāra*, they found the original image unharmed. The whole population was elated and Jetavanārāma was rebuilt. When the first two sections were finished, the image was moved back to its original position.

Jetavanārāma appears to be Lord Buddha's favorite residence, it was even more important than Veṇuvana-kalandaka-nivāsa or Veṇuvanārāma, the first *ārāma* offered to the Buddha. The Buddha stayed at Jetavanārāma for about twenty-five years and delivered the majority of his important sermons there in the light of the Chinese *Tripiṭaka* [1], which had imprinted on the hearts of the Buddhists. Because of its special religious connotation, Jetavanārāma occupied an important place in the history of Buddhist *saṃghārāma*, not only in ancient Hinduka but also abroad.

Upon their arrival to Jetavanārāma, both Faxian and Daozheng［道整］were reminded of Lord Buddha who dwelt there for more than twenty five years. In his account Faxian records that the large courtyard or compound［大援落］of Jetavanārāma had two entrances, one on the east and the other on its north side. Jetavana or Jeta's park is on the spot on which Sudatta spread gold money in order to buy the ground. The *vihāra*［精舍］was constructed in the center of the great compound. Lord Buddha seemed to prefer Jetavanārāma to other *saṃghārāmas* or monastic complexes, so he spent more time there than anywhere else, preaching sermons and making converts as well as engaging in both walking and seated meditation. At all these places *stūpas* have been erected, each with its name inscribed upon the exterior. By the time of Faxian, Jetavanārāma was surrounded by ninety-eight (eighteen?) *adhy-ārāmas* or

---

［1］ *Taishō* No. 1899, Vol. 45: 890b.

vihāras〔僧伽蓝〕, all of which were inhabited by monks, except for one which was vacant.[1] From this record, we know that Jetavanārāma originally comprised a large courtyard or compound with smaller ones leading off it. The structures were arranged in seven sections or rows. So Jetavanārāma must have been a multi-courtyard-type *saṃghārāma* by the time that Faxian visited. A multi-courtyard-type, however, is the most important feature in the design and planning of the *saṃghārāma*.

In circa 631 CE, Xuanzang visited Śrāvastī during his travels in ancient Hinduka. He recorded that Jetavanārāma, which is the Anāthapiṇḍadasyārāma, was five or six *li*[2] to the south of the city. He also noted that this was where King Prasenajit's chief minister Sudatta built a *vihāra*〔精舍〕for Lord Buddha. Although there had originally been a *saṃghārāma*〔伽蓝〕there, by the time of Xuanzang's visit it was a desolate ruin. At the east gate of Anāthapiṇḍadasyārāma, there were two stone pillars, 70 feet high, erected on each side. The other buildings had all totally collapsed, with only their foundations extant. However, Xuanzang recorded a single brick shrine standing in solitary loneliness on the site, which contained an image of the Buddha. He also relates the story of the sandalwood Buddha, adding the detail that King Prasenajit copied an image that King Udayana〔出爱王〕of Kauśāmbī had.

From Xuanzang we also learn more about *Śreṣṭhi* Sudatta and the foundation of Jetavanārāma. It is recorded that Sudatta was a man of 'humanity' and talent, who had amassed great wealth and succored the needy and the destitute. He also had compassion for the orphans and helped the aged. Due to this he was called Anāthapiṇḍada during his lifetime, which means a friend of orphans and the elderly. After hearing of the religious merit of Lord Buddha, Sudatta conceived a deep reverence for Lord Buddha and wished to build a *vihāra* for the Buddha and then asked the Buddha to condescend to receive it. Lord Buddha

---

〔1〕1) Faxian, *Faxian Zhuan*, 72-74; 2) H. A. Giles, trans., *The Travels of Fa-hsien* (399-414 CE) or *Record of the Buddhistic Kingdoms* by Faxian (Cambridge: Cambridge University Press, 1923), 30-35.

〔2〕At that time, one Chinese *li* was equivalent to about 454 meters.

sent Śāriputra to accompany Sudatta to inspect the places. The only suitable site that could be found was the Park of Prince Jeta, which was on a high and bright terrain. When they came to see the prince and told him the true state of affairs, the prince said in a joking way: "If you can cover the ground with gold coins I will sell it to you." Having heard this, Sudatta suddenly saw the light and immediately proceeded to cover the ground with gold coins from his treasury. When all the ground except a small piece was covered, the prince asked Sudatta to desist and said: "The Buddha truly is an excellent field, it is suitable that we sow good seed." Thus a *vihāra*［精舍］was erected on the uncovered ground. When the Buddha came here, he said to Ānanda that as the ground of the park had been bought by Sudatta, and the trees had been given by Jeta, both of them having like intentions, their merits should be respected and the place spoken of as Jeta's trees and Anāthapiṇḍada's ārāma, viz. Jetavanānāthapiṇḍadārāma.[1]

The accounts of Faxian and Xuanzang both reflect this version of the story about Jetavanārāma. Moreover, their accounts can help us infer how Jetavanārāma was arranged and laid out.

The gift of Jetavana to Lord Buddha was depicted in Gandhāran art as early as the first century CE. According to Alfred Foucher, a scene portraying six figures shown in a single row on a small slab (see Pl. 1.1-1), formerly in the Guides Mess of Mardan, has been identified as the Presentation of Jetavana at Śrāvastī.[2] On the left hand side of the relief stands the Buddha with a companion monk beside him. Facing the two figures are a further four figures which represent the merchant Anāthapiṇḍada, depicted holding a water-vessel in his hand to symbolize the gift he is making, and three lay-worshippers.[3]

---

［1］1) Xuanzang, *Da Tang Xiyu Ji*, 488-490; 2) Beal, *Si-Yu-Ki*, 261-262; 3) Thomas Watters, *On Yuan Chwang's Travels in India AD 629-645*, Vol. I (London: Royal Asiatic Society, 1904), 382-386.

［2］1) Alfred Foucher, *L'Art gréco-bouddhique du Gandhâra: étude sur les origines de l'influence classique dans l'art bouddhique de l'Inde et de l'Extréme-Orient*, 2 Bde (Paris: Imprimerie Nationale, 1905-51), Tome I: 473-476, Fig. 239; 2) Harald Ingholt, *Gandhāran Art in Pakistan* (New York: Pantheon Books, 1957), 75, Fig. 95.

［3］John Marshall, *Buddhist Art of Gandhara: The Story of the Early School; its birth, growth and decline* (London: Cambridge University Press, 1960), 41.

The earliest visual representation of Jetavanārāma itself dates to the 2nd century BCE. A circular medallion depicting Jetavanārāma in bas-relief was discovered amongst the Bhārhut sculptures. An inscription carved below the medallion gives the name of Jetavana as well as that of the munificent builder Anāthapiṇḍika, "*Jetavana Anâdhapeḍiko deti Koṭisanthatena Keṭâ*" (see Pl. 1.1-2). The inscription was translated into English by Childers as follows: "Anâthapiṇḍiko presents Jetavana, (having become) its purchaser for a layer of *koṭis*."[1] According to A. Cunningham the sculptor clearly wished to depict the great Buddhist Vihâra of Jetavanārāma, whilst at the same time illustrating the story of its establishment by Anāthapiṇḍika. In the foreground, a bullock-cart, two unyoked bullocks, and a man (driver) can be seen. Two men stand on each side of the cart, above whom another two figures are busily engaged in covering the ground with gold coins. In the very middle of the composition is a standing figure carrying a vessel in both hands, whom Cunningham believed to be Anāthapiṇḍada. The water would have been poured over Lord Buddha's hands as a pledge for the completion of this gift. To the left are six other figures, whom seem to be Prince Jeta and his friends. Of the four trees shown in the whole scene, three in the upper part of the right half are probably sandal trees and one on the lower part of the left half seems to be a mango-plant with bunches of fruit, which are no doubt intended to represent the park. On the left half, there are two buildings. The upper one is labeled Gandha-kuṭi [gandha-kuṭī 香殿], and the lower one labeled Kosamba-kuṭi.

These two buildings are of significant interest because they would not have been part of the original park of Prince Jeta.[2] Here, the sculptor has managed to depict the key features of the story of Jetavana within a limited

---

[1] Alexander Cunningham, *The Stūpa of Bhārhut: A Buddhist Monument ornamented with numerous sculptures illustrated of Buddhist legend and history in the third century B.C.* (London: W. H. Allen & Co., 1879), 84.

B. Barua recorded the inscription as follows: "*Jetavana Anādhapeḍiko deti koṭisaṃthatena keto*", which was translated: "Anāthapiṇḍika dedicates Prince Jeta's Garden after purchasing it with a layer of crores." Benimadhab Barua, *Barhut*, Book II: *Jātaka-scenes*, rep. (Patna: Indological Book Corporation, 1979), 27.

[2] 1) Cunningham, *Stūpa of Bhārhut*, 85, 87, Pls. XXVIII, LVII; 2) Barua, Book II, 27-31.

space. However, episode assumes a form rather different from what the legend describes. The two buildings or *kuṭis* bearing respective names of Gandha-kuṭi and Kosamba-kuṭi in the scene are anachronisms, as these buildings would not have been built until after the purchase of the park. The scene depicts not only the story of dedication of Jeta's park after it was purchased from its owner but also that of dedication of the park after it had been converted into a Buddhist monastic complex, with additions of the *vihāras*, shrines, temples, houses and sheds constructed by Anāthapiṇḍada and Jeta. These two episodes are compressed into a single setting.

The *kuṭi* represented in the scene is a single-storied structure, which encloses a throne or altar, with a garland hanging over it. Each *kuṭi* has an arched doorway surmounted by a second arch-like hood-molding. The Gandha-kuṭi seems to have a gable roof, with a pinnacle at each end (Fig. 2.1-1); while the Kosamba-kuṭi is domed, with a small pinnacle on the top (Fig. 2.1-2). From the representation of the two *kuṭis* in the scene, which are both shown only in front elevation, it is impossible to draw any conclusions regarding the plan and design of the buildings. They likely represent the large compound of Jetavanārāma mentioned by Faxian.

II. Daoxuan on Jetavanārāma

In the spring of 667 CE, the Chinese monk Daoxuan [道宣 596-667 CE] wrote two books on the basis of various accounts and records, *Guanzhong Chuangli Jietan Tujing* [关中创立戒坛图经 , *An Illustrated Record of Ordination Platforms established in the Guanzhong Region or Central Shaanxi*] [1] and *Zhongtianzhu Sheweiguo Qihuansi Tujing* [中天竺舍卫国祇洹寺图经 , *An Illustrated Record of Jetavanārāma in Śrāvastī, Central Hinduka*] [2]. Daoxuan was not only a great scholar, but also a reputed patriarch of the Nan-shan branch of the Precepts or

---

[1] *Taishō* No. 1892, Vol. 45: 807a-819a. The present copy of the illustrated record included in *Taishō* (No. 1892) was the edition printed during the period of the Tokugawa Bakufu [德川幕府] or the Edo Bakufu [江户幕府] of Japan, viz. 1603-1867 CE. *Taishō*, No. 1892, Vol. 45: 807a.

[2] *Taishō* No. 1899, Vol. 45: 882c-896b.

Vinaya school in China, which was based on the precepts of the *Fourfold Rules of Discipline* of the *Dharmaguptakas* and later became synonymous with the Precepts school of all China. Daoxuan assisted Xuanzang with his translation work from 645 CE onwards, and also authored several books on the precepts, as well as a number of historical Buddhist texts.

Guanzhong Chuangli Jietan Tujing (*An Illustrated Record of Ordination Platforms established in Guanzhong Region*) consists of eleven sections or writings. The fourth records the famous Jetavanārāma in Śrāvastī, Central Hinduka. According to Daoxuan's illustration and accounts, Jetavanārāma is formed of sixty-four courtyards or *vihāras*, with a big lane running from east to west as a thoroughfare, with a further twenty-six courtyards to the south of it.

Of twenty-six courtyards or *vihāras* which were related to the three mains gates, six courtyards were arranged on the right side of the west gate, seven on the left of the east gate, another seven on the right of the middle gateway, and six on the left of the middle gateway.

There are nineteen courtyards or *vihāras* around the central compound, viz. the Buddha's courtyard. The Buddha's courtyard in the center [正中佛院] has nineteen structures arranged symmetrically along a central south-north axis. It comprised two ordination-platforms [戒坛][1], a front Buddha-hall [前佛殿] and its three-storied east and west towers [三重楼] in line, a seven-storied *stūpa* (七重塔) and its bell-tower in the east [钟台] and scripture-repository or *sūtra*-tower in the west [经台], a rear Buddha-hall [后佛说法大殿] and its five-storied east and west towers [五重楼] in line, a three-storied building or tower [三重楼], a *jiujinhu* [九金护] and a square-pool [方华池] in line, and a three-storied pavilion or hall [三重阁] and its five-storied east and west towers [五重楼] in

---

[1] Regarding the Chinese terms of architecture used in this article, I have referred to *A Pictorial History of Chinese Architecture* and *Chinese Architecture*. 1) Liang Ssu-ch'eng, *A Pictorial History of Chinese Architecture: A Study of the Development of Its Structural System and the Evelution of Its Types*, ed. Wilma Fairbank (Cambridge, MA: The Massachusetts Institute of Technology, 1984), 35-122; 2) Fu Xi'nian et al., *Chinese Architecture*. A Series of Culture and Civilization of China (New Haven and London: Yale University Press/ Beijing: New World Press, 2002), 91-197.

line, in addition to the east and west storehouses［佛库］[1](Fig. 2.1-3).

Nearly twenty courtyards were distributed around the central compound or the Buddha's courtyard. Of them, seven courtyards were arranged on the left side of the central courtyard, with a further six apiece on the right and back sides.

The diagram of a *saṃghārāma* (see Fig. 1.1-2) in *Guanzhong Chuangli Jietan Tujing* (*An Illustrated Record of Ordination Platforms established in the Guanzhong Region*) by Daoxuan is, in fact, an imaginary plan or sketch of Jetavanārāma of Śrāvastī according to the account of the sixty-four courtyards given therein. The accounts of Jetavanārāma of Śrāvastī in Daoxuan's two books, viz, *Guanzhong Chuangli Jietan Tujing* (*An Illustrated Record of Ordination Platforms established in the Guanzhong Region*) and *Zhongtianzhu Sheweiguo Qihuansi Tujing* (*An Illustrated Record of Jetavanārāma in Śrāvastī, Central Hinduka*)[2] differ in some details.[3] From the diagram and records of Daoxuan's works on Jetavanārāma, the following points can be ascertained:

1. The *saṃghārāma* was designed along a central axis from south to north, around which the courtyards and main structures in the monastic complex were symmetrically organized.

2. The central compound［中院］is the major or principal courtyard, which

---

［1］ *Taishō* No. 1892, Vol. 45: 811a.

［2］ The diagram or imaginary sketch of the Jetavanārāma of Śrāvastī attached in *Zhongtianzhu Sheweiguo Qihuansi Tujing* (*An Illustrated Record of the Jetavanārāma in Śrāvastī, Central Hinduka*) was lost a long time ago.

［3］ 1) An Jiayao, "*Tang Chang'an Ximingsi yizhi de kaogu faxian*," *Tang Yanjiu* VI: 343-344; 2) Zhong Xiaoqing［钟晓青］, "*Chu Tang fojiao tujing zhong de fosi buju gouxiang*［初唐佛教图经中的佛寺布局构想 Conception of the Disposition of the *Saṃghārāma* in the Buddhist Illustrated Records of the early Tang China］," in *Zhong Xiaoqing Zhongguo Gudai Jianzhushi Lunwen Ji*［钟晓青中国古代建筑史论文集 *Essays on the History of Ancient Architecture of China by Zhong Xiaoqing* (Shenyang: Liaoning Fine Arts Publishing House, 2013), 245; 3) Su Bai［宿白］, "*Shi lun Tangdai Chang'an fojiao siyuan de dengji wenti*［试论唐代长安佛教寺院的等级问题 On the Hierarchy in the Buddhist *saṃghārāmas* of the Tang Dynasty in Chang'an］," in *Wei Jin Nanbeichao Tang Song Kaogu Wengao Ji Cong*［魏晋南北朝唐宋考古文稿辑丛 *Collected Articles and Papers on the Chinese Archaeology from the Wei down to the Song Dynasty, 3ʳᵈ to 13ᵗʰ Century* CE］ by Su Bai［宿白］(Beijing: Cultural Relics Press, 2011), 264.

comprised four sections or rows of buildings within an old-style compound inside the middle gate. "The central courtyard was occupied only by Lord Buddha, it was not shared with monks."[1] (1) The central structures arranged in the first and second sections are the Buddha-halls, of which, the front Buddha-hall is a single-storeyed structure, while the rear Buddha-hall is also a single-storeyed structure but with a high platform and mezzanine story, where Lord Buddha delivered his sermons. Two ordination-platforms were established in the first section of the compound, each one disposed by the side of the section. A seven-storeyed *stūpa* was erected in the center of the second section, in front of the rear Buddha-hall, with a bell-tower set up in the east of the *stūpa* and a scripture-repository in the west of it. (2) The central structure in the third section or row of the compound was a three-storied building or tower, while the one in the fourth section was a three-storeyed pavilion or hall. (3) On both sides of the central structures of each section or row of the compound, a three-storied or five-storied tower was erected observing a bilateral symmetry.

3. Three rows of cloisters or dormitories for monks [僧院 / 绕佛房] were built behind the north, east, and west sides of the principal courtyard. These were the "dwelling places for the eminent monks, surrounding the Buddha's courtyard on three sides."[2]

4. Taking the central compound as the nucleus of the *saṃghārāma* premises, many secondary or other separately specific courtyards were set up or established all around the central compound as well as the cloisters or dormitories for monks. The relationship between the principal courtyard and the subordinate ones is perfectly clear, and all such courtyards were arranged in good order.

5. Living facilities and structures such as bathrooms, toilets, store-houses, kitchens as well as gardens and lotus-pools, were located on the east and west extremities of the site.[3]

In the 1990s, Zhong Xiaoqing [钟晓青] drew two schematic plans separately

---

[1] Daoxuan, *Zhongtianzhu Sheweiguo Qihuansi Tujing*, 886c.

[2] Daoxuan, *ibid.*, 890c.

[3] 1) Zhong, "*Chu Tang fojiao tujing*," 238-240; 2) Su, "*Shi lun Tangdai Chang'an*," 263-264, Fig. 7.

showing distribution of the courtyards of Jetavanārāma, one for each of Daoxuan's books (see Fig. 1.1-3, Fig. 2.1-4). These plans show strong similarities to the arrangement of the palaces in the city plans of ancient China. This is particularly apparent in the cental placement of the principal courtyard. These diagrams almost seem to depict a miniature version of Chang'an city during the Tang Dynasty.[1]

　　Daoxuan's accounts of Jetavanārāma postdate its construction by 1700 years. In his preface Daoxuan states that *Zhongtianzhu Sheweiguo Qihuansi Tujing* (*An Illustrated Record of Jetavanārāma in Śrāvastī, Central Hinduka*) was written on the basis of various *sūtras*, legends, and narrations, in addition to *Shengji Ji*［圣迹记 *Record of the Sacred Remains*］and *Sigao*［寺诰 *Admonition for the Saṃghārāma*］by monk Lingyu［灵裕 517-605 CE］. *Shengji Ji* (*Record of the Sacred Remains*) was largely based on Faxian's record[2], and *Sigao* (*Admonition for the Saṃghārāma*) provided a clear account of every *vihāra* at Jetavanārāma. *Zhongtianzhu Sheweiguo Qihuansi Tujing* (*An Illustrated Record of Jetavanārāma in Śrāvastī, Central Hinduka*) was modified or compiled after having been inspired by his dream with *deva* in the last month of spring in 667 CE. Daoxuan drew out an imaginary diagram of Jetavanārāma in order to illustrate what he saw or thought.[3] According to Daoxuan, Jetavanārāma had been rebuilt or reconstructed twenty or more times since Lord Buddha entered *parinirvāṇa*. Due to this illustrated records and accounts on Jetavanārāma were both numerous and often confused, a situation which, *Sigao* (*Admonition for the Saṃghārāma*) by monk Lingyu, had drawn special attention to on the basis of the former illustrated records of Jetavanārāma. It was due to the fact that Lord Buddha dwelt at Jetavanārāma for more than twenty-five years and that *sūtras* related to the four *āgamas* and *dharma* largely came from this great *saṃghārāma*, that Daoxuan collected various records and writings about it. From this he created a general account of Jetavanārāma. Daoxuan insisted that his work should not come under suspicion in spite of the fact that the undertaking was inspired by a

---

[1] Zhong, "*Chu Tang fojiao tujing*," 234-244, Figs. 2-3.

[2] *Taishō* No. 1899, Vol. 45: 895b.

[3] *Taishō* No. 1892, Voi. 45: 810c-812b.

dream about a *deva*.[1]

In *Zhongtianzhu Sheweiguo Qihuansi Tujing* (*An Illustrated Record of Jetavanārāma in Śrāvastī, Central Hinduka*), Jetavanārāma is described as being located to the south of the city, covering an area of about 80 *qing*, equivalent to 533 hectares or 1318 acres, with two very large original compounds or courtyards [院] running from east to west. Following more than twenty rebuilds and additional constructions, Jetavanārāma had been enlarged to more than sixty courtyards or *vihāras*, with the Buddha's courtyard in the center.

The central courtyard [中院] of the Buddha was formed of a middle gateway [中门], a large square-pool [大方池], two ordination-platforms [戒坛], a large seven-storeyed *stūpa* [大佛塔] and its two bell-towers [钟台] in line, the main hall [大佛殿] or front Buddha-hall [前殿] and its two side-halls [夹殿] or the east and west towers [东西楼] in line, the second large duplicate-hall [第二大复殿][2] and its five-storeyed east tower and west tower [东西楼台] in line, and a three-storeyed pavilion or the rear hall in the extreme north of the courtyard [极北重阁] and its east and west towers [东西宝楼] in line, in addition to the east and west storehouses at the corner [佛库].[3] All the structures in the central courtyard were arranged symmetrically from south to north along a central axis.

What Daoxuan recounted here slightly differs from what he wrote in *Guanzhong Chuangli Jietan Tujing* (*An Illustrated Record of Ordination Platforms established in the Guanzhong Region*). *Guanzhong Chuangli Jietan Tujing* (*An Illustrated Record of Ordination Platforms established in the Guanzhong Region*) was based on various *sūtras* and early writings, and the diagram of Jetavanārāma was drawn and inserted into it later. *Zhongtianzhu Sheweiguo Qihuansi Tujing* (*An Illustrated Record of Jetavanārāma in Śrāvastī, Central Hinduka*), on the other hand, was completed later and finalized after his dream about a *deva*

---

[1] *Taishō* No. 1892, Vol. 45: 882c-883a.

[2] The wall of the second large duplicate-hall was painted with eight aspects or scenes of the Buddha's life. *Taishō* No. 1899, Vol. 45: 889c.

[3] *Taishō* No. 1899, Vol. 45: 883c-895b, esp. 886c-890b.

Daoxuan believed that the three-storied pavilion or the rear hall in the Buddha's courtyard is the multistoreyed lecture-hall recorded in the *sūtras*. *Taishō* No. 1899, Vol. 45: 890b.

who instructed him to correct his work. It is a pity that a revised Diagram of Jetavanārāma in *Zhongtianzhu Sheweiguo Qihuansi Tujing* (*An Illustrated Record of Jetavanārāma in Śrāvastī, Central Hinduka*) has not survived to the modern day.

The diagram included in *Guanzhong Chuangli Jietan Tujing* (*An Illustrated Record of Ordination Platforms established in the Guanzhong Region*) shows that Jetavanārāma was a very large *saṃghārāma* with many courtyards or *vihāras* arrayed horizontally. The principal courtyard on the central axis is the major one, with two more secondary courtyards on the left side and one on the right side. The three big compounds or courtyards were divided into many small sections by verandas or corridors in different ways, with a hall or building set in each small section (see Fig. 1.1-2).

Daoxuan never visited Jetavanārāma himself, so his writings were mainly based on Lingyu's works. His two books were later revised following his deva dream. The changes found in *Zhongtianzhu Sheweiguo Qihuansi Tujing* (*An Illustrated Record of Jetavanārāma in Śrāvastī, Central Hinduka*) are the result of the inspiration that he received during said dream.[1] Monk Yijing, who visited Jetavanārāma in 675 CE, pointed out while he was in Chang'an that he had seen a diagram of Jetavanārāma and it was clearly a fictitious illustration or imaginary sketch [凭虚].[2]

III. Explorations and Excavations at Jetavanārāma

A. Cunningham was the first scholar to undertake an expedition to the ancient site of Sahēṭh-Mahēṭh in the present-day districts of Gonda and Bahraich in Uttar Pradesh. During that expedition in January 1863, Cunningham identified Sāhet-Māhet as being the ancient city of Śrāvastī (Fig. 2.1-5).[3] This

---

[1] *Taishō* No. 1899, Vol. 45: 882b.

[2] Yijing, *Da Tang Xiyu Qiufa Gaoseng Zhuan*, 114. *confer*: *Taishō*, No. 2066, Vol. 51: 6a.

[3] *Archaeological Survey of India: Four Reports made during the years 1862-63-64-65* by A. Cunningham, Vol. I (1871): 330-348; Pl. L.

identification was confirmed by the discovery of a Bodhisattva image in one of the ruined shrines. The inscription on the pedestal of the statue dates to the Kuṣāṇa period. It records that the Bodhisattva, together with a parasol, was set up by Friar Bala at Śrāvastī, at the Promenade (*chaṅkrama*) of Lord Buddha in the Kōsamba-kuṭi.[1] Cunningham's identifaction of Mahēṭh as Śrāvastī and Sahēṭh as Jetavanārāma seems to have been universally accepted to date.

In 1876, A. Cunningham spent eleven days at Sahet during which time he surveyed the whole site. He directed excavations of twenty mounds. Ten of these were temples, five *stûpas,* and five residential buildings or mounds of rubbish left after bricks had been dug up. After the survey and excavations, Cunningham had a large scale map of Jetavanārāma drawn. It depicted the locations of all the ruined buildings that he had excavated, such as temple No. 3, temple No. 2, the *mandapa* or assembly-hall and *stūpa* No. 5, in addition to the East Gate and the North Gate of Jetavanārāma. Cunningham hypothesized that temple No. 2 might be the famous Gandha-kuṭi, which contained the great sandal-wood statue of Buddha, while in the smaller temple No. 3, Cunningham found a stone statue of Buddha bearing an inscription of the Indo-Scythian period, in which the Kosamba-kuṭi is mentioned.[2] Cunningham's map represents the earliest known plan of Jetavanārāma in its post occupation phase (see Fig. 1.1-4). It is now amply evident that Cunningham was right in having identified the site of temple 2 as the famous Gandhakuṭi and that of temple 3 as the Kōsambakuṭi. Only his assignation of the north gate's location is currently open to debate. Otherwise all available evidence favors his identifications.

Nearly ten years later, W. Hoey and his team carried out more extensive explorations both at Sahēṭh and Mahēṭh from 15th December 1884 till 15th May 1885.[3] Although excavations were started on no less than 34 different ruins in Sahēṭh and some more in and around Mahēṭh, not a single one of these

---

[1] 1) *ibid.*, 339-340; 2) J. Ph. Vogel, "Excavations at Sahēṭh-Mahēṭh," *ASIAR 1907-08* (1911): 82.

[2] *Archaeological Survey of India: Report of Tours in the Gangetic Provinces from Badaon to Bihar in 1875-76 and 1877-78* by A. Cunningham, Vol. XI (1880): 84; Pls. XXIV-XXX.

[3] W. Hoey, "Set Mahet," *Journal of Asiatic Society of Bengal* LXI, Part I (extra number 1892): 1-64; Pls. I-XXX.

remains was completely excavated. It seems that both the descriptions and plans subsequently published are inadequate to convey an accurate idea of the remains that they discovered.

In the archaeological season of 1907-1908, J. Ph. Vogel, with the assistance of A. J. Wilson and D. R. Sahni, was in charge of the excavations at the site of Sahēṭh-Mahēṭh. The excavations, which started on the 3rd February, 1908 and carried on till the end of April, focused on completing the excavation of important structures that had been left unfinished by the previous explorers. After the careful surveys and excavations, J. Ph. Vogel believed both the extent ruins and general configuration of Mahēṭh left no doubt that it was the site of ancient Śrāvastī, while Sahēṭh was confirmed by Sahni to be the site of Jetavanārāma.[1]

According to the report by Sahni,[2] of excavations undertaken at Sahēṭh, those of convent No. 19, temple No. 12, stūpa No. 5, and temple Nos. 1 to 3 yielded the most significant finds. The convent No. 19 had been twice rebuilt, and the later level of the site was assigned to circa 10th century CE. The building is a perfect square, measuring 35.97 meters (118 feet) along each external wall. It contains 24 small cells (Fig. 2.1-6). In the north-west corner of the 23rd cell, an inscribed copper plate of Gōvindachandra of Kanauj was discovered under the floor. It reads, "The charter issued from Vārāṇasī on Monday, the full moon day of Āshāḍha, Sam. 1186, which according to Dr. Fleet corresponds to the 23rd June, 1130."[3] The remains of stūpa No. 5 were first examined by Cunningham who concluded that the upper structure was originally a chapel or shrine and the earlier stūpa now lies hidden under the later additions (Fig. 2.1-7). In proximity to temple No. 3 (Kōsambakuṭi), a very interesting structure came to light and was identified as the Buddha's walk or the promenade. These were likely two of the most sacred monuments of Śrāvastī, and it is highly improbable that, when they fell to ruin, any other spots would have been restored before them due to their association with the

---

[1] Vogel, "Excavations at Sahēṭh-Mahēṭh," 81-131.

[2] Daya Ram Sahni, "Sahēṭh," *ASIAR 1907-08* (1911): 117-130.

[3] "The inscription records the grant of six villages to the 'community of Buddhist friars of whom Buddhabhaṭṭāraka is the chief and foremost, residing in the great convent of the holy Jētavana.' " Sahni, "Sahēṭh," 120.

Great Teacher. The shrine and the *maṇḍapa* of temple No. 2 were laid bare finally. After the excavation by Sahni, the earlier structure was completely unearthed and found to measure 22.86 meters (75 feet) long by 17.37 meters (57 feet) wide (Fig. 2.1-8, Pl. 2.1-2). "In point of age, the structure cannot be much earlier than the late Gupta period." Two important features of temple No. 1 (Fig. 2.1-9) were uncovered during the excavations: one is a porch with a sloping floor, the other is a wall all around the temple, intended to enclose a path for circumambulation.

J. Ph. Vogel finally came to the conclusion that the Jētavana must have seen many changes in the intervening millennium between the Kuṣāṇas and the Gaharvārs. The copper-plate discovered in convent No. 19, which was presented to the Buddhist community of Jetavanārāma in 1130 CE, proves that this sanctuary still existed in the century preceding the Muslim conquest of the region. In view of the cumulative evidence of the authentic records now at our disposal, "there can be no reasonable doubt that the site of Sahēṭh represents the Jētavana and consequently that of Mahēṭh the city of Śrāvastī." This was the chief result of the excavations at Sahēṭh-Mahēṭh in the season of 1907-08.[1]

Owing to J. Ph. Vogel's absence on leave during the winter of 1908-09, John Marshall continued to carry out the excavations at Sahēṭh-Mahēṭh at the former's request, with D. R. Sahni as his excavation assistant.[2] During the second season, although Marshall's main objective was the site of the Jētavana Garden, he took the opportunity of examining several outlying monuments which belonged mainly to an earlier period than the buildings unearthed at the site.[3] The remains, which were discovered by Marshall with his team and are indicated in red on the plan of Sahēṭh, may conveniently be divided into three groups (see Pl. 1.1-5).

---

[1] Vogel, "Excavations at Sahēṭh-Mahēṭh," 131.

[2] John H. Marshall, "Excavations at Sahēṭh-Mahēṭh," *ASIAR 1910-11* (1914): 1-24.

[3] Johan H. Marshall wrote as follows: "My own efforts were directed to continuing this work of clearance and, at the same time, to penetrating the lower and earlier levels, where I hoped to find some tangible evidence as to the topography of the site during the earlier centuries of the Christian era. For it was patent that the structures identified by General Cunningham with the several monuments referred to by Fa Hien and Hiuen Thsang had been erected several centuries after the latter's visit to the site, and nothing therefore could be safely deduced from them as to the disposition of the Jētavana at the time of the Chinese pilgrims." Marshall, "Excavations at Sahēṭh-Mahēṭh," 4.

(1) The first group, which covers most of the northern area, is the largest and most important group (Fig 2.1-10). It has been very fruitful to our understanding of Jetavanārāma (see Fig. 1.1-4). The remains around Temple No. 1 were completely cleared and it turned out to be the largest building as yet unearthed at Sahēṭh. It measures 45.72 meters (150 feet) from east to west and about 43.28 meters (142 feet) from north to south, with a total of 36 cells around the courtyard. The monastery, which is somewhat earlier than the temple standing in the center of the courtyard, dates to approximately the 10th century CE. A small monastery (A), which measures about 27.13 meters (89 feet) from north to south and probably the same from east to west, was hidden beneath the monastery around Temple No. 1, and only the western part of the building was exposed. Therefore, Monastery A must antedate Tempe No. 1 by four or five centuries. Building B, which is quadrangular in plan about 15.24 meters (50 feet) along each side, may have served either as a dwelling house or as a very small monastery. A long line of cells running beneath Building B belongs to a monastery of considerable size, which had fallen into ruin before the buildings B and C were erected and served as part of the foundations for these two structures. This monastery dates to the 1st or 2nd century CE. Building C, which is approximately contemporary with Building B, may have formed a part of the same monastic establishment. The remains marked D in this area, which were built on a lower level, may belong to an earlier epoch than those just described. Building E, which consists of an antechamber and a second room behind it of about the same size, may have contained a *parinirvāṇa* Buddha shrine.

Although the location of the North Gate still remains to be verified, the location of the East Gate proposed by Cunningham is clearly correct. The construction of the road leading to the East Gate and the Buildings F and G which neighbor each other on the north side of the road are contemporary and may be assigned to the early Kuṣāṇa period (Fig. 2.1-11).

Monastery F is approximately 22.86 meters (75 feet) square. It was built after the usual fashion, with an open courtyard surrounded by a verandah and rows of cells on each of the four sides (see Fig. 2.1-10). Following the ruin of this monastry, a second building was constructed on its remains. A pot containing 105 coins was found in cell No. 15. Of these 96 coins are dated to Vāsudēva [波调], the last King of the Kuṣāṇa Empire. As these are the latest coins in the find, it may be assumed that the deposit was made either during or shortly after the reign of that monarch; it may also be inferred that the chamber in which the coins were discovered fell to ruin either at that or at some earlier date. Since this chamber belongs to the later monastery erected on the remains of the earlier structure, from the extant evidence it is clear that this lower building must date to a considerably earlier period. The same holds true for buildings G, H, J, and K, which are constructed in the same style and stand on the same level (see Fig. 2.1-11). Although Building G is approximately contemporary with Building F, it has undergone several restorations. These alterations must have been undertaken long after the original period of construction. The foundations of the new partitions are laid above the old floor. The final abandonment of this building likely antedates the late Gupta period by approximately a hundred years (Pl. 2.1-3). Of the buildings H, J, and K, *stūpa* H was rebuilt several times before the medieval *stūpa* now standing on top came into existence. The original structure was only a square plinth measuring about 6.1 meters (20 feet) along each side, and the last shell must have been added during the Gupta period. Building K was a *stūpa* with a relic-chamber within, and it was enlarged at a somewhat later date. A carefully constructed well, which is located to the south-west of this *stūpa*, appears to be of a slightly later date.

A broken pedestal with the legs of a seated Bodhisattva statue in the round was discovered in the remains marked 8 (Fig. 2.1-12), to the west of Monastery G. The front of the pedestal is divided into fasciae, on which inscriptions are incised. The inscription language of the three uppermost lines "is neither pure Prākrit nor pure Sanskrit but a mixture of both". The inscription, which is of the early Kuṣāṇa period and contemporary with the sculpture, informs us that this Bodhisattva image was set up in Jetavanārāma of Śrāvastī and that the image was executed by a sculptor of Mathurā. The fourth line of the inscription consists of excerpts from the Buddhist text. It is composed in incorrect Sanskrit, dating to the 8th or 9th century CE.[1] This line likely postdates the enshrinement of the image in this *stūpa* (see Fig. 1.1-5). These inscriptions not only verify that Sahēṭh is Jetavanārāma of Śrāvastī, but also indicate that the sacred site of Jetavanārāma was still a functioning religious site in the 9th or 10th century CE.[2]

(2) The main buildings near the middle of Jetavanārāma premises are grouped around temple No. 3. They are situated on the elevated ground to the east of the site (Fig. 2.1-13). Cunningham identified the site of temple 3 as Kōsambakuṭi. Marshall indicates that this was clearly a temple of some significance. The ruined wall unearthed beneath the north and west side of this structure was built to enclose the precincts of a shrine that would have predated the construction of the extant construction. The lower part of a *stūpa* with square base and circular drum between the wall and the shrine also appears to postdate the shrine. To the east of Kōsambakuṭi, a second *chankama* (promenade) was discovered. The first one was found by J. Ph. Vogel during his 1907-08 excavations.

Two more buildings also came to light on both sides of the promenade. One is a medieval shrine (M) containing two cells with plastered floors and an antechamber in front, the other is Monastery N built according to the usual plan. Since the characters on the two inscribed seals found in cell 6 belong to the 6th or 7th century CE, Monastery N was likely abandoned at this time or shortly thereafter. The mutilated images found in this building postdate the structure by some five centuries and were most likely deposited there after the abandonment of the building.

The latest of the remains at area O are two *stūpas*, which belong

---

[1] The original inscription was translated as follows: "A Bōdhisattva [has been set up] in the Jētavana of Śrāvastī [as a] gift of... [This] Bōdhisattva was made by Śivamitra, a sculptor of Mathurā." According to Sahni, the first three lines of the inscription can be assigned to the period before the reign of Kanishka, while the last line containing the Buddhist creed was added several centuries after the original record was carved, about the 8th or 9th century CE. The inscription supplies further authentic evidence in support of the identification of Sahēṭh-Mahēṭh with Śrāvastī. Daya Ram Sahni, "A Buddhist Image Inscription from Śrāvastī," *ASIAR 1908-09* (1912): 133-138.

[2] Marshall, "Excavations at Sahēṭh-Mahēṭh," 4-12.

approximately to the 11th or 12th century.[1]

(3) The third group consists of the remains of the structures scattered in the southern area (see Pl. 1.1-5). Most of the southern area of the site, especially sections of the east and north-east of Monastery 19, appears to have been given up to the erection of *stūpas*. The original structure of *stūpa* No. 10 belongs to the 4th or 5th century CE, which was enlarged by an addition of an outer casing around the 8th or 9th century CE. A row of *stūpas* to the east of Monastery 19 were built during the 12th century CE or thereabouts. These simple memorial structures appear to have been erected to commemorate the visits of pilgrims.

Two *stūpas* of the Kuṣāṇa period concealed under the late medieval buildings are numbered 17 and 10 in the plan (Fig. 2.1-14). *Stūpa* 17 has a plinth 6.25 meters (21 ½ feet) square with a round drum, about 5.79 meters (19 feet) in diameter. The transition from the square to the round was cleverly contrived by a series of offsets at the corners which rise in concentric curves towards the drum. This is, in fact, a very interesting and peculiar design.[2]

According to Marshall, aside from *stūpas* and temples the majority of the buildings at this site are monastries. The term "monastery" when used by the nineteenth century European scholars is used to describe a typical *vihāra* of ancient Hinduka. In Jetavanārāma, such structures include F, G, N as well as Nos. 1 and 19.[3] This kind of structure, which is also designated as a monastic quadrangle, is referred to as *si*［寺 *vihāra*］, *yuan*［院 courtyard］, or *sengfang*［僧坊 *vihāra*, monks' block］by Chinese pilgrims. In some cases the Chinese characters *piheluo*［毗诃罗］are also used. This is a transliteration of the Prakrit *vihare* or Sanskrit *vihāra*, which is a free-standing monastic quadrangle, not a rock-cut *lēṇa*.[4] The Chinese transliteration *piheluo* (*vihare* or *vihāra*) means a

---

［1］ Marshall, "Excavations at Sahēṭh-Mahēṭh," 12-14, 19.

［2］ *Ibid.*, 14-15.

［3］ When A. Cunningham wrote reports on his reconnaissance of the Buddhist sites, he sometime preferred to use the *vihāra* rather than the monastery. *Archaeological Survey of India: Report of a Tour in the Punjab in 1878-79* by A. Cunningham, Vol. XIV (1882): 12.

［4］ 1) Li, "From Gandhāra to Pingcheng," 289-312; 2) Li, "The Sinicizing Process," 590-591; 3) Dutt, *Buddhist Monks and Monasteries*, 138-161.

dwelling place according to *Da Tang Xiyu Qiufa Gaoseng Zhuan* (*Biographies of Eminent Monks of the Great Tang Dynasty Who Sought the Law in the Western Regions*) by Yijing. Although *vihāra* was called *si* by Chinese, it was incorrectly translated.[1] In the light of *Dapiluzhena Chengfojing Shu* [大毗卢遮那成佛经疏 *Annotations on the Mahā-vairocanābhisaṃbodhi-sūtra*] by Yixing [一行 683-727 CE], which corresponds to the records and notes of Śubhākarasiṃha's [善无畏 637-735 CE] lectures on the very *sutra*,[2] the Sinogram or Chinese word *sengfang* (monks' block) is a paraphrase or a free translation of the Sanskrit word *vihāra*, meaning a dwelling place.[3]

Śrīnālandāmahāvihāra [那烂陀寺 The Nālandā Mahāvihāra, Nālandā-saṃghārāma], furthermore, consists of eight *yuan* (courtyard) or *si* (*vihāra*) according to Yijing. Each *si* is square-built and made of bricks, with a long veranda around. They are three storeys buildings; each storey is about 3.07 meters (10 feet) high. There are nine *sengfang* [僧房 monk's cell] set on each side of the court, and each monk's cell is about 3.07 meters (10 feet) square. The quadrangular court is about 30 paces, and the door of the *si* opens westward.[4] Here, the Chinese character *yuan* which was employed by Yijing means a courtyard. It is similar to the Chinese character *fang* [坊][5], as in, *sengfang* [僧坊], the Chinese translation of the Prakrit *vihare* or Sanskrit *vihāra*. The Chinese character *si* used here by Yijing is another Chinese translation of the Prakrit *vihare* or Sanskrit *vihāra* on the basis of *Yiqiejing Yinyi* [一切经音义 *The Pronunciation and Meaning of all the Buddhist Scriptures*] by Xuanying [玄应].[6]

For about twenty years beginning with 1916, the Archaeological Survey of

---

[1] Yijing, *Da Tang Xiyu Qiufa*, 115. *confer*: *Taishō* No. 2066, Vol. 51: 6a.

[2] Yixing was one of the disciples of Śubhākarasiṃha, and they translated the *Mahāvairocanābhisaṃbodhi-sūtra* into Chinese together. Based on Śubhākarasiṃha's oral interpretations provided in the course of preparing their translation, Yixing composed this important commentary on the very *sutra*.

[3] *Taishō* No. 1796, Vol. 39: 615c.

[4] 1) Yijing, *Nanhai Ji Gui Neifa Zhuan*, 176-177. *confer*: *Taishō* No. 2125, Vol. 54: 227a; 2) Yijing, *Da Tang Xiyu Qiufa*, 112-113. *confer*: *Taishō* No. 2066, Vol. 51: 5b-c.

[5] Huilin, *Yiqiejing Yinyi*, 443c.

[6] Xuanying, *Yiqiejing Yinyi*, 291, 1113.

India excavated the site of Nālandā. [1] As a result, the ruins of a large number of structures have been uncovered as a range of *vihāras* and temples, which stretch lengthwise from south to north along the east and west side, respectively, of this approach-avenue. Among the ten *vihāras* uncovered, eight were set on one row facing west and two joined them at right angles on the southern side. An account of the Śrīnālandāmahāvihāra given by Yijing who was very familiar with its arrangement is more accurate, because Yijing appeared to have drawn a diagram of the Śrīnālandāmahāvihāra when he stayed there. [2] The structure and plan of all the *vihāras* exposed at Nālandā are quite similar, a fact which proves that Yijing's record is most likely correct (see Fig. 1.1-26).

Therefore, regarding such a kind of structure in this article, I prefer to designate it as a *vihāra* rather than monastery. *Vihāra* is a "place of recreation" . [3]

Nearly eighty years after Marshall's excavations, the Archaeological Survey of India in collaboration with Kansai University [关西大学], Japan, resumed the exploration and excavation at Jetavanārāma for three seasons. The excavations, which began from the archaeological season of 1986-87 and ended in that of 1988-89, were conducted on the southern and north-western periphery of the mound. The objective of the first archaeological season at Jetavanārāma was to ascertain the cultural potentiality of the site. During this time forty-one baked brick structures were exposed. Most of these were located on the southern area of the mound. [4] The main aim of the second season (1987-88) was to find out the details of the corner wall noticed earlier in the north-western area of the mound and its relation to the structures exposed in the previous season. This was to establish the antiquity and cultural sequence of the site. [5] In continuation of

---

[1] A Ghosh, *Nālandā*, 6th ed. (New Delhi: Archaeological Survey of India, 1986), 16.

[2] Yijing, *Datang Xiyu Qiufa*, 1. confer: *Taishō* No. 2066, Vol. 51: 1a.

[3] *Webster's Third New International Dictionary of the English Language Unabridged* (Springfield: Merriam-Webster Inc., 1986), 2552.

[4] *Indian Archaeology 1986-87—A Review* (New Delhi: Archaeological Survey of India, 1992), 76.

[5] *Indian Archaeology 1987-88—A Review* (New Delhi: Archaeological Survey of India, 1992), 106-108.

the previous work, Archaeological Survey of India and Kansai University continued to carry on the excavation at Jetavanārāma in the season of 1988-89, with the objective of exposing a tank and correlating it with the other nearby structures and to understand the nature of deposits. Although a comprehensive report of the excavations at Jetavanārāma by the joint team has not yet been published, the data available indicates that the remains at the site could be divided into the following four periods on the basis of pottery, antiquities, and structural ruins. Period I, Kuṣāṇa/ late Kuṣāṇa (*circa* 1st to 3rd century CE); Period II, Gupta (*circa* 4th to 7th century CE); Period III, Post-Gupta (*circa* 8th to 9th century CE), and Period IV, early medieval, Gahadavala (*circa* 10th to 12th century CE). [1]

From the previous archaeological excavations at the site, it can be ascertained that Jetavanārāma of Śrāvastī comprised dozens of the *vihāras* and *stūpas* as well as the shrines, in addition to other residential structures. All the remains in the premises of Jetavanārāma can be divided into three huge groups, or big compounds, each of which used to have its own shrines, *vihāras*, *stūpas*, and other affiliated buildings. Of which, group I and group II seem to form a very large compound. If so, it tallies with what Faxian recorded.

IV. Monastic Complexes of Hinduka

A free-standing monastic complex of ancient Hinduka generally consisted of a *stūpa*-court and a *vihāra*-court. The earliest such remains at Sāñchī are the Great *Stūpa* (*stūpa* 1) in the center of the site (see Fig. 1.1-23). It was originally built by Aśoka and then enlarged under the Śuṅgas. The dormitories for monks seem to be concentrated in the southern and eastern areas. However, none of the extant monasteries can be dated earlier than the sixth century CE, since some of them were raised or rebuilt over the ruins of earlier ones. For instance, the remaining structures excavated in the southern area are the three monasteries (*vihāras*) 36, 37, and 38 (see Fig. 1.1-24). All three are constructed approximately

---

[1] *Indian Archaeology 1988-89—A Review* (New Delhi: Archaeological Survey of India, 1993), 82-84.

on the same plan. "They consist of a square courtyard surrounded by cells on the four sides, with a verandah supported on pillars around the court, a raised platform in the centre, and, in two cases, an additional chamber outside. The entrance passed through the middle chamber in one of the sides and was flanked outside by projecting pylons. The upper storey was probably constructed largely of timber or mud, the lower storey being of dry-stone masonry."[1] The great *stūpa* in the center and dwelling residences to its south, over which the three *viharas* were rebuilt during the Gupta period, probably constituted the original *samghārāma* at Sāñchī. From archaeological seasons 1993-94 until 1999-2000, moreover, the Bhopal Circle of Archaeological Survey of India, under UNESCO Project, had conducted excavations at Sāñchī to expose the buried structures. After explorations and excavations, it is confirmed that the site of Monastery No. 51 (see Pl. 1.1-19) which is located to the west of the Great Stūpa, "had at least three structureal phases with the earliest going back to the Mauryan period."[2] It means *Stūpa* I and Monastery 51 as well as others were simultasneously built in the 3rd centrury BEC.

On the basis of the archaeological reports as well as some Buddhist texts in Chinese, the overall remains of the whole monastic complex at Takht-i-Bāhī apparently comprised a *bhuda* or *stūpa* [浮图 / 塔], a *vihare* or *vihāra* [僧坊 / 寺], a *prāsādângana* or middle court [中庭], and an *uposathāgāra* [布萨处 / 说戒堂] or *prāsāda* [讲堂], in addition to some other related structures such as low level chambers, a square court, and a passage (see Fig. 1.1-40). Among those buildings, both the *bhuda* or *stūpa* and the *vihare* or *vihāra* are the most important structures or components of the *samghārāma* (see Pl. 1.1-32).[3] Located in the center of the ancient territory of Uḍḍiyāna, Saidu Sharīf I, Swāt, was the nucleus of the Buddhist sacred area. It includes both a *Stūpa* Terrace

[1] John Marshall and Alfred Foucher, *The Monuments of Sāñchī* (Calcutta: Manager of Publications/ Archaeological Survey of India, 1940), 68.

[2] 1) *Indian Archaeology 1993-94—A Review*: 71; 2) *Indian Archaeology 1995-96—A Review*: 47-48; 3) *Indian Archaeology 1996-97—A Review*: 65; 4) *Indian Archaeology 1997-98—A Review*: 103-105; 5) *Indian Archaeology 1999-2000—A Review*: 99.

[3] Li, "From Gandhāra to Pingcheng," 299-304.

(see Pl. 1.1-30) and a Monastery Terrace (see Pl. 1.1-31)[1], which correspond to the *bhuda* or *stūpa* and *vihare* or *vihāra* respectively. The *vihare* or *vihāra*, which currently stands at a higher level to the east of the *bhuda* or *stūpa* and presents a stratigraphy and succession of floors pointing definitely to being in synchrony with those of the *bhuda* or *stūpa*, was founded together with the *bhuda* or *stūpa* as part of a unified scheme. These two structues were connected with each other by a stairway (see Fig. 1.1-39). The earliest construction stage of the sacred buildings of Saidu Sharīf I probably dated to the 1st century CE.[2]

The design plan that these monastic complexes followed fits perfectly with the records of the *saṃghārāmas* of Greater Gandhāra made by Chinese pilgrims during their pilgrimages in the region. According to the records by Song Yun and Huisheng, who visited the region early in 520 CE, to the north of the capital city of Uḍḍiyāna was the Tuoluo *saṃghārāma*［陀罗寺］, which had a large number of Buddhist relics. The *Futu*［浮图 *bhuda* or *stūpa*］was high and large, and *sengfang*［僧房 monks' cells, *vihare* or *vihāra*］were crowded off to the side. It had six thousand (or sixty) golden statues arranged around it.[3] This indicates clearly that the *bhuda* or *stūpa* was the center of a *saṃghārāma*, the *vihare* or *vihāra* was absolutely necessary or indispensable to a *saṃghārāma*, and the image-niches were a place set apart for making an obeisance and doing monastic confession and repentance (*vandanā* and *pāpa-deśanā*), respectively. Once a *bhikṣu* has lived alone at an *araṇya* for 15 days, he should sprinkle water and sweep the courtyards of the *ta*［塔 *bhuda* or *stūpa*］, the *si*［寺 *vihare* or

---

［1］ 1) Pierfrancesco Callieri, *Saidu Sharif I (Swat, Pakistan)*, Vol. 1, *The Buddhist Sacred Area: The Monastery* (Rome: IsMEO, 1989), 4, Figs. 2-3; 2) Domenico Faccenna, *Saidu Sharif I (Swat, Pakistan)*, Vol. 2, *The Buddhist Sacred Area: The Stūpa Terrace* (Rome: IsMEO, 1995), 143-154.

［2］ Faccenna, *Saidu Sharif I*, 145; Figs. 22-23.

［3］ 1) Yang Xuanzhi, *Luoyang Qielan Ji*, 203; 2) Yi-t'ung Wang, trans., *A Record of Buddhist Monasteries in Lo-yang* by Yang Hsüan-chih (Princeton: Princeton University Press, 1984), 231.

Both Giuseppe Tucci and Domenico Faccenna "wish to identify the Sacred Precinct of BI (Butkara I, Swāt) with the T'o-lo sanctuary (the monastery of T'a-lo/ Tuoluo *Saṃghārāma*)". confer: 1) Giuseppe Tucci, "Preliminary Report on an Archaeological Survey in Swāt," *East and West,* Vol. IX (1958), No. 4 280, 288; 2) Domenico Faccenna, *Butkara I (Swāt, Pakistan) 1956-1962*, Part 1 (Rome: IsMEO, 1980), 171-172.

vihāra], *busachu* [布萨处 *uposathāgāra*], and *zhongting* [中庭 *prāsādâṅgana* or middle court], then lay and spread seats (*niṣidana*) one after another.[1] Thus, the *bhuda* or *stūpa*, *vihare* or *vihāra*, *prāsādâṅgana* or middle court, and *uposathāgāra* or *prāsāda* were a basic set or components of a large *saṃghārāma* of ancient Hinduka.

In view of the fact that the *bhuda* or *stūpa* and the *vihare* or *vihāra* were the most important components in the design and planning of the *saṃghārāma* of ancient Hinduka, such a monastic complex was also translated or commonly refered to as a *tasi* [塔寺 *bhuda-vihare or stūpa-vihāra*] in Chinese accounts.[2] On the basis of *Za Baozang Jing* [杂宝藏经 *Kṣudrakapiṭaka/ Storehouse of Various Treasures Sūtra*], a *śreṣṭhi* [长者 elder] from Śrāvastī [舍卫城] built a *futu* [浮图 *bhuda* or *stūpa*] and a *sengfang* [僧坊 *vihare* or *vihāra*]. Later, the *śreṣṭhi* was reborn again in Trayastriṃśās [三十三天] after he died of illness. And the *futu* (*bhuda* or *stūpa*) and *sengfang* (*vihare* or *vihāra*) built by him, which were generally called *tasi* (*bhuda-vihare or stūpa-vihāra*) for short, were repaired or renovated by his wife who always thought of her departed husband. The *śreṣṭhi*'s wife was also reborn in the same heaven after she had lived her full life span. The reason why the husband and wife were both reborn in the Trayastriṃśās is because of their merits and virtues.[3] According to Song Yun and Huisheng, they traveled westward for five days from Gandhāra before reaching the place where Tathāgata agreed to be beheaded in compliance with someone's request. At this place there was a *tasi* (*bhuda-vihare* or *stūpa-vihāra*) that housed more than twenty monks. Traveling westward from Paluṣa (Shahbaz garhi?) for another day, they reached the place where Tathāgata tore out his eyes to benefit others. Here another *tasi* (*bhuda-vihare* or *stūpa-vihāra*) had been constructed. Thereafter, they traveled westward from Puruṣapura for seven days, and, after having crossed a large river, they reached the place where Tathāgata, as King Śibi, saved the life of a dove. A *tasi* (*bhuda-vihare* or *stūpa-vihāra*) had been built there to commemorate this event.[4]

---

[1] Puṇyatāra [弗若多罗] and Kumārajīva [鸠摩罗什] trans., *Shisong Lü* [十诵律 *The Ten Divisions of Monastic Rules* or *Sarvstivāda-vinaya*], in *Taishō* No. 1435, Vol. 23: 411a.

[2] Huiyuan, *Xinyi Dafangguangfo Huayanjing Yinyi*, in *Taishō* No. 2128, Vol. 54: 453c.

[3] *Taishō* No. 203, Vol. 4: 473b-c.

[4] 1) Yang, *Luoyang Qielan Ji*, 212-213, 220-221; 2) Wang, trans., *A Record of Buddhist Monasteries*, 237-8, 243.

It appears that the form of worship undertaken at Jetavanārāma was not focused on *stūpa* veneration since no evidence of a main *stūpa* has yet been discovered. On the contrary, it seems that worship of the Buddha image was particularly favored at Jetavanārāma. According to Faxian and Xuanzang, Lord Buddha said the image carved by King Prasenajit and set up at Jetavanārāma should be the model for the four categories of Buddhists in search of spiritual truth after the Buddha's *parinirvāṇa*. Therefore, there was an emphasis on the Buddha image at Jetavanārāma even during the lifetime of Lord Buddha, and such a tradition had been continued here since the Buddha's *parinirvāṇa*. We are inclined to infer that Buddhist followers at Jetavanārāma preferred to worship the Buddha image rather than the *stūpa*. As a result, there are no examples of the typical design of a *stūpa*-court and a *vihāra*-court, which was in vogue in Greater Gandhāra, on the premises of Jetavanārāma, but the structure of the *stūpa*-cum-*vihāra* appears to have been constructed at Jetavanārāma at sometime from the Kuṣāṇa period onwards.

The most conspicuous part of the mound at Sahēṭh in the present day is 488 meters (1600 feet) long from the north-east corner to the south-west and varies in width from 137 meters (450 feet) to 213 meters (700 feet). And, the average elevation of Sahēṭh is 4.27 meters (14 feet) above the level of surrounding fields.[1] It appears that the original structures at Jetavanārāma were probably formed of *Gandhakuṭi*, *Kōsambakuṭi*, *chaṅkama*, dwelling places, or embryonic *vihāras* and some other affiliated buildings on the basis of the records made by Faxian and Xuanzang as well as the bas-relief from Bhārhut and the archaeological reports on the excavations at Sahēṭh.[2] The site seems to have been in continuous use from the very beginning to the early medieval period, with temples, shrines, *vihāras*, *stūpas,* and other living structures gradually being added. The typical *vihāra* probably appeared at Jetavanārāma in the first century

---

[1] Sahni, "Sahēṭh," 117.

[2] The *Sumaṅgalavilāsinī* refers to four large houses (*cattāri mahāgehāni*) within the Jetavana premises, viz. Karerikuṭi, Kosambakuṭi, Gandhakuṭi and Salalaghara. *confer*: Witanachchi, "Jetavana (1)," 44.

CE or thereabouts, and the sacred site was enlarged step by step thereafter. The *vihāras* built in the later period, such as those of No. 1, are the largest Buddhist establishments, where Buddhist monks or nuns not only dwelt, but also devoted themselves to the Buddhist practice.

When Faxian and Daozheng arrived there, Jetavanārāma was surrounded by eighteen *adhy-ārāmas* or *vihāras* which were all inhabited by monks, except one that was vacant. According to Xuanzang's record, however, there was a *saṃghārāma* at Jetavana formerly, but it was in a state of desolate ruin by the time that Xuanzang visited. The buildings had wholly collapsed, leaving one solitary brick shrine, which contained an image of the Buddha still standing on the site. Here, we are informed of the fact that Jetavanārāma was surrounded by eighteen *adhy-ārāmas* or *vihāras,* which seems to indicate it was formed of many *adhy-ārāmas* or *vihāras*. Both Faxian and Xuanzang recorded that a great number of reconstructions and restorations had been undertaken at Jetavanārāma after the originals were burnt down.

Since the excavations carried out successively by A. Cunningham, W. Hoey, J. Ph. Vogel, John Marshall as well as others, it can be clearly seen, especially from the map drawn by Marshall, that Jetavanārāma comprised the *Gandhakuṭi, Kōsambakuṭi,* and more than ten *vihāras*, in addition to dozen of temples or shrines, *stūpas* or votive *stūpas*, cells, and *chaṅkama* as well as walls, tank, wells, and other living facilities. Most of them had been rebuilt and restored continually from the first or second through to the twelfth century CE or thereabout.

The archaeological excavations show that the remnants of the shrines or temples, *vihāras,* and *stūpas* unearthed at Jetavanārāma appear to have been constructed at random, to be precise, "located without any arrangement".[1] However, a closer examination of Marshall's Plan of Sahēṭh shows that the structural remains scattered in the northern part of the premises had been disposed around the central *Gandhakuṭi* (Temple No. 2), the remains in the middle part had been arranged around the *Kōsambakuṭi* (Temple No. 3), and the remains in the southern part appear to take Convent No. 19 as the nucleus. In addition, there

---

[1] Debala Mitra, *Buddhist Monuments* (Calcutta: Sahitya Samsad, 1971), 77.

were some other separately specific groups, such as a group formed of *vihāra* Nos. B to D as well as that formed of *stūpa* No. 5 and the remains nearby.

The three parts of the premises seem to represent three big compounds or huge groups of structures in the lay-out of Jetavanārāma. The central structure in each compound or courtyard, such as the Gandhakuṭi in the first one and Kōsambakuṭi in the second, adopted the oriented design, with the main entrance facing eastward. Other buildings in the compound or courtyard were added in front of the central structure and arranged in the east-west oriented direction. However, most of these buildings were designed southward or northward, with the main entrance facing the road that leads to the central structure. The entire construction of Jetavanārāma appeared to have been developed from north to south; each compound or courtyard was arranged according to an east-west orientation, with the central structure having an eastern exposure and the other individual buildings setting mostly in the north-south direction.

It is impossible to identify which of these compounds or courtyards was the largest one mentioned by Faxian. Interestingly the archaeologists' discoveries and findings seem to confirm Daoxuan's accounts and illustrations, especially in respect to the multi-courtyards or multi-compounds.[1] Therefore, the planning and disposition of Jetavanārāma seems to have been based around the multi-courtyards or multi-compounds format sometime later, which had a great influence on the design and planning of the Chinese *saṃghārāmas*.

V. *Saṃghārāmas* in East Asia

1. Pre-Tang *Saṃghārāmas* in China

Orthodox Buddhism was emphasized by most Chinese believers until the early Tang Dynasty［唐代 618-907 CE］. According to *Wei Shu: Shilaozhi*［魏书·释老志 *History of the Wei Dynasties*: *Treatise on Buddhism and Taoism*］by Wei

---

［1］ It looks as if the Jetavanārāma was made of at least six large compounds or huge courtyards according to the archaeological excavations.

Shou［魏收 506-572 CE］in 554 CE, "Baimasi［白马寺 White Horse *Samghārāma*］ was built in the capital Luoyang and was decorated with excellent and lovely paintings. This *samghārāma* then became the model for monasteries and temples in all four corners of the Empire. The general rule that governed the construction of *gongta*［宫塔 *grihya-chaitya/ caityagrha*］[1] at that time was still based on the old Hinduka prototype."[2]

Planning and construction of the Buddhist temples and monasteries in China were strongly influenced by Jetavanārāma from the 4th to the 8th century CE. Some *samghārāmas* constructed in China were even designated as Jetavanārāma, such as the Qihuanjingshe［祇洹精舍 Jetavanārāma］in Jiankang［建康 capital of the Song Dynasty, present-day Nanjing］, which was set up by a dignitary named Fan Tai［范泰 355-428 CE］in 420 CE to the west of his own residence.[3] According to *Gaoseng Zhuan*［高僧传 *Biographies of Eminent Monks*］, Fan Tai invited Monk Huiyi［慧义］to deal with the construction of the *samghārāma*. The contemporaries said that monk Huiyi was analogous to Śāriputra［身子］, while Fang Tai compared him with Sudatta［须达］. Most of the monks who came from the Western Regions or Hinduka preferred to stay at this *samghārāma*, translating

---

［1］The Chinese term *gongta*［宫塔］, which is composed of two characters, is probably a derivative of the Sanskrit word *grihya-chaitya/caityagrhā*. 宫 *gong* was derived from *grhā* or *grihya* that means belonging to a house, and 塔 *ta* was derived from *chaitya/caitya*. *confer*: 1) M. C. Joshi, "Buddhist Rock-cut Architecture: A Survey," in *Proceedings of the International Seminar on Cave Art of India and China*, Theme I: *Historical Perspective* (New Delhi: Indira Gandhi National Centre for the Arts, November 25, 1991), 7-8; 2) Monier Monier-Williams, *A Sanskrit-English Dictionary* (London: Oxford University Press, 1899), 361-363; 3) Unrai Ogihara［荻原雲来］, *Kan'yaku taishō Bon-wa Daijiten*［漢訳 対照梵和大辞典 *A Sanskrit-Japanese Dictionary with Parallel Chinese Translations*］(Tōkyō: Kōdansha, 1974), 432b.

［2］Wei Shou, *Wei Shu: Shilaozhi*, 3025-3062, esp. 3029. *confer*: 1) James R. Ware, "Wei Shou on Buddhism," *T'oung Pao* 30 (1930): 100-181, esp. 122; 2) Leon Hurvitz, trans., "*Treatise on Buddhism and Taoism*" by Wei Shou, in *Yun-kang: The Buddhist Cave-temples of the Fifth Century CE in North China; detailed report of the archaeological survey carried out by the mission of the Tōhōbunka Kenkyūsho 1938-45*［雲岡石窟：西暦五世紀における中国北部佛教窟院の考古学的調査報 告；東方文化研究所調査，昭和十三年—昭和二十年］by S. Mizuno［水野清一］and T. Nagahiro［長廣敏 雄］, Vol. XVI (Kyoto: Jimbunkagaku Kenkyūshō, Kyoto University, 1956), 47.

［3］1) Shen Yue, *Song Shu*, 1623; 2) Huijiao, *Gaoseng Zhuan*, 266-267. *confer*: *Taishō* No. 2059, Vol. 50: 368c-369a.

or lecturing *sūtras* and instructing *dhyāna* practice.[1] This *saṃghārāma* was also called Qihuansi［祇洹寺 Jetavanārāma］or Jinling Qiyuansi［金陵祇园寺 Jetavanārāma in Jinling, another name of Jiankang］.[2] Guṇavarman［求那跋摩 367-431 CE］, who came from Greater Gandhāra, dwelt at this *saṃghārāma* by the order of Emperor Wen［文帝 407-453 CE］of the Song Dynasty in 431 CE.[3] Therefore, Jetavanārāma in Jiankang seems to have played an important role in the Buddhist history of China, especially of southern China.

In northern China［震旦］, Empress Dowager Wenming, née Feng［文明太后冯氏 442-490 CE］, of the Northern Wei Dynasty gave support to the construction of a *saṃghārāma* which was modeled on Qihuan［祇桓 Jetavanārāma of Śrāvastī］according to *Dadai Dangchanggong Huifusi Bei*［大代宕昌公晖福寺碑 *Tablet of the Huifusi Saṃghārāma set up by Duke Dangchang*］dated 488 CE.[4] In this record, Duke Dangchang was Eunuch Wang Yu［王遇］who went by the name of Qian'er Qingshi［钳耳庆时］on whom Empress Dowager Wenming bestowed favor.[5] According to Li Daoyuan［郦道元 466 or 472-527 CE), Eunuch Qian'er Qingshi supervised the construction of the Qihuanshe［祇洹舍 Jetavanārāma］on an upland field near the east city-wall of Pingcheng［平城 capital of the Northern Wei Dynasty, present-day Datong］during the mid-Taihe period［太和 477-499 CE］. It is said that the Buddhist statues enshrined within and the roof beams, rafters, eaves, platforms, steps, and window-lattices of the structures, as well as the beds and curtains inside the buildings were all made of grey stones. Moreover, the *stūpa* inside Jetavanārāma in Pingcheng was quite grand and impressive in structure, with a *Tablet of Jetavanārāma* set up in its courtyard.[6] When Li Daoyuan visited Pingcheng in 524 CE, he recorded that there was also

---

［1］Huijiao, *ibid*.

［2］Li Fang, *Taiping Guangji*, 598.

［3］1) Sengyou, *Chu Sanzang Ji Ji*, confer: *Taishō* No. 2145, Vol. 55: 104b; 2) Huijiao, *Gaoseng zhuan*, 105-114, esp. 107-108. confer: *Taishō* No. 2059, Vol. 50: 340a-342b, esp. 341a.

［4］Luo Zhenyu［罗振玉］, *Shijiao Lu*［石交录 *Records of the Solid Friendship*］, in *Luo Zhenyu Xueshu Lunzhu Ji*［罗振玉学术论著集 *Collected Works of Luo Zhenyu*］, ed. Luo Jizu［罗继祖］et al., Vol. III (Shanghai: Shanghai Chinese Classics Publishing House, 2010), 279.

［5］Wei Shou, *Wei Shu*, 2024.

［6］Li Daoyuan, *Shuijing Zhu*, 1149-1150.

one Shi Qihuanshe [石祇洹舍 Rock-hewn Jetavanārāma] with several rock-cut caves by the side of the Wuzhou River [武州川], where *bhikṣuṇīs* dwelt.[1] The Rock-hewn Jetavanārāma and other rock-cut caves by the side of the Wuzhou River are thought to have been components of the great Cave-temple Complex at Wuzhou Hill [武州山石窟寺] of the Northern Wei Dynasty.[2] It was in this period that Yuan He [源贺 403-479 CE], Prince of Longxi [陇西王], built a good personal relationship with both Emperor Xiaowen [孝文帝 467-499 CE] and Empress Dowager Wenming of the Northern Wei Dynasty, and wrote a six-fasciculi *Qihuanjingshe Tu Ji* [祇洹精舍图偈 *Illustrated Hymn of Jetavanārāma*] before 480 CE, after his exhaustive studies on the Buddhist *sūtras*. The written records show that Yuan He was not only a pious Buddhist follower, but also familiar with the Buddhist *tripiṭaka*. Moreover, Yuan He appeared to be closely associated with the monk Daoke [道可].[3] *The Qihuanjingshe Tu Ji* (*Illustrated Hymn of Jetavanārāma*) by Yuan He, annotated by Zhao Rou [赵柔], Governor of the He'nei Prefecture [河内太守], was admired and respected by monks of outstanding talent at that time.[4]

Therefore, reconstruction of Jetavanārāma in China was mainly based on the model or prototype of ancient Hinduka. Jetavanārāma of Śrāvastī was not merely one of the original Buddhist monastic complexes, but also became the orthodox model for the construction of the Buddhist *saṃghārāma* at home and abroad.

2. The Tang Monastic Complexes

The large Buddhist *saṃghārāmas* built in China during the Tang Dynasty, especially the newly built monastic complexes that were laid out by the imperial family or dignitaries, might carry forward the traditional arrangement of previous monasteries and temples; some even clearly defined the sources or origins of their designs and planning.

(1) The Daci'ensi *Saṃghārāma* [大慈恩寺, Beneficence of Great Compassion

---

[1] Li Daoyuan, *ibid.*, 1154-1155.

[2] Chen Yuan, "*Ji Datong Wuzhoushan shikusi.*" in *Chenyuan Xueshu Lunwenji*, Vol. I, 398-409.

[3] Wei, *Weishu*, 919-923.

[4] Wei, *Ibid.*, 1162.

Monastery or Great Maternal Grace Monastery] was located in the eastern half of the Jinchangfang Block [晋昌坊] of Chang'an city (长安城 , capital of the Tang Dynasty, present-day Xi'an) and occupied one half of the block. It was a large monastic complex built by Emperor Gaozong [高宗 628-683 CE] of the Tang Dynasty in 648 CE when he was crown prince, and signified an expression of compassion and gratitude to his mother, Empress Wende [文德皇后]. Thus, the *saṃghārāma* was named Ci'en, or "compassion and debt of gratitude". It is said that the site of the *saṃghārāma* was chosen and laid out on an advantageous terrain with forests and streams. [1] According to monk Yancong [彦悰], the civil authorities of the Tang Dynasty made a good choice of a famous scenic spot and selected the site of a ruined *saṃghārāma* [伽蓝], constructed by late monk Jingjue [净觉], upon which to build it. Located to the south of the imperial palace [宫 城] and facing the Qujiang River [曲池], the Daci'ensi *saṃghārāma* not only resembled the heavenly palace [像天阙], but also imitated Jetavanārāma [仿 给园]. The high tower [重楼 *kūṭāgāra*], compound hall [复殿 *prāsāda*], cloud pavilion [云阁 *abhra-kūṭa*], and connected rooms [洞房] occupied more than ten courtyards or compounds, with rooms totaling 1897 in number. [2] In this case, the decision "to resemble the heavenly palace" refers to the structures of the Daci'ensi *saṃghārāma*, which were magnificent and resembled a palace, as referenced primarily by the elevation of the buildings; the expression "to imitate Jetavanārāma", meanwhile, refers to the design and planning of the whole monastic complex, which followed that of Jetavanārāma of Śrāvastī. [3]

The Daci'ensi *saṃghārāma*, in light of the historical documents, is known to have comprised the principal courtyard [主院], the west courtyard [西院], the east courtyard [东院], a *stūpa* [浮图 / 塔] set up by Xuanzang in the west courtyard (a *stūpa*-court), a courtyard for translation [翻经院], a courtyard

---

[1] Song Minqiu, *Chang'an Zhi*, 117.

[2] Huili [慧立] and Yancong [彦悰], *Daci'ensi Sanzang Fashi Zhuan* [大慈恩寺三藏法师传 Biography of the Tripiṭaka Master of the Daci'ensi Saṃghārāma] in *circa* 688 CE, emended and annotated Sun Yutang [孙毓棠] and Xie Fang [谢方] (Beijing: Zhonghua Book Company, 2000), 149. *confer*: Taishō, No. 2053, Vol. 50: 258a.

[3] Su, "*Shi lun Tangdai Chang'an*," 263.

for the *tripiṭaka* master［三藏院］, a courtyard for *sthavira*［上座院］, a *vihāra*-court or monks' courtyard［僧院 / 僧舍］, a courtyard for *niṣphala*［无果院, Wuguoyuan］or Yuanguo's yard［元果院］, a courtyard for peace and tranquility［太平院］, the east veranda［东廊院］, Mogong's yard［默公院］, a yard for bathing/*snāna-gṛha*［浴堂院 / 浴室院］as well as theatre areas［戏场］and the southern pool［南池］. Among these buildings, the principal courtyard consisted of the southern main entrance［端门］, the middle gateway［中三门］, the main hall or the Buddha-hall［大殿 / 佛殿］, the east veranda［东廊］, the west veranda［西廊］, a tablet-pavilion［碑屋］, the east pavilion［东阁］or the east tower［东楼］, and an ordination platform［戒坛］, etc. By imperial edict, 300 monks and 50 master-monks were to have dwelt in the Daci'ensi *saṃghārāma*. Besides Xuanzang, the monks Natī［那提］, Xuanying［玄应］, Jingmai［靖迈］, Kuiji［窥基］, Huili［惠立］, Yancong［彦悰］, Daoshi［道世］, and Vajrabodhi［金刚智］dwelt successively in the Daci'ensi *saṃghārāma*.[1] As evidence of the size of the population there, on September 6th 773 CE, the Daci'ensi *saṃghārāma* hosted an enormous banquet, the food from which was given to the resident monks as alms［僧斋］, and more than 10,000 monks who gathered there prayed for the people's happiness, a sizeable religious gathering even at that time.[2]

From the end of the Han Dynasties, viz. the first century CE onwards, construction of the *saṃghārāmas* in China continued to use or to adopt the traditional design and planning of the Hinduka *saṃghārāma*, with a *stūpa* built in the center or main place of the principal courtyard. The *stūpa* in the Daci'ensi *saṃghārāma*, however, was originally planned to be built to the south of the southern main entrance of the *saṃghārāma* by Xuanzang, but was then changed to the west courtyard by imperial edict of the Tang Emperor Gaozong. Since then, the majority of the large *saṃghārāmas* constructed in China proper considered the Buddha-hall as the main structure; hence, the incorporation of the

---

［1］Katsutoshi Ono［小野胜年］, *Chugoku-Zui-To-Choan-Jiin-Shiryo-Shusei*［中国隋唐长安·寺院史料集成 Compilation of Historical Information about the Temples in Chang'an］(Kyoto: Hozokan, 1989), 84-115, 367-373.

［2］Wang Qinruo and Yang Yi, *Cefu Yuangui*, 578.

stūpa into the design of the Chinese *saṃghārāma* became less significant and progressively disappeared.[1] This change in the layout of the structures in the Chinese *saṃghārāma* was likely a result of either the sinicization of the Buddhist architecture of Hinduka or a direct influence of Jetavanārāma of Śrāvastī.[2] Within the premises of this monastic complex, moreover, the courtyard for translation was built specially for Xuanzang,[3] who had left Chang'an for ancient India in 629 CE and returned to Chang'an with Buddhist scriptures in 645 CE. It is somewhat reasonable that the Daci'ensi *saṃghārāma* imitated Jetavanārāma of Śrāvastī, because Xuanzang, who had probably participated in the design and planning of the Daci'ensi *saṃghārāma*, was thought to have held special feelings about Śrāvastī and Jetavanārāma. In light of the preface by Jingbo［敬播 ?-663 CE］, we know that from childhood Xuanzang "sighed with emotion" as he could not visit at Jetavanārāma［祇园］; Xuanzang had too admired and yearned for Mṛgadāva［鹿野 Deer Park］after adolescence.[4] According to Huili, in the city of Śrāvastī, "next we see a tower; this was where the *Vihāra* of Prajāpati Bhikshunī stood, the elder maternal aunt of Buddha." "To the south of the city is the place where (this) Buddha first saw his father after having reached perfect enlightenment."[5]

Xuanzang spent eleven years in this monastic complex where he translated

---

［1］Su, "*Shi lun Tangdai Chang'an*," 258, 263.

［2］In an email Prof. Himanshu P. Ray sent me on 31st January, 2016, she believes that "*stūpa* and *vihāra* were essential components of a *sanghārāma*, but the *stūpa* had its own specific accoutrements as a funerary monument. This is evident in the context of Taxila and several other sites and hence the relationship between the two was dynamic rather than static." I quite agree with her. However, construction of the *stūpa* seems not to have been considered in the original design of the Jetavanārāma of Śrāvastī, because the Buddhist *stūpa* did not appear during the lifetime of Lord Buddha. All remains of the *stūpa* in the premises of the Jetavanārāma were definitely built after the Buddha's *parinirvāṇa*. Therefore, the structures of the *stūpa* in the Jetavanārāma were probably relegated to a position of secondary importance in the early period.

［3］Huili and Yancong, *Daci'ensi Sanzang Fashi Zhuan*, 149, 155. *confer*. *Taishō* No. 2053, Vol. 50: 258a, 259b.

［4］Xuanzang, *Da Tang Xiyu Ji*, 8.

［5］Shaman Hwui Li, *The Life of Hiuen-Tsiang*, trans. Samuel Beal (London: Kegan Paul, Trench, Trübner & Co. Ltd, 1911), 93-94; 2) Huili and Yancong, *Daci'ensi Sanzang Fashi Zhuan*, 58-59. *confer*. *Taishō* No. 2053, Vol. 50: 234c.

many scriptures into Chinese and then moved to the Ximingsi〔西明寺 Luminosity of the West Monastery〕in July, 658 CE.[1] At the present, however, only the seven-storeyed *stūpa* survives to mark the site of the Daci'ensi *saṃghārāma* (Pl. 2.1-4).

(2) The Ximingsi *Saṃghārāma,* which was located within the southwestern quadrant of the Yankangfang Block〔延康坊〕of the Chang'an city and occupied one-fourth of the block (Fig. 2.1-15), was established in 656 CE at the command of Emperor Gaozong, so that Prince Xiaojing〔孝敬太子 652-675 CE〕would recover from illness.[2] It was modeled after Jetavanārāma of Śrāvastī.

According to monk Yancong, the east-west oriented *saṃghārāma* measured 350 paces from east to west, and was several *li* in circumference. There were two thoroughfares on both sides of the Ximingsi *saṃghārāma*, and both commoner and official residences were built in the front and rear. Locust trees, also known as Chinese scholar-trees〔青槐〕, were planted around the *saṃghārāma* and green waters flowed inside. On the basis of its blue-and-green landscape, the Ximingsi is the most beautiful among all the *saṃghārāmas* in the capital. The verandas〔廊〕and the halls〔殿〕stood tall and erect, and the towers〔楼〕as well as the platforms〔台〕reached skyward. The caisson ceilings and ridgepoles were covered with gold leaf, dazzling the eyes like rays of morning or evening sunlight. The monastic complex of the Ximingsi *saṃghārāma* consisted of ten courtyards or compounds, with more than 4,000 rooms in total. In terms of the solemnity and grandeur of the *saṃghārāma*, the Tongtaisi *saṃghārāma* 〔同泰〕built by Emperor Wu〔武帝 502-549 CE〕of the Liang Dynasty in 527 CE in Jiankang and the Yongningsi *saṃghārāma*〔永宁〕built by Empress Dowager Ling, née Hu〔灵太后胡氏〕, of the Northern Wei Dynasty in 516 CE in Luoyang cannot compare with the Ximingsi *saṃghārāma*.[3] As soon as the Ximingsi *saṃghārāma* was established, monk Daoxuan was appointed the *sthavira*〔上

---

[1] Huili and Yancong, *Daci'ensi Sanzang Fashi Zhuan*, 214. *confer*: *Taishō* No. 2053, Vol. 50: 275b.

[2] Song, *Chang'an Zhi*, 126.

[3] Huili and Yancong, *Daci'ensi Sanzang Fashi Zhuan*, 214. *confer*: *Taishō* No. 2053, Vol. 50: 275b-c.

座〕by imperial edict, which took precedence of the *vihārasvāmin*〔寺主〕, until Xuanzang arrived and dwelt there for a period.[1] On the basis of this appointment, monk Daoxuan probably involved himself in the design and planning of the Ximingsi *saṃghārāma*. Moreover, the Ximingsi *saṃghārāma* comprised of thirteen big halls, with four thousand structures and buildings in the monastic complex, including towers, platforms, cloisters, etc. according to *Fozu Tongji*〔佛祖统纪, *Record of the Lineage of the Buddha and the Patriarchs* or *Chronicle of the Buddhas and Patriarchs*〕written by Zhipan〔志磐 1220-1275 CE〕between 1265 and 1275 CE.[2]

The entire monastic complex of the Ximingsi *saṃghārāma*, on the basis of contemporary accounts, consisted at least of a Bodhi-courtyard〔菩提院〕, a *vihāra*-court/ monks' courtyard〔僧院〕, a courtyard for the Three Stages school〔三阶院〕, a kitchen yard〔僧厨院〕, the east verandah〔东廊〕, a *dhyāna*-court 〔禅府〕, an ordination platform〔戒坛〕, a memorial hall for precept master Daoxuan〔道宣律师影堂〕as well as Songji's yard〔宋济院〕and Xuanzao's yard 〔玄造院〕, besides the wells〔井〕and the west gateway, etc. The monks Buddha-pāla〔佛陀波利 / 觉护〕, Daoshi〔道世〕, Yijing〔义净〕, Śubhakarasiṃha〔善无 畏〕, and Amoghavajra〔不空〕dwelt successively in the Ximingsi *saṃghārāma*, besides Daoxuan and Xuanzang.[3]

In 1985 and 1992, An Jiayao and two Chinese archaeologists carried out excavations at the site of the Ximingsi *saṃghārāma*, which stretched 500 meters from east to west and nearly 250 meters from south to north.[4] The excavations have revealed remains of ancient buildings at the very east end of the site. The exposed remains stretch about 70 meters from east to west, with three big halls or buildings set from south to north along the central axis. Each hall or building was connected with verandas or winding corridors, thus forming three

---

[1] 1) Zanning, *Song Gaoseng Zhuan*, 327-330, esp. 328. *confer*: *Taishō* No. 2061, Vol. 50: 790c; 2) Zanning, *Da Song Seng Shi Lue*〔大宋僧史略 *An Outline History of the Monks*〕, in *Taishō* No. 2126, Vol. 54: 245a.

[2] *Taishō* No. 2035, Vol. 49: 367a, 464a.

[3] Ono, *Chugoku-Zui-To-Choan*, 227-243.

[4] The total area of the Ximingsi *saṃghārāma* in Chang'an is quite similar to that of the Jetavanārāma of Śrāvastī, though the similarity might be accidental.

relatively independent rows of halls or buildings within an old-style residential compound. The middle hall covers the largest floor space, and the southern hall the second largest. On both sides of the middle hall there seems to be a bell tower and a tower for keeping Buddhist scriptures (scripture-repository), both of them extending to the courtyard. The middle hall and the southern hall were connected with a central verandah. It appears that the southern hall was used for enshrining the Buddha image, one of the thirteen big halls according to monk Zhipan; the middle hall was used for delivering lectures, with the bell tower and the scripture-repository set up in front, and the northern building was probably used as a monks' dwelling (Pl. 2.1-5, Fig. 2.1-16). Located to the east of the principal courtyard of the Ximingsi *saṃghārāma*, the remains, which cover about one-seventh of the whole monastic complex and probably formed one of the "ten courtyards" of the Ximingsi *saṃghārāma,* should be another separately specific courtyard in which the Buddha image was enshrined. The layout or disposition of the *saṃghārāmas* built in the Sui and Tang dynasties stressed symmetry, therefore there should be another similar remains at the very west end of the site. Between the two farthest sites, there are about 350 meters space from east to west, which can be divided into one larger courtyard in the middle and two courtyards of a similar size on both its sides. The middle courtyard in the central axis is thought to have been the principal structure of the monastic complex, and to have been dedicated to the Buddha. The Ximingsi *saṃghārāma*, which took the courtyard as a unit in the lay-out, was formed of ten more such units. It has proved difficult, however, to clarify the specific arrangement of the ten courtyards of the Ximingsi *saṃghārāma*, because the remains of the entire monastic complex were completely covered by modern buildings.[1] The Ximingsi *saṃghārāma*, which serves as a typical case of a dwelling residence that was transformed into a Buddhist settlement, exerted a tremendous influence on the design and planning

---

[1] 1) Zhongguoshehuikexueyuan Kaoguyanjiusuo Xi'an Tangcheng gongzuodui [中国社会科学院考古研究所西安唐城工作队 Xi'an Tang-city Team, IA, CASS], "*Tang Chang'an Ximingsi yizhi fajue jianbao* [唐长安西明寺遗址发掘简报 Excavation at the Ximing Monastery Site in the Tang Dynasty Chang'an]," *Kaogu* [考古 *Archaeology*], No. 1 (1990): 45-55; 2) An, "*Tang Chang'an Ximingsi yizhi*," 340-343.

of the *saṃghārāmas* built later on in China or even abroad.

(3) The Dajing'aisi *Saṃghārāma* [大敬爱寺] in Luoyang, the eastern capital of the Tang Dynasty, was another great monastic complex. It was built in 657 CE by Prince Xiaojing as an expression of compassion and gratitude to his parents, i.e. Emperor Gaozong and Empress Wu Zetian; this *saṃghārāma* was as a result designated as Jing'ai, or "respect and love". The system, viz., design and planning, of the Dajing'aisi *saṃghārāma* was the same as that of the Ximingsi *saṃghārāma* on the basis of the *Tang Huiyao* [唐会要 *Evolution of the Systems of the Tang Dynasty*] by Wang Pu [王溥 922-982 CE] in 961 CE.[1] According to Zhang Yanyuan [张彦远 815-877 CE], the Dajing'aisi *saṃghārāma* consisted of at least the main entrance [大门], the principal courtyard [大院], the west *dhyāna*-court [西禅院], the east *dhyāna*-court [东禅院], and a hill-pavilion courtyard [山亭院], etc. The principal courtyard comprised the middle gateway [中门], the main hall [大殿] or Buddha-hall [佛殿], the east hall [东间], the west hall [西间], and gauze verandas [纱廊], while a hall [殿] and the west veranda [西廊] were built in the west *dhyāna*-court, and a hall [殿] and a *prajñā*-platform [般若台] as well as an inner veranda [内廊] were built in the east *dhyāna*-court. Moreover, a lecture-hall [讲堂] and a large curtain [大宝帐] in the lecture-hall, a kitchen [食堂], a porch [门楼] with two wing-rooms [两厢], and a large incense burner presented by Empress Wu Zetian [天后大香炉] could be seen in the premises of the *saṃghārāma*.[2]

3. The Saṃghārāma in Japan

The Daian-ji *Saṃghārāma* [大安寺 Great Peace Monastery] is one of the seven important *saṃghārāmas* or temples in Nara, Japan (Pl. 2.1-6).[3]

---

[1] Wang Pu, *Tang Huiyao*, 848.

[2] Zhang Yanyuan, *Lidai Minghua Ji*, 71-73. *confer*: William Reynolds Beal Acker, *Some T'ang and Pre-T'ang Texts on Chinese Painting*, translated and annotated (Leiden: E. J. Brill, Vol. I, 1954), 306-332.

[3] Daianjishi Hanshuyiinkai [大安寺史编集委员会 Editorial Committee for the Daianji History], *Daianjishi Shiryo* [大安寺史·史料 *The Materials for the History of the Daianji*] (Nara: Daianji, 1984), 568-572, 593-594.

According to fascicle 6 of the Japanese *Fusō-ryakki*〔扶桑略记, *A Brief Account of Ancient Japan*〕[1] by Kōen〔皇円 d. 1169 CE〕, Emperor Shōmu〔圣武天皇 724-749 CE〕wished to rebuild the Daikandai-ji〔大官大寺〕*saṃghārāma* in 729 CE in compliance with a testamentary edict of the previous Emperor. Following this, an imperial edict on a black silk ribbon was issued in order to gather skilled artisans and good workers for the construction. A *śramaṇa* named Dōji〔道慈 674?-744 CE〕came to the palace and presented a memorial to the emperor: "Dōji, your servant, used to study Buddhism and seek the Dharma abroad, and has finally returned from Tang China. Your servant has a long-cherished wish that a large *saṃghārāma* be built, thus your servant has secretly drawn the structure and arrangement of the Ximingsi *saṃghārāma* on the sly." After hearing this, the Emperor felt very pleased and said: "Indeed, the sovereign's wish will come true." Dōji was then ordered to be in charge of the reformation of the Daikandai-ji *saṃghārāma*. The *Engi*〔缘起 *Account of the Founding of the Saṃghārāma*〕says: "Shae-jō koku Gion-shōja〔舍卫国祇园精舍 Jetavanārāma of Śrāvastī〕, central Hinduka, had been modeled on the inner court of the Toshita-ten〔兜率天 the Tuṣita Heaven〕, the Saimyō-ji〔西明寺 the Ximingsi *saṃghārāma*〕of the great Tang Dynasty was modeled on the Gion-shōja (Jetavanārāma of Śrāvastī), and the Daian-ji〔大安寺 the Daian-ji *saṃghārāma*〕of the present dynasty was modeled on the Saimyō-ji (the Ximingsi *saṃghārāma*) of the Tang Dynasty." Located in the third block of the sixth section of the eastern part of Heijō-kyō, Soekamigun, Yamatonokuni〔大和国添上郡平城左京六条三坊〕, the Daian-ji *saṃghārāma* comprised a *ratna-stūpa*〔宝塔〕, a flower-niche〔花龛〕, a Buddha hall〔佛殿〕, a *vihāra*〔僧坊〕, a scripture repository〔经藏〕, a bell tower〔钟楼〕, a dining hall〔食堂〕, and a bathroom〔浴室〕as well as numerous houses and structures inside and outside the premises; Kōen had no time to give an account of all of them in detail. The construction of the Daian-ji *saṃghārāma* was completed after fourteen years. The Emperor

---

[1] It is a work of Japanese history, which covers a period from the reign of the legendary Emperor Jimmu〔神武天皇〕through that of Emperor Horikawa〔堀河天皇 r. 1086-1107 CE) and centers on Buddhism.

was very happy and a big meeting of the Buddhists (*parṣad*) was held there by imperial order. Dōji, a *dharma-bhāṇaka*, an intelligent and discerning man, received high praise from the people. He was especially ingenious in his design of the *saṃghārāma*, of which the structures were completed according to his plans. There was no craftsman or artisan who did not compel admiration.[1] (Fig. 2.1-17)

Dōji-den［道慈传 *Hagiography of Dōji*］in the Japanese *Honchō kōsō-den*［本朝高僧传 *Biographies of Eminent Monks of the Present Dynasty*］by Mangen Shiban［师蛮 1625-1710 CE］in 1702 CE, moreover, gives additional information about the matter. When the Daikandai-ji was planned to be reformed by Emperor Shōmu, an imperial edict was issued in advance for collecting the system and type of the *saṃghārāma*. The call allegedly went unanswered until Dōji, who had traveled to China in 701 CE to study Buddhism and returned to Japan in 718 CE, presented a memorial to the emperor: "While your servant monk (Dōji) was in China and saw the Ximingsi *saṃghārāma*, he privately thought of taking it as the standard if a good reason came after he returned to Japan. Therefore, your servant recorded the Ximingsi *saṃghārāma* and drew out the halls and buildings in the monastic complex. The records and drawings have been concealed in a cloth suitcase. What your Majesty asked today is really the matter that your servant monk has been aspiring after." Dōji then presented the drawings to the Emperor. Shōmu, who felt very pleased, said: "I, the sovereign's wish will come true." Then, Dōji was appointed to supervise the construction of the *saṃghārāma* at Heijō-kyō by imperial edict. This indicates that Daian-ji imitated the lay-out of the structures of the Ximingsi *saṃghārāma*. As Dōji personally oversaw the full process of the structures, construction and personally directed the carpenters and architects, those who he delegated felt compelled to admire him. The construction of the *saṃghārāma* took fourteen years to complete and it was given the name of Daian-ji, with Dōji appointed to the position of abbot by the imperial order. According to *Eulogy*［赞］at the end of the *Hagiography of Dōji*,

---

[1] Kōen, *Fusō-ryakki* (*A Brief Account of Ancient Japan*), in *Nikushi taikei*［国史大系 *Corpus of Historical Data for the Japanese History*］, new ed., Vol. 12 (Tokyo: Yoshikawa Kōbunkan, 1965), 89. *confer*: Daianjishi Hanshuyiinkai, *Daianjishi Shiryo*, 572-574.

"the Saimyō-ji (the Ximingsi *saṃghārāma*) took the Gion-shōja (Jetavanārāma) of Hinduka as its model, while the Gion-shōja (Jetavanārāma) had imitated the inner court of the Toshita-ten (the Tuṣita Heaven). In regard to the institution of the *brahmakṣetras* [梵刹] of the present dynasty, no *saṃghārāma* equals the Daian-ji in system."[1]

Therefore, Jetavanārāma of Śrāvastī has a very close relation with the Ximingsi *saṃghārāma* of China and the Daian-ji of Japan. In other words, according to the Japanese documents the Ximingsi *saṃghārāma* in Chang'an was modeled on Jetavanārāma of Hinduka and the Daian-ji in Nara was modeled on the Ximingsi *saṃghārāma* of China.

In light of *Garan-engi hei Ryuokisisaityou* [伽蓝缘起并流记资财账 *Account of the Founding and the Current Assets of the (Daianji) Saṃghārāma*] dated 747 CE, the Daian-ji covers an area of 15 *fangs* or blocks [坊]. Among those *fangs*, four *fangs* were used for the *stūpa-court* [塔院], four for the halls [堂 including the Buddha-hall and the lecture-hall] and the cloisters or monks' dormitories [僧房], one and a half for the *dhyāna*-court [禅院] and *Tashu*-court [太众院] as well as the dinning hall [食堂], one for the pool [池] and hill [岳], one and a half for the *nīcakula-court* [贱院], one for the park [苑院], one for warehouses and granary [仓垣院], and one for the flower garden [花园院].[2] (Fig. 2.1-18) According to the *Fusō-ryakki* (*A Brief Account of Ancient Japan*), moreover, the Daian-ji consisted of several courtyards, including the principal courtyard, the west Tang-courtyard [西唐院], the east *vihāra*-court [东僧坊], and other separately specific courtyards [别院].[3] On July 5th, 756 CE, Empress Kōkan [孝谦天皇 718-770 CE] gave alms to more than 1,000 monks and Buddhist novices at the Daian-ji in memory of her father's death after thirty-five days.[4] Daian-ji therefore not only was

---

[1] Shiban, *Honchō kōsō-den* (*Biographies of Eminent Monks of the Present Dynasty*), in *Dainihon Bukkyō Zensho* [大日本佛教全书 *The Complete Buddhist Works of Japan*], ed. Nanjō Bunyū [南条文雄], Vol. 102 (Tokyo: Bukyo Kankyukai, 1913), 90.

[2] Daianjishi Hanshuyiinkai, *Daianjishi Shiryo*, 559, Pl. 3.

[3] Kōen, *Fusō-ryakki*, 92, 96, 100, 113. *confer*: Daianjishi Hanshuyiinkai, *Daianjishi Shiryo*, 559-561.

[4] Kōen, 102.

a significant *saṃghārāma* in Heijō-kyō, but was also very large in its area.

Systematic surveys and excavations had been conducted at the site of Daian-ji in Nara from 1954 to 1991, and schematic plans of the Daian-ji were mapped out by archaeologists after more than eighty prior attempts (see Fig. 2.1-17, Fig. 2.1-18, Fig. 2.1-19).[1] These schematics comprise the principal courtyard and other specific courtyards surrounding it on all four sides (Fig. 2.1-20). The disposition of the principal courtyard in the Daian-ji consisted of the southern main entrance, a middle gateway, a main Buddha-hall or golden hall, a bell-tower and a scripture-repository, a lecture-hall, a bathhouse, a dining hall as well as verandahs, houses or wing-rooms (dormitories for monks), kitchens, and other living facilities or structures, this is according to the archaeological excavations and the *Garan-engi hei Ryuokisisaityou* (*Account of the Founding and the Current Assets of the Daianji Saṃghārāma*) as well as a painting of the Daian-ji *saṃghārāma* (see Pl. 2.1-6) and an illustration of the Daian-ji *saṃghārāma* (Fig. 2.1-21).[2] The arrangement of the structures in the principal courtyard and the surrounding secondary courtyards at Daian-ji is similar to those illustrated in both *Guanzhong Chuangli Jietan Tujing* (*An Illustrated Record of Ordination Platforms established in the Guanzhong Region*) and *Zhongtianzhu Sheweiguo Qihuansi Tujing* (*An Illustrated Record of Jetavanārāma in Śrāvastī, Central Hinduka*) by Daoxuan, with the exception of the two *stūpas* set up in front of the principal courtyard of the Daian-ji.[3] Therefore, we could imagine the structural layout or

---

[1] Daianjishi Hanshuyiinkai, *Daianjishi Shiryo*, 873-879, 893-907; 2) Nando Kokusai Bukyo Bunka Kankyusho [南都国際仏教文化研究所 Nando International Institute for Buddhist Culture], *Nando Daianji Ronson* [南都大安寺論叢 *Collected Essays on the Daianji*] (Kyoto: Rinsen Book Co., 1995), 303-435.

[2] 1) Daianjishi Hanshuyiinkai, *Daianjishi Shiryo,* 541-568, 595, 963-982, 1001, Pl. 2; 2) Nando Kokusai Bukyo Bunka Kankyusho, *Nando Daianji Ronson*, 306 Fig. 1, 314 Fig. 1, 335 Fig. 1, 341 Fig. 1, 347 Fig. 1, 353 Figs. 1-2, 355 Figs. 1-2, 361 Fig. 1, 362 Fig. 1, 378 Fig. 1, 391 Fig. 1, 400 Fig. 1, 403-406, 415 Fig. 1, 419 Fig. 1, 425-426, 429.

[3] The planning of these two *stūpas* can neither be found in any records about the Ximingsi *saṃghārāma*, nor does it differ from the location of the *stūpa* drawn in the diagram of Daoxuan's books. The two *stūpas* were probably supplemented on the basis of some other reasons. Daianjishi Hanshuyiinkai, *Daianjishi Shiryo*, 974.

disposition of the entire Ximingsi *samghārāma* from the remains of the Daian-ji, as the design and planning of the latter imitated those of the former.

VI. *Saṃghārāma* of the Multi-courtyard-type

A large *samghārāma* of the multi-courtyard-type in China primarily adopted a horizontal and east-west oriented arrangement, with the principal courtyard set in the central axis and several other separately specific courtyards arrayed horizontally on both its sides from south to north. This is somewhat different from the arrangement that Jetavanārāma of Śrāvastī took. Each specific courtyard constituted an independent unit, and a large monastic complex was generally formed of several similar courtyards or units.

The large *samghārāma* of the multi-courtyard-type appeared in China as early as the Southern-and-Northern Dynasties period, such as the Da'aijingsi [大爱 敬寺] in Jiankang, southern China. The Da'aijingsi *samghārāma*, which was built by Emperor Wu of the Liang Dynasty in 520 CE[1], comprised a central courtyard and thirty-six other separately specific courtyards. The general appearance of the timber-framed halls in the Da'aijingsi *samghārāma* is similar to that of the garden-like sleeping quarters of the emperor, the arrangement of the structures and rich ornamentation of the buildings are like those of the Heavenly Palace. The *samghārāma* is huge in size, and the middle gateway is seven *li* (about 2923 or 3107 meters) from the main entance. A solemn Buddha statue made of the sandalwood, 2.2 *zhang* (about 5.10 or 5.43 meters) in height, is enshrined in the main hall of the central courtyard.[2] In northern China, moreover, a site of a large *samghārāma* or Buddhist monastic complex built in the Eastern Wei or Northern Qi dynasties was unearthed in the Ye Capital [邺城], which was formed of the main *stūpa* and other separately specific yards. (see Fig. 2.1-22)[3]

The fact that the Daci'ensi *samghārāma* in Chang'an imitated Jetavanārāma

---

[1] *Liang Jing Si Ji* [梁京寺記 *Record of the Saṃghārāmas in the Capital of the Liang Dynasty*] by unknown author, in *Taishō* No. 2094, Vol. 51: 1024b.

[2] Daoxuan, *Xü Gaoseng Zhuan*, 9. confer: *Taishō* No. 2060, Vol. 50: 427a.

[3] State Administration of Cultural Heritage ed., *Major Archaeological Discoveries in China in 2002*, 97-100.

of Śrāvastī means the design and planning of the Daci'ensi *saṃghārāma* followed those of Jetavanārāma; in other words, the disposition and layout of the Daci'ensi *saṃghārāma* were modeled on those of Jetavanārāma of Śrāvastī, Hinduka. And the Ximingsi *saṃghārāma* in Chang'an definitely took the design and planning of Jetavanārāma of Śrāvastī as its model according to the above documents.[1] The design and planning of the Dajing'aisi *saṃghārāma* in Luoyang, moreover, was the same as that of the Ximingsi *saṃghārāma* in design. A common feature of these three *saṃghārāmas*, which were very large in scale, is of a multitude of courtyards within each premises.[2] However, both the Daci'ensi *saṃghārāma* and the Ximingsi *saṃghārāma* followed the tradition of Jetavanārāma of Śrāvastī, that is, the worship of the Buddha image took priority over the worship of the *stūpa*.

Xuanzang first dwelt at the Daci'ensi *saṃghārāma* and then moved to the Ximingsi *saṃghārāma*, which were both modeled on Jetavanārāma of Śrāvastī. This suggests that the construction of the large *saṃghārāmas* in China, especially those founded by eminent monks such as Xuanzang, followed closely the schematic of the orthodox Hinduka *saṃghārāma* in design and planning. The monk Daoxuan suggested that Jetavanārāma of Śrāvastī be the model for the construction of all the *saṃghārāmas* in China. As a famous monk and a leader of the Precepts school, Daoxuan's suggestion and his illustrated records of Jetavanārāma of Śrāvastī should play a principal role in the design and planning of the *saṃghārāmas* established in China at that time.

Besides the Daci'ensi *saṃghārāma* and Ximingsi *saṃghārāma* in Chang'an and the Dajing'aisi *saṃghārāma* in Luoyang, there was the Qinglongsi *saṃghārāma*［青龙寺］, located in the southeastern part of the Xinchangfang Block［新昌坊］of Chang'an city and occupied one-fourth of the block (Fig. 2.1-23), which was established by Emperor Wen［文帝 541-604 CE］of the Sui Dynasty. The *saṃghārāma* was originally designated as Linggansi［灵感寺］before its name

---

［1］Su, "*Shi lun Tangdai Chang'an*," 263.

［2］1) Su, "*Shi lun Tangdai Chang'an*," 255-264; 2) Gong Guoqiang, *Sui Tang Chang'ancheng Fosi Yanjiu*, 220.

was changed to Qinglongsi in 711 CE.[1] According to Chinese documents, the Qinglongsi *saṃghārāma* comprised at least six courtyards, namely the east *stūpa*-court [东塔院], a pure-land courtyard [净土院], Ācārya Faquan's yard [法全阿阇梨院], late monk Dharma's yard [故昙上人院], an upper courtyard [上方院], a *vihāra*-court or monks' courtyard [僧院]. Five of these courtyards were recorded after the Dali period [大历 766-779 CE] of the Tang Dynasty. Based on the excavations conducted by Ma Dezhi [马得志], the remains, which take building 4 as the center, consisted of a separately specific courtyard to the west of the principal courtyard; in other words, a courtyard to the west part of the entire monastic complex of the Qinglongsi *saṃghārāma*.[2]

Daci'ensi and Ximingsi were distinctively significant *saṃghārāmas* in Chang'an in line with the historical documents, because only four *saṃghārāmas* in Chang'an, namely Daci'ensi *saṃghārāma* and Dajianfusi *saṃghārāma* [大荐福寺] on the left main street inside the city and Ximingsi *saṃghārāma* and Dazhuangyansi *saṃghārāma* [大庄严寺] on the right main street, were retained in the capital after a nationwide drive to destroy Buddhism that was initiated by Emperor Wuzong [武宗 814-846 CE] of the Tang dynasty in 845 CE.[3] According to monk Daoshi, moreover, both Ximingsi and the Daciensi were great *saṃghārāmas* of the empire [国家大寺], which means they were fully supported by the Tang Dynasty.[4] Apart from noteworthy structures such as the high towers, compound halls, cloud pavilions and decorated verandahs, the great *saṃghārāmas* of the Tang Empire bore two essential features. Firstly, the *stūpa* was no longer constructed in the principal courtyard as it had been before. Secondly, the arrangement of the structures carried forward or even developed the multi-courtyard-type of the *saṃghārāma* which had been built during the

————————————

[1] Song, *Chang'an zhi*, 122.

[2] 1) Zhongguoshehuikexueyuan Kaoguyanjiusuo Xi'an Tangcheng dui [中国社会科学院考古研究所西安唐城队 Xi'an Tang City Team, IA, CASS], "Tang Chang'an Qinglongsi yizhi [唐长安青龙寺遗址 The Qinglong Monastery in the Tang Dynasty Chang'an]," *Kaogu Xuebao* [考古学报 *Acta Archaeologica Sinica*], No. 2 (1989): 231-262; 2) Su, "*Shi lun Tangdai Chang'an*," 262-263.

[3] Liu Xu et al., *Jiu Tang Shu*, 605.

[4] Daoshi, *Fayuan Zhulin*, 1826. confer: *Taishō* No. 2122, Vol. 53: 750b.

late Southern-and-Northern Dynasties period, that is, the Liang ［梁 502-557 CE］and Northern Qi ［北齐 550-577 CE］dynasties.[1] Likewise, some great *saṃghārāmas* even explicitly adopted the lay-out of Jetavanārāma of Śrāvastī. However, it is impossible that the arrangement of structures within a great *saṃghārāma*, as in the illustration of Daoxuan's works, tallied with the original lay-out of Jetavanārāma of Śrāvastī. The Anāthapiṇḍadasyārāma was traditionally considered to be the nucleus of Jetavanārāma; the Buddha's courtyard in the diagram and record of Jetavanārāma by Daoxuan was surrounded by cloisters and other large, separately specific courtyards. Given the information in Daoxuan's works, as well as records of both Daci'ensi *saṃghārāma* and Ximingsi *saṃghārāma*, the design and planning of Jetavanārāma of Śrāvastī was clearly highly influential on the oriental *saṃghārāmas*.[2] For instance, the bell-tower ［钟楼］and scripture-repository ［经藏］established inside the Zishengsi *saṃghārāma* ［资圣寺］in Chang'an might have a certain relation with Daoxuan's works.[3]

Although the construction of the large *saṃghārāmas* of the multi-courtyard-type in China during the Tang Dynasty originated from the design of the previous *saṃghārāmas*, some of the newly built large *saṃghārāmas* of this period were probably completed according to the model of either the great Daci'ensi *saṃghārāma* or the Ximingsi *saṃghārāma*, more precisely, in imitation of Jetavanārāma of Śrāvastī.

This paper was published in *Buddhist Monasteries of South Asia and China*, Monograph No. 1, Society for Buddhist Art and Archaeology, Editor-in-Chief R. C. Agrawal, 157-209. Delhi: Manohar Publishers & Distributors, 2019

---

［1］Su, "*Shi lun Tangdai Chang'an*," 263.

［2］1) Zhong, "*Chu Tang fojiao tujing*," 247; 2) Su, "*Shi lun Tangdai Chang'an*," 264.

［3］Su, "*Shi lun Tangdai Chang'an*," 266.

因岩结构与邻岩构宇

——中印石窟寺外观初探 *

石窟寺既是对一般佛教寺院（地面佛寺）的模仿 (an imitation of buildings constructed in timber)[1]，也可视作同时期砖木结构或泥笆草庐之寺的石化形式 (petrified versions of the contemporary brick-and-timber or the humbler wattle mud-and-thatch structures)[2]。由于木构建筑或泥笆草庐易于朽毁，古代天竺[3]

* 关于中国古代佛教石窟寺的窟前建筑，杨泓曾有专文刊行。在杨先生大作启发下，本文以印度巴贡 (Bhājā)、阿旃陀 (Ajaṇṭā) 石窟和中国克孜尔、云冈、龙门、响堂、栖霞等皇室或显贵营造的典型石窟寺为例，对中印佛教石窟寺的外观试作初步探讨，不当之处，请方家指正。至于麦积山石窟与天龙山石窟的窟前建筑，前人多有论述，此不赘。参见：1) 杨泓《中国古代佛教石窟的窟前建筑》，杨泓著《汉唐美术考古和佛教艺术》，北京：科学出版社，2000 年，第 328-344 页；2) 傅熹年《麦积山石窟中所反映出的北朝建筑》，载《傅熹年建筑史论文集》，北京：文物出版社，1998 年，第 103-135 页；3) 李裕群、李钢编著《天龙山石窟》，北京：科学出版社，2003 年，第 10-13、41-46、71-74、95-98 页。

此研究，系国家社会科学基金重大项目《中印石窟寺研究》(项目号 15ZDB058) 的阶段性成果。初稿完成后，承蒙刘建军、钟晓青、李裕群先后提出很好的意见。谨此致谢。

[1] 参见：M. N. Deshpande, "The (Ajanta) Caves: Their Historical Perspective," in *Ajanta Murals*, ed. A. Ghosh (New Delhi: Archaeological Survey of India, 1967), 17-18.

[2] 最早使用 petrified 表示石窟仿效地面建筑，即石窟寺是地面佛寺的石化形式，应是印度佛教考古学的创始人伯吉斯 (James Burgess)。参见：1) James Fergusson and James Burgess, *The Cave Temples of India* (London: W. H. Allen & Co., Trübner & Co., E. Stanford, and W. Griggs, 1880), 224; 2) K. R. Srinivasan, "Rock-cut Monuments," in *Archaeological Remains, Monuments & Museums*, Part I, ed. A. Ghosh (New Delhi: Archaeological Survey of India, 1964), 110.

[3] 天竺乃我国古代对南亚次大陆，即今印度和巴基斯坦部分地区之旧称。关于天竺之名，参见：1) P. C. Bagchi, "Ancient Chinese Names of India", in *India and China: Interactions through Buddhism and Diplomacy; A Collection of Essays by Professor Prabodh Chandra Bagchi*, compiled Bangwei Wang and Tansen Sen (Delhi: Anthem Press India, 2011), 3-11; 2) 钱文忠《印度的古代汉语译名及其来源》，《十世纪前的丝绸之路和东西文化交流：沙漠路线考察乌鲁木齐国际讨论会 (1990 年 8 月 19-21 日)》，北京：新世界出版社，1996 年，第 601-611 页。

的原始地面佛寺早已不复存在。不过，一百多年来的考古调查与发掘，刊布了大量石窟寺的平面及外观信息，揭露出土了许多地面佛寺遗址。

一、天竺石窟寺：地面佛寺之石化

根据洞窟形制和使用性质的不同，古代天竺的佛教石窟可以大体分作僧人栖止、禅修生活用窟和供养、礼忏佛事用窟两种。前者以僧房舍窟或僧坊窟为主，附以方形窟和水窟等，其中晚期开凿的僧坊窟也雕造龛像，兼有佛事用窟的性质；后者主要指塔庙窟。作为宗教场所，后者应占主导地位，前者只是为后者服务的。一座塔庙窟与一座或若干座僧房舍窟或僧坊窟组成一处小型僧伽 (saṃgha) 或寺，许多僧伽或寺连在一起，构成气势宏伟的大型石窟寺院 (参见 Fig. 1.1-54)[1]。

现以僧房舍窟和塔庙窟为例，简述石窟寺与地面佛寺之关系。

僧房舍窟，通称vihāra (音译毗诃罗，意译僧坊)，不过依据窟内的原始俗语 (Prākṛta/ Prakrit) 题铭，这种洞窟原作 lēṇa，意为静室或僧房舍，为僧人隐居之处。典型僧房舍窟平面多作方形、平顶，前壁正中辟门道。中央为方形或长方形中堂，中堂左、右、后三壁均向外凿出僧房，僧房门道与中堂相通。这种洞窟，系高度模仿地面砖、木结构的僧坊 (vihāra) 雕造[2]。

公元 1 世纪末、2 世纪初，古代天竺流行一种二层或多层的自御型砖砌佛寺，主要由浮图 (塔院) 与僧坊 (僧院) 构成。僧坊平面方形，僧房环置中央庭院四周，如呾叉始罗建造于 2、3 世纪的焦莲佛寺遗址中的僧坊 (Fig. 2.2-1)[3]。宽敞的庭院中央，有时会增建一方形柱厅，如 3、4 世纪营造的龙树山 (Nāgārjunikondā) 第 24 号

---

[1] 印度佛教石窟寺，有些在石窟群附近或周边也营造地面建筑，即采用地面建寺与岩石开窟相结合的形式。根据印度考古调查局 2000-2001 年在阿旃陀石窟区的考古发掘，阿旃陀第 4 窟所在的对面山腰，即石窟群下方瓦哥拉河 (Waghora) 南岸山地上发掘出土了砖砌的地面建筑遗址。遗址中央为方形塔基，塔基左、右、后三面环置僧房，整体布局作塔庙—僧坊混成式 (stūpa-cum-vihāra)；中央佛塔为僧众供养、礼忏之处，周匝僧房系栖止、禅修之所。根据遗址出土的陶器和一枚拜占庭狄奥多西斯 (Theodosius, AD 402-450) 金币，发掘者推测这处地面建筑营造于公元 4、5 世纪之间。参见 *Indian Archaeology 2000-01—A Review* (New Delhi: Archaeological Survey of India, 2006), 93-97, Pl. 73。

[2] 1) 李崇峰《中印佛教石窟寺比较研究：以塔庙窟为中心》，第 5 页；2) 李崇峰《石窟寺中国化的初步考察》，李崇峰著《佛教考古：从印度到中国》，修订本，上海：上海古籍出版社，2020 年，第 561-566、588-592 页。

[3] 焦莲佛寺遗址中的有些装饰要晚到 4、5 世纪。John Marshall, *Excavations at Taxila: The Stūpas and Monastery at Jauliāñ*. Memoirs of the Archaeological Survey of India, No. 7 (Calcutta: Archaeological Survey of India, 1921), 38.

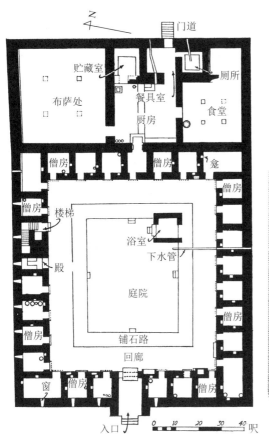

Fig. 2.2-1　咀叉始罗焦莲遗址中
僧坊平面图

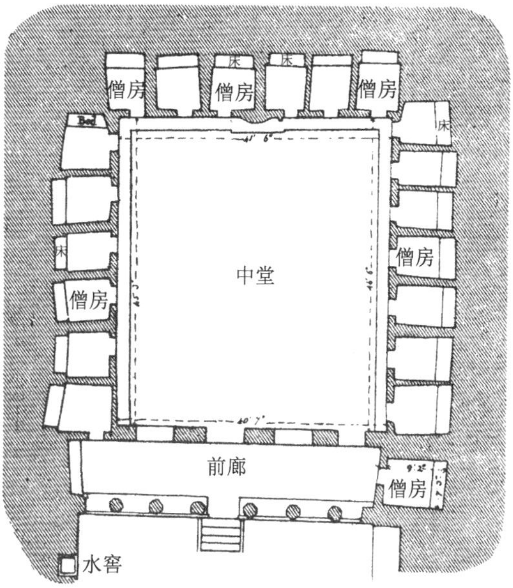

Fig. 2.2-2　纳西克石窟第 3 窟平面图

遗址中的僧坊；方形柱厅与周匝小室之间为回形小道，小室后墙与寺院外墙共用 (Fig. 2.2-3)[1]；其中，面对门道的小室有些设置为佛殿 (龛)，其余为僧房。这种僧坊，为栖止与禅修僧人提供了隐逸之所，保护他们不受风吹、日晒和雨淋，并实施规范的佛事活动。至于僧坊的石化形式，纳西克第 3 窟可作代表 (Fig. 2.2-2)，其方形中堂、周匝僧房及前廊，与焦莲寺址的僧坊设计非常相似；而阿旃陀第 16 窟的平面布局 (Fig. 2.2-4)，尤其是中央方形柱厅，基本上是对同时期僧坊，如龙树山第 24 号遗址中僧坊的模仿。因此，文献记载的木构或砖石垒砌的僧坊 (vihāra)，确实是石雕僧房舍窟 (lēṇa) 的原型。换言之，天竺石窟中的僧房舍窟是地面佛寺中僧坊的石化形式。

塔庙窟，通称 caityagṛha 或 chaitygriha (音译支提，意译塔庙)，不过依据窟内

[1] K. V. Soundararajan, ed., *Nagarjunakonda* (1954-60), Memoirs of the Archaeological Survey of India, No. 75, Vol. II (The Historical Period) (New Delhi: Archaeological Survey of India, 2006), 66-73, 182-183.

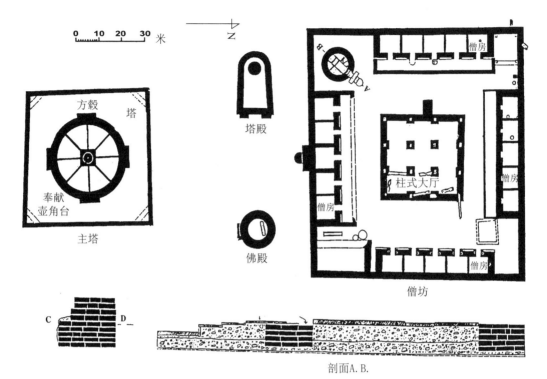

Fig. 2.2-3   龙树山遗址中第 24 号遗址平面图

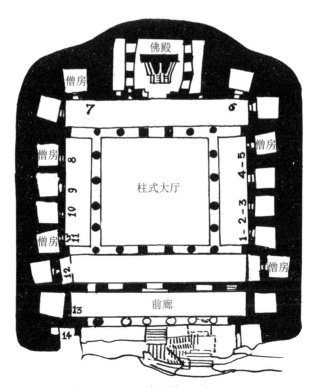

Fig. 2.2-4   阿旃陀第 16 窟平面图

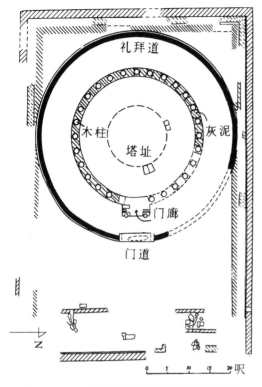

Fig. 2.2-5　拜拉特圆形塔殿遗址平面图

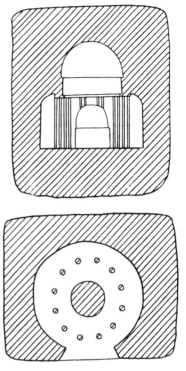

Fig. 2.2-6　图尔贾莱纳第 3 窟平面及
横向垂直剖面图

的原始俗语题刻，这种洞窟应作 chētiyaghara[1]，是天竺早期佛教石窟寺的供养和
礼忏中心。印度现存最早的地面木构塔庙遗址，发现于拉贾斯坦邦首府斋普尔东北
52 公里处拜拉特 (Bairāt)[2] 的铭文山 (Bījak-kī-pahārī)。根据遗址的考古地层，拜
拉特的佛事活动前后延续近四百年。遗址上层是一座砖筑长方形佛殿，下层为圆形
塔庙，后者营造于阿育王时期 (Pl. 2.2-1)。塔庙直径 8.29 米，中央佛塔由 27 根八
边木柱环绕。在环形列柱与外墙之间，是宽约 2.13 米的礼拜道。列柱[3] 与外壁皆
于东侧辟门 (Fig. 2.2-5)[4]。塔庙主室的屋顶不存，似为瓦作，并冠以陶质尖饰；礼

---

　　[1] 窟内俗语题刻 chētiyaghara，由 chētiya（支提 / 塔）和 ghara（室 / 窟）两词构成。在中国，这
种石窟被称作塔庙窟或中心柱窟，亦作支提窟、制底窟、塔洞、中心塔柱窟等，忠实地表达了原词含义。

　　[2] 现在学者多认为 Bairāt 是玄奘《大唐西域记》卷四所记述的波里夜呾罗国 (Pāriyātra)。[唐]玄
奘撰《大唐西域记》，季羡林等校注，第 376-377 页。

　　[3] 塔庙窟内这种环状列柱，在性质上疑与露塔周围的栏楯相当。

　　[4] 经过发掘，圆形塔庙内壁由 27 根八边木柱做骨架，柱间砌砖，呈楔形结构。不过，柱间大砖似
后来补砌，八边木柱原应独立环绕主体朝拜物——佛塔，柱间敞开。

拜道之顶，则架于外墙与列柱顶部"圈枋"之上[1]。既然僧房舍窟系模仿地面佛寺中的僧坊雕造，那么塔庙窟也应为地面木构或砖石结构塔庙的石化形式，这点已被均纳尔地区图尔贾莱纳 (Tūljā-lēṇā) 第 3 窟所证实 (Fig. 2.2-6)。第 3 窟平面圆形，中央雕造石塔，周绕 12 根断面八边形素面石柱。石塔上方作穹隆顶，礼拜道顶部呈扇形，且较主室窟顶略低。此外，穹隆顶表面曾覆置纵横交错的木构梁椽，窟口亦安木质门框[2]。至于外观，地面佛寺中的塔庙与石窟寺中的塔庙窟亦相似[3]。

基于石窟寺与地面佛寺之密切关系，尤其彼此在外貌样式、平面布局、内部设置、窟顶结构以及装饰纹样等方面的相似，有学者把石窟寺称为"石窟型寺院" (monastery of the guhā-type)[4]。一般寺院与石窟寺[5]皆以空间的建构为基本手段，具有特定的建筑意象，可总称佛寺或僧伽蓝 (saṃghārāma)[6]。

作为早期石窟寺的供养和礼忏中心，印度典型塔庙窟的平面为倒 U 形，窟内通常由列柱分作一宽大主室、二狭窄侧廊和一半圆形后室；后室中央雕造一座独石塔，主室前部入口及其上方太阳栱系模仿木构塔庙的正面雕镂而成。依据外立面、平面、明窗、窟顶、列柱和石塔等，印度现存的塔庙窟从考古学上可以分作四期[7]。第

———————————

［1］1) D. R. Sahni, *Archaeological Remains and Excavations at Bairāt* (Jaipur State, 1937), 28-32, Pls. VII a & b; 2) Percy Brown, *Indian Architecture: Buddhist and Hindu Periods*, 3ʳᵈ Rev & Enl. ed. (Bombay: Taraporevala Sons & Co, 1956), Pl. VI.

［2］李崇峰《中印佛教石窟寺比较研究》，第 57 页。

［3］Brown, *Indian Architecture*, Pls. III, VI, VIII, XVI, XXII.

［4］Sukumar Dutt, *Buddhist Monks and Monasteries of India: Their History and their Contribution to Indian Culture* (London: George Allen & Unwin Ltd, 1962), 138-161, esp. 139.

［5］作为石窟寺发源地的印度石窟寺，最早由英国人从学术上重新发现，并从 19 世纪中叶开始展开系统的调查与研究。故而，英国及印度学者研究印度石窟寺时所采用的术语值得我们重视或延续使用。迄今，较重要的英文论著关于"石窟寺"一词的表述有：rock-cut temples (James Fergusson)、cave-temples 或 caves (James Burgess)、rock-hewn shrines and monasteries (John Marshall)、rock-cut architecture (Percy Brown)、guhā-monasteries 或 cave-monasteries (Sukumar Dutt)、rock-cut monasteries 或 rock temples (Vidya Dehejia)、rock-cut monastic architecture (S. Nagaraju) 等。参见：1) James Fergusson, "On the Rock-cut Temples of India," *Journal of the Royal Asiatic Society of Great Britain and Ireland* VIII (1846): 30-92; 2) James Fergusson and James Burgess, *The Cave Temples of India* (London: W. H. Allen & Co., 1880), 163-398; 3) John Marshall et al., *The Bagh Caves in the Gwalior State* (London: The Indian Society, 1927), 3; 4) Percy Brown, *Indian Architecture*, 24-38, 68-74; 5) Dutt, *Buddhist Monks and Monasteries*, 138-139; 6) Vidya Dehejia, *Early Buddhist Rock Temples: A Chronological Study* (London: Thames & Hudson, 1972), 9-10, 30, 114; 7) S. Nagaraju, *Buddhist Architecture of Western India* (C. *250 B.C.*-C. *300 A.D.*) (Delhi: Agam Kala Publication, 1981), XIII-XIV, 3, 7, 11, 15.

［6］Dutt, *Buddhist Monks and Monasteries*, 54, 201-203.

［7］李崇峰《中印佛教石窟寺比较研究》，第 63-126 页。

一期塔庙窟应雕造于公元前 2 世纪后半叶，即公元前 150-前 100 年左右。塔庙窟
原无石质前壁，而以高大的木构门屏替代，如巴贾第 12 窟和阿旃陀第 10 窟。由于
自然或人为破坏，巴贾第 12 窟入口及正面已变成巨大的敞开栱门，致使窟内设置尽
收眼底 (Pl. 2.2-2)。这种情形并非设计者原意，整个敞开空间当初由木构建筑封闭。
根据地栿槽及窟口两侧榫眼，并参考栱门两侧浮雕的装饰性图案，我们可以推见巴
贾第 12 窟的外立面原貌：石雕窟口 (栱门) 两侧各置一木柱，两立柱与木梁咬合，
木构屏围下部辟门道；横梁上方的露台由四根楹柱承托，整体构成一宽敞、典雅的
木构柱廊。栱形大明窗与窟口相连，栱顶呈尖状，栱腹雕出仿木椽头，栱两翼弯曲
下垂，栱脚外张。栱内木构大多残毁，栱翼表面原嵌木质饰物。这种木材与岩石结
合之构思，即半石雕半木构之理念，是建筑学上颇具价值的技术创新，既在营造上
别出心裁，又不缺乏艺术美感[1]。整个塔庙窟的外立面造型，完全模拟地面木构塔
庙的正立面设计[2]。实际上，这种栱形外貌应源自草庐或简朴小屋，在印度早期石
刻中多有表现[3]。石窟中现存的最早实例，应是阿育王命人为邪命外道 (Ājīvika) 在
伽耶雕造的洛马斯里希 (Lomas Rishi) 石窟。洛马斯里希石窟入口周围成组的雕刻
可谓杰作 (chef-d'œuvre)，崖面上所雕山面 (gable end) 应是地面木构建筑 "山面向
前" 的精准再现 (Pl. 2.2-3)。当时开凿此窟的石匠可谓亦步亦趋，几乎在每个细节
上都刻意模仿木匠的所作所为。两根立柱粗大，高 3.96 米，下粗上细，上部略内倾，
柱头与两主椽或梁咬合，其余椽子平行安置。人字形曲面屋顶，由三层叠压板构成，
覆于椽子之上，下端以短捆杆缠绕固定 (Fig. 2.2-7)。门道高 2.29 米，置于半圆栱
内，上方由两半月形饰合成气窗。山墙 (the gable) 面，即山尖顶置尖形饰，其形状
应源自赤陶原型[4]。又，安得拉邦的贡图珀利 (Guntupalli) 塔庙窟 (Pl. 2.2-4)，外立
面雕作支提栱或太阳栱 (chaitya arch)，平面亦作圆形，穹隆顶表面雕出纵横交错的
弯梁与横椽，整体结构与图尔贾莱纳第 3 窟接近[5]。

---

［1］Brown, *Indian Architecture*, 28, Pl. IV.

［2］这种木构塔庙外貌最显著的特征是玫瑰花形明窗，即太阳栱。栱形大明窗由诸多构件嵌置而成，依据栱顶的弯曲状态分作若干新月形开口。至于那些由浮雕栏楯连接的太阳形盲栱和露台，更令人想起昔日富于画趣的宫殿外貌。B. Rowland, *The Art and Architecture of India: Buddhist/Hindu/Jain*, rev. ed. (New York: Penguin Books, 1977), 114-115.

［3］Brown, *Indian Architecture*, Pl. VIII.

［4］Brown, *Indian Architecture*, 14; Pls. IV, IX Fig.1, VIII.

［5］有学者曾把贡图珀利塔庙窟看作是印度现存最早的塔庙窟。经与拜拉特木构塔庙对比，我们认为：在缺少可靠材料的前提下，很难把它的年代定得很早。参见：D. Mitra, *Buddhist Monuments* (Calcutta: Sahitya Samsad), 1971, 44。

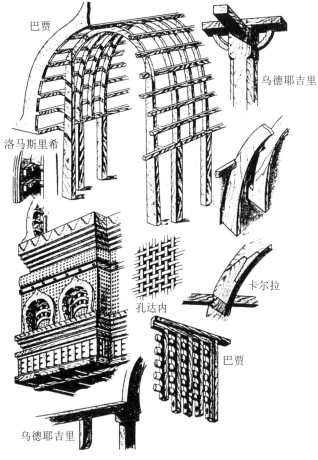

巴贾

乌德耶吉里

洛马斯里希

卡尔拉

孔达内

巴贾

乌德耶吉里

Fig. 2.2-7　印度石窟中表现的木结构

第一期塔庙窟的主室及后室窟顶曾安置木质弯梁和椽子；侧廊顶部有的为木质梁、椽承托[1]，有的仿木雕作。窟内石柱素面，断面皆作八边形，每柱向上有收分，柱身明显内倾[2]。这种设计，应模拟地面营造的木构建筑原型，以抵消塔庙内部"梁架"及栱顶所产生的推力，但在塔庙窟中似不具力学意义，因为窟内石柱既无负荷适应，尖栱也无须承重，它们不抵抗任何侧向压力[3]。不过，"列柱在石窟中愈倾斜，表明它与木构原型愈接近，据此看来年代愈早"[4]。印度现存塔庙窟保存木构成分最多者，应是第二期雕凿的卡尔拉 (Kārlā) 第 8 窟，其主室及后室顶部的木质弯梁与横椽迄今保存完好，石塔平头上的伞杆及伞盖也以木料制作，且雕刻精致的装饰纹样 (Fig. 2.2-8)。

印度第三、四期开凿的塔庙窟，与第一、二期大体接近，只是较其更加繁复。如第四期塔庙窟 (475-625 年左右) 各部分完全以岩石雕作，不仅主室和侧廊顶部的弯梁、椽子以及塔刹为仿木雕出，而且外立面的所有组成部分均为石作[5]。塔庙窟的前半部各具特色。如阿旃陀第 26 窟雕造一宽敞柱廊，前部由四根立柱承托，两

<hr />

[1] 由于自然或人为破坏，有些塔庙窟内的木质弯梁及横椽已完全毁坏，但窟顶表面原来嵌覆弯梁与横椽的遗迹尚清晰可见。

[2] 李崇峰《中印佛教石窟寺比较研究》，第 87-90 页。

[3] Brown, *Indian Architecture*, 24.

[4] Rowland, *The Art and Architecture of India*, 115.

[5] 李崇峰《中印佛教石窟寺比较研究》，第 103-108 页。

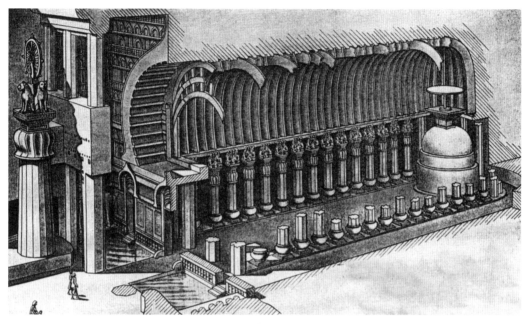

Fig. 2.2-8　卡尔拉第 8 窟透视图

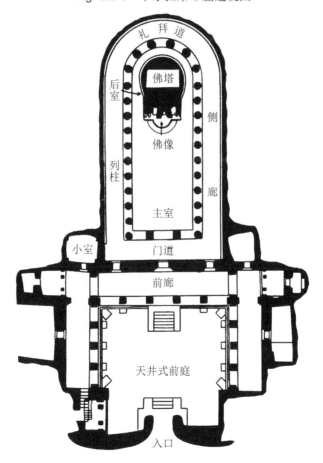

Fig. 2.2-9　埃洛拉第 10 窟平面图

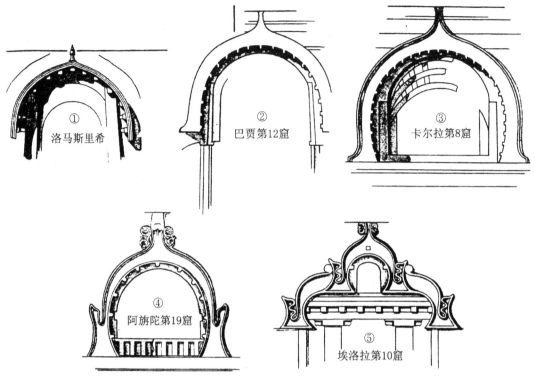

Fig. 2.2-10　石窟外立面支提拱 / 太阳拱演变图

端各开一小室。埃洛拉 (Ellorā) 第 10 窟前部雕凿一敞开式前庭，除前面外，前庭其余三面绕以柱廊，廊外侧凿出小室 (Fig. 2.2-9)。塔庙窟的外立面，即柱廊或前庭后壁平行分作上下二部分。上层主体是设计华丽的拱形大明窗，下层为露台与柱式门廊[1]。拱形明窗分作二型：一种拱翼两端向内弯曲，拱脚上卷如火焰；拱腹雕出椽头，拱顶镌刻涡卷纹。另一种由前者演化而来，呈三叶形；中央偏上开圆窗，拱脚上翻呈火焰状，拱顶亦镌刻涡卷纹，拱内雕出曲拱和椽头 (Fig. 2.2-10)。

　　因此，塔庙窟外立面完全模拟同时期地面塔庙正立面 (山面向前) 进行雕造。至于僧坊窟及方形窟的仿木结构情形，尤其是柱廊的雕造，与塔庙窟的基本一致，如阿旃陀第 1、2、16、17 窟的外貌 (Pl. 2.2-5)。

二、龟兹石窟寺：取则印度，粗有改变

　　据梁僧祐《出三藏记集》征引东晋慧叡《喻疑》，东汉孝明之世 "当是像法之

---

[1] 阿旃陀第 26 窟前室已部分残毁，但露台遗迹尚存。

初"[1]。换言之，"汉明帝永平年中，遣使往西域求法，是为我国向所公认佛教入中国之始"[2]。不过，佛教传入古代西域（中国新疆地区）的时间可能还要早些。作为佛教艺术组成部分之一，石窟寺随着佛教的东传而流布中国。在佛教石窟传入的过程中，印度石窟寺原有的三种主要窟型，即塔庙窟、僧房舍窟或僧坊窟和方形窟，都先后传入中土。不过如同其他类型的佛教艺术一样，石窟寺作为一种外来形式，为了自身的存在与发展，加之自然因素，不得不与当地的文化传统及审美情趣相结合。这样，各地形成了富有当地特色的佛教石窟类型，如中国新疆地区的塔庙窟（中心柱窟），既不同于印度原型，又与中原北方有别。至于印度石窟群中占绝大多数的僧房舍窟或僧坊窟，在中国境内却颇为罕见，目前仅发现于中国新疆和甘肃河西地区。印度方形窟传至中土后，虽然有些洞窟尚保留原有属性，但大多已演变为佛殿。又，中国新疆和内地出现了许多大像窟，而这种窟型则不见于印度本土。因此，在"中国古代佛教石窟发展演变的过程中，印度石窟原有模式的影响日渐衰退，更多地模拟具有中国传统木构殿阁特点的佛殿等地面建筑样式，从而日益形成新的具有民族特色的石窟艺术造型，表现在石窟的外貌方面，就是窟前建筑的雕凿与修建"[3]。

中国新疆塔里木盆地南北两沿，即古丝绸之路（新疆段）南北两道，历史上佛教最盛的地点是于阗和龟兹。依据文献记载并参考现存遗迹，于阗盛弘大乘，龟兹夙习小乘。反映在宗教上，"龟兹多凿石窟，于阗盛建塔寺"[4]。其中，古龟兹境内的佛教石窟寺，以拜城克孜尔石窟群位置重要、类型齐备、内容丰富、延续长久，堪称代表。

1906年，德国探险队在格林威德尔（Albert Grünwedel）率领下，系统调查了龟兹石窟寺。他们不仅记录了各石窟的主体像设与壁画题材，而且也注意到了石窟寺的外貌。格林威德尔写道：穿过洞窟前廊（Vorhalle），就进入了平面近方形的主室（Cella，佛殿）。现存洞窟（Höhle）的前廊、窟檐（Vordächer）、露天廊道（Freigalerien）以及所有附属设施或装饰早已毁坏，不过大多数窟外崖面残

［1］［梁］僧祐撰《出三藏记集》，第234页。

［2］汤用彤《汉魏两晋南北朝佛教史》，长沙：商务印书馆，1938年，第16页。

［3］杨泓《中国古代佛教石窟的窟前建筑》，第328页。

［4］宿白《凉州石窟遗迹与"凉州模式"》，载宿白《中国石窟寺研究》(39-51页)，北京：文物出版社，1996年，第49页。

存的建筑遗迹，及窟内壁画所描绘的具象建筑，对于我们恢复龟兹石窟寺的原貌大有裨益。库木吐喇石窟有些前廊之顶为一面坡结构，位于高处的洞窟原有露天台阶 (Freitreppen) 与之连通。有些台阶以横木在山坡上构筑，整个石窟群 (Höhlenreihen) 或许都以这种栈道相互连接。克孜尔石窟的窟前建筑早已毁废，木质构件往时被人拆走，原始绚丽多彩的石窟寺外貌，只有某些石窟前廊的后半残存至今。各石窟所在崖面残存的大量榫眼与槽孔遗迹，是我们推见克孜尔石窟昔日宏伟外观的唯一证据[1]。

　　根据洞窟组合、建筑形制、塑绘题材、壁画布局及装饰纹样，克孜尔石窟可以分作早中晚三个阶段[2]。第一阶段洞窟大约开凿于 3 世纪末至 4 世纪中叶，皆不具前室，门道与窗口原装木质门扉或木牖，外立面上方接建木构窟檐，如第 38-40 窟 (Fig. 2.2-11)，但具体建筑结构及样式不得而知[3]。克孜尔第二阶段洞窟主要完成于 4 世纪后半迄 5 世纪，流行开凿前廊或前室。前廊大部崩毁，少数残存建筑遗迹，如克孜尔第 110、111、111A 窟 (Fig. 2.2-12)。其中，第 110 窟 (Treppen höhle，阶梯洞) 为平面方形佛殿窟，窟前西侧有十级石阶连通狭窄前廊 (Vorplatz，

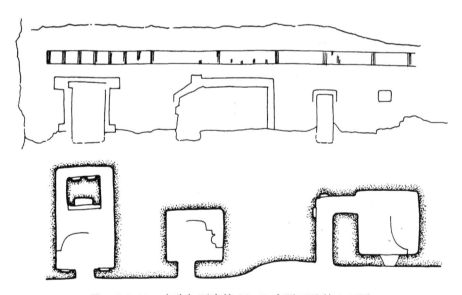

Fig. 2.2-11　克孜尔石窟第 38-40 窟平面及外立面图

[1] Albert Grünwedel, *Altbuddhistische Kultstätten in Chinesisch-Turkistan: Bericht über archäologische Arbeiten von 1906 bis 1907 bei Kuča, Qarašahr und in der oase Turfan*. Königlich Preussische Turfan-Expeditionen (Berlin: Druck und Verlag von Georg Reimer, 1912), 1-2, 5, 40.

[2] 宿白《新疆拜城克孜尔石窟部分洞窟的类型与年代》，载宿白《中国石窟寺研究》，北京：文物出版社，1996 年，第 21-38 页。

[3] 宿白《新疆拜城克孜尔石窟部分洞窟的类型与年代》，载宿白《中国石窟寺研究》，第 28-30 页。

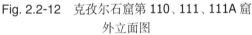

Fig. 2.2-12 克孜尔石窟第 110、111、111A 窟
外立面图

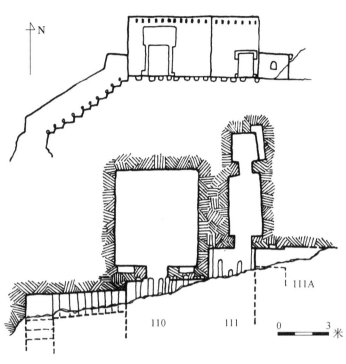

Fig. 2.2-13 克孜尔石窟第 110、111、111A 窟
平面及外立面图

前室)。前廊大部残毁，仅存正壁及右侧壁后半。前廊上方原覆窟顶 (Gewölbe，栱
顶)，正壁中央偏下开门道通往主室，门道周围原置工字形木质门框；正壁与顶部
相接处向外凸起，且凿出一排十二个规整方孔，原安插木椽或梁；地面及其前端至
少可见八个长方形凹槽，原嵌置木质地栿。这些方孔和凹槽遗迹，表明第 110 窟主
室之前原接木构建筑。第 111 窟为单室僧房窟，前廊作平顶。前廊前壁已毁，正
壁偏东开门道通向主室，崖面上方现存一排七个方孔，地面及其前端可见五个长方
形凹槽，整体布局与第 110 窟窟前建筑遗迹相似；西壁与第 110 窟相通，东壁凿甬
道通向第 111A 窟，后者原始形制不清 (Fig. 2.2-13)。这三座洞窟应为一处小型洞
窟组合，即小型僧伽所在。其中，第 110 窟为供养与礼忏中心，第 111 窟疑为高僧
所居，第 111A 窟或为僧房[1]。克孜尔第 114 窟 (Höhle mit der Gebetmühle，转经
轮洞) 为平面长方形中心柱窟 (塔庙窟)，后部中央凿出连通窟顶与地面的中心柱

---

[1] Grünwedel, *Altbuddhistische Kultstätten in Chinesisch-Turkistan*, 117-119.

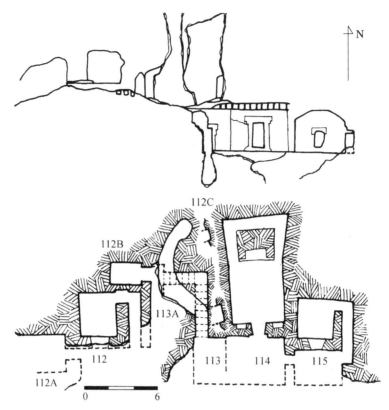

Fig. 2.2-14　克孜尔石窟第 112A-115 窟平面及外立面图

(Mittelpfeiler)；前廊或前室东壁开甬道与第 115 窟相通，二窟原为一洞窟组合 (Pl.
2.2-6)。其中，第 114 窟前廊正壁中央门道原置工字形木门框，门道上方叠涩出挑
处，即正壁与顶部相接处向外凸起，且凿出一排十个规制长方孔，原应安置木椽或
梁；门道下方，即两门框下部和正壁两端下部凿出四个长方形凹槽，原应嵌置地栿。
这些方孔和凹槽遗迹与第 110 窟相似，表明第 114 窟主室前部曾接木构建筑。第
115 窟主室平面及空间结构似为僧房窟[1]，前廊作两面坡顶，但山面向前，与主室
正交[2]。前廊前壁大部坍毁，仅存东端局部与甬道相接，西壁前部及顶残，西壁偏
北开门道与第 114 窟前廊相接；东壁偏北开甬道与主室相连，正壁有窗通向主室
(Fig. 2.2-14)[3]。又，克孜尔石窟群的洞窟组合，基本沿袭古代天竺石窟寺的传统，

---

[1] 第 114 窟前廊左侧与第 115 窟前廊相接处残存门框遗迹，第 115 窟前廊通往主室的甬道外端
原置门框，第 115 窟甬道后端与主室连接处亦存门框遗迹。第 115 窟设置门道三重，或具特殊功用。
[2] 这种山面向前的设计，借用玄奘之语，或许 "取则印度，粗有改变"。
[3] 1) Grünwedel, *Altbuddhistische Kultstätten in Chinesisch-Turkistan*, 112；2) 宿白《新疆拜城克
孜尔石窟部分洞窟的类型与年代》，载宿白《中国石窟寺研究》，第 26-28 页。

主要由佛事用窟与生活用窟构成。

　　根据克孜尔石窟残存的建筑遗迹，我们推测：当初营造石窟寺时，首先分别在前廊或前室地面及地面前端凿出地栿槽，前廊或前室正壁上部雕凿一列方孔，门道周围凿出框槽。之后，把地栿一端嵌置地栿槽内，地栿在门道之下者则以门槛压覆并固定，地栿另一端向外伸出；木椽或梁一端插入上部方孔，有的与上部横槽之内木枋绞合，木椽或梁另一端亦向外伸出；最后，下部地栿与上部木椽或梁之间所竖木柱与其分别咬合，由此构成洞窟前廊的木构骨架（桁架）。又，当时窟前接建的木构建筑，应以洞窟组合为准统一设计。至于这种前廊的桁架细部、屋顶式样以及整个外貌，限于材料，目前无法进一步推研[1]。除小型前廊或前室外，克孜尔石窟的木构建筑还应包括窟檐以及连接洞窟的栈道等，但具体结构及外观亦不清[2]。值得注意的是，克孜尔石窟现存洞窟前部不见大型木构殿阁式建筑遗迹。

三、武州山石窟寺：镌岩开寺，因岩结构

　　云冈石窟，即《魏书》等文献记载的"武州山石窟寺"，是"北魏皇帝以其新兴民族的魄力，融合东西方各方面的技艺，创造出新的石窟模式"，即云冈模式。不过，武州山石窟寺现存洞窟主要用作供养、礼忏、栖止、禅修等生活用窟似不见。当时僧人的居住场所，可能已转移至地面木构建筑之中[3]。这种情形也许是武州山石窟寺的创新，抑或佛教石窟寺东方化之结果，对后来中土石窟寺的设计与营造应产生

---

　　[1] 据玄奘记载：屈支国（龟兹）"文字取则印度，粗有改变"，"经教律仪，取则印度，其习读者，即本文矣。"（[唐]玄奘撰《大唐西域记》，第54页）这说明：至迟到7世纪上半叶玄奘游历时，龟兹地区所用文字尚取法于印度字母而稍加改变；佛经教义和戒律仪轨也取法印度，于是诵习经教、律仪的僧俗就都依据印度原文了。鉴于古代龟兹与天竺文化之渊源，我们怀疑龟兹地区中心柱窟，尤其大像窟的外立面可能仿效天竺本土早期塔庙窟的外观设计，亦采用山面向前式木构，上半部为太阳栱 (chaitya arch)，下半部置门道。实际上，中国境内的大多数石窟寺皆以山面向前开凿，即山面与崖面正交。

　　[2] 1) Grünwedel, *Altbuddhistische Kultstätten in Chinesisch-Turkistan*, 37-181；2) 魏正中《区段与组合——龟兹石窟寺院遗址的考古学探索》，上海：上海古籍出版社，2013年，第106-129页。

　　[3] 印度佛教石窟寺，主要开凿于今马哈拉施特拉邦，那里"冬季"气候宜人，故而石窟内不需要任何取暖设施。中国北方地区冬季寒冷，倘若石窟内无取暖设施，人们难以在窟内久居。因此，我们推测：当时一处大型石窟寺中，僧众的日常起居通常在地面建筑之中，供养、禅观和礼忏等佛事活动则在窟内进行。武州山石窟寺前临武州川，疑当时寺内僧人的日常起居场所，或建于石窟所在的冈上，或营造于武州川对岸的地面。云冈石窟未来的考古工作，应该特别关注当时的地面木构建筑遗迹、石窟与冈上及河对面建筑的通道等问题。

了深远影响[1]。云冈石窟从考古学角度可以分作早中晚三期[2]：

第一期洞窟，即《魏书·释老志》所记昙曜主持开凿的五座洞窟。"(和平初)，昙曜白帝，于京城西武州塞，凿山石壁，开窟五所，镌建佛像各一。高者七十尺，次六十尺，雕饰奇伟，冠于一世。"[3]这五座洞窟，现公认为今编号第 16-20 窟，营造时间为 460-470 年。昙曜五窟在形制上的特点是：各窟大体上都模拟椭圆形平面、穹隆顶的草庐形式，前壁窟口上方开明窗，洞窟体量巨大、宏伟[4]。依据云冈石窟现存遗迹并参考印度、阿富汗和中国新疆与甘肃河西走廊等地早期石窟寺，我们认为这五座石窟颇受天竺石窟寺原型之影响，大多于窟外上方搭建木构檐饰或殿阁建筑。其中，第 19 窟崖面上部现存左右对称的山墙形切入 (gable-shaped incision) 凹槽，延伸至此窟两胁洞上方，给人留下一座木构建筑的山面轮廓的印象。在两条凹槽的中央交点，即山尖之下有一方孔，似作插入脊槫(ridge pole)之用(Fig. 2.2-15)。这些遗迹表明：第 19 窟窟外崖面曾接建一座大型木构窟顶 (wooden roof)，即山面 (gable) 向前的木构建筑 —— 窟檐或殿阁，覆盖第 19 窟及其两胁洞[5]。

---

[1] 酒泉文殊山后山区石窟尚有塔庙窟与僧房舍窟的组合形式，但武威天梯山现存石窟中佛事用窟与生活用窟之关系不宜确定。天梯山第 5 窟和第 10-12 窟，原来是否为栖止、禅修生活用窟值得进一步探讨。参见：1) 李崇峰《中印佛教石窟寺比较研究》，第 240-241 页；2) 敦煌研究院、甘肃省博物馆编《武威天梯山石窟》，北京：文物出版社，2000 年，第 99-100、110-113 页，图三、四。

[2] 1) 宿白《平城实力的集聚和"云冈模式"的形成与发展》，载宿白《中国石窟寺研究》，北京：文物出版社，1996 年，第 125 页；2) 宿白《试释云冈石窟的分期——〈云冈石窟卷〉画册读后》，载宿白著《魏晋南北朝唐宋考古文稿辑丛》，北京：文物出版社，2011 年，第 307-309 页。本文关于云冈石窟外观的论述，主要征引先师宿季庚先生的研究成果。除前引文外，还包括：1)《〈大金西京武州山重修大石窟寺碑〉校注——新发现的大同云冈石窟寺历史材料的初步整理》，宿白《中国石窟寺研究》，北京：文物出版社，1996 年，第 52-75 页；2) 宿白《云冈石窟分期试论》，载宿白《中国石窟寺研究》，第 76-88 页；3)《〈大金西京武州山重修大石窟寺碑〉的发现与研究——与日本长广敏雄教授讨论有关云冈石窟的某些问题》，载宿白《中国石窟寺研究》，第 89-113 页。为便于读者核查，各征引字句皆注出明确页码。

[3] [北齐] 魏收撰《魏书》，第 3037 页。

[4] 宿白《云冈石窟分期试论》，载宿白《中国石窟寺研究》，第 76 页。

[5] 水野清一、长广敏雄把这种人字形沟槽称为"合掌形"或"三角形"，上架大屋根 (屋顶)；山面向前的建筑，则称作"破风 /gable"式。宿季庚先生在《〈大金西京武州山重修大石窟寺碑〉的发现与研究》一文中写道：云冈石窟"第 19 窟窟口崖面上部两坡顶的沟槽极为清晰。窟前也发现了断续的沟纹砖地面。上部沟槽左右斜下的情况和断续的砖地范围，表明第 19 窟前曾接建的山面向前建筑，把第 19 窟的左右两胁洞都覆盖在内"。参见：1) 水野清一、長廣敏雄《雲冈石窟：西暦五世紀における中国北部佛教窟院の考古学的調査報告》(東方文化研究所調査，昭和十三年—昭和二十年，16 卷，京都：京都大學人文科學研究所，1951-1956)，第十三 / 十四卷 (第十九洞本文，1951)，第 13、45、103、127 页；2) 宿白《〈大金西京武州山重修大石窟寺碑〉的发现与研究——与日本长广敏雄教授讨论有关云冈石窟的某些问题》，载宿白《中国石窟寺研究》，第 97 页。

Fig. 2.2-15　云冈石窟第 19 窟外貌

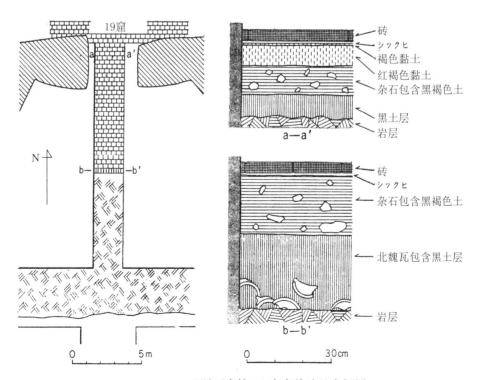

Fig. 2.2-16　云冈石窟第 19 窟窟前遗址发掘图

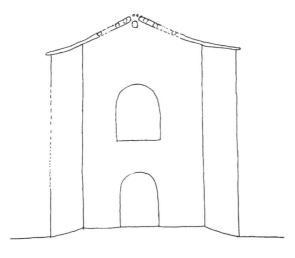

Fig. 2.2-17　云冈石窟第 19 窟外立面建筑遗迹示意图

1940 年 9 月 25 日至 11 月 26 日，由水野清一主持、日比野丈夫和小野胜年监督，对昙曜五窟窟前地面进行了清理，之后发掘了第 19—20 窟的窟前建筑遗址。他们以第 19 窟窟口为基准，首先在其南侧 17 米处开挖一条宽 2 米的东西向主探沟（横探沟），后来又在此探沟北侧另挖了一条南北纵向探沟，长 15 米，宽 2 米。第 19 窟窟前遗址的上部堆积层厚 20—30 厘米不等，下部文化层厚约 50 厘米，可细分为六层，之下是岩床。以距离窟口 6 米的 b-b′ 剖面为例，遗址所在岩床之上主要分作三个文化层：上层是辽代沟纹方砖地面，表面大都有磨损，辽代敷地砖地面自窟口向南延伸 7—8 米，再向南地面为后代青砖替换；中层是黑褐色土层，内含有碎石；下层为黑土层，包含物是北魏残瓦和木炭 (Fig. 2.2-16)。这些木炭和北魏残瓦及瓦当，表明接建于第 19 窟窟前的原始建筑 (original building) "外楼"为木结构，顶部确定无疑使用了瓦和瓦当[1]。因此，第 19 窟外崖面上的人字形凹槽遗迹和窟前遗址北魏地层出土的木炭及残瓦，使我们有充分证据推断，第 19 窟毕工时，窟前曾接建有山面向前的木构殿阁 (Fig. 2.2-17)，但具体结构及样式不得而知。

此外，第 18 窟外崖面明窗上方，尚存山墙形凹槽的右半遗迹[2]。

第 19 窟及第 18 窟崖面所接木构建筑的山面向前，与印度洛马斯里希石窟、贡图珀利塔庙窟、巴贾第 12 窟和阿旃陀第 10 窟等"山面向前"的外观相似，尤与洛马斯里希石窟和贡图珀利塔庙窟外貌接近，疑源自古代天竺石窟寺[3]。作为最上供养

---

[1] 水野清一《雲冈發掘记》2，载：水野清一、長廣敏雄著《雲冈石窟：西曆五世纪における中国北部佛教窟院の考古學の調查報告》，第十五卷第 92-93、186 页，第 50、58、59 图。

[2] 关于第 18 窟窟外崖面遗迹，宿季庚先生有如下记述："第 18 窟明窗右上方崖面残存坡顶右侧的沟槽痕迹，明窗两侧都保有梁孔。窟前也发现了沟纹砖地面。此窟前曾接建的木建筑与第 7、8 两窟窟前曾接建的木建筑相似，皆山面向前。"宿白《〈大金西京武州山重修大石窟寺碑〉的发现与研究——与日本长广敏雄教授讨论有关云冈石窟的某些问题》，载宿白《中国石窟寺研究》，第 97 页。

[3] 古代犍陀罗地区的地面佛寺，似乎也采用这种山面向前的结构。意大利中远东研究所 1956-1962 年在斯瓦特地区布特卡拉第 I 号 (Butkara I) 遗址发掘出土的一件片岩石雕，表现的就是一座山面向前的建筑，拱门下有男女二人像 (Fig. 2.2-18)。此外，马尔丹地区塔赫特巴希佛寺遗址中塔院周匝的佛龛，顶部结构也是山面向前。Brown, Indian Architecture, Pl. XXXIII.

与礼忏中心，北魏平城初创佛事用窟时，在外观方面模仿天竺石窟寺原型或同时期地面佛寺外貌，只是天竺石窟寺的山面外观呈尖栱状，栱翼斜垂 (Fig. 2.2-19)；武州山石窟寺的山面外观作人字形，挑檐 (verge) 外张。这种差异，疑为"参考前规、融以新意"[1]之结果，因为两者皆属于人字屋顶 (gable roof) 或鞍形屋顶 (saddleback roof) 类型。第 19 窟是云冈石窟现存窟龛最早的，这意味着武州山石窟寺创建伊始就模仿天竺石窟寺原型。又，这一时期的武州山石窟寺，有些地面木构建筑系模拟天竺"塔寺"布局营造，如云冈石窟西部冈上近年发掘出土的建筑遗址[2]。

Fig. 2.2-18　布特卡拉第 I 号遗址出土的建筑山面

第二期洞窟主要分作五组：第 7、8 窟，第 9、10 窟，第 11、12、13 窟，第 5、6 窟和第 1、2 窟以及第 3 窟[3]，雕造时间大约从北魏孝文帝即位 (471 年) 以迄迁都洛阳 (494 年) 之前。其中，第 7、8 窟，第 9、10 窟，第 5、6 窟和第 1、2 窟皆作"双窟"，形制为前室后殿 (主室)；洞窟完全模仿地面佛寺，从而形成有层次的殿阁外貌与窟内空间。

第 7、8 窟，平面可分为前室与主室两部分，在第二期石窟中营造时间最早，应是孝文帝所开，辽代以此为主体兴建了护国寺[4]，两窟"同一构造、同一意匠"[5]。两窟前室隔墙前端雕镌汉式传统建置 —— 耸立中庭下具龟趺的丰碑 (Fig. 2.2-20)，

[1] 宿白《平城实力的集聚和"云冈模式"的形成与发展》，载宿白《中国石窟寺研究》，第 126 页。

[2] 李崇峰《从犍陀罗到平城：以地面佛寺布局为中心》，李崇峰著《佛教考古：从印度到中国》，修订本，上海：上海古籍出版社，2020 年，第 267-312 页。云冈石窟西部冈上新近发掘出土的建筑遗址，在平面布局上与前述阿旃陀石窟对岸揭露出土的塔寺址非常相似，或许不是偶然。

[3] 宿白《试释云冈石窟的分期——〈云冈石窟卷〉画册读后》，载宿白著《魏晋南北朝唐宋考古文稿辑丛》，第 307 页。

[4] 宿白《云冈石窟分期试论》，载宿白《中国石窟寺研究》，第 79 页。

[5] 長廣敏雄《雲岡石窟に関する藝術論》，長廣敏雄著《中国美術論集》，東京：講談社，1984 年，第 404 页。

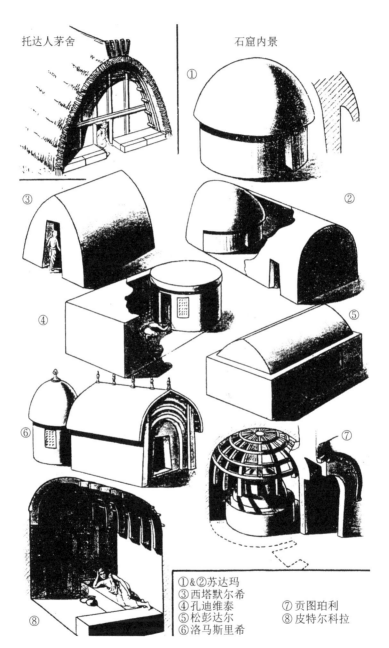

托达人茅舍

石窟内景

①&②苏达玛
③西塔默尔希
④孔迪维泰   ⑦贡图珀利
⑤松彭达尔   ⑧皮特尔科拉
⑥洛马斯里希

Fig. 2.2-19　印度石窟内、外景示意图

Fig. 2.2-20 云冈石窟第 7、8 窟外貌

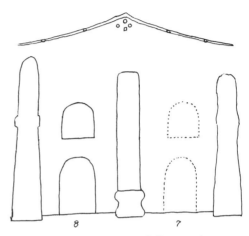

Fig. 2.2-21 云冈石窟第 7、8 窟
外立面建筑遗迹示意图

隔墙后部凿有甬道彼此相通[1]。第 7、8 双窟的前室露天，原应覆有屋顶；现存崖面上方可见两条斜向凹槽，以双窟前室隔墙为中心向左右两侧对称延伸至双窟外缘，整体作人字形，顶部下距地面 19.70 米。山尖之下可见三个圆孔及一个方孔，表明原有脊槫插入其中 (Fig. 2.2-21)。尽管脊顶之下崖面残蚀较甚，但脊上可见排列整齐的成组小孔，表明原来曾有某种脊饰。这些遗迹暗示，北魏原始建筑是一座覆盖7、8 双窟的单体木构大屋顶[2]。宿师季庚先生推测："第 7、8 两窟的上方崖面，存有清晰的木构建筑物两坡顶的沟槽与承托两坡顶端和左右檐下的三组梁孔。这些迹象可以表明第 7、8 两窟的前面，曾建有一座山面向前的木建筑物。"[3]后来，宿师季

[1] 宿白《平城实力的集聚和"云冈模式"的形成与发展》，载宿白《中国石窟寺研究》，第 127 页。

[2] 水野清一、長廣敏雄《雲冈石窟》，第四卷 (第七洞本文，1952)，第 43、99 页；第五卷 (第八洞本文，1951)，第 39、95 页。

1938 年 6 月 4-9 日，水野清一主持发掘了云冈石窟第 8 窟窟前遗址，所开探沟 (南北纵沟 1) 没有发现北魏遗迹和遗物，但出土了一片辽代平瓦当。参见：水野清一《雲冈發掘記》1，载：水野清一、長廣敏雄著《雲冈石窟：西暦五世紀における中国北部佛教窟院の考古学的調查報告》(東方文化研究所調查，昭和十三年—昭和二十年，16 卷，京都：京都大學人文科學研究所，1951-1956 年)，第七卷 (附录) 本文第 57-59、123-124 页，第 30 图。

[3] 宿白《〈大金西京武州山重修大石窟寺碑〉的发现与研究》，载宿白《中国石窟寺研究》，第 97 页。

庚先生明确指出：云冈第二期开凿的第 7、8 双窟，"前室原依崖面架木构屋顶"[1]。第 7、8 双窟的原始木构，与第 19、18 两窟窟前分别所接"山面向前"的木构建筑相似[2]，系延续昙曜五窟作法。这种山面向前的木构建筑，迄今仅发现在昙曜五窟和接续五窟开凿的第 7、8 双窟[3]，后来武州山及中土各地石窟寺营造的窟前建筑再未出现这种域外色彩浓厚、山面向前的木构[4]，表明佛教石窟寺经过前此过渡期的拘泥模仿，已开启了逐步汉化的进程。由于第 7、8 窟设计为双窟，其原始木构屋脊正好置于两窟前室的隔墙上方，这也从另一方面证明，这种山面向前的木构建筑系开窟时统一经营，清代在第 5、6 和第 7、8 窟前重修的木构建筑并未采用这种原始样式，因为后世的维修者已经不了解武州山石窟寺的历史了[5]。

　　第 9-13 窟俗称"五华洞"(Fig. 2.2-22)。其中，第 9、10 双窟在云冈第二期洞窟中略晚于第 7、8 双窟，平面亦分为前室与主室两部分，但前室之前加雕前庭。这组双窟应"是孝文帝初期宠阉钳耳庆时于'太和八年 (484 年) 建，十三年 (489 年) 毕'工的石窟。辽代在这里兴建了崇福寺"[6]。第 9、10 双窟采用了双塔设计，即第

---

[1] 宿白《平城实力的集聚和"云冈模式"的形成与发展》，载宿白《中国石窟寺研究》，第 127 页。

[2] 宿白《〈大金西京武州山重修大石窟寺碑〉的发现与研究》，载宿白《中国石窟寺研究》，第 97 页。

[3] 本文草就后，曾于 2017 年 8 月 7 日电请钟晓青指正。翌日，晓青女史以电子邮件赐复："关于云冈 19 窟以及 7/8 窟上方的人字形遗迹，我觉得应该是用于防水的人字披遗迹，挑出长度也就在三四尺左右，而且是后来加上去的。"8 月 9 日，她在给笔者的邮件中再赐高见："关于后来加设人字披的想法，主要是觉得这个东西做法简易，与窟室整体立面从造型到风格都不相协调。或许有一定的防水 (兼防砂石) 作用，但也许实际作用不大。记得吐鲁番胜金口石窟主窟的上方也有一道水平状的凸出带，怀疑也是类似的东西。"谨此致谢。

这种人字形遗迹，作为防水兼防风沙的人字披设施或挑出三四尺的檐饰，在逻辑上是说得通的。不过，如果是后来加上的，为何武州山石窟寺其余洞窟的外立面现存都是与石窟所在岩体正交的汉式殿堂立面遗迹？而且中国境内现存其他石窟寺的外立面也不见这种人字形沟槽遗迹。故而，笔者认为北魏平城初创供养、礼忏佛事用窟时，在外观方面试图模仿古代天竺石窟寺原型，遵奉天竺正统，只是古代天竺石窟寺及其地面佛寺建筑的山面外观呈尖栱状，栱翼斜垂；而武州山石窟寺的山面外貌作汉式传统建筑两面坡，即人字形。又，天竺石窟寺的山面外观，如洛马斯里希石窟、贡图珀利塔庙窟和巴贾第 12 窟，似主要用作装饰之用，防雨功能几不具备。

[4] 2016 年 8 月 23 日，笔者向先师宿季庚先生求教第 18、19 窟以及第 7、8 窟窟前接建的这种山面向前的木构建筑。季庚先生说其来源不清，但与辽代以降流行的"殿厦"或"抱厦"形式可能没有关系。关于木结构殿厦，参见：Liang Ssu-ch'eng, *A Pictorial History of Chinese Architecture: A Study of the Development of Its Structural System and the Evolution of Its Types*, ed. Wilma Fairbank (Cambridge, MA: The Massachusetts Institute of Technology, 1984), 38。

[5] 云冈石窟明清乃至辽金时期重修的窟前木构建筑，可能多以某具体洞窟为单位营造，如第 5、6 窟清初所建的四层木结构。第 7、8 窟崖面上方这种覆盖双窟的设计，疑为北魏营造原始"十寺"时各自为政所致。

[6] 宿白《云冈石窟分期试论》，载宿白《中国石窟寺研究》，第 79 页。

Fig. 2.2-22　云冈石窟第 9-13 窟（五华洞）外貌

9 窟前庭左壁（东壁）前端和第 10 窟前庭右壁（西壁）前端各雕造一座高塔[1]；双塔之间，即第 9、10 双窟的前室前部并列七楹。其中，第 9 窟左端（东侧）楹柱、第 10 窟右端（西侧）楹柱和两窟前室隔墙前端的楹柱（两窟共用）雕造大象背负山岳等，其余四楹雕镌狮子[2]承托千佛柱，柱身断面作八边形且向上逐渐收分[3]。这表明第 9、10 窟是作为一组双窟设计和营造的 (Fig. 2.2-23)，两窟可视同一座"正面六间的木构建筑"[4]。前室"上方崖面雕有设斗栱的仿木构窟檐，两窟前室后部凿有甬道相通"[5]。换言之，第 9、10 窟外立面为仿木结构的石雕建筑 (Fig. 2.2-24)。"列柱上的岩体虽已严重剥落，但仍能发现有向外凸出的表现屋顶出檐的痕迹，而且檐下雕刻的人字叉手亦隐约可辨。"[6]

―――――――――

[1] 第 9 窟前庭东壁向外凸出，且雕造一座仿木结构的五层方塔。第 10 窟前庭西端方塔未按原计划完工，疑因岩石本身裂隙之故中辍。水野清一、长广敏雄《云冈石窟》，第六卷（第九洞本文 / 图版，1951），第 15、92 页，Pls. 1, 2。

[2] 承蒙云冈石窟研究院刘建军电告，第 9、10 窟前室明间四柱底部的动物原误为大象，经他现场仔细辨识，发现动物有鬃毛残迹，据此判断应为狮子。谨此致谢。

[3] 1) 水野清一、长广敏雄《云冈石窟》，第六卷（第九洞本文，1951），Plan V；第七卷（第十洞本文，1952），Plan IV；2) 宿白《云冈石窟分期试论》，载宿白《中国石窟寺研究》，第 80 页。

[4] 水野清一、长广敏雄《云冈石窟》，第七卷（第十洞本文，1952），第 11 页。

[5] 宿白《平城实力的集聚和"云冈模式"的形成与发展》，载宿白《中国石窟寺研究》，第 127 页。

[6] 姜怀英、员海瑞、解廷凡《云冈石窟新发现的几处建筑遗址》，载《中国石窟：云冈石窟》一，北京：文物出版社，1991 年，第 200 页。

Fig. 2.2-23　云冈石窟第 9、10 窟外貌

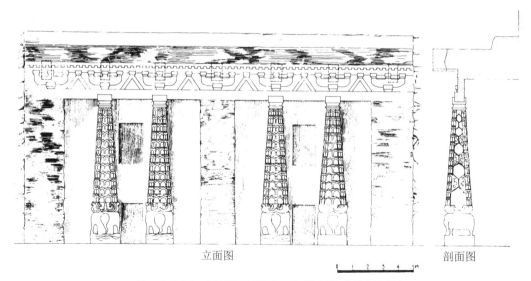

立面图　　　　　　　　　　　　　　　剖面图

Fig. 2.2-24　云冈石窟第 9、10 窟窟檐建筑复原图

　　1938 年和 1940 年,水野清一主持、日比野丈夫或小野胜年监督了云冈石窟五华洞的发掘,包括第 8 窟窟前的探沟 (南北纵沟 1),第 9、10 窟窟前的探沟 (南北纵沟 2-4、东西横沟 1-2) 和第 12 窟窟前的探沟 (南北纵沟 5)[1]。其中,第 9、10 窟窟前遗址的发掘,揭露出北魏在二窟楹柱间的岩石地面上所雕龟背纹和前庭西端地面镌刻的莲花纹残迹,出土了北魏 "传祚无穷" 瓦当残片以及辽代平瓦当、莲花纹瓦当、迦陵频伽纹瓦当和鸱吻残件等[2]。为了配合云冈石窟的维修、加固和保护工程,山西省考古工作者曾于 1972、1992 和 2013 年对云冈石窟第 9、10 窟的前庭遗址做过三次考古清理和发掘,揭露出二窟北魏时期的原始地面遗迹。当初设计双窟时,为了保持二窟的一致性和完整性,除了在崖面上方雕出仿木结构的窟檐外,包括柱头铺作一斗三升和补间铺作直脚权首 (叉手)[3]等,还在楹柱之间地面和整个前庭地面仿木构建筑 "地衣" 之制,雕镌出十分精致的莲花、龟背纹及联珠纹,岩体不好者以石块镶嵌,并补镌缺失纹样。前庭地面的铺装图案及地面补石,与洞窟主体属于同期雕造[4]。据文献记载,钳耳庆时曾修建不少佛寺。除云冈第 9、10 窟外,还有平城东郊 "椽瓦梁栋、台壁槛阶" 的祇洹舍[5]和陕西澄城 "崇基重构、层槛叠起" 的晖福寺[6]。钳耳庆时 "性巧,强于部分"[7],所建都 "穷妙极思"[8]。第 9、10

　　[1] 两次发掘的具体日期,是 1938 年 5 月 8 日至 6 月 13 日和 1940 年 9 月 15 日至 10 月 2 日。1) 水野清一《雲岡石窟の発掘》,水野清一著《中国の仏教美術》,東京:平凡社,1968 年,第 384-385 页;2) 水野清一《雲岡發掘記》1,水野清一、長廣敏雄《雲岡石窟》,第七卷 (附录) 第 57-68、123-129 页,第 29-56 图。

　　[2] 水野清一《雲岡發掘記》1,水野清一、長廣敏雄《雲岡石窟》,第七卷,第 59-67、124-128 页,第 29、31、32、34-56 图。

　　[3] 据季庚师《日本奈良法隆寺参观记》注释 [2]:"两朵柱头铺作间作为补间铺作的叉手,自 20 世纪 30 年代中国营造学社诸先生即名之为人字栱。此构件,1973 年承福山敏男先生见告,日本匠师呼作 '权首'。按权首见《倭名类聚抄》卷十:'权首,《杨氏汉语抄》云权首。' 因知其名亦传自我国。权首,《营造法式》卷五作 '叉手',附侏儒柱 (蜀柱) 下,谓为斜柱之异名。仅施之于平梁上驼峰两侧。盖盛唐以后,补间叉手之制已被淘汰,故其名北宋时似已失传,《法式》仅有平梁上叉手之著录矣。" 宿白《日本奈良法隆寺参观记》,载宿白《魏晋南北朝唐宋考古文稿辑丛》,北京:文物出版社,2011 年,第 429 页。

　　[4] 第 9、10 窟前庭地面的这些装饰纹样,被后代在前庭修建的面阔七间、进深一间 (唐?) 或面阔五间、进深一间半 (辽金) 的木构建筑的柱穴打破。鉴于考古发掘的正式报告正在整理之中,关于云冈石窟的窟前遗址,参见:1) 姜怀英、员海瑞、解廷凡《云冈石窟新发现的几处建筑遗址》,第 200 页;2) 刘建军《云冈石窟窟前遗址的初步研究——以典型洞窟第 9、10 窟为例》,中国社会科学院考古研究所等编《中国与南亚佛教考古国际学术研讨会会议资料》,北京,2016 年,第 20-28 页。

　　[5] [后魏] 郦道元撰《水经注》,[清] 王先谦合校,影印思贤讲舍原刻本,北京:中华书局,2009 年,第 208 页。参见:[后魏] 郦道元《水经注》,杨守敬、熊会贞疏,段熙仲点校,陈桥驿复校,南京:江苏古籍出版社,1989 年,第 1149 页。

　　[6]《大代宕昌公晖福寺碑》,现存陕西省碑林博物馆。参见罗振玉《石交录》No.106,罗继祖主编《罗振玉学术论著集》第三卷,上海:上海古籍出版社,2010 年,第 279 页。

　　[7] [北齐] 魏收撰《魏书》,第 2024 页。

　　[8] 语出《大代宕昌公晖福寺碑》,《罗振玉学术论著集》第三卷,第 279 页。

双窟的营造，尤其外貌的雕刻，应对武州山石窟寺的后续营造产生了相当影响，开中土石窟寺外貌仿木构石雕之先河[1]。

第 11、12、13 窟为另一组，其中第 11 窟为塔庙窟，第 12 窟是佛殿窟[2]，第 13 窟作"大像窟"，三座洞窟以第 12 窟为中心[3]。第 12 窟具前后室，前室前部并列两楹，上凿屋檐 (Fig. 2.2-25)，前室通往主室的入口上方雕造明窗[4]。第 12 窟两侧的第 11 和 13 窟则于窟门上方各开一明窗，这种设计，显然是为了布置与第 12 窟左右对称的立面效果 (参见 Fig. 2.2-22)，"11、12、13 三窟似共一前庭"[5]。从现存遗迹推断，这组洞窟中只有第 12 窟在北魏迁都洛阳之前基本按计划完工[6]。

1972-1974 年，为了配合云冈石窟的维修加固工程，云冈石窟文物保管所等机构对云冈第 9-13 窟的窟前遗址进行了考古发掘，出土了一批重要的建筑遗迹及遗物。其中，1973 年 7 月在第 12 窟前室楹柱上方发现了仿木结构的石雕屋面，并据此推断第 12 窟外观应是一座崖阁形式："这一崖阁式洞窟，顶部为筒板瓦庑殿顶，正脊长约 3.6 米 (距地面高 9 米)，脊两端有鸱尾残迹，中央有鸟形残迹。下部为四

---

[1] 第 10 窟前庭西端崖面上残存的斜向凹槽 (参见 Fig. 2.2-23)，原为安置木构屋顶凿出，且坡面 (屋面) 与石窟立面正交，但其年代尚需进一步探讨。1) 水野清一、长广敏雄《云冈石窟》，第七卷 (第十洞本文，1952)，Plan I；2) 长广敏雄《云冈石窟第 9、10 双窟的特征》，载《中国石窟：云冈石窟》二，北京：文物出版社，1994 年，第 194-195 页。

[2] 日本学者通常把类似云冈石窟第 1、2、11 窟这种窟型称作"塔庙窟"，把云冈第 7、8、9、10、12 窟这种窟型称作尊像窟。1) 水野清一《北支那石窟构造论》，水野清一著《中国の佛教美术》，东京：平凡社，1968 年，第 317-331 页；2) 长广敏雄《中国の石窟寺院》，长广敏雄著《中国美术论集》(389-412 页)，东京：讲谈社，1984 年，第 391-394 页。

[3] 1) 水野清一、长广敏雄《云冈石窟》，第八卷 (第十一、十二洞图版，1953)，Pl. 1；2) 宿白《云冈石窟分期试论》，载宿白《中国石窟寺研究》，第 80-81 页。

[4] 1940 年 9 月 13-25 日，水野清一主持、日比野丈夫和小野胜年监督了第 12 窟窟前遗址的发掘，所开探沟 (南北纵沟 5) 显示窟前曾存在两个地面。其中，上层敷砖地面，就像第 9、10 双窟窟前遗址发掘所示，显然是辽代遗迹；下层地面位于岩床之上，可定为北魏地层，且出土了若干北魏陶器残片。水野清一《云冈发掘记》1，载水野清一、长广敏雄《云冈石窟》，第七卷，第 67-68、128-129 页，第 29、33 图。

[5] 宿白《平城实力的集聚和"云冈模式"的形成与发展》，载宿白《中国石窟寺研究》，第 128 页。

[6] 宿白《云冈石窟分期试论》，载宿白《中国石窟寺研究》，第 80-81 页。

据我们现场调查，第 11 窟仅完成了大致窟形和中心柱石胎后便因故辍工，主室东壁太和七年 (483 年) 雕造的小龛和此窟外立面太和十一年 (487 年) 补凿的小窟 (内有最早的褒衣博带式纪年佛像) 说明第 11 窟在太和七年前已经基本停工；第 12 窟西壁未按原计划完成，疑因此壁被第 13 窟东壁打穿所致；第 13 窟西壁，有局部因崖体不好未做进一步雕镌。

Fig. 2.2-25 云冈石窟第 12 窟外貌

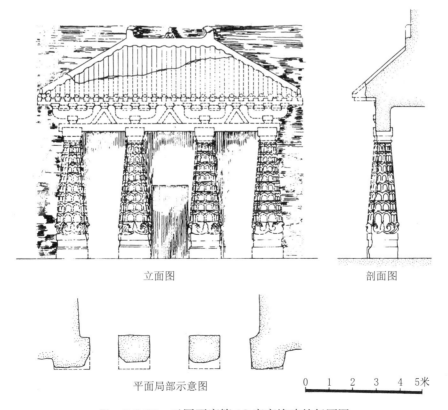

立面图   剖面图

平面局部示意图   0 1 2 3 4 5米

Fig. 2.2-26 云冈石窟第 12 窟窟檐建筑复原图

Fig. 2.2-27　云冈石窟第 12 窟前室东壁殿堂形龛

柱三开间，柱高 3.4 米，断面八边形，柱基座高 1.5 米。柱檐风化剥蚀，轮廓不清。但前室侧壁和柱头内侧浮雕还可推测该窟前壁面是柱头刻四（皿）板，栌枓上托阑额，补间人字栱，柱头一斗三升的式样。"[1] 第 12 窟窟外崖面上部雕饰的窟檐外貌，柱檐以上部分风蚀严重 (Fig. 2.2-26)。不过，依据殿脊中央鸟形饰及两端鸱尾和屋面部分筒板瓦残迹，并参考该窟前室东壁的殿堂形龛浮雕 (Fig. 2.2-27)，它应是一座四柱三间单檐四阿殿（五脊殿）[2] 的汉式殿阁外貌：檐柱断面作八边形，柱顶置栌斗；栌斗口或置替木，上承横枋；横枋上设斗栱，承托檐枋。柱头斗栱为一斗三升，疑有皿板；两柱头之间的补间使用权首，两脚斜直。檐枋上置圆椽。殿顶屋面覆盖筒板瓦，正脊中央置金翅鸟，两端设鸱尾，金翅鸟与鸱尾之间疑安宝珠[3]。第 12 窟外立面，在第 9、10 双窟外貌的基础上，完全模拟中国传统木构殿阁的外观。

第 5、6 双窟中，第 5 窟为佛殿窟，第 6 窟为塔庙窟，二窟大约开凿于孝文帝都平城后期[4]。这组双窟疑采用了双塔一碑的窟前设计 (Pl. 2.2-7)，即第 5 窟东侧和第 6 窟西侧分别雕出大象承托仿木结构的楼阁式大塔，两窟中间隔墙前端龟趺所负残蚀严重，中部似碑，上部似塔，应该融会了第 7、8 窟和第 9、10 窟的窟

---

　　[1] 云冈石窟文物保管所、文物保护科学技术研究所《云冈石窟建筑遗迹的新发现》，《文物》1976 年第 4 期，第 91 页。

　　[2] [宋] 李诫《营造法式》卷五《大木作制度》"阳马"条记载：四阿殿阁，"俗谓之吴殿，亦曰五脊殿"，指有四面坡曲檐屋顶的殿阁。屋顶有一条正脊，四条角脊；四阿，就是四面坡的曲檐屋顶。四阿殿即清式所称"庑殿"。[宋] 李诫编修《营造法式》卷五，叶六，傅熹年增补陶湘宋刻本，北京：荣宝斋出版社，2012 年。参见：李诫《营造法式》，载《梁思成全集》第七卷，北京：中国建筑工业出版社，2001 年，第 139 页。本文关于中国传统木构建筑的术语，尽量采用《营造法式》所列，因为它更接近文中所述各窟开凿的年代。若无，则参考清工部《工程做法》及匠人所用术语。

　　[3] 宿白《中国古建筑考古》，北京：文物出版社，2009 年，第 40 页。

　　[4] 第 5、6 窟在施工过程中，双窟之间的主室隔墙疑被打穿，即第 5 窟西壁与第 6 窟东壁中央部分被打破，故而第 6 窟东壁中部南北二龛之间改雕深度较浅的千佛，与西壁规整的三龛布局不协调，系不得已而为之。水野清一、长广敏雄《云冈石窟》，第二卷（第五洞本文，1955），第十一图；第三卷（第六洞本文，1955），第 24-27、105-107 页；第三卷（第六洞图版，1955），Pl. 54。

前外立面设计而成[1]。又，"第 5、6 两窟窟前，现都各自保存着一座清初接建的四层楼阁 (Pl. 2.2-8)。但在清代楼阁后面的崖面上，还整齐地排列着更早的成组的梁孔和椽孔。这些建筑遗迹告诉我们，两窟前面清以前的建筑物，原是一组三层楼阁"[2]。

第 1、2 窟也是一对双窟，两窟后部中央雕造出仿木结构的立体楼阁塔，唯外立面早已崩塌不存，原貌不明[3]。

1947 年，宿师季庚先生在整理北京大学图书馆善本书籍时，重新发现了《大金西京武州山重修大石窟寺碑》(简称《金碑》) 抄本。据《金碑》记载："西京大石窟寺者，后魏之所建也，凡有十名。"[4]十名又作十寺，"大约和现存清初所建后接第 5 窟、第 6 窟的石佛古寺相同"。《金碑》所记西京大石窟寺应指十寺，"主要部分即是前连木构堂阁的石窟，而这类木构堂阁的遗迹，恰恰在云冈石窟崖面上保留了许多"[5]。依据云冈石窟第 1-20 窟窟外崖面上的梁孔、椽眼和人字形沟槽遗迹，结合窟前建筑遗址的考古发掘，宿季庚先生推断当时共有十座木构建筑覆于石窟前面。"自第 7 窟以西迄于第 20 窟，沿窟口外侧又都曾掘出排列有序并向南延长的辽代敷地方砖，上下对照，迹象明显，似乎也只能这样推定。"[6]"又，有的窟口外侧在辽代敷地方砖之下，发现北魏时代的建筑遗物，因此似又可推知'十名'或'十寺'中，有的部分更系上承北魏当时窟前建筑的旧基。"[7]根据新发现的窟檐遗迹，《云冈石窟

———————————

　[1] 宿白《云冈石窟分期试论》，载宿白《中国石窟寺研究》，第 80 页。

　水野清一和长广敏雄认为：第 5 窟左侧 (东侧) 和第 6 窟右侧 (西侧) 分别雕凿东西塔，两窟前室隔墙前端所雕应为"中央塔"。不过，《雲岡石窟》第二卷本文第 8 页所载第五洞、第六洞平面图显示"中央塔"底部有凸出的"龟趺"，现存龟趺残迹颇显。若是，所谓"中央塔"疑为下具龟趺的大碑或碑塔混合形式。水野清一、長廣敏雄《雲岡石窟》，第二卷 (第五洞本文，1955)，第 11 页及第六 - 八图、第十二图；第三卷 (第六洞图版，1955)，Pl. 6B。

　[2] 宿白《〈大金西京武州山重修大石窟寺碑〉的发现与研究》，载宿白《中国石窟寺研究》，第 96-97 页。

　据季庚先生研究："自顺治元年迄顺治三年 (1644-1646) 曾重修云冈石佛寺。……此次重修疑即因明末以前寺院旧址。重修后五年，即顺治八年 (1651) 总督佟养量等人又大事修葺。……修葺后所立石碑现存石佛古寺内。石佛古寺即现存后接第 5、第 6 窟的云冈寺院，而这云冈寺院——石佛古寺，就其建筑形式和布置上观察，当即此顺治年重修、修葺的云冈石佛寺。"宿白《〈大金西京武州山重修大石窟寺碑〉校注》，载宿白《中国石窟寺研究》，第 74-75 页。

　[3] 1) 水野清一、長廣敏雄《雲岡石窟》，第一卷 (第一洞 - 第四洞本文，1952) 第 15、20、37、81-82、85、101-102 页；2) 長廣敏雄《雲岡の重層塔》，長廣敏雄著《中国美術論集》，第 422-423 页。

　[4] 宿白《〈大金西京武州山重修大石窟寺碑〉校注》，载宿白《中国石窟寺研究》，第 53 页。

　[5] 宿白《〈大金西京武州山重修大石窟寺碑〉的发现与研究》，载宿白《中国石窟寺研究》，第 96 页。

　[6] 宿白《〈大金西京武州山重修大石窟寺碑〉校注》，载宿白《中国石窟寺研究》，第 56-58 页。

　[7] 同上书，第 58 页。

建筑遗迹的新发现》作者认为："北魏已在窟前建筑了窟檐是有根据的。"[1]

　　关于武州山石窟寺，郦道元《水经注》"漯水"条记载："凿石开山，因岩结构。真容巨壮，世法所稀。山堂水殿，烟寺相望。林渊锦镜，缀目新眺。"[2]

　　梁思成、刘敦桢、林徽音 1933 年 9 月 6 日至 9 日调查云冈石窟[3]之后，共同撰写了《云冈石窟中所表现的北魏建筑》[4]，其第八节题作《窟前的附属建筑》。林徽音等人首先征引郦道元《水经注》，之后系统研讨了云冈石窟的附属建筑，兹录其主要观点如下：

　　　　论到石窟寺附属殿宇部分，我们得先承认，无论今日的石窟寺木构部分所给予我们的印象为若何；其布置及结构的规模为若何，欲因此而推断千四百余年前初建时的规制，及历后逐渐增辟建造的程序，是个不可能的事。不过距开窟仅四五十年的文献，如《水经注》里边的记载，应当算是我们考据的最可靠材料。[5]郦道元关于武州山石窟寺中"山堂水殿、烟寺相望"的记载，尽管含有诗意的比喻，但林徽音等人推断云冈石窟"无疑的有'堂'、'殿'和'寺'的建筑存在"，即窟前接建的附属木构殿阁。至于"凿石开山、因岩结构"之句，观现今清制的木构，殿阁尤其是由侧面看去，实令人感到"因岩结构"描写得恰当真切之至。这"结构"两字，实有不止限于山岩方面，而有注重于木造的意蕴在里面。现在云冈的石佛寺木建殿宇只限于中部第一（现编第 5 窟）、第二（现编第 6 窟）、第三（现编第 7 窟）三大洞前面；山门及关帝庙右第二洞（第35？窟）中线上。第一洞第三洞，遂成全寺东西偏院的两阁，而各有其两厢配

──────────

[1] 云冈石窟文物保管所、文物保护科学技术研究所《云冈石窟建筑遗迹的新发现》，第 93 页。

[2]［后魏］郦道元撰《水经注》，［清］王先谦合校本，第 209 页。参见：［后魏］郦道元撰《水经注》，［民国］杨守敬、熊会贞疏，段熙仲点校，陈桥驿复校本，第 1155 页。
　　郦道元所记，应是云冈石窟从第二期晚期迄第三期开始时的情景，北魏时期的武州山石窟寺以此最盛。

[3] 梁思成、刘敦桢《大同古建筑调查报告》，《中国营造学社汇刊》，第四卷第三四期合刊本（1934年 6 月），第 4 页。

[4] 林徽音、梁思成、刘敦桢《云冈石窟中所表现的北魏建筑》，《中国营造学社汇刊》，第四卷第三四期合刊本（1934 年 6 月），第 169-218 页。关于三人署名次第，《中国营造学社汇刊》第四卷第三四期合刊中文目录作"林徽音、梁思成、刘敦桢"，英文目录为"刘敦桢、梁思成、林徽音"，正文则题"梁思成、林徽音、刘敦桢"。此文，疑林徽因主笔。

[5] 白志谦 1934 年 4 月写就的《大同云冈石窟寺记》也持类似观点。"《水经注》为北魏太和间，御史中尉郦道元所著，去石窟寺之建不过四十余年，其记载尚可信据。"白志谦《大同云冈石窟寺记》，上海：中华书局，1936 年，第 3 页。

殿。因岩之天然形势,东西两阁的结构、高度、布置均不同。第二洞洞前正殿高阁共四层,内中留井,周围如廊,沿梯上达于顶层,可平视佛颜。第一洞同之。第三洞则仅三层(洞中佛像亦较小许多),每层有楼廊通第二洞。但因二洞三洞南北位置之不相同,使楼廊微作曲折,颇增加趣味。此外则第一洞西,有洞门通崖后,洞上有小廊阁。第二洞后崖上,有斗尖亭阁,在全寺的最高处。这些木建殿阁厢庑,依附岩前,左右关连,前后引申,成为一组;绿瓦巍峨,点缀于断崖林木间,遥望颇壮丽,但此寺已是云冈石崖一带现在唯一的木构部分,且完全为清代结构,不见前朝痕迹。

云冈中部第五至第九洞(现编第9-13窟),尚留石刻门洞及支柱的遗痕,约略可辨当时整齐的布置。这几个洞岂是与天龙山石刻门洞同一方法,不借力于木造的规制的。最后,他们写道:

云冈岩前建筑问题,唯有等候于将来有程序的科学发掘了。[1]

依据郦道元记载,结合前人研究并参考窟前建筑遗址的考古发掘,我们认为北魏迁洛之前营造的武州山石窟寺的确"因岩结构"。在石窟寺外貌方面,第一期昙曜五窟窟外崖面接建山面向前的木构建筑,在结构与外观上与印度洛马斯里希石窟、贡图珀利塔庙窟、巴贾第12窟和阿旃陀第10窟的"山面向前"的建筑或仿木建筑相似,应源自古代天竺的供养、礼忏佛事用窟,即塔庙窟外观。武州山石窟寺这种木构与岩体结合之观念,可能也与天竺石窟寺有关,因为天竺早期塔庙窟几乎都作半木构(half-timbered)外貌[2]。如巴贾第12窟和阿旃陀第10窟前壁的营造,皆采用半石雕半木构之法。从第二期洞窟开始,武州山石窟寺既有沿袭昙曜五窟之制,于窟前接建木构殿阁,如第7、8窟[3];也开始出现仿木结构的石雕殿阁外貌或窟檐,如第9、10窟和第12窟。第7、8双窟依崖面所架木构建筑的山面向前,乃延续第19、18等窟外貌样式,不过第7、8窟隔墙前端雕造的汉式丰碑则为平城工匠所创,意在模仿中国传统的建筑格局,堪称天竺"梵式"佛寺与中土"汉式"殿阁之融合。这种山面向前的木构殿阁或窟檐,不符合中土文化传统及审美习惯,故而从第9、10窟开始,窟外立面模拟汉式木构殿阁外貌,外来的石窟寺艺术自此发生了

---

[1] 林徽音、梁思成、刘敦桢《云冈石窟中所表现的北魏建筑》,第210-214页。

[2] Brown, *Indian Architecture*, 26.

[3] 依据老照片,敦煌莫高窟第257窟窟外崖面上部排列成人字形的小方孔,应是木结构人字形窟檐(山面向前)的遗迹。

较大变革。又，第9、10窟前庭左右两侧雕镂高塔，双塔之间并列七楹，上方崖面雕造设置斗栱的仿木结构窟檐。这种楹柱设计，除了沿袭汉式传统建筑的楹柱理念之外，抑或受到了同时期天竺石窟寺柱廊的影响，如阿旃陀第1(参见 Pl. 2.2-5)、2、16、17窟（僧坊窟）和第19、26窟（塔庙窟），可能也是石窟寺梵华融合之结果。以第12窟为中心经营的第11-13窟，除第12窟窟外崖面雕出仿木结构四柱三间单檐四阿殿阁的外貌外，第11、13两窟的外崖面似无仿木结构石雕。又，第9、10窟和第12窟的仿木结构石雕屋面皆与山体正交，"可辨当时整齐的布置"。这种情况，既反映出当时各窟依据崖面结构及供养人意愿设计和营造外貌，左右关连，前后引申，同时也说明郦道元所记"因岩结构"不虚。"看来，渊源于西方的佛教石窟的东方化，云冈第二期是一个关键。"[1]"外来的佛教石窟艺术，在北中国，就是在这个时期，较显著地开始了逐渐东方化。"[2]这一时期，由于孝文帝推行的一系列汉化改革措施，北魏皇室及显贵在武州山新开凿的大型石窟寺开始模拟中国传统建筑的佛殿外貌。武州山石窟寺"所创造和不断发展的新模式，很自然地成为魏国领域内兴凿石窟所参考的典型"[3]。

四、龙门和响堂山：汉化与西胡化

"洛阳地区开始兴建石窟，主要参考云冈。孝文、宣武时期开凿的龙门古阳洞模拟云冈第二期窟室。"[4]宣武帝以来开凿的宾阳三洞，明确记录是"景明(500-503年)初，世宗诏大长秋卿白整准代京灵岩寺石窟（云冈石窟），于洛南伊阙山，为高祖、文昭皇太后营石窟二所……永平(508-511年)中，中尹刘腾奏为世宗复造石窟一，凡为三所"[5]。尽管如此，平城、洛阳两地石窟寺在建筑形制与营造理念方面已经出现明显差异。

从考古学角度，龙门石窟的北朝窟龛可以分作四期，即北魏孝文帝与宣武帝时期、胡太后时期、孝昌以后的北魏末期和东西魏、北齐周时期[6]。其中，以孝文、宣武

---

[1] 宿白《平城实力的集聚和"云冈模式"的形成与发展》，载宿白《中国石窟寺研究》，第130页。

[2] 宿白《云冈石窟分期试论》，载宿白《中国石窟寺研究》，第79页。

[3] 宿白《平城实力的集聚和"云冈模式"的形成与发展》，载宿白《中国石窟寺研究》，第144页。

[4] 宿白《平城实力的集聚和"云冈模式"的形成与发展》，载宿白《中国石窟寺研究》，第142页。

[5] ［北齐］魏收撰《魏书》，第3043页。

[6] 宿白《洛阳地区北朝石窟的初步考察》，载宿白《中国石窟寺研究》，北京：文物出版社，1996年，第153-159页。

(494-515 年) 和胡太后 (515-528 年) 时期的开窟造像活动最为活跃。孝文与宣武时期开凿的古阳洞、宾阳三洞、莲花洞等大型洞窟没有前室与后殿之分；北魏皇室为高祖和文昭皇太后及世宗营造的宾阳三洞，外立面多有创新，未沿用武州山石窟寺旧式。

　　古阳洞外立面已残，窟中仿木结构的石雕佛殿，既有四阿殿 (五脊殿)，也有汉殿 (九脊殿)[1] (Fig. 2.2-28)。仿木结构斗栱开始复杂化，出现了柱头用一斗三升重栱的做法。木构建筑使用重栱，目的是向高挑檐，致使两柱头之间的补间叉手也随之增高，中间还增设了蜀柱。此外，仿木结构佛殿中也出现了出挑的斗栱，目的使檐深远，这也是木构建筑一个很重要的改进[2]。宾阳三洞外立面，原应统一设计，现以中洞保存状况较好。窟外立面下方辟长方形门道，上方雕出尖栱形门楣，门楣梁 (门梁) 雕作连体双龙，楣尾龙头作回首反顾状，龙爪立于门柱之顶。门楣之下、两门柱外侧各雕一仿木结构屋形龛，内造金刚、力士。屋形龛作四阿殿顶，屋面雕出瓦垄，现仅存右侧屋形龛正脊右端鸱尾 (Fig. 2.2-29)。莲花洞外立面的整体布局与宾阳中洞相似，窟门之上亦雕尖栱形门楣，门楣梁作连体双龙，楣尾龙头外伸，楣下似不见门柱。窟门两侧雕金刚、力士，现仅存右侧一身。

　　火烧洞是胡太后时期营造的一座大型洞窟[3]，惜窟内外崖体崩塌严重，致使工程中辍或未按原计划完工。火烧洞外立面的设计与宾阳中洞和莲花洞类似，唯雕饰内容较其复杂。窟门上方雕出尖栱形门楣，门楣左右上方浮雕二仙人分乘龙、虎。窟门上缘及两边缘残存悬垂帷幕，门两侧各雕一仿木结构屋形龛，内造金刚、力士，现仅存右侧一身。屋形龛作四阿殿顶，屋面石雕筒瓦尚存局部。皇甫公窟，即石窟寺，完成于北魏孝昌三年 (527 年)，是太尉皇甫度出资营造的一座家庙。虽然此窟整体规模不大，但设计和营造别致，是胡太后时期开凿的中型窟的代表。长方形窟门上方雕出尖栱形门楣，门楣梁亦作连体双龙，楣尾向外翘起，各雕一回首龙头。门楣之上雕出仿木结构屋顶，唯残损较甚。屋顶坐落在门楣上方横枋 (檐枋？) 之上，横枋上承半圆形檐椽，檐椽与屋顶前坡残毁不清。屋面雕出瓦垄，屋顶正脊中

---

　　[1]《营造法式》卷五《大木作制度》"阳马"条记载："凡厅堂若厦两头造"，"今亦用此制为殿阁者，俗谓之曹殿，又曰汉殿，亦曰九脊殿"。汉殿或九脊殿的屋顶外形，上半部为两面坡，下半部作四面坡，故有一条正脊，四条垂脊，四条角脊；相当于清式的"歇山顶"。[宋]李诫编修《营造法式》卷五，叶六，傅熹年增补陶湘仿宋刻本。参见：[宋]李诫撰《营造法式》，《梁思成全集》第七卷，第 139 页。

　　[2] 宿白《中国古建筑考古》，第 40、42 页。

　　[3] 焦建辉认为火烧洞开凿于孝文帝时期。焦建辉《龙门火烧洞 (第 1519 窟) 与北魏孝文帝》，《中原文物》2016 年第 5 期，第 62-71 页。

Fig. 2.2-28 龙门石窟古阳洞安定王
元燮龛

Fig. 2.2-29 龙门石窟宾阳中洞外立面图

Fig. 2.2-30 龙门石窟皇甫公窟外立面图

Fig. 2.2-31 龙门石窟唐字洞外立面图

央雕金翅鸟，两端饰鸱尾，金翅鸟与鸱尾之间各置一宝珠。门楣之下、窟门两侧各雕一束莲柱，束莲柱外侧雕金刚、力士 (Fig. 2.2-30)。此外，在窟门右侧镌造一通开窟石碑[1]。这一时期开凿的唐字洞没有按计划完工，可能与 "孝庄即位之初发生河阴之乱有关"[2]。唐字洞属于中型窟，外貌保存状况较好。前庭或前室后壁上方岩体前伸，凿出仿木结构的四阿殿顶，半圆形檐椽之上屋面雕出瓦垄。屋顶所雕金翅鸟、鸱尾的形态皆与皇甫公窟相似 (Fig. 2.2-31)。

　　龙门北朝洞窟所有窟檐皆为仿木结构石雕，这应是龙门石窟与云冈早期石窟在石窟寺外貌营造理念上的最大不同。这种形式，为东魏、北齐以及西魏、北周各地开凿的石窟寺所承袭或模仿。

　　东魏、北齐皇室及显贵营造的邯郸响堂山石窟[3]，是延续云冈石窟和龙门石窟开凿的，由北响堂山 (鼓山石窟)、南响堂山 (滏山石窟) 和小响堂 (水浴寺石窟) 组成。响堂山石窟的现存遗迹，既显示出在北齐 "鲜卑化" 背景下石窟寺逐渐东方化的具体过程，也反映出当时高僧信徒期望回归天竺正统佛教的 "西胡化" 趋势[4]。

　　北洞 (塔庙窟) 是鼓山石窟中营造规模最大的一座石窟，应毕工于东魏武定五年 (547 年) 之前[5]，外立面高约 18 米，宽约 20 米，现窟口及周围外壁为后世堵砌，明窗附近岩壁风蚀较甚。窟前门道两侧原雕立柱，上方崖面镌有仿木结构的瓦垄和窟檐，顶部雕出覆钵及塔刹，整个外观形如 "露塔"，只是细部已残蚀不清 (Fig. 2.2-32)。中洞 (塔庙窟) 外立面与北洞基本相似，亦作 "露塔" 外貌。南洞 (佛殿窟) 前部现为明代补砌石墙及三座券门遮蔽，其上为平台。据我们现场考察和实测，南洞应开凿于北齐天统四年 (568 年) 之前[6]，原始外立面可平行分作上下两层：上层以半圆形覆钵为主，下层为仿木结构四柱三间前廊。四楹柱作断面八边束莲柱身，火焰宝珠柱头。楹柱之间明间开窟门，次间雕造金刚、力士。楹柱上方为仿木结构

　　[1] 马世长《龙门皇甫公窟》，马世长著《中国佛教石窟考古文集》，新竹：觉风佛教艺术文化基金会，2001 年，第 495-512 页。
　　[2] 宿白《洛阳地区北朝石窟的初步考察》，载宿白《中国石窟寺研究》，第 157 页。
　　[3] 李裕群《北朝晚期石窟寺研究》，北京：文物出版社，2003 年，第 43-48 页。
　　[4] 关于北齐的 "鲜卑化" 与 "西胡化"，陈寅恪曾有精辟论述。1) 陈寅恪《魏晋南北朝史讲演录》，万绳楠整理，合肥：黄山书社，1987 年，第 292-300 页；2) 陈寅恪《陈寅恪集：讲义及杂稿》，北京：生活·读书·新知三联书店，2002 年，第 185-189 页。
　　[5] 李崇峰《关于鼓山石窟中的高欢枢穴》，李崇峰著《佛教考古：从印度到中国》，修订本，上海：上海古籍出版社，2020 年，第 357-364 页。
　　[6] 李裕群《北朝晚期石窟寺研究》，第 44 页。

Fig. 2.2-32 　北响堂山石窟北洞外立面图

Fig. 2.2-33 　北响堂山石窟南洞外立面图

窟檐，再上雕筒瓦屋面，上压叠瓦围脊，并出 **45°** 角脊。脊上立山花蕉叶，并有两侧转角。内起低平覆钵顶，正中立塔刹。故而，整个南洞外立面形如一座巨大的露塔 **(Fig. 2.2-33)**。以此推测，北洞与中洞的塔形外观与南洞基本相似，只是细部经营略有差异。又，南响堂山第 3、7 窟 (佛殿窟) 和水浴寺第 1 窟 (塔庙窟) 也是这种塔形外观，以南响堂山第 7 窟保存最好。第 7 窟外貌与北响堂南洞相似，作四柱三间仿木结构建筑，立柱与窟壁分开，形成前廊。对门二楹柱下踞蹲兽，旁侧两柱础作方形；柱身内倾，断面作八边形，中段束莲两匝，柱头饰火焰宝珠。中间二楹柱上承尖拱形门楣，门楣梁为连体双龙式，楣尾龙头作回首反顾状，这应承袭了龙门北魏石窟的门楣样式。柱头上置横枋，补间铺作一斗三升，檐椽圆形；筒瓦屋面，脊上立山花蕉叶，正中为金翅鸟。覆钵低平，覆钵四角各立一柱，只是后部二柱已残失，整体仿效犍陀罗地区流行的露塔 **(Fig. 2.2-34)**。

Fig. 2.2-34 　南响堂山石窟第 7 窟外立面图

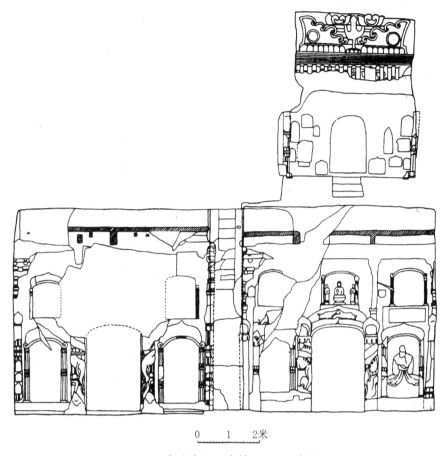

Fig. 2.2-35　南响堂山石窟第 1、2、3 窟外立面图

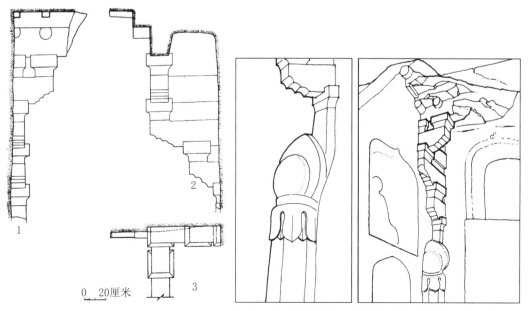

Fig. 2.2-36　南响堂山石窟第 1 窟前室
正壁右侧角柱上斗栱图

Fig. 2.2-37　南响堂山石窟第 1 窟前室正壁角柱的
前后关系及窟檐局部图

南响堂山第 1、2 窟 (塔庙窟) 为双窟，雕造于北齐天统 (565-569 年) 年间[1]。两窟外立面及平面基本相同，皆作四柱三间仿木结构佛殿外貌 (Fig. 2.2-35)。鉴于两座窟檐当中部分已经塌毁，钟晓青 "根据两端保存较好的部分以及第 1 洞外壁面上残留的方柱与小斗痕迹，推测窟檐原状大致如下：三间四柱，均为方形檐柱，柱头置斗，斗口向外出两跳 (华栱)，第二跳跳头之上托横栱 (令栱)，横栱与外壁之间有枋子联结 (衬方头)，栱身为足材，栱腹作三瓣内颛卷杀。横栱上承橑檐枋，枋上出圆形檐椽，其上连檐，又出方形飞椽。檐口用瓦当，筒瓦屋面。整座窟檐的构件之间相互关系交代得十分清楚，构件形状尺寸亦雕凿得相当精确 (Fig. 2.2-36、Fig. 2.2-37)。……除了出檐长度受石窟本身条件所限相对缩短之外，几乎称得上是现实木构建筑外檐部分的翻版。尤为重要的是窟檐中的 '五铺作出双杪' 斗栱形象，以往只见于唐代的石刻线画与石窟壁画。在北方石雕窟檐中采用如此复杂的斗栱形式，不仅是当时木构建筑发展已趋成熟的重要例证，也可见凿窟工匠非凡的胆识与技艺。在国内迄今所知的石窟窟檐中，这是写实程度最高、造型最复杂因而堪称最杰出的窟檐实例" (Fig. 2.2-38)[2]。

根据上述遗迹，我们认为：到了东魏、北齐时期，在武州山石窟寺与伊阙石窟寺的双重影响之下，石窟外部所雕仿木结构建筑，大体可以分为模拟地面佛寺中佛殿与模仿地面 "露塔"[3] 两种形式，响堂山石窟尤以后者为重，疑为北齐王朝 "西胡化" 之结果。据研究，北朝时期开窟造像主要用于僧人禅观及礼忏[4]。故而，佛经中多有 "入塔观像" 或 "入塔观佛" 以及 "礼拜" 和 "忏悔" 的记载[5]。响堂山石窟外貌多作塔形，应 "更符合佛经中 '入塔观像' 的要求了"[6]。

---

[1] 此据南响堂山石窟第 2 窟前庭后壁窟门两侧镌刻的《滏山石窟之碑》。

[2] 钟晓青《响堂山石窟建筑略析》，《钟晓青中国古代建筑史论文集》，沈阳：辽宁美术出版社，2013 年，第 155 页。

[3] 李崇峰《中印佛教石窟寺比较研究》，第 54 页。

[4] 刘慧达《北魏石窟与禅》，载宿白《中国石窟寺研究》附录一，北京：文物出版社，1996 年，第 331-348 页。

[5] 如 [东晋] 佛陀跋陀罗译《佛说观佛三昧海经》卷二《观相品》有 "应当入塔观像眉间" 和 "若坐不见，当入塔观。入塔观时，亦当作此诸光明想"。同书卷四《观相品》有 "若不能见胸相分明者，入塔观之"。卷七《观四威仪品》有 "若不能见，当入塔观一切坐像。见坐像已，忏悔障罪"。卷九《本行品》有 "汝今当入塔观佛，与佛在世等无有异。我从空声入塔观像眉间白毫相"。和 "可暂入塔观佛形像。时彼王子，随善友语入塔观像"。[刘宋] 畺良耶舍译《佛说观药王药上二菩萨经》卷九《本行品》有 "即应入塔观像、礼拜。于像前得观佛三昧海"。1)《大正藏》No.643，第 15 卷，第 655b、656a、665b、681c、688c-689a 页；2)《大正藏》No.1161，第 20 卷，第 663a 页。

[6] 宿白《中国佛教石窟寺遗迹——3 至 8 世纪中国佛教考古学》，北京：文物出版社，2010 年，第 41 页。

Fig. 2.2-38　南响堂山石窟第 1 窟前室正壁及窟檐复原图

五、摄山栖霞寺：镌岩现像，疏岩敞殿

淮河流域以南地区的早期石窟寺遗迹，以开凿于 5、6 世纪之际的摄山栖霞寺龛像和剡山石城寺大佛（浙江新昌）最为重要。其中，栖霞山千佛崖窟龛，以第 19 窟开凿年代最早，体量最大。此窟前部早已崩坍，现存明代补砌石顶和重檐条石门壁，檐下券门上方嵌"三圣殿"石额。石顶作重檐汉殿式，前屋面较陡，后屋面与山岩相连。正脊用镂空块石砌成，两端作鸱尾；四条垂脊沿坡形屋面边缘垂下，屋角飞檐翘起。屋面用薄石板平铺，第一与第二重屋檐皆以凿石筒瓦铺就。三圣殿两侧及上方崖面残存人工修凿痕迹，包括早期窟前木构建筑遗迹和后期修补窟顶的沟槽以及排水沟等。因此，"在砌建石顶、门壁之前，接连岩面曾建有木构"[1]。洞窟平面作横椭圆形，进深较短，正壁及左、右侧壁略外弧，窟内造像为一佛二菩萨。陈江总《金陵摄山栖霞寺碑》记 5 世纪末萧齐明僧绍子仲璋"首于西峰石壁与（法）度禅师镌造无量寿佛，坐身三丈一尺五寸，通座四丈；并二菩萨，倚高三丈三寸"[2]，应指此窟。第 19 窟位于千佛崖中心，右邻第 18 窟，左邻第 20 窟，三窟并列，连成一线，窟前似共用一前庭 (Pl. 2.2-10)。到了初唐，栖霞寺迎来了南朝之后又一次大规模的开窟造像及窟前建筑的重修活动，石窟寺外貌随之也发生了较大变革。南京市文物考古研究所 2002-2003 年对千佛崖区窟前遗址进行了考古发掘，结果显示第 19 窟现存明代大殿前壁，即在原始窟口位置，窟前曾筑一座范围较大的平台。尽管平台的面层已被后代破坏，但其周边尚存的石砌基墙可为该平台范围做出基本界定。依据出土的砖瓦遗物，发掘者初步判断这座平台的年代为唐五代时期[3]。据研究，栖霞山佛教史迹在隋唐五代时继续得到发展，以第 19 窟为中心的栖霞寺仍然保持着南朝的基本格局。因此，这座窟前平台应始自南朝而沿用至五代。虽然平台上的设置在这期间可能会有所改动，但平台范围与布局基本延续[4]。尽管第 19 窟原始窟口不存，但依据第 18、19、20 窟上部崖面残存的横向凹槽与方形榫孔，我们推测初

---

[1] 宿白《南朝龛像遗迹初探》，载宿白《中国石窟寺研究》，北京：文物出版社，1996 年，第 177 页。

[2] [清] 严观撰《江宁金石记》卷一《金陵摄山栖霞寺碑文并铭》，叶十三至十六，宣统二年 (1910 年) 刻本；另见《石刻史料新编》第 1 辑第 13 册，台北：新文丰出版公司，1977 年，第 10067-10068 页。

[3] 关于南京栖霞山千佛崖窟前遗址的考古发掘，参见南京市博物馆编著《栖霞山　千佛岩》石窟考古报告附录壹 (文物出版社即将印行)。

[4] 魏正谨、白宁《栖霞山石窟南朝无量寿大像勘察记》，《石窟寺研究》第三辑，北京：文物出版社，2012 年，第 3-6 页。

唐时建有以第 19 窟为中心、覆盖上述三座窟口的窟前建筑，只是具体结构及样式不得而知。唐高宗上元三年 (676 年) 所立《摄山栖霞寺明征君之碑》记栖霞寺 "于岩壁造大尊仪"，"因即邻岩构宇，别起梵居；声峤飞柯，含风吐雾；栖霞之寺，由此创名。"[1] 与现存遗迹基本符合。

　　第 23 窟是第 19 窟以东规模较大的窟龛，窟内主尊原为倚坐弥勒。据新出土的江总《金陵摄山栖霞寺碑》残石记载，无量寿佛东有 "弥勒下生龛，像身高一丈四尺，宋太宰内霍夫人造，未成，齐竟陵……" 根据千佛崖现存窟龛，结合碑文所记弥勒像尺寸，我们认为第 23 窟应是江总所记弥勒下生龛。第 23 窟窟口被后代遗迹多次打破、叠压，窟前石砌拱门及二层坡形石檐为明代垒砌 (Pl. 2.2-11) [2]。经过我们 2004 年现场勘查与实测 (Pl. 2.2-9)，第 23 窟原始外貌如下：窟无前壁，窟口作外敞圆栱状，窟楣为尖楣圆栱形。楣梁高浮雕龙纹，疑为二龙相对，龙头相向雕于窟楣中部，但大部分残损，中部尚存龙身三段和龙鬃残迹。楣尾两端各存下垂龙爪，蜷挂于窟楣之上；其中左侧龙爪已残，右侧龙爪上方残存龙尾。窟口两侧中部偏下岩面各存浮雕披巾一段，左侧披巾内侧尚雕出三角形裙摆。残存披巾及裙摆，应为窟口内侧原雕金刚、力士所着 (Fig. 2.2-39)。隋灌顶纂《国清百录》卷四引开皇十五年 (595 年)《蒋山栖霞寺保恭请疏》云："栖霞寺者，宋代明征君宅，僧绍之所建主 (立) 也。镌山现像，疏岩敞殿。似若飞来，无惭踊出。若其林泉爽丽，房宇萦纡。桂岭春芳，云窗昼歇。"[3] 释保恭所谓 "镌山现像、疏岩敞殿"，应是对栖霞山这种形制窟龛的精准描述。第 23 窟进深较短，倚坐弥勒脚下之莲踏延伸至窟口，二踏间残存主尊衣摆。莲踏前原凿长方形凹槽，槽内正壁中部雕出半圆形香炉石胎，槽底已与下层第 24 窟窟顶凿穿[4]。香炉石胎所在槽壁，突出于原始窟口之外。由于打破下方窟顶，香炉的雕镌只得中辍，所在凹槽以石块回填。因此，第 23 窟新发现的主像脚下残存的莲踏及衣摆、香炉石胎以及窟口两侧金刚、力士披巾和裙摆遗迹等，从另一方面说明栖霞山窟龛确为 "疏岩敞殿"[5]。

---

　　[1] 原碑今存南京栖霞寺大殿前。参见：1)［宋］赵明诚撰《金石录》，金文明校证，桂林：广西师范大学出版社，2005 年，第 64、418 页；2)《全唐文》卷一一《高宗皇帝》，影印本，北京：中华书局，1983 年，第 181-184 页。

　　[2] 第 23 窟正面及上方崖面，槽孔交错，打破了原始窟楣及其表面的浮雕龙纹。从横条形凹槽和方形榫眼的排列及相互关系判断，窟口、窟楣及其上下崖面残存的方孔及地栿槽应为木构建筑遗迹，疑为初唐修建的一座木结构窟檐。

　　[3]《大正藏》No.1934，第 46 卷，第 821c 页。

　　[4] 第 24 窟窟顶部现存块石补洞遗迹，说明第 23 窟雕凿香炉的时间应晚于第 24 窟窟顶毕工之时。

　　[5] 本文所用南京栖霞山龛像资料，主要依据笔者前后十几次现场调查所获。

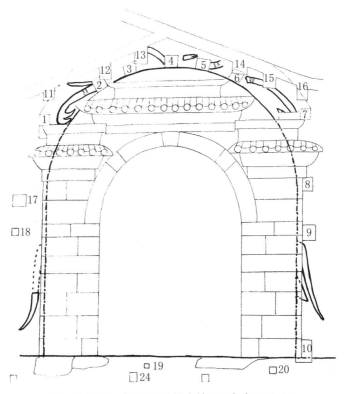

Fig. 2.2-39　栖霞山千佛崖第 23 窟窟口遗迹

　　根据现存遗迹并结合文献记载，千佛崖区其他与第 23 窟窟型及年代相似的南齐诸窟，即第 18、19、20、22、24、26 窟也应为 "疏岩敞殿"，即每窟外立面皆作圆拱敞口形，无大型窟前木构建筑，第 23 窟现存原始遗迹应是其中的典型标本。这批窟龛的营造上限为萧齐永明二年 (484 年)，下限为齐建武四年 (493 年) 或齐永元二年 (500 年)。其中，第 19 窟无量寿佛及二菩萨像的尺寸，与新出土《金陵摄山栖霞寺碑》残石所记相合，是齐永明二年之后不久，由齐文惠太子等皇室成员及显贵赞助，由明仲璋与法度禅师开凿的栖霞山第一龛像[1]。第 23 窟原为 "宋太宰内霍夫人 (江夏王霍姬) 造，未成……" 后加莹饰毕工。

　　北魏郦道元记载武州山 "凿石开山，因岩结构"，说明北魏于武州山 "镌岩开寺"[2] 时采用了 "因岩结构" 之规制。据陈顾野王《大广益会玉篇》："因岩结

---

　　[1] 1) 宿白《南朝龛像遗迹初探》，载宿白《中国石窟寺研究》，第 178-179 页；2) 南京市博物馆编著《栖霞山　千佛岩》石窟考古报告之 "结语" (文物出版社即将印行)。

　　[2] 宿白《〈大金西京武州山重修大石窟寺碑〉校注》，载宿白《中国石窟寺研究》，第 53 页。

构" 之 "因，就也，缘也"，"结，要也"，"构，架屋也"[1]。故而，郦道元所言 "因岩结构"，意为就着山岩要架屋也。所以，白志谦记述云冈石窟时使用了 "依山结构" 之语[2]。武州山石窟寺 "镌岩开寺""因岩结构"，既在窟前接建木结构殿阁或窟檐，如第 19、18 窟和第 7、8 窟；也在窟外崖面雕造仿木结构的汉式建筑，如第 9、10 窟和第 12 窟。隋释保恭述说栖霞寺 "镌山现像、疏岩敞殿"。其中 "疏岩"，既有通岩、治岩之意，又作刻岩、画岩之解。千佛崖第 23 窟窟楣浮雕双龙与窟口所镌金刚、力士的飘带及裙摆，证实 "刻岩" 之意不误。至于 "敞殿" 之 "敞，高也"，"殿，大堂也"[3]。因而，"镌山现像、疏岩敞殿" 疑指窟口镌岩、佛殿高敞、造像显露，如第 23 窟原貌。因此，"因岩结构" 与 "疏岩敞殿" 反映出当时南北文化中心 —— 北魏都城平城和齐梁都城建康营造窟龛外貌之理念。迄初唐，栖霞寺开始 "邻岩构宇，别起梵居"[4]。故而，石窟外貌既是当时营造石窟寺的第一步，也是其不可或缺的重要组成部分。一座石窟寺的修葺毕工，不仅体现在岩体之内营造佛殿与安置像设，而且也包括窟前殿阁或崖面窟檐的营造与最终彩画。

六、神都龙门：邻岩构宇，别起梵居

　　尽管隋代统治者大力提倡和扶持佛教，但长安和洛阳地区现存的佛教窟龛皆不具典型性[5]。初唐时期，东都龙门石窟在窟龛形制、造像组合及个体形象特征等方面基本延续北朝旧式。迄武周，由于武曌佞佛空前绝后，神都佛教窟龛的营造随之发生了较大变革[6]。大型窟龛之外貌，在南北朝 "因岩结构" 与 "疏岩敞殿" 的基础

　　[1]［陈］顾野王撰《大广益会玉篇》，影印清张氏泽存堂本，北京：中华书局，1986 年，第 131、124、60 页。

　　[2] 白志谦《大同云冈石窟寺记》，第 13 页。

　　[3]［陈］顾野王撰《大广益会玉篇》，第 85、81 页。

　　[4] 前述唐高宗记栖霞寺 "于岩壁造大尊仪"，"因即邻岩构宇，别起梵居"。据［东汉］刘熙《释名》，"邻，连也，相接连也"，"宇，羽也，如鸟羽翼自覆蔽也"。"宇"，清叶德炯释作 "正以鸟羽比兴屋宇"。又，《玉篇》曰："宇，屋宇。"因此，"邻岩构宇"，即指接连山岩构架殿阁。1)［汉］刘熙撰《释名》，毕沅疏证，王先谦补，北京：中华书局，2008 年，第 59、181 页；2)［陈］顾野王撰《大广益会玉篇》，第 54 页。

　　[5] 梁银景《隋代佛教窟龛研究》，北京：文物出版社，2004 年。

　　[6] 李崇峰《龙门石窟唐代窟龛分期试论》，李崇峰著《佛教考古：从印度到中国》，修订本，上海：上海古籍出版社，2020 年，第 441-528 页。

上，可能更多因袭了唐高宗"邻岩构宇、别起梵居"之思想。为了模拟地面佛寺中木构佛殿原型，解决洞窟本体与路面之高差，有些洞窟在窟前营造了高大的石作踏道；石作踏道与岩石主室之间接建木构殿阁，即"邻岩构宇"。这是不见于此前的新形式，如疑作香山寺所属"石像七龛"之擂鼓台中洞、擂鼓台南洞和看经寺等窟[1]。又，唐代龙门石窟周边营造的十座大型地面佛寺[2]，或许是"别起梵居"理念的进一步实施。

2008 年春夏之际，为了配合龙门石窟东山擂鼓台区考古报告的编写，经国家文物局批准，我们对擂鼓台区的窟前建筑遗址进行了考古发掘[3]。

> 所谓窟前建筑遗址，是指紧接洞窟前修建的木构建筑物的遗存，是以洞窟为主体的附属建筑物，与洞窟本身构成了统一的整体。它与洞窟前后相连接，绝大多数是相当于洞窟的前室。后室（或称主室）凿于崖壁内，前室则延伸到崖壁以外，而采用木构建筑，故多数形成前殿后窟形式的建筑格局。由此可知，窟前建筑的修建，往往与洞窟内的开凿或重修有着密切的关系。[4]

擂鼓台区窟前遗址主要包括擂鼓台北洞、中洞和南洞三座大型洞窟的窟前建筑遗迹 (Pl. 2.2-12)。这三座洞窟，应是"武（曌）氏集团"在龙门东山营建香山寺时最初开凿的三座窟龛[5]，后来与高平郡王洞、看经寺和二莲花洞一起合称"石像七

---

［1］李崇峰《地婆诃罗、香山寺与"石像七龛"》，李崇峰著《佛教考古：从印度到中国》，第536-558页。

［2］温玉成《唐代龙门十寺考察》，载《中国石窟：龙门石窟》二，北京：文物出版社，1992年，第217-232页。

［3］本文所用擂鼓台区石窟资料，皆为笔者2008年主持擂鼓台窟前遗址考古发掘时所获。参见：龙门石窟研究院等编著《龙门石窟考古报告：东山擂鼓台区》，北京：科学出版社 \ 龙门书局，2018年，六册。

［4］潘玉闪、马世长《莫高窟窟前殿堂遗址》，北京：文物出版社，1985年，第114页。

［5］李崇峰《龙门石窟唐代窟龛分期试论》，李崇峰著《佛教考古：从印度到中国》，第507-512页。

龙门石窟研究院王振国认为：文献记载的龙门石窟"皇龛寺，有可能就是东山擂鼓台三洞，或三洞之一……擂鼓台三洞，特别是中洞，可能是特为武则天或皇室做功德所开凿的石窟，以皇龛定其名，恰如其分"。龙门石窟研究院焦建辉进一步推定"'皇龛'应为第4窟（擂鼓台中洞），即第4窟为武周时期皇家洞窟"。1) 王振国《唐代洛阳佛寺、名僧史迹钩沉》，王振国著《龙门石窟与洛阳佛教文化》，郑州：中州古籍出版社，2006年，第234页；2) 焦建辉《龙门东山擂鼓台区第4窟相关问题探讨》，《石窟寺研究》第三辑，北京：文物出版社，2012年，第221页。

龛"，由香山寺统一管辖[1]。从擂鼓台三洞的外观来看，北洞所在崖面最好，中洞次之，南洞最差[2]。按照中外石窟寺营造通则，一处区域中最早开凿的洞窟往往选择崖面的最佳位置。擂鼓台北洞，位于擂鼓台区窟群北部，故名。根据擂鼓台三洞实测图 (Pl. 2.2-13)，北洞与中洞之间的主室隔墙早年崩塌，由此看出两窟窟壁隔墙甚薄。北洞主室左壁与右壁对称雕造，且窟后半部各向两侧斜伸。擂鼓台中洞，位于三洞中央，石窟所在崖体较北洞略差，主室右壁与左壁不完全平行，右壁前半内收，致使主室前壁右半部较左半为窄，明显为躲避北洞所致，即避免与北洞主室左壁打穿（或已打破北洞左壁）而被迫内收。现存窟前地面较北洞略低，表面磨砻并局部打破了与北洞的界限。又，中洞平台前端左侧"殿阶基"打破与北洞连接的自然山体。擂鼓台南洞，位于此区窟群南部，所在崖体比北洞、中洞更差，现存窟前平台较中洞窟前平台提升约 1 米[3]。平台下方崖面仿中洞之制，石作殿阶基打破中洞殿阶基，故而南洞的开凿要晚于中洞，应为擂鼓台三洞最后开凿者。其中：

擂鼓台北洞，现编擂鼓台区第 5 窟，应完工于武周长安元年 (701 年) 之前[4]。外立面崖壁竖直，表面留有凿痕，上方有一横向凹槽，槽底雕出檐椽。除半圆形仿木檐椽外，横槽底及其上部尚有方孔遗迹，应与窟前接建的木构窟檐或殿阁有关。窟前平台未作精细加工，表面亦未见与崖面方孔对应的柱洞或柱础，因而窟前木构建筑的具体形制及样式不清。北洞窟前平台略高于中洞平台的磨砻面，由此形成北

---

[1] 承焦建辉见告，龙门东山党晔洞 (现编擂鼓台区第 9 窟) 题刻作"河南尹上柱国赐紫金鱼袋辛秘元和十三年闰五月十三日题"。峰按：元和十三年无闰月，应为元和十二年，即公元 817 年 7 月 1 日。[宋] 朱长文撰《墨池编》卷六记"唐河南尹辛秘题名，在香山寺"(《文渊阁四库全书》本)。这或许进一步证实：擂鼓台区归香山寺统领，至少北宋初年还是如此。参见：李崇峰《地婆诃罗、香山寺与"石像七龛"》，李崇峰著《佛教考古：从印度到中国》，第 536-552 页。

[2] 龙门石窟开凿在中、晚寒武世碳酸盐岩体中，在构造上为四面受断裂切割的近东西向地块，石窟就位于龙门山—香山断块上，主要开凿于上寒武统上部和中寒武统上部的白云岩和灰岩中。经 2008 年考古清理，发现擂鼓台北洞北侧地面有较大岩溶裂隙影响到上方"刘天洞"，刘天洞两侧及下方的崖面均有不同程度的溶蚀、开裂，不宜雕造大型窟龛。参见：潘别桐、方云、王剑峰《龙门石窟碳酸盐岩体溶蚀病害及防治对策》，潘别桐、黄克忠主编《文物保护与环境地质》，武汉：中国地质大学出版社，1992 年，第 99-125 页。

[3] 龙门东山擂鼓台区域为中寒武统碳酸盐岩体，岩性为石膏化微—细晶灰岩。经 2008 年考古发掘，发现中洞与南洞之间的窟前岩体有一宽约 3 米、高约 1 米的岩溶裂隙，充填物主要为土粒和小石块。这种岩体显然不适于雕造龛像，故罗炤见告：南洞地面较中洞地面高出 1 米乃岩体本身不适宜开凿所致，功德主忌惮其地面下移，系不得已而为之。潘别桐、方云、王剑峰《龙门石窟碳酸盐岩体溶蚀病害及防治对策》，潘别桐、黄克忠主编《文物保护与环境地质》，第 99-101 页。

[4] 李崇峰《龙门石窟唐代窟龛分期试论》，李崇峰著《佛教考古：从印度到中国》，第 507-508 页。

洞与中洞窟前平台的边界[1]。平台前端为自然山体，表面有一个左（南）高右（北）低的自然斜台与北洞窟门对应，唯开窟时没有打剥和粗搏，故而表面凹凸不平。斜台右侧下方，仅在通往北洞的岩石表面凿出七个蹬道石阶或脚窝，从右向左渐高，沿蹬道石阶及脚窝，经过斜台可通往北洞。底层脚窝之下为此次发掘出土的唐宋时期路面 (Pl. 2.2-14)。北洞窟门下部凿出门砧及门槛，主室平面近五边形[2]。

　　擂鼓台中洞，现编擂鼓台区第 4 窟，应完工于武周天授元年 (690 年) 前后[3]。窟前山岩系刻意经营，开窟时上方崖面斫砟平整，窟前平台表面磨砻，下部岩体正中预留踏道，踏道两侧岩面竖向凿齐，形成较高的石作殿阶基。平台右侧与北洞以磨砻地面为界，左侧与南洞平台右侧壁（一段）相邻。窟前平台大致呈横长方形，表面现存十个方槽，窟外崖面上方有多列梁、椽孔，且有些崖面梁、椽孔与平台表面方槽对应。这表明中洞岩石主室之前曾接建木构建筑，但据现存遗迹难以推断其具体形制。石作殿阶基，即窟前平台前端踏道左右两侧的平台立面，似为"平身造"。中洞左侧殿阶基与南洞右侧殿阶基之间，部分利用自然山体纵向凿齐并磨砻，至底部再平折向前，与填土地面连接。其中，踏道左侧殿阶基保存较好，由条石包砌于平台前端岩壁，唯上部略有塌毁。石作踏道中心线与岩石主室之轴线略有偏差，但与殿阶基垂直。踏道保存不好，石踏早被拆走，具体尺寸不清；现仅存两侧象眼、副子、踏芯以及少量土衬石。象眼作直角三角形，线道四层，每层深 8-11 厘米[4]。副子宽 60 厘米，下端置于底层条石砚窝，防其下滑移位。象眼底部条石下压的土衬石，为较小石块铺垫。踏道外侧地面辅以青砖墁铺，前端与唐宋路面连接。踏道所用包砌条石，与石作殿阶基和岩石主室的石质及纹理相同，表面磨砻方式一致，表明石作踏道与殿阶基应为开凿中洞时就地取材，统一营造 (Pl. 2.2-15)。在窟前遗址的发掘中，近底层为堆积较厚的宋代砖瓦层，且夹杂大量木炭，可知中洞至迟在宋代应有窟前建筑。从平台表面方槽与殿阶基包边平行这一迹象推断，木构建筑立面应与石作殿阶基和踏道对应。与北洞相比，中洞的石作殿阶基与踏道设计新颖，木构建筑规模较大，显示出此窟供养人地位显赫。当初策划和设计时，中洞应前有石

---

　　[1] 二窟分界线后端，有一片长 12-25 厘米、宽 20 厘米的梯形磨砻面与中洞平台磨砻面连为一体，且伸入北洞平台表面之内。这从另一方面证明中洞晚于北洞开凿。

　　[2] 李崇峰《地婆诃罗、香山寺与"石像七龛"》，李崇峰著《佛教考古：从印度到中国》，第 536-539 页。

　　[3] 李崇峰《龙门石窟唐代窟龛分期试论》，李崇峰著《佛教考古：从印度到中国》，第 507-508 页。

　　[4] 每层线道条石皆砌于殿阶基外侧，贴合阶基表面，表明中洞斩山开窟时先预留踏芯，即平台前端与山岩联为一体的料姜石岩体伸入踏道砌石之内，之后再雕造殿阶基和垒砌踏道，最后砌建踏道两侧象眼、副子并铺设石踏。

作踏道，中建木构殿阁，后凿岩石主室。换言之，岩石主室、窟前平台、木构殿阁、石雕殿阶基、石作踏道、土衬石以及碎石砖瓦铺设的路面，为开窟前统一设计。这是一种全新的石窟寺类型，完全模拟当时地面佛寺中的佛殿营造，而且为了增加气氛，特在中洞门楣上方仿效地面佛殿匾额之制，镌刻"大万五千佛龛"六字。主室平面方形，地面正中设方坛，石质坛芯与地面连成一体。依据发掘出土的遗物，结合历史文献，我们推测擂鼓台中洞为神都太平寺"合寺徒众"[1]捐资营造，时在武则天光宅元年 (684) "改东都为神都"之后、神龙元年 (705) 中宗"复以神都为东都"之前[2]。

　　擂鼓台南洞，现编擂鼓台区第 3 窟，应接续擂鼓台中洞营造[3]。窟前半部早已崩毁，现为石块与青砖补砌，原始外貌不清[4]。窟外右侧下部崖面残存宽疏的斜向凿痕，系粗搏和细漉而成。窟前平台所在为料姜石岩体，较好者表面打剥平整，大部分表面土石系自然堆积，且有较大石块散落其间，使之显得凹凸不平。又，窟门外左侧立面底部有一山石突出于平台表面，且与山岩连为一体。这些迹象表明，南洞前半崩塌后，当时仅做了简单的清理和修整，之后接建了木构殿阁。窟前平台表面与发掘出土的唐宋路面高差 414 厘米，因而石砌踏道显得既陡又高。石作殿阶基亦为"平身造"。左侧殿阶基，包边所用条石较小且不规整。右侧殿阶基，局部利用自然山体竖向打剥、粗搏、细漉、斫砟，且延伸至中洞石作殿阶基范围之内；大部分用较大条石打剥、褊棱、斫砟，然后砌筑于土衬石之上。石作踏道与岩石主室的中轴线对应，残高 237 厘米，宽 418 厘米。象眼线道五层，最下层条石砌于土衬石之上。副子宽 72 厘米，纵向垒砌呈斜坡状，下端嵌于底部条石砚窝。踏芯亦为开窟时预留，上半部为料姜石，与窟前平台所在山岩连为一体；下半部为黄色填土，杂有碎石及陶器残片。踏道残存九层石踏，每层石踏高 25-27 厘米。石作踏道所用

　　[1]《释门自镜录》卷下，《大正藏》No. 2083，第 51 卷，第 814c 页。2008 年在擂鼓台窟前遗址的考古发掘，曾出土一残碑碎块，上有"太平寺僧"字样。这或许从另一方面证实了我们的推断。龙门石窟研究院等编著《龙门石窟考古报告：东山擂鼓台区》贰《窟前遗址、结语》，北京：科学出版社 \ 龙门书局，2018 年，第 97 页，图 2-113。

　　[2] 李崇峰《地婆诃罗、香山寺与"石像七龛"》，李崇峰著《佛教考古：从印度到中国》，第 539-542 页。

　　[3] 李崇峰《龙门石窟唐代窟龛分期试论》，李崇峰著《佛教考古：从印度到中国》，第 507-512 页。

　　[4] 从窟前崖面观察，擂鼓台南洞窟门右侧（北侧）有一斜向岩溶裂隙，向下直通中洞窟门前方地面，向上延伸至南洞左侧（南侧）上方，上下贯穿洞窟前半，致使碳酸盐岩体上覆盖的第四纪土层失去自然平衡。因此，南洞前半部的塌毁应与之有关。又，南洞窟顶右侧（北侧）局部未雕，现存四壁多有因岩体不好而补作者，有些小坐佛的莲座甚至部分彩绘而成。故而，该窟的营造，系为迁就岩体结构不得已而为之。至于南洞窟顶及窟前半部的崩塌，我们推测或在南洞营造之中，至迟在其主体工程完工不久。若然，擂鼓台南洞"毕工"之时，或为半石雕半木构之作。

条石与殿阶基包边条石的处理方式相同，踏道前端土衬石与唐宋时期路面相接 (Pl. 2.2-16)。南洞的策划与设计应该参考了中洞，但较之进一步创新，细部雕造更趋完善。主室平面方形，地面中央以青石块垒砌方形佛坛[1]。

　　石窟形制，既为容纳石雕或彩塑与壁画之载体，也要满足宗教功能之需求。印度考古学家德什班德 (M. N. Deshpande) 把这种镌岩开寺，融建筑、雕刻、绘画为一体的艺术形式称为 "阿旃陀主义 (Ajantaism)"。这种阿旃陀主义，在佛教领域的不同地区呈现出多种形式[2]。中国的佛教石窟寺，从十六国迄隋，主要是为了僧人坐禅、观相和供养、礼忏，大多数在崖壁上凌空雕造，无法于窟前接建体积较大的木构殿阁，有之多为木构窟檐。"初盛唐时石窟的现世因素逐渐丰富，巡礼石窟除了僧人之外，俗人也就越来越多。这样，俗人的现实要求就必然越来越多地体现在石窟之中。"随着唐代洞窟性质的逐渐变化，石窟还要在传统禅观与礼忏的基础上起延寿和却病的作用。礼拜对象除了僧人外，俗人逐渐成为巡礼石窟的主要群体，石窟的俗人性质越来越强，从而越来越接近地面佛寺了[3]。反映在建筑形制上，石窟寺愈来愈多地模拟地面佛寺中佛殿的外貌与平面布局。

　　中土石窟寺的窟前木构建筑，除栈道外，主要有两种类型：一种为装饰性窟檐，一种为大型殿阁。经过考古发掘，龙门石窟擂鼓台北洞窟前下方岩面发现了简易石凿蹬道或脚窝，中洞和南洞窟前分别出土了石作殿阶基与踏道。北洞窟前蹬道或脚窝系利用山体走势简单凿出，据此可登临洞窟。这种形式，与龙门西山唐代窟龛下方凿出的简易蹬道或脚窝相似；即便是唐高宗与武则天共同出资营造的大卢舍那像龛，其原始通道也仅仅是简易的石阶小道。中洞与南洞的石作殿阶基和踏道，也许因为洞窟所在山体坡陡、上行不便而造，但两窟规格较高、供养人身份特殊，恐为更重要的原因。中洞与南洞在策划和设计时，可能受唐高宗 "邻岩构宇、别起梵居" 理念之影响，意在模仿唐代都城 "国家大寺"[4]规制。初唐以降，道宣编撰的《中天竺舍卫国祇洹寺图经》和《关中创立戒坛图经》流行。受天竺祇洹精舍影响，长安与洛阳地区营造的大型佛寺基本都采用多院落式布局，如长安大慈恩寺 "仿给园"[5]"大

---

　　[1] 李崇峰《地婆诃罗、香山寺与 "石像七龛"》，李崇峰著《佛教考古：从印度到中国》，第 542-552 页。

　　[2] Deshpande, "The (Ajanta) Caves: Their Historical Perspective," 17.

　　[3] 宿白《敦煌七讲》，油印本，敦煌：敦煌文物研究所，1962 年，第 40-52 页。

　　[4] 关于国家大寺，据道世撰《法苑珠林》卷六十二《祭祠篇・献佛部》："若是国家大寺，如似长安西明、慈恩等寺，除口分地外，别有敕赐田庄。所有供给，并是国家供养。"[唐]道世撰《法苑珠林》，第 1826 页。

　　[5] [唐]慧立、彦悰著《大慈恩寺三藏法师传》，第 149 页。

唐西明寺以彼祇园精舍为规模"[1]。道宣著作中记述祇洹精舍正中佛院有"前佛殿"或"大佛殿"和"后佛说法大殿"或"第二大复（佛）殿"之分（参见 Fig. 1.1-2）[2]。《永乐大典》卷五二〇三明洪武《太原县志》引唐《晋阳记》记载："大兴国寺，本齐兴国寺，隋世增大之，寺门外有晋王庙碑，第二佛殿有炀帝及萧后塑容，后檐有李伯药大业十年碑，又有谢堰高阁铭，又西偏有木浮图，唐谓之木塔院。"[3]河南安阳灵泉寺遗址，中轴线上依次保存有山门、双石塔、前佛殿、后佛殿和二层阁[4]。龙门石窟擂鼓台区出现的木构殿阁疑作"前佛殿"之用，而岩石主室似为"后佛说法大殿"。在这种理念之下，擂鼓台区石窟的设计与实施者，对窟前山体进行了有计划的修整，预留窟前平台延伸的自然山体作为踏芯，仿唐代大型木构殿阁的"殿阶基"之制，雕造出高水平的石作殿阶基与踏道。两窟殿阶基与踏道体量较大，等级较高，对我们研究唐代大型地面佛寺乃至都城木构殿阁之前的殿阶基与踏道，提供了罕见的实物资料。

根据窟前遗址出土的石作殿阶基与踏道，和窟前平台表面的沟槽与石柱础，结合中洞窟外崖面上方的多重梁孔与沟槽遗迹，我们推测擂鼓台中洞岩石主室之前，迄北宋末，至少两次接建大型木构殿阁。其中，最早的一次应与洞窟始凿同时，石砌踏道、石作殿阶基、木构殿阁与岩石主室系同时毕工。南洞亦应如此。在擂鼓台窟前建筑遗址的发掘中，中洞原始地面(T3 探方第 7 层地面)出土了两件绿釉琉璃残件，似为屋顶建筑构件脊兽的一部分[5]。此外，在北洞北侧另一中型洞窟（现编擂鼓台区第 8 窟）的窟前遗址也出土了四件绿釉琉璃残件，抑或脊饰的一部分。这些遗迹与遗物，表明擂鼓台区窟前接建的木构殿阁等级颇高，因为传统上琉璃瓦乃皇家建筑所专用。这些绿釉琉璃残件，疑为武氏集团营造皇龛寺所用，因为"香山寺"遗址也曾出土过若干绿釉莲纹瓦当[6]。此外，唐长安大明宫遗址"出土了少数绿琉璃建筑构件，说明当时出现了剪边琉璃屋顶"[7]。擂鼓台窟前遗址所出琉璃残

[1] 新訂增補國史大系第十二卷《扶桑略記》，第 89 页。

[2] Chongfeng Li, "Jetavanārāma and Early Saṃghārāmas of China", in Buddhist Monasteries of South Asia and China, Monograph No. 1, Society for Buddhist Art and Archaeology, Editor-in-Chief R. C. Agrawal (Delhi: Manohar Publishers & Distributors, 2019), 157-209. 已收入本书。

[3] [明]解缙等编《永乐大典》，影印本，北京：中华书局，1986 年，第三册，第 2284 页。

[4] [日]常盤大定、關野貞《支那佛教史蹟》三，東京：佛教史蹟研究會，1926 年，圖版 127。

[5] 龙门石窟研究院等编著《龙门石窟考古报告：东山擂鼓台区》贰《窟前遗址、结语》，第 64 页，图 2-68，图版 2-164:1。

[6] 温玉成《龙门十寺考辨上》，《中州今古》1983 年第 2 期，第 31 页。

[7] 1) 宿白《汉唐宋元考古：中国考古学（下）》，北京：文物出版社，2010 年，第 112-113 页；2) 宿白《中国古建筑考古》，第 48 页。

件，表明中洞与南洞木构殿阁之顶可能采用了同样做法。又，经与敦煌石窟盛唐壁画中的大型佛寺对比，擂鼓台中洞与南洞的石作踏道，即土衬石、踏子、象眼和副子的工艺颇为考究。龙门石窟这种新型的石窟模式，应是武氏集团通过营造香山寺创始的。据研究，"武后为人，有特殊之生理及过人之精力，而又号大喜功"[1]；武则天"信心皈依，发宏誓愿，壮其塔庙，广其尊容，已遍于天下久矣……倾四海之财，殚万人之力，穷山之木以为塔，极冶之金以为像"[2]。虽然从崖面遗迹和窟前遗址，我们无法恢复擂鼓台区岩石主室之前接建的木构殿阁外貌，但昔日擂鼓台窟龛外观气势之宏伟还是可以想见的。神都龙门石窟创造的这种新模式，应对当时及后来中土各地石窟寺的营造产生了深远影响。

　　1963年至1966年，为了配合敦煌莫高窟的石窟加固工程，敦煌文物研究所（敦煌研究院前身）组织专业人员对莫高窟崖面的建筑遗迹进行了测绘和记录，稍后对底层洞窟的窟前殿堂遗址进行了大规模的考古发掘。其中，窟前遗址考古发掘报告《莫高窟窟前殿堂遗址》已于1985年正式出版[3]。依据该报告，敦煌莫高窟"底层洞窟前曾修建过许多具有相当规模的窟前建筑。而这些窟前建筑，首先是在五代、宋曹氏家族统治敦煌时修建的"，如莫高窟第98窟是曹议金修建的大型"功德窟"。唐开元九年(721年)在莫高窟始凿的"南大像"（第130窟）[4]，其窟前遗址"是莫高窟窟前殿堂遗址中最大的一个；下层殿堂遗址通过甬道与第130窟主室连成统一的整体，规模甚为壮观"。不过，第130窟窟前下层殿堂遗址与主室并非同时修建，盛唐营造"南大像"时可能是悬空开凿的。依据各种遗迹，第130窟下层殿堂遗址和主室地面铺设的花砖可定为西夏时期 (Fig. 2.2-40)。实际上，敦煌莫高窟的窟前木构遗迹，

　　就建筑结构而言，多数是有包砖台基的殿堂式建筑；另一种是没有包砖台基的土石基窟檐式建筑。一般前者规模较大，占遗址的多数，后者规模较小，为数也不多。包砖台基的殿堂式建筑，包括台基、台阶和殿身。台基立面包砖，基内用开凿或扩建洞窟时凿下的碎石填充。殿堂坐落在台基之上，其屋顶、屋身已

[1] 饶宗颐《从石刻论武后之宗教信仰》，《中研院历史语言研究所集刊》第45卷(1974年)第3本，第399页。

[2] [晋]刘昫撰《旧唐书》，第3151页。

[3] 潘玉闪、马世长《莫高窟窟前殿堂遗址》，北京：文物出版社，1985年。

[4] 宿白《〈莫高窟记〉跋》，载宿白《中国石窟寺研究》，北京：文物出版社，1996年，第203-204页。

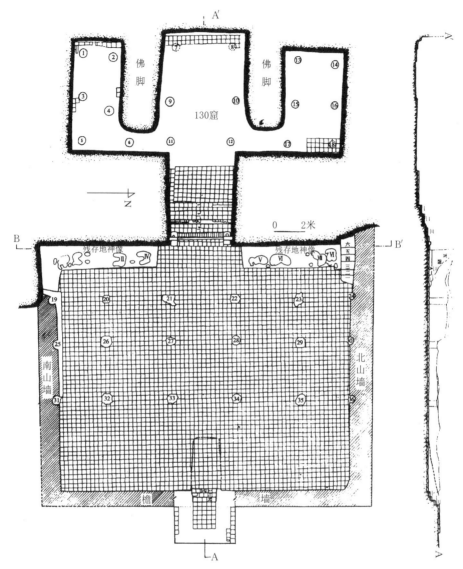

Fig. 2.2-40　敦煌莫高窟第 130 窟窟前建筑遗址平面图

毁,实存台基。殿堂西壁利用凿平的崖壁,壁面正中通过甬道进入窟内。南北两侧利用崖体凿成东西向墙身一段,然后接夯筑山墙 (个别垒砌土坯墙),形成南北两堵山墙。……

　　因此,可以推知,在窟前无论是修建包砖台基的殿堂式建筑,还是土石基的窟檐式建筑,都必须在窟前地面增高到一定高度时才有可能。所以,唐代以前洞窟之间的交通,很可能是采取穿堂门和栈道的形式解决的。[1]

　　[1] 潘玉闪、马世长《莫高窟窟前殿堂遗址》,第 114-116 页。

据文献记载，五代以前，莫高窟整个崖面上分布着许多窟檐，窟檐之间以栈道通连。当时宕泉河在窟前流淌，窟龛外貌的倒影于河水中隐约可见[1]。尽管崖面上的飞阁、重轩、阁道及户牖等大多朽毁不见，但莫高窟现存的五座唐、宋木构窟檐实物和栈道残梁以及崖面上梁孔和椽眼遗迹，表明这种情形是真实可信的。木构窟檐式建筑与木构殿阁式建筑，可能有早晚营造理念之差，但供养人尊卑之分也是不容忽视的，因为现存大型木构殿阁（遗迹）皆为皇室或显贵所为。因此，敦煌莫高窟五代以后流行的大型窟前木构殿阁，应该是受到了中原北方地区文化中心同类建筑的影响出现的。

综上所述，南北朝时期，不论在石窟前接建简朴的木构窟檐，还是在窟外崖面仿木结构石雕，它们都是石窟寺的重要组成部分，与洞窟本身构成了统一整体。武周时期在龙门石窟岩石主室之前营造大型木构殿阁，即主室开凿于崖壁之内，殿阁营造于崖壁之外，形成前殿后窟的建筑格局，致使佛教石窟寺的中国化登峰造极。又，不论古代天竺的石窟寺，还是中土早期的佛教窟龛，似皆奉循"镌岩开寺""因岩结构"之规制。后来，随着佛教的发展与中国化，此土石窟寺的营造开始实施"邻岩构宇，别起梵居"。由于自然或人为破坏，这些木构建筑或仿木结构石雕多已不复存在。不过，作为石窟寺曾经的"门面"，这种窟前木构建筑遗迹或崖面仿木结构石雕，是我们研究佛教石窟寺时应予特别关注的，因为它们是石窟寺本身历史不可分割的一部分；忽视了这部分遗迹，就意味着对石窟寺的检视与研究是不完整的。

本文原刊《石窟寺研究》第八辑（2018 年）第 1-52 页

---

[1] 莫高窟第 148 窟前室唐大历十一年 (776) 立《大唐陇西李府君修功德碑记》，记载莫高窟"凿为灵龛，上下云矗；构以飞阁，南北霞连。……初坏土泥，旋布锦彩，豁开石壁，俨现金容。……尔其檐飞雁翅，砌盘龙鳞；云雾生于户牖，雷霆走于阶陛。左豁平陆，目极远山；前流长河，波映重阁"。唐乾宁元年 (894) 所镌此碑阴《唐宗子陇西李氏再修功德记碑》则云："云霞大豁，宝砌崇墉，未及星环，斯构耸立。雕檐化出，巍峨不让于龙宫；悬阁重轩，晓方口于日际。"此外，五代乾祐二年 (949) 张盈润在莫高窟第 108 窟檐右壁（南壁）外侧题壁，内有"傍通阁道，巡万象如同佛国"之语。敦煌遗书 S5448a《敦煌录》记载鸣沙"山西壁南北二里，并是镌凿高大沙窟，塑画佛像，每窟动计费税百万。前设阁楼数层，有大像堂殿，其像长一百六十尺。其小龛无数，悉有虚槛通连，巡礼游览之景"。1)［清］徐松《西域水道记》卷三，叶十四—十六（道光刻本）；2) 敦煌研究院编《敦煌莫高窟供养人题记》，北京：文物出版社，1986 年，第 53 页；3) 商务印书馆编《敦煌遗书总目索引》，北京：商务印书馆，1962 年，第 219 页。

克孜尔石窟

——龟兹石窟寺之典范

　　作为佛教艺术组成部分之一，石窟寺随着佛教的东传而流布中土。与佛教广被中国的过程一样，开窟造像活动传入此土，首及当时西域（今新疆地区），尔后逐渐东传，最后遍布大江南北。

　　新疆塔里木盆地南北两沿，即古丝绸之路（新疆段）南北两道，历史上佛教最盛的地点是于阗（相当于今和田地区）和龟兹（今库车、拜城、新和一带）。根据史料及现存佛教遗迹，于阗盛弘大乘，龟兹夙习小乘。反映在宗教上，"龟兹多凿石窟，于阗盛建塔寺"。其中，龟兹境内的佛教石窟寺，以拜城克孜尔为代表。

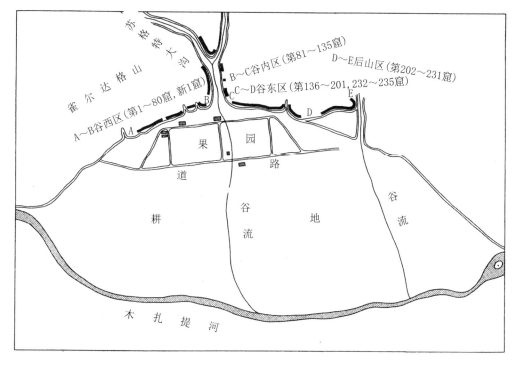

Fig. 2.3-1　克孜尔石窟编号分布示意图

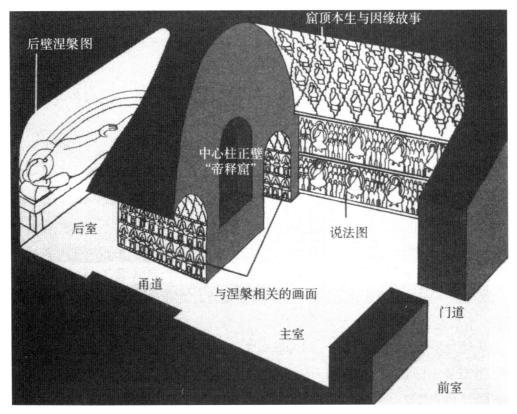

Fig. 2.3-2　克孜尔石窟中心柱窟图像构成（题材布局）示意图

克孜尔石窟所在雀尔达格山南崖，被"泪泉"冲刷成一条溪谷，因此石窟所在崖面可以自然分作四区 (Fig. 2.3-1)，即谷西区，位于溪谷西侧崖面之上，编号洞窟第1-80窟，包括新1窟；谷内区，位于溪谷内两侧崖面，编号洞窟第81-135窟；谷东区，位于溪谷东侧崖面，编号洞窟第136-201窟和第232-235窟；后山区，位于东部后山丘，编号洞窟第202-231窟。克孜尔石窟群，位置重要，类型齐备，内容丰富，延续长久，既是古龟兹境内规模最大的石窟群，也是联系南亚、中亚和中国内地佛教石窟寺的纽带。

印度佛教石窟，可以大体分作栖止、禅修生活用窟和供养、礼忏佛事用窟两类。作为宗教场所，后者应占主导地位，前者只是为后者服务的；前者以僧房舍窟为主，后者以塔庙窟为代表。一座塔庙窟与一座或若干座僧房舍窟联合组成一座寺，许多寺连在一起，从而构成气势宏伟的石窟寺院。作为供养、礼忏的主体，塔庙窟是随着佛教的发展而发展的，如印度早期塔庙窟内，佛塔既不开龛也无造像；而到了晚期，由于大乘佛教的兴起，龛像都进入到了窟内，佛塔变得复杂起来。

在佛教石窟寺北传和东布的过程中，印度原有的三种主要窟型，即塔庙窟、僧房舍窟或僧坊窟和方形窟，都先后传入中土。不过如同其他类型的佛教艺术一样，石窟寺作为一种外来形式，为了自身的存在和发展，加之自然因素，不得不与当地的文化传统和审美情趣相结合。这样，各地形成了富有当地特色的佛教石窟类型。如新疆地区的塔庙窟（中心柱窟），既不同于印度原型，又与中原北方有别。又，新疆和内地出现了许多大像窟，而这种窟型则不见于印度本土。此外，印度原有的殿堂窟传至中土后，虽然有些洞窟尚保留原有属性，但大多数已演变为佛殿，即由生活用窟转变为佛事用窟；而在印度石窟寺中占绝大多数的僧房舍窟或僧坊窟，在中国境内却颇为罕见；印度僧房舍窟与龟兹当地传统民居结合后改造成简朴的僧房，如克孜尔石窟群中数量庞大的僧房窟。

关于克孜尔石窟，目前有不少论著和图录刊行。限于篇幅，这里主要谈四个问题：一、中心柱窟图像志；二、大像窟与龟兹立佛；三、洞窟组合；四、石窟改造与重妆。

一、中心柱窟图像志

依据洞窟形制及使用功能，克孜尔石窟主要分作四种类型，即中心柱窟（相当于印度塔庙窟）、僧房窟（相当于印度单室僧房舍窟，但内置床、灶）、殿堂窟和大像窟。其中，中心柱窟（包括大像窟）应是早期佛教信徒进行供养、礼忏等佛事活动的主要场所。克孜尔中心柱窟平面长方形，由前室、主室、塔（中心塔柱）和后室四部分构成 (Fig. 2.3-2)。其中：

克孜尔中心柱窟中心塔柱正面，即主室正壁，塑绘题材近半为"帝释窟" (Pl. 2.3-1)，内容大体如下：在摩竭提国奄婆罗村北毗陀 (Vediyaka) 山，佛于因陀沙罗窟 (Iṁdasāla-guhā) 中入火焰三昧，释提桓因获悉后，与乐神般遮翼及其他诸天前往，并把四十二件疑难事情画在石头上向佛询问，后者为他们做了解释。关于这个传说，现存巴利语《长尼迦耶·帝释所问经》、汉译《长阿含经·释提桓因问经》、汉译《中阿含经·释问经》《佛说帝释所问经》《杂宝藏经·帝释问事缘》以及《法显传》和《大唐西域记》等，都有详略不同的记载。经检索上述佛典，并与秣菟罗和犍陀罗出土的佛教造像进行对比，我们发现：克孜尔中心柱窟中帝释窟场景之塑绘，即山体结构及外观、龛形、人物配置、动物刻划等，在吸收秣菟罗和犍陀罗同一内容雕刻的基础上，主要依据与汉译《长阿含经·释提桓因问经》相当的佛典创作，是当时龟兹地区石窟寺非常流行的造像题材。

克孜尔中心柱窟主室侧壁壁画，左侧壁与右侧壁对称布局，通常分作上下二栏或三栏，每栏绘制三铺或四铺，内容主要是因缘佛传，俗称"说法图" (Pl. 2.3-2)。

克孜尔现存中心柱窟中，有 34 座洞窟主室侧壁表现了这种题材，由此可见，它是中心柱窟主室侧壁比较固定的壁画内容。不过，由于克孜尔壁画多被磨蚀，加之某些现存画面仅为原画局部，因此对侧壁因缘佛传壁画的内容考证比较困难。尽管如此，现已考订出的因缘佛传画面有树下诞生、降魔成道、初转法轮、富楼那出家、迦叶皈依、六师论道、罗睺罗命名、毗舍佉出家和婆提唎迦继位等三十八种。经检索佛典，克孜尔中心柱窟的因缘佛传壁画和犍陀罗出土的佛传浮雕内容，大多见于汉译《佛本行集经》《长阿含经》以及《普曜经》《方广大庄严经》和《根本说一切有部毗奈耶破僧事》等，有些内容，似仅见于《佛本行集经》，如"富楼那出家"、"婆提唎迦继位"。因此，克孜尔中心柱窟主室侧壁的因缘佛传壁画，受犍陀罗佛传雕刻或绘画之影响，疑主要依据与汉译《佛本行集经》和《长阿含经》相当的佛典绘制。

克孜尔中心柱窟主室券顶两侧壁画内容主要是本生、譬喻或因缘，二者皆画在以山峦为背景的菱形格内，分别简称"菱格本生""菱格譬喻"或"菱格因缘"(Pl. 2.3-3)。菱格本生，画面中不出现佛像，仅画出该故事最具特征的一个情节。有的一窟之内画出本生故事几十种，多者一窟之内竟达八十余种。据研究："克孜尔石窟菱格本生故事的内容，大约近九十余种。本生故事种类之多，内容之丰富，在国内外石窟中都是极少见的。"菱格譬喻或菱格因缘，画面正中绘出佛像，故事情节及内容则安排在佛像的两侧或下方。克孜尔中心柱窟的菱格譬喻或菱格因缘，仅第80窟券顶所画就有八十种左右。因而估计，克孜尔石窟菱格譬喻或因缘故事的总数大约不少于九十种。无疑，克孜尔石窟譬喻或因缘故事画数量之多，内容之丰富，也不亚于本生故事画。两者同是克孜尔石窟中心柱窟券顶壁画的主要题材。至于克孜尔中心柱窟菱格本生所据经典，多与汉译《贤愚经》吻合，少数见于汉译《六度集经》《杂宝藏经》《经律异相》以及巴利语《本生经》等。菱格譬喻或菱格因缘所据佛典，多见于汉译《撰集百缘经》《杂宝藏经》《贤愚经》和《佛本行集经》等。

克孜尔中心柱窟后甬道或后室壁画主要是涅槃图像及其相关内容，如须跋陀罗先佛入灭、涅槃、荼毗焚棺、八王分舍利以及舍利塔供养或塔中坐佛等，尤其涅槃图像，可以说每窟必有 (Pl. 2.3-4、Pl. 2.3-5)。涅槃图像的构图与画面繁简不一，一般在卧佛上方画出诸天、菩萨、弟子多身。最简单者，画面中仅出现卧佛和其双足下方跪着的大迦叶，余无其他内容，如第 7 窟；复杂者，在涅槃床周围加入须跋陀罗先佛入灭，摩耶夫人自忉利天降下观佛涅槃等内容，如第 179 窟。克孜尔石窟中的涅槃图像，应与印度、中亚当时流行的涅槃思想有着极为密切的关系。经与上述涅槃图像进行比较，我们发现：克孜尔中心柱窟的涅槃画塑，不论在构图上，还是在细部处理上，都与犍陀罗地区出土的涅槃浮雕极为相似。在仔细观察画面的基础上，通过分析犍陀罗语、巴利语、梵语和汉译有关涅槃之佛典，我们认为，克孜尔中心柱窟的涅槃图像，主要根据与汉译《长阿含经·游行经》相当的佛典创作而成。

至于主室前壁门道上方半圆形壁面所画弥勒及"慈子"(Pl. 2.3-6)，乃信徒绕塔礼拜、观瞻涅槃及荼毗后返回主室所目睹，或许依据与汉译《长阿含经·转轮圣王修行经》相当的佛典及有关文献，并模仿犍陀罗弥勒菩萨图像绘制，因为早期西行求法之高僧，如宝云、法显、法盛等，多记乌苌弥勒结缘；甚至到了玄奘游历之时，该菩萨像尚"灵鉴潜通"。

综上所述，克孜尔部分中心柱窟主室和后室之画塑，在吸收犍陀罗佛教艺术的基础上，似主要依据与汉译《长阿含经》《佛本行集经》和《贤愚经》等相当的佛典创作而成。鉴于窟内经营位置相对固定，克孜尔中心柱窟的塑画，似有统一的圣像设计 (iconological scheme)，即造像组合与题材布局。这种圣像设计或造像组合与题材布局，在古代西域流传范围较广，塑绘年代大约从公元 3 世纪末一直延续到 8 世纪下半叶。

作为古代西域的佛教中心之一，位于犍陀罗与中国内地之间的龟兹，理应分享大犍陀罗 (Greater Gandhāra，罽宾) 地区佛教信徒对"历史"佛与未来佛崇拜之热情。结果，如何平衡现在佛释迦与未来佛弥勒，成为龟兹艺术家在石窟造像组合与题材布局方面的一大创造。首先，从佛法传播角度来讲，克孜尔中心柱窟塔柱正面龛内之佛陀，正就释提桓因等提出的四十二个问题进行解答，而与之对应的主室前壁门道上方弥勒，正于兜率天示现。这种题材布局设计，表明弥勒乃释迦之神圣继承者。其次，从佛教供养、礼忏等佛事活动考虑，中心柱窟塔柱正面的帝释窟说法与后室后壁塑画的涅槃图像和主室门道上方的弥勒示现，构成一种固定的造像组合或题材布局。一旦信徒或朝圣者踏入这座神圣的洞窟，首先映入眼中的是帝释窟场景，似乎佛陀正在回答信徒或朝圣者自己提出的问题。之后，主室侧壁表现佛在不同地点、不同时间的说法图像，及窟顶描绘的本生、譬喻或因缘故事，也会映入信徒的眼帘。至此，信徒或朝圣者渴望实施当时最重要的佛事活动 —— 绕塔礼拜。就在他们右绕佛塔、瞻仰涅槃并回到主室之后，立即看见了门道上方的弥勒，后者乃信徒的终极愿望之所在，因为他们祈求当世得到弥勒决疑、死后托生兜率天堂。这种密切关联的题材布局或圣像设计，不但与佛典所记顺序相同，而且与信徒在中心柱窟内实施的佛事程序，即佛教"最上供养"活动一致。克孜尔部分中心柱窟的造像组合或题材布局，即"帝释窟"与"佛涅槃"画面搭配、"佛涅槃"与"弥勒示现"场景对应 (参见 Fig. 2.3-2)，基本上依据犍陀罗原型设计；其创作理念，除图像志 (iconography) 外，主要源自与汉译《长阿含经》相当的其他语本佛典。稍后，这种图像志或圣像设计成为古代西域地区中心柱窟的标准造像组合与题材布局。

二、大像窟与龟兹立佛

克孜尔大像窟在洞窟形制上与中心柱窟相似，可以视作中心柱窟的亚型。由于这种洞窟主室正壁，即中心塔柱正面雕塑一尊高大的立佛，主室高度与后室高度相差悬殊，因而另立一类；也有少量洞窟只塑造立像而无中心塔柱者。尽管大立像现已不存，但中心塔柱正面上的遗迹表明：大像的高度一般在 10 米左右，大者可达十几米 (Pl. 2.3-7)。克孜尔石窟群现存大像窟 9 座，比较典型的是第 47、48 窟和 77窟。其中，第 47 窟始造于公元 4 世纪，正对着古代通往圣地的滨河道路，信徒来此朝拜时很远就可以看到。第 47 窟主室高大、宽敞，正壁遗留的大像痕迹，高约 15米，大像的躯体部位和身光、头光处有横向凹槽和众多木桩孔，正壁底部像座上有清晰的佛足遗迹 (Pl. 2.3-8)。主室左右侧壁对称布满成列且有规律的槽孔，原应悬置塑像之用；侧壁下方尚存低矮像台遗迹。后室宽大，后壁下部凿出高大涅槃台，原塑大型涅槃像。

龟兹地区石窟寺多凿大像窟，如森木赛姆第 11 窟立佛高约 13 米，克孜尔尕哈第 23 窟立佛也接近 10 米，整个龟兹地区现存大像窟二十多座。这种高大的立佛形象，应为 4 世纪中期以降古代龟兹所习见。据《出三藏记集》卷十一引晋武帝时(372-396 年) 道安撰《比丘尼戒本所出本末序》："拘夷国 (龟兹)寺甚多，修饰至丽。王宫雕镂立佛形象，与寺无异。"这说明，龟兹地区当时盛行雕造大型立佛；而龟兹大立佛兴造之盛，一直到 7 世纪上半叶还是如此。据《大唐西域记》卷一 "屈支国 (龟兹)" 条："大城西门外，路左右各有立佛像，高九十余尺。于此像前建五年一大会处，每岁秋分数十日间，举国僧徒皆来会集。上自君王，下至士庶，捐废俗务，奉持斋戒，受经听法，渴日忘疲。"大立佛对称安置于龟兹都城西门外，每五年一回、以盛筵扩大布施僧众之大集会，即般遮于瑟 (pañca-vārṣika-maha) 选在立佛像前举办，由此可见大立佛在古代龟兹朝野中的崇高地位。同书卷十二还记："(于阗国)王城西南十余里，有地迦婆缚那伽蓝 (Dīrghabhāvana)，中有夹纻立佛像，本从屈支国而来至止。昔此国中有臣被谴，寓居屈支，恒礼此像。后蒙还国，倾心遥敬。夜分之后，佛忽自至，其人舍宅建此伽蓝。"于阗国地迦婆缚那伽蓝中的立佛像，采用唐代所谓 "干漆法" 塑造，原本来自龟兹，应该也是一尊大立像。因此，玄奘关于立佛像的记载，既证实龟兹供养大型立佛具有悠久传统，也表明位于塔里木盆地南沿的于阗，与北沿龟兹有着密切的佛教关系。

　　至于葱岭以西、以南和新疆以东的大立佛，阿富汗巴米扬 (Bāmiyān) 石窟原来的两大佛，即 38 米高东大佛和 53 米高西大佛，应是葱岭以西最著名的两尊 (Pl. 2.3-9)。玄奘 628 年左右游历梵衍那国 (巴米扬) 时，曾详细记述了这两尊大立像："王城东北山阿，有立佛石像，高百四五十尺，金色晃曜，宝饰焕烂。东有伽蓝，此国先王之所建也。伽蓝东有鍮石释迦佛立像，高百余尺，分身别铸，总合成立。"这条记载的难点是"此国先王"，它是断定巴米扬两大佛年代的关键。西方学者通常认为："此国先王"乃该国以前的某一位国王，英文译作 a former king of the country。我们推想："此国先王"可以理解为"本朝"之先王。如是，则"此国先王"应距玄奘造访之时相去不远。换句话说，梵衍那王城东北伽蓝及两大立佛，大约建造于公元 600 年前后。20 世纪 80 年代以来，克里姆伯格—索尔特 (D. Klimburg-Salter) 博士对巴米扬石窟做了许多研究工作。通过分析壁画，她认为：巴米扬艺术发端于 7 世纪，独特的"巴米扬风格"繁盛于 8 世纪；文献和考古实物表明梵衍那创作巨佛的经济实力，大约仅在玄奘造访该地的前一代才具备，巴米扬大佛的雕造，应在前国王 (the preceding king) 时期，东大佛 (38 米大佛, Pl. 2.3-10) 可以定为 6 世纪末，即两大佛像的雕造年代不会早于公元 600 年。近年，德国学者对巴米扬两大佛所做的 C^{14} 测年，也从自然科学角度证实了我们的上述推断。这样，巴米扬大佛就要晚于克孜尔现存的早期大像窟了。另外，巴米扬雕造大立佛的数量也远远不及龟兹。远在印度孟买城郊的坎赫里第 3 窟，前廊两端壁有高达 6 米的石立佛 (Pl. 2.3-11)，雕造时间大约为 5 世纪末 6 世纪初。

　　新疆以东的大立佛，北魏和平初 (460 年) 于平城西开凿的武州山石窟寺，即云冈石窟第 18 窟立佛 (高 15.5 米, Pl. 2.3-12) 和第 16 窟立佛 (13.5 米)，应是现存最早的大立佛遗迹，晚于克孜尔石窟现存最早的大像约一个世纪。近年来，在大同城东和城北方山等北魏佛寺遗址中，出土了大批北魏塑像，其样式与古龟兹及古焉耆等地发现的残塑颇相似。这可能与《北史》记载的北魏太武帝 448 年遣万度归攻焉耆和龟兹，"自后每使朝贡"有关。因此，宿师季庚先生推断："开凿大像窟和雕塑大型立佛，或许是龟兹佛教艺术的一个特点。"而龟兹大立佛或大像窟"给予葱岭以西和新疆以东的影响，当比其他类型的石窟形制和壁画的影响更为重要"。

三、洞窟组合

　　目前我们在研究石窟寺时称作的"洞窟组合"，一般指位于同一平面上的一组毗邻而造的洞窟，具有明显且不与其他组合相重叠的边界；组合内的洞窟，有时通过若干建筑如前室或栈道连在一起，通常由不同类型、不同功能的石窟组成。一处洞窟组合，既是一座小型僧伽或僧团日常栖止、禅修的固定场所，也是专门进行供养、礼忏等佛事活动的一座小寺。在某些情况下，倘若一处洞窟组合里没有居住空间，表明当时可能有与开凿在崖壁上的石窟相关联的地面居住场所。从组合关系来看，印度第一期洞窟，多为一座塔庙窟与若干座僧房舍窟组成一座寺，以满足单个小型僧伽的需求；许多寺连在一起，从而合成一处大型的石窟寺院。

印度皮特尔科拉 (Pitalkhōrā) 石窟群，是印度考古工作者于 20 世纪 50 年代重新清理出来的，其中开凿于公元前 2 世纪中叶的第 3 窟（塔庙窟）和第 4 窟（僧房舍窟）是一组双窟。据主持发掘者介绍："两窟共用一前庭，表明二者是同时设计开凿的。第 2 窟（僧房舍窟）面向同一前庭，可能亦同时完成。"而第 1、5 窟（僧房舍窟），在年代上也与之大体接近。因此，这些洞窟可以看作是一组窟，即一处石雕的佛寺。稍后兴建的第 6-9 窟（僧房舍窟），尽管时代略晚，但也属于以第 3 窟为中心的石窟寺（参见 Fig. 1.1-54）。第二期开凿的第 12 窟和第 13 窟，以及年代更晚的第 10 窟和第 11 窟，虽然完工年代有先后，但皆为双塔庙窟，表明自公元前 1 世纪开始，印度石窟寺中流行双塔庙窟的布局，这与当时"精心改建古代佛塔"之风气相辅相成。同样的情况，在印度巴贾 (Bhājā) 和阿旃陀 (Ajaṇṭā) 石窟也有反映。巴贾石窟群，分别以第 12 窟和第 26 窟两座塔庙为中心。据现存遗迹，巴贾第 2-18 窟的开凿，都是围绕第 12 窟进行的；而第 21-24 窟，可以认为与第 26 窟同时完成，且以后者为中心。著名的阿旃陀石窟，早期（小乘时期）洞窟以第 9 窟和第 10 窟为中心，晚期（大乘时期）则以第 19 窟和第 26 窟为龙头。其中，第 9、10 两窟，也可以看作是一处双塔庙窟。此外，在西印度坎赫里 (Kāṇhēri) 石窟群中，更出现了三座塔庙窟＋两座僧房舍窟的洞窟组合。

新疆克孜尔石窟，基本上因袭了印度佛教石窟寺的洞窟组合。尽管其组合形式趋于多样化，但归纳起来主要有两种：

第一种组合，包括至少一座中心柱窟，即塔庙窟，可以细分为四类：①中心柱窟＋僧房窟，两窟毗邻开凿且共用同一前室，主要集中在谷东区和谷西区，如第 57 和 58 窟、第 114 和 115 窟、第 158 和 159 窟、第 162 和 163 窟、第 171 和 172 窟等。其中，第 172 窟原为僧房窟，后来改造为中心柱窟，20 世纪初德国人拍摄的栈道遗迹照片，清楚地显示两窟共用一个前室。②中心柱窟＋殿堂窟＋僧房窟，如第 15-17 窟、第 30-32 窟、第 38-40 窟（参见 Fig. 2.2-11）、第 216-218 窟、第

222-224 窟等。有些组合中，后来增凿一、二座僧房或殿堂窟，如第 15-19 窟，可以看作是在保留早期石窟寺原始结构（第 15-17 窟）的基础上，对居住空间的拓展。这类洞窟组合主要集中在谷西区。③双中心柱窟，主要集中在谷东区和后山区，多数洞窟具有相近构造，每窟皆有一个独立的小前室，如第 178 和 179 窟、第 184 和 186 窟、第 192 和 193 窟、第 205 和 206 窟、第 207 和 208 窟等。④五中心柱窟，营建非常复杂，在原有洞窟组合的基础上改造旧窟或增凿新窟，以形成五中心柱窟的新式组合，如第 97-101 窟 (Fig. 2.3-3)、第 175-180 窟、第 195-199 窟等。其中，第 175-180 窟组合，以第 178 和 179 窟为原始核心，新增不同形制（第 177 窟为殿堂窟）、不同题材布局的洞窟，最终形成了由五个中心柱窟组合的新形式。这类洞窟组合中，原有的僧房窟（如第 98 窟）被改造为中心柱窟，表明该区域僧房窟的数量相应减少，可能缘于当时僧众的居住空间已经转移至地面建筑之故。关于第一种洞窟组合，宿季庚先生总结道："这些不同类型的洞窟组合，有一个共同点，即都包括一座或多座中心柱窟。"克孜尔中心柱窟是印度塔庙窟的变形，窟内中心塔柱应是佛塔抽象化的具象形式。第一种洞窟组合，尤其是双中心柱窟和五中心柱窟的出现，说明佛塔崇拜在龟兹同样受到了重视。这点与古代天竺和罽宾是相同的。

　　第二种组合，由一个或多个殿堂窟和一个或多个僧房窟构成 (Fig. 2.3-4、Fig. 2.3-5)。作为第二种洞窟组合的核心，殿堂窟侧壁开龛者少见，仅有少数洞窟中央置佛坛。这种现象说明：在第二种洞窟组合之中，绕塔礼拜不再流行，塑像也不再是常见的主体朝拜对象。此外，殿堂窟中壁画的题材布局与构图呈现多样性，如本生故事为长条形布局，因缘故事为方格构图，佛传故事或为方格构图，或作场景连

Fig. 2.3-3　克孜尔石窟第 96-105 窟连续立面、连续平面示意图

续的横卷式经营 (Pl. 2.3-13)。值得注意的是，第一种组合的核心窟，即中心柱窟，几乎每窟后室必见的涅槃图像，只是第二种组合的核心窟（殿堂窟）侧壁佛传壁画中众多场景之一幅，明显退居次要位置，表明传统的"最后涅槃显明佛性"之理念已经发生了变革。

我们认为：作为地面佛寺的"石化"形式，在上述两种洞窟组合之中，无论第一种的核心——中心柱窟，还是第二种的核心——殿堂窟，都应塑绘信众供养、礼忏活动必备的主体朝拜对象，至少应设辅助佛事的背景图像，因为佛教古称像教，从天竺僧众朝拜佛塔，到西域诸国"唯礼释迦"，说明礼塔、观像是信众最重要的佛事活动，即后来《六臣注文选》所释："像教，谓为形象以教人也。"

关于上述两种洞窟组合，第一种数量较大且出现较早，其核心窟（中心柱窟）的塑像和壁画题材及布局，可能主要依据与汉译《长阿含经》相当的其他语本佛典设计，属于小乘佛教法藏部，因为目前国际学术界基本确定汉译《长阿含经》为该部所传。至于玄奘所言龟兹信奉"小乘教说一切有部"，只能反映他游历时当地佛教部派的流行情况，不宜混作龟兹等地早期部执。而且，克孜尔石窟大量开凿中心柱窟，窟内塔柱左、右、后三壁早期满绘舍利塔或塔中坐佛，都反映出小乘佛教法藏部曾流行该地，因为在小乘佛教诸多部派中，只有法藏部偏重造塔及供养佛塔之功德。此外，克孜尔石窟早期开凿的大像窟，如第 47 和第 77 窟，是大立佛与塔庙合璧于

Fig. 2.3-4   克孜尔石窟第 110-110A 窟连续平面示意图

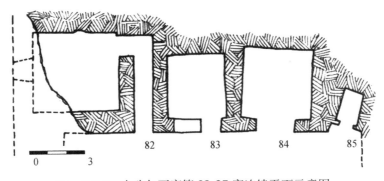

Fig. 2.3-5   克孜尔石窟第 82-85 窟连续平面示意图

一窟的极好实例。这种设计，应与《长阿含经》先叙释迦游行布道、后讲涅槃造塔有密切关系。这或许是法藏部势力强烈影响石窟寺建造之结果。

至于龟兹地区 6 世纪以降中心柱窟数量剧减，疑与当地流行"小乘教说一切有部"有关，这或许导致了第二种洞窟组合的出现。

需要注意的是，印度和中国新疆佛教石窟寺的洞窟组合现象比较明显，而敦煌以东的内地石窟寺，现存状况不十分清楚，即我们不知道当时僧人是栖止崖壁石窟之中，还是居住地面建筑之内。敦煌莫高窟现存隋代洞窟八十多座，为何在短短三十多年内修造了这么多石窟，是一个值得审慎思考的问题。我们怀疑莫高窟现存有些所谓的隋代小窟，原来可能是栖止、禅修生活用窟，后在隋代被改造为供养、礼忏佛事用窟，第 268 窟就是一个明显例证。倘若现存八十多座隋代洞窟，有三分之二系改造隋代以前的栖止、禅修或其他生活用窟，那么现存隋代石窟的数量就比较合理了。北朝石窟与禅修有关，坐禅一在水边、崖下或地面佛寺，另一合适的场所就是石窟，因为佛及弟子昔日皆选石窟坐禅及经行。从敦煌莫高窟现存遗迹来看，北朝时期僧人栖止、禅修生活用窟也应多在南区，即当时僧人的禅行应在南区石窟内实施。莫高窟现存最早的三座洞窟，即第 268、272 和 275 窟，应是一组不同类型洞窟的组合 (Fig. 2.3-6)，其中第 268 窟是天竺典型僧房舍窟在内地的机械再现。这或许从另一方面印证了武周圣历元年 (698 年)《李君莫高窟佛龛碑》所记莫高"伽蓝之起，滥觞于二僧"之语，因为地面营造的伽蓝 (saṃghārāma) 也由不同类型的单元建筑组合而成。

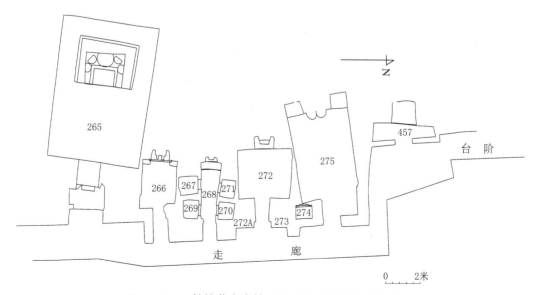

Fig. 2.3-6　敦煌莫高窟第 268-275 窟连续平面示意图

四、石窟改造与重妆

马世长在《拜城克孜尔石窟》一文写道：

> 各种不同类型的洞窟，在其延续使用过程中，后继的使用者，为了满足或适应新的要求，往往对原有洞窟的某些部分加以改造，其方式表现为对洞窟形制的变更、塑像的妆銮，以及壁画的重绘、改绘等方面。不同时期的遗迹交混在一起，形成若干打破或叠压的重层关系。它们和田野考古发掘中的地层关系一样，是我们确定相对年代最可靠的证据。特别是像克孜尔这样没有一个直接洞窟纪年材料的石窟群，洞窟中的重层和打破关系，就显得尤为重要。

下面分三个方面简述一下克孜尔石窟的改造与重绘这个问题。

(一) 洞窟改造：属性变更

洞窟与洞窟之间的打破关系，通常有两种情况。一是旧有洞窟废弃之后，新凿洞窟将原有洞窟类型改变为另一种形制，新旧洞窟之间存在明显的打破关系。二是毗邻并列的洞窟在开凿时，后建者局部打破先造好的洞窟，先造者仍存在，两者之间同样存在着打破关系，如第 107A 和 107B 窟、第 165 和 166 窟等。其中，前一种情况多见，比较显著者有下面几种：

1. 僧房窟改造为中心柱窟，利用先前废弃的僧房改造成中心柱窟，原始僧房窟的主室局部或旁侧甬道遗迹迄今尚存，如第 34、80 (Fig. 2.3-7)、98、172、198 窟等。

2. 僧房窟改造为殿堂窟，如第 135、189、212 窟等。

3. 殿堂窟改造为中心柱窟或大像窟，如第 27、60、69 窟和新 1 窟等。

僧房窟被改造为中心柱窟或殿堂窟，即供养、礼忏佛事用窟，表明后者的流行和出现可能要晚于前者。同时，这也暗示出僧房窟被改造，或者因其功用下降，或者因为当时的僧房已从崖壁开凿改为地面营建。

(二) 局部改造：属性不变

各种类型的洞窟在延续使用过程中，存在若干改造部分原始结构的现象，致使洞窟形制或建筑结构发生了一些局部变化，但洞窟原有属性没有变更。

1. 各种类型洞窟前室结构的改造，包括拓展、升高或降低前室，如第 33、34、

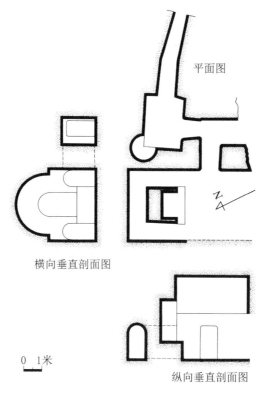

平面图

横向垂直剖面图

0 1米

纵向垂直剖面图

Fig. 2.3-7 克孜尔石窟第 80 窟平面、横向垂直剖面、
纵向垂直剖面示意图

36、96-105b、116、118、119、161、164 窟等。

2. 中心柱窟或大像窟主室或后室局部改造，如第 4、34、101、104 等窟主室正壁佛龛或佛坛改建，第 8、34、47、48、77 等窟或后甬道拓展，或顶部形制变更，或涅槃台改造。此外，第 193 窟左右甬道加凿小龛，第 196 窟后室前壁小龛被封堵，第 47 窟后室加凿明窗等，都属于这种。

3. 僧房窟的拓展与改建，如第 115、169 窟主室扩大，第 15、18、19、29、40 窟主室内补砌土坯床，第 51、52、94、164 窟等加凿储藏室。此外，第 119 窟前壁中部原始明窗后来被封堵，第 234 窟原始横券顶后升高改作平顶等，也归入此类。

(三)重绘壁画：少见功德

克孜尔石窟壁画的重绘，较内地石窟寺少见。壁画重层现象，表明现存绘画遗迹不是同时完成的，它应是当时信众所做功德或供养的反映。重绘壁画，通常分作两种情况。

1. 原窟重绘：如第 47 窟后室涅槃台上至少有三重泥层，每层表面都有壁画，甬道侧壁也有更多重绘遗迹。第 117 窟前室和主室壁画皆有重层现象，且有的部位不止一层。第 193 窟后甬道前壁加凿小龛，龛下所补壁画覆盖了原始荼毗焚棺画面（汉式龙头棺，Pl. 2.3-14），但底层壁画仍隐约可见。第 69 窟主室两侧壁后端各画一立佛，立佛像所在层位异于原始泥层，且有重叠现象。

　　2. 废窟重绘：第 172 窟西侧小窟、第 190 和 198 窟东侧小窟，都是利用僧房窟改造后废弃的原窟甬道重新绘制壁画，可以说是僧房窟改型后的二次利用。

　　上述洞窟的改造或重绘现象，为我们提供了探索洞窟演变踪迹的有益线索，已经受到了越来越多的重视和利用。

　　本文曾在上海博物馆和国家图书馆演讲，原刊上海博物馆编《于阗六篇：丝绸之路上的考古学案例》，北京：北京大学出版社，2014 年，第 63-91 页。鉴于本文最初是为佛教文化爱好者宣讲新疆石窟寺所写的讲演稿，故没有采纳正规学术论文之法，注出详细的征引文献。为避掠美之嫌，现把主要参考书列出。

本文参考书

1. Albert Grünwedel, *Altbuddhistische Kultstätten in Chinesisch-Turkistan: Bericht über archäologische Arbeiten von 1906 bis 1907 bei Kuča, Qarašahr und in der oase Turfan*, Königlich Preussische Turfan-Expeditionen, Berlin: Druck und Verlag von Georg Reimer, 1912: 37-181.

2. M. N. Deshpande, "The Rock-cut Caves of Pitalkhora in the Deccan", *Ancient India* (Bulletin of the Archaeological Survey of India), No. 15 (1959): 66-93.

3. Deborah E. Klimburg-Salter, *The Kingdom of Bāmiyān: Buddhist Art and Culture of the Hindu Kush*. Naples: Istituto Universitario Orientale/Rome: Istituto Italiano per il Medio ed Estremo Oriente, 1989.

4. 宿白《中国石窟寺研究》，北京：文物出版社，1996 年，第 21-38 页。

5. 马世长《中国佛教石窟考古文集》，新竹：觉风佛教艺术文化基金会，2001 年，第 9-121 页。

6. 李崇峰《中印佛教石窟寺比较研究·以塔庙窟为中心》，北京：北京大学出版社，2003 年，第 127-209 页。

7. ［意］魏正中《区段与组合——龟兹石窟寺院遗址的考古学探索》，上海：上海古籍出版社，2013 年，第 25-67 页。

8. 李崇峰《佛教考古：从印度到中国》，修订本，上海：上海古籍出版社，2020 年，第 107-264 页。